华为公司管理者培训教材

价值为纲

华为公司财经管理纲要

BUILT ON VALUE

Huawei's Finance Management Philosophy

黄卫伟◎主编

殷志峰　成维华　苏宝华　曾锦良　叶晓闻　朱晓艳◎编委

中信出版集团 · 北京

图书在版编目（CIP）数据

价值为纲：华为公司财经管理纲要 / 黄卫伟等编著 .
-- 北京：中信出版社，2017.9（2025.4 重印）
ISBN 978-7-5086-8077-4

I. ①价… II. ①黄… III. ①通信企业 – 企业管理 – 财务管理 – 经验 – 深圳 IV. ① F632.765.3

中国版本图书馆 CIP 数据核字（2017）第 203097 号

价值为纲——华为公司财经管理纲要

编　　著：黄卫伟　等
出版发行：中信出版集团股份有限公司
（北京市朝阳区东三环北路 27 号嘉铭中心　邮编　100020）
承 印 者：北京通州皇家印刷厂

开　　本：787mm×1092mm　1/16　　印　　张：27　　字　　数：352 千字
版　　次：2017 年 9 月第 1 版　　印　　次：2025 年 4 月第 51 次印刷
书　　号：ISBN 978-7-5086-8077-4
定　　价：68.00 元

企业的目的十分明确，是使自己具有竞争力，能赢得客户的信任，在市场上能存活下来。

华为的董事会明确不以股东利益最大化为目标，也不以其利益相关者（员工、政府、供应商……）利益最大化为原则，而坚持以客户利益为核心的价值观，驱动员工努力奋斗。在此基础上，构筑华为的生存。

——**任正非**

目录
CONTENTS

第十五章 内控与内审

代序

PREFACE

却顾所来径，苍苍横翠微

2017年新年致辞

孟晚舟

年末，财务例行陷入一片忙乱之中，大量的数据要看、要算、要管、要分析、要核对、要测算。差不多每年10月之后，财务便进入了常态化的加班，全球各个子公司的年度结账与审计工作开始启动，与此同时，新一年的预算编制和评审工作也在同步进行着，财务的每个组织都被这两条主线紧紧地捆绑着、拖曳着，陷入无边无际的数字海洋。

“却顾所来径，苍苍横翠微”，即将要过去的一年对财经团队来说，是沉甸甸的回忆，更是满满当当的收获。特别是，当我们回首想想，一年之前所站的那个高度，再转过身来看看，一年之后所站在的这个高度，我相信，不少的团队，不少的同事，都有无限的感慨，更有无比的自豪。

当我们站在这个新的高度，极目远眺曾经翻过的重峦叠嶂，闭目回想曾经蹚过的曲折泥泞，怎能不为自己的努力而欣喜，怎能不为自己的坚韧而鼓舞。当然，此时此刻的超然，只是下一段雄关漫道的开始。

打开作业边界，责任在哪里，我们就在哪里

项目是公司经营管理的细胞。项目财务队伍已经持续建设了三年多，今年，各个区域还给我们补充了不少项目财务人员，在“形似”上，项目的财务人员配置已基本到位；在“神似”上，我们距离管理层的期望还很远。虽然，项目财务的整体能力还处在半山腰，不过，比比三年前还在山脚的那个我们，还是值得小小地自我激励一下。全球 1 500 名项目财务扑在合同上，扑在项目上，他们无处不在的努力、矢志不渝的执着，正在世界的各个角落点燃熠熠生辉的星星之火。

S 代表处的项目财务，朴实无华，凭借着自己扎扎实实的付出，赢得了一线的认同，证明着自己的价值。他们顶着炎炎烈日深入沙漠站点 120 公里，每月上站稽查修路情况，为项目减少 350 万美元的修路成本；他们驱车至 2 公里深的大峡谷，与站点工程师、分包商们一起实地考察站址，拿出“降低峡谷 10 个站点的交付成本”的可行方案；他们泡在站点，与当地村民慢慢协商、慢慢沟通，用村民临时接电替代油机费用，为项目的 31 个站点节省了 10 个月的油机费用 38.8 万美元。

2016 年，N 国汇率大幅波动，代表处的项目财务主动请缨。与客户合同谈判前，收集信息、仔细测算，框算合同整个履约周期内可能的外汇损失。合同谈判时，现场参与汇损分担机制的条款谈判，即便是谈判陷入僵局，仍然有礼有节、尽职尽责地维护着公司的利益。合同签约后，一刻也不松懈地投入回款跟踪，跟踪交付计划，跟踪客户付款计划，主动协调两边的工作效率和工作进展，有效地关闭了外汇风险敞口。

看庭前花开花落，望天上云卷云舒。虽然，项目财务有了点滴的进步，但大家更明白：“到此处才行一步，望诸君莫废半途。”

我们是一支持续努力、不懈奋斗的团队，我们有信心、有意愿，更有能力再用 2~3 年的时间，向一线交付一支“首战用我、用我必胜”的项目财务团队。

对财经团队来说，履行岗位职责是我们的必修课，没有写在岗位职责中的管理机会点，是我们的选修课。财经团队一直努力在必修课上，成为ICT[①]行业的最佳实践者；与此同时，也持续努力在选修课上，成为业务最愿意信赖，也最值得信赖的伙伴。

打开管理边界，机会在哪里，我们就在哪里

项目财务的专业能力还处在爬坡阶段，在探索中成长，在适配中修正，将是我们未来几年的常态。财经的另一个变革项目——内控体系建设，经过数年的努力，如今已走出了迷雾。

2007年，内控管理作为IFS[②]的子项目，开启了从零起步的变革大门。十年磨一剑，如今，我们的内控意识、内控机制、内控能力已浸入各个业务活动，业务在哪儿，内控就在哪儿，形成了以“流程责任和组织责任”为基础的全球内控管理体系。

内控推行之初，财经被视为业务的对立面，内控目的似乎就是阻碍业务快速通过。在混沌和迷茫中，我们渐渐找准了自己的定位，提出“内控价值要体现在经营结果改善上”的管理目标，并沿着这个目标把内控工作揉细了、掰碎了，一个一个区域、一个一个组织逐个讲解，逐个沟通，逐个松土，逐个确定本领域、本组织的内控工作目标。有了目标，就要承诺；有了承诺，就要实现；内控管理在经营活动中渐渐地扎了根、发了芽，一线团队也渐渐接受了内控概念，愿意沿着内控的管理要求展开作业。

M代表处内控团队推行自动化验收、开票与核销系统，以提升OTC[③]流程的作

---

① ICT，information and communications technology，信息和通信技术。

② IFS，integrated financial service，集成财经服务。它是支撑和监控企业研究与开发、市场销售、供应链和交付等端到端业务运作的财经流程体系。

③ OTC，opportunity to cash，机会点到回款。

业质量，使得开票时间从 80 分钟缩短至 10 分钟，客户拒票率下降 98%。

L 代表处内控团队同样聚焦 OTC 流程改进，针对业务实际痛点，他们选择的主攻方向是 PO[①] 与客户自动对接，项目实施后，当年减少 3 200 万美元的应收账款差异和 1 100 万美元的退货损失。

这些都是内控机制“润物细无声”的运行过程中实实在在带来的经营收益。当庞大机器运转之时，内控既是润滑剂，又是制动器。改善经营、优化作业，我们是润滑剂；分权制衡、数据透明，我们是制动器。有效的内控管理，为“积极授权、有效行权”提供了制度性的保障。让听得见炮火的组织，敢于行权、积极行权；让看得见全局的组织，合理授权、有效控制——这才是我们想要的管理和控制机制。内控机制的真正受益者是公司的各级作业组织，权力更大、责任更大、边界更清，每个组织都能在自己的权责边界内活得精彩、活得滋润。

打开组织边界，人才在哪里，我们就在哪里

一个组织，必须在开放的耗散结构中，勇敢地开枝散叶，积极地吸收新能量，才能获得持续不断的成长原动力。这就像植物有光合作用，一颗种子才能长成参天大树。

在过去的两年里，财经正努力打开组织边界，引入新鲜血液，招揽全世界的优秀人才。2014 年 11 月，集团财经首次在英国尝试开展财经专场招聘会，迈出主动拓展海外人才的第一步。现在华为财经团队来自牛津、剑桥、哈佛、耶鲁等著名大学的优秀学生有数百名，他们正逐渐成为我们的新生力量。财经的海外招聘已逐渐形成机制，从雇主品牌建设到校园宣讲安排，从暑期实践活动到财经挑战赛，我们在顶尖高校的声誉正慢慢积累起来。2016 年度，财经招聘了近 340 名留学生，占我们今年校园招聘指标的 38%。

① PO，purchase order，采购订单。

加入华为财经的留学生群体有改变世界、实现个人价值的强烈渴望，有激情，有冲劲，有极强的学习能力、极宽的思维方式。曾经，他们凭借着扎实的成绩和优秀的品格考入世界名校，他们在异国他乡独立生活，努力求知。如今，他们加入我们的战队，所体现出来的普遍品质是“能吃苦”“懂得珍惜”“时间管理强”“团队融入快”。他们身上表现出来的艰苦奋斗精神与华为的核心价值观高度契合，我们期待着这些年轻人能够快速成长，绽放出耀眼的光芒。

与此同时，我们贴近人才建组织，贴近人才建能力。

2015 年，税务规划团队、关联交易团队整体搬迁伦敦。在此后的一年多的时间里，我们发现这两个领域的高端人才明显比以前容易获取，而且他们融入团队更平滑、更有效。这些在行业内极富专业影响力的专家们，拉动我们的专业税务能力建设快速走上新台阶。大家都把他们尊称为“老爷爷”和“老奶奶”，能与这些老爷爷和老奶奶们一起共事，是我们这些渴望成长的年轻人的最佳非物质激励。

打破组织边界，引入“不带华为工卡的同僚”，无论你是雇员，还是顾问，无论你是全职，还是兼职，我们都将非常开放地合作，“一切为了胜利”，是我们唯一的目标。葛兰素史克全球关联交易的主管，大家敬爱的 Nike Papa，他曾经主导了全球最大的关联交易诉讼案件，在他以顾问身份参与我们的税务变革项目后，我们大胆地把技术总监的角色交给了他，事实证明，由他所主导的关联交易架构的技术方案，完全处在行业的领先水平。

打开思维边界，方法在哪里，我们就在哪里

在一切边界中，最难打破的，就是无形的思维边界。只有打破思维模式的禁锢，积极尝试新方法、新工具；突破作业习惯的边界，努力尝试新角度、新立场，才能跟上这个瞬息万变的时代。如今的我们，早已超越了基础财务服务的范畴，ICT 行业的先进工具和方法，正装备着我们的队伍，创造着无限的活力。

在会计核算领域，我们积极尝试自动化、智能化，将标准业务场景的会计核算工作交给机器完成。目前，年平均约 120 万单的员工费用报销，员工在自助报销的同时，机器根据既定规则直接生成会计凭证；98 个国家（地区）和 746 个账户实现互联互通，支付指令可以在两分钟内传递至全球任一开户银行；我们的付款准确率水平高于银行 100 倍以上；在 AP[①] 领域的四个业务场景上，我们启用了计算机自行处理，试点半年来，通过手工作业进行并行校验，其结果证明准确率为 100%。

我们在全球实施的 RFID[②] 物联资产管理方案，目前已经覆盖 52 个国家（地区）、2 382 个场地、14 万件固定资产。RFID 标签贴在需要管理的固定资产上，每 5 分钟自动上报一次位置信息，每天更新一次固定资产的使用负荷（或者闲置）情况。部署 RFID 后，固定资产盘点从历时数月下降为只需数分钟，每年减少资产盘点、资产巡检的工作量 9 000 人 / 天。资产位移信息、资产闲置信息及时更新、共享，使我们的资产管理能够有的放矢。

在资金规划领域的四个大数据项目，展现出令人惊讶的创造力，“经营性现金流预测”和“分币种现金流预测”的大数据项目已正式上线应用。基于大数据模型，由计算机进行上万次数据演算和模型迭代，经营性现金流已实现 12 个月定长的滚动预测。从历史数据的拟合度看，最小偏差仅 800 万美元。对于在 170 个国家（地区）实现销售，收入规模约 800 亿美元，年度现金结算量约 4 000 亿美元的公司来说，800 万美元的现金流滚动预测偏差，已经是极为理想的结果。

与机器共舞如此美妙！数字予机器以温度，其惊喜犹如燃情的岁月。

打开能力边界，工匠在哪里，我们就在哪里

财经团队的每个成长脚印里，总有说不完、数不清的动人故事，锲而不舍、艰苦奋斗、精益求精的工匠精神，支撑着整个组织的前进。

---

① AP，account payable，应付账款。

② RFID，radio frequency identification，无线射频识别，又称电子标签，是一种通信技术，可通过无线电信号识别特定目标并读写相关数据，而无须在识别系统与特定目标之间建立机械或化学接触。

存货账实相符项目的实施，在公司近三十年的经营史上，首次实现了站点存货的可视、可盘点、可管理。站点存货账实一致率，从2014年的76%提升至2016年的98.62%；全球中心仓的账外物料8 800万美元实现再利用；清理超期存货7 500万美元；中心仓和站点存货的货龄结构大幅改善；ITO[①]比上年减少44天。这一条条、一项项可圈可点的成绩，再次证明了我们是一支"说到必将做到"的团队。2014年，我们向公司承诺，用三年时间做到全球存货账实相符，"言必行、行必果"，如今，我们兑现了自己当初的承诺。

账务核算已经实现了全球7×24小时循环结账机制，充分利用了我们共享中心的时差优势，在同一数据平台、同一结账规则下，共享中心接力传递结账作业，极大缩短了结账的日历天数。24小时系统自动滚动调度结账数据，170+系统无缝衔接，每小时处理4 000万行数据，共享中心"日不落"地循环结账，以最快的速度支撑着130多家代表处经营数据的及时获取。

全球259家子公司均要按照本地会计准则、中国会计准则、国际会计准则的要求，分别出具三种会计准则下的财务报告。还有，按产品、区域、BG[②]、客户群等维度分别出具责任中心经营报告，这些报告都可以在5天之内实现高质量输出。

巴西的税务专员卡洛斯（Maria Carlos Paula）发现，按照INSS[③]的规定，已交纳的社保税可以申请抵扣。于是，他放弃休假，用了两个多月的时间，在堆积成山的仓库中找到150多份退税证据。卡洛斯的努力和坚持，为我们从巴西税务局找回了3 000万美元的"冤枉钱"。

"支付工匠"马阿丽，高峰期每天要盖3 000个章，平均每15秒就要盖一个章，以至端着饭碗时她的手会不停地颤抖。然而，即使是这样的高强度、高压力，马阿丽连续十余年，数千亿美元的资金从她手上付出，竟然没有一分钱的差错。这是怎

① ITO，inventory turn over，库存周转率或库存周转天数。

② BG，business group，是华为公司2011年组织改革中按客户群维度建立的业务集团。

③ INSS，社会保险金，是巴西的一种税，依公司员工数目来区分税率范围，税率介于26.8%~28.8%之间。

样的努力，又是怎样的付出?!

传统的财务服务，早已不再是我们孜孜以求的目标。那个驼着背、弯着腰、端着水杯、戴着老花眼镜的账房先生，绝不再是我们的形象代言人。

财经已经融入公司所有业务活动之中。从合同概算到项目回款，从产品规划到市场分析，从出差申请到费用报销，从资产管理到存货管理，从销售融资谈判到融资规划落地，从税务筹划到定价设计……伴随公司的成长，财经组织从“非常落后”走到了“比较落后”，又从“比较落后”走到了“有点先进”。孔子问志，颜渊曰：“愿无伐善，无施劳。”虽然我们的文化是低调的，但财经团队的持续努力和点滴成就，还是相当令我们自豪，如今，我们的财经专业能力，普遍处于行业较佳水平，个别领域已处于行业最佳水平。

正如舒婷在《致橡树》里写的一样，财经组织与业务组织的关系，就像橡树与木棉那样，既各自独立，又相互依偎。

新年来临之际，让我借用舒婷的这首小诗，作为新年致辞的结束语吧，送给奋斗在世界各地的财经小伙伴们，感谢大家持之以恒的每分努力，更感谢大家永不言败的奋斗之心，我相信，我们既不会是攀缘的凌霄花，也不是痴情的鸟儿，我们是高大挺拔的木棉!

……

我必须是你近旁的一株木棉，
作为树的形象和你站在一起，
根，紧握在地下；
叶，相触在云里。
……
你有你的铜枝铁干，
像刀，像剑，也像戟；
我有我红硕的花朵，

像沉重的叹息，

又像英勇的火炬，

我们分担寒潮、风雷、霹雳，

我们共享雾霭、流岚、虹霓。

……

来年，我们更加努力，我们依然可以骄傲！

上篇：扩张与控制

长期有效增长，短期看财务指标；中期看财务指标背后的能力提升；长期看格局，以及商业生态环境的健康、产业的可持续发展等。商业成功永远是我们生命全流程应研究的问题。管理要权衡的基本问题是现在和未来、短期和长期。

——任正非

第一章

华为公司的经营目的

经营企业，首先要明确目的。华为的经营目的是使自己具有竞争力，能赢得客户的信任，在市场上能存活下来。这其实是一个企业的最低纲领，也就是去掉其中哪一项，企业都难以生存。企业的经营目的应当是确保持续实现最低纲领，而不是追求某个指标或某个利益群体利益的最大化。现实中任何追求最大化的结果最终都会走向反面。

华为追求长期有效增长，不唯股东利益最大化、不唯员工利益最大化，为客户服务是华为公司存在的唯一理由。追求长期有效增长的财务解释就是追求企业的价值。这里的价值概念对华为这样的非上市公司来说不是资本市场的估值，而是回归价值的本质，即现实的获利能力和未来潜在获利机会的货币化。

在华为看来，长期有效增长的内涵，首先是经营结果健康，即追求有利润的收入，有现金流的利润，不重资产化。其次是不断增强公司的核心竞争力。再就是构建健康友好的商业生态环境。经营结果必须稳健、均衡，才能支撑起公司的长期生存发展。华为的商业模式是：长期保持饥饿状态，不谋求赚大钱。

华为对利润看得不重，而是以长远的眼光来经营公司，在合理的利润率水平上实现快速增长。增长是硬道理。在信息通信技术产业中，要么成为领先者，要么被淘汰，没有第三条路可走。

人与人之间的所有合作实际上都是利益分配问题。华为强调要使创造企业价值的每个生产要素都按其贡献分享到合理的利益和回报。如果某个生产要素分享不到合理的利益，该要素就会塌陷，就会成为制约价值创造的短板。资本与劳动的利益分享是华为持续成长的动力机制。如今，这种分享机制正逐步扩展到对客户、对供应商的利益分享上，从而使整个生态圈的运作进入一种良性循环。

怎么使企业上至企业家下至每个员工都能感受到市场的竞争压力，都能急客户所急，想客户所想，这可能是对企业管理的最大挑战。要通过无依赖的市场压力传递，使企业的内部机制永远处于激活状态。这是欲生先置于死地，这就是华为的管理哲学。

本章将深入讨论华为如何实现长期有效增长的要点。

1.1 追求公司长期有效增长

1.1.1 企业作为法人，要寻求超越自然人生命约束的生存之道

全面而系统地建设公司是我们正在思考的问题。公司是一个技术密集、资金密集、人才密集的企业，它将在奋力的发展中，逐步摆脱对资金的依赖，对技术的依赖，对人才的依赖，从必然王国逐步走向自由王国。（任正非：《胜利鼓舞着我们》，1994）

我们制定《基本法》[①]，推进公司的各种法治建设，最终目的是要解决公司的长治久安，而不是把希望寄托在一个人的身上，只有这样华为才有希望。（来源：总裁办公会议纪要，1997）

企业要一直活下去，不要死掉。作为一个自然人，受自然规律制约，有其自然生命终结的时间；作为一个法人，虽然不受自然规律的约束，但受到社会逻辑的约

① 《基本法》指《华为公司基本法》。

束。一个人再没本事也可以活 60 岁，但企业如果没能力，可能连 6 天也活不下去。如果一个企业的发展能够顺应自然法则和社会法则，其生命可能达到 600 岁，甚至更长时间。（任正非：《活下去，是企业的硬道理》，2000）

企业能否活下去，取决于自己，而不是别人，活不下去，也不是因为别人不让活，而是自己没法活。活下去，不是苟且偷生，不是简单地活下去。活下去并非容易之事，要始终健康地活下去更难。因为它每时每刻都面对外部变化莫测的环境和激烈的市场竞争，面对内部的复杂的人际关系。企业必须在不断地改进和提高的过程中才能活下去。（任正非：《活下去，是企业的硬道理》，2000）

企业的目的十分明确，是使自己具有竞争力，能赢得客户的信任，在市场上能存活下来。（任正非：《逐步加深理解“以客户为中心，以奋斗者为本”的企业文化》，2008）

一个企业怎样才能长治久安，这是古往今来最大的一个问题。我们要研究推动华为前进的主要动力是什么，怎么使这些动力能长期稳定运行，而又不断自我优化。大家越来越明白，促使核动力、油动力、煤动力、电动力、沼气动力……一同努力的源，是企业的核心价值观。这些核心价值观要被接班人所信奉，同时接班人要有自我批判的自觉。接班人是用核心价值观约束、塑造出来的，这样才能使企业长治久安。（任正非：《干部要担负起公司价值观的传承》，总裁办电邮文号［2010］009 号）

保证公司生存下来应该是多方面的，但我认为最主要的，就是要内心盯住有效的增长及优质的服务。（任正非：在惠州运营商网络 BG 战略务虚会上的讲话及主要讨论发言，总裁办电子邮件［2012］010 号）

华为是不是互联网公司并不重要，华为的精神是不是互联网精神也不重要，这种精神能否使我们活下去，才是最重要的。乌龟就是坚定不移往前走，不要纠结、不要攀附，坚信自己的价值观，坚持合理的发展，别隔山羡慕那山的花。（任正非：《用乌龟精神，追上龙飞船》——在公司 2013 年度干部工作会议的讲话，总裁办电邮文号［2013］255 号）

华为未来商业模式是坚持已有优势，加强开放合作，保证持续赢利，活下去就是胜利。华为商业模式应该是保证持续赢利，不一定比别人赚得多，能活下去就是最后胜利。华为既要坚持已有优势不动摇，还要继续往前进，这就是“宝马”；积极关注“特斯拉”，学习“特斯拉”的优势所在，我们积极看待世界发生的变化，一旦出现战略性机会点，千军万马压上去。（任正非：在2013运营商网络BG战略务虚会上的讲话及主要发言，总裁办电邮讲话［2014］016号）

成吉思汗的马蹄声已经远去，现代的躁动也会平息，活下去才是胜利。（任正非：《在大机会时代，千万不要机会主义》——在与消费者BG管理团队午餐会上的讲话，总裁办电邮讲话［2014］025号）

1.1.2　为客户服务是华为公司存在的唯一理由

公司对利润看得不重，我们以长远的眼光来经营公司，以诚实面对客户，诚实地经营，诚实地发展公司，依靠诚实换取客户对我们的满意、信任和忠诚。正因为我们把利润看得不重，所以我们不去包装、炒作和投机，而把全部精力用在脚踏实地、实事求是地经营公司上。当然，诚实又没有包装，客户有时会看低了公司，但终究会认识公司的。（任正非：《华为的机遇与挑战》，2000）

要想让客户满意，要有良好客户关系，没有别的诀窍，只有一个，那就是坚持优质服务。华为只有靠优质服务才能活下去。什么叫作优质服务？我们收到了货款，赚了钱，客户还说我们很好，就叫作优质服务。（任正非：《扩充队伍，准备大仗》，2000）

华为公司不唯股东利益最大化、不唯员工利益最大化，为客户服务是华为公司存在的唯一理由。这是华为公司过去胜利、将来胜利的法宝。（来源：2002年营销目标汇报会纪要）

只有当客户深刻地认识和理解了我们，他才知道我们这个战略伙伴和别人有什么不一样，才知道我们能提供给他的是什么样的未来，才会买我们的设备，我们才

能活下来。（任正非：《面向未来，以客户痛点为切入点，全球化展示》，总裁办电邮文号［2012］046号）

华为的董事会明确不以股东利益最大化为目标，也不以其利益相关者（员工、政府、供应商……）利益最大化为原则，而坚持以客户利益为核心的价值观，驱动员工努力奋斗。在此基础上，构筑华为的生存。（任正非：《董事会领导下的CEO[①]轮值制度辨》，2012年年报）

要提供好的服务，就是优质资源要向优质客户倾斜，就是我赚了你的钱，我有一部分钱要放到你那去，怎么做的，就是提升服务水平。（来源：东南非多国管理部向任正非汇报工作纪要，总裁办电邮文号［2013］003号）

1.1.3 企业只有保持合理的增长速度，才能永葆活力

华为公司如果在两年前就停止发展，那我们今天就是收拾残局、准备破产的局面。我们今天若停止发展，两年后也会是这种局面，我们的对手实力太强大，除了进步，我们已无路可走。（任正非：《胜负无定数，敢搏成七分》，1996）

我们通过保持增长速度，给员工提供了发展的机会，公司利润的增长，给员工提供了合理的报酬，这就吸引了众多的优秀人才加盟到我们公司来，然后才能实现资源的最佳配置。只有保持合理的增长速度，才能永葆活力。（任正非：《华为的红旗到底能打多久》，1998）

华为必须保持合理的成长速度。那么，怎样才能使发展速度更快？只有靠管理，靠服务。没有管理就形不成力量，没有服务就会失去方向。（任正非：《不做昙花一现的英雄》，1998）

谈到发展观，我们只要核心竞争力在不断提升就行了，就意味着市场增大，就比别人好，就是扩大；然后我们再前进，再提升，再扩大，终有一天会超越别人。

① CEO，chief executive officer，首席执行官。

（任正非：《把握机遇，脚踏实地，迎接大发展》，2000）

我们的目标方向是很清晰的，就是必须要发展，不发展就是死亡。（任正非：《人力资源工作要为业务发展服务，不能走向僵化》，2008）

1.1.4 做行业的领导者，引领行业发展

我们必须在混沌中寻找战略方向。华为公司总有一天会走到悬崖边上，什么是走到悬崖边上？就是走到了世界同行的前列，不再有人能够清楚地告诉我们未来会是什么，未来必须靠我们自己来开创。我们不走到悬崖边上是不可能的，而如果我们不想走到悬崖边上，也是没有出息的。（来源：珠海石景山会议纪要，1997）

在电子信息产业中，要么成为领先者，要么被淘汰，没有第三条路可走。（来源：《华为公司基本法》，1998）

我们追求什么呢？我们依靠点点滴滴、锲而不舍的艰苦追求，成为世界级领先企业，来为我们的顾客提供服务。也许大家觉得可笑，小小的华为公司竟提出这么狂的口号，特别在前几年。但正因为这种目标导向，才使我们从昨天走到了今天。我们若不树立一个企业发展的目标和导向，就建立不起客户对我们的信赖，也建立不起员工的远大奋斗目标和脚踏实地的精神。因为电子网络产品大家担心的是将来能否升级，将来有无新技术的发展，本次投资会不会在技术进步中被淘汰。华为公司若不想消亡，就一定要有世界领先的概念。（任正非：《华为的红旗到底能打多久》，1998）

未来电信设备供应商格局是数家寡头共分全球市场。公司的总体竞争策略，就是与强势的竞争伙伴开展有序、有利、有节的竞争合作，坚决遏制恶意的战略竞争对手，以此在未来两年构建各细分市场（区域、产品、客户群）的双寡头或三分天下的格局。（来源：《关于市场工作重点的指导意见》，EMT① 纪要［2008］014 号）

① EMT，Executive Management Team，经营管理团队。是华为公司经营、客户满意度的最高责任机构，EMT 主任即为 CEO。

秦始皇统一中国，是秦王朝六百多年，历经几十代王朝，目标一致，利益一致的结果。管子说，利出一孔，其国无敌。我们要清醒地认识到我们的目标与责任，要坚定不移，也要适时审视。我们集合了一群各民族优秀的子孙，但在大时代中，干了一件很费力并不很赚钱的事情。经历二十多年的奋斗，其艰苦努力构建的平台，会有极大的潜在价值，我们不能因为动摇和腐败而毁了它。我们要坚守 EMT 宣言的誓词，至少核心层的两三千人要严格自律，力出一孔，利出一孔，努力奋斗。（来源：EMT 纪要［2012］002 号）

称霸也是三家分晋，我们也不可能独霸。（任正非：在惠州运营商网络 BG 战略务虚会上的讲话及主要讨论发言，总裁办电子邮件［2012］010 号）

第一，一个领导者首先要能够洞察未来，包括产业未来的走向、趋势和变化。只是看到还不够，还要能抓住未来，能牵引整个产业走向未来，时时刻刻扮演主导者的角色。第二，一个领导者要建立产业链的利益分享机制，让整个产业链挣钱多一点，风险小一点，这样大家才愿意跟着你往前走。为什么大家都愿意跟着苹果走，因为苹果盘子大，跟着它有市场空间和前途，而且苹果利润高，对供应商和合作伙伴没那么抠，跟着它赚钱多、风险小。第三，一个领导者一定要做取舍，有所为有所不为，而且一旦做出选择就不要动摇。为什么爱立信不做 WiMax[①]，因为它一做 WiMax，别人就不知道领导者到底要干啥，如果领导者今天做这个明天做那个，大家跟着他就没有信心。第四，一个领导者要构筑有效的竞争环境，尤其是产业整体的赢利空间。如果领导者到处抢市场，把价格压到底线，别人就没法玩了，因为这个行业没有生存空间了。（任正非：在惠州运营商网络 BG 战略务虚会上的讲话及主要讨论发言，总裁办电子邮件［2012］010 号）

针对未来业务发展，要能够引领产业的方向，成为客户可以问计的对象。（任正非：在 2013 运营商网络 BG 战略务虚会上的讲话及主要发言，总裁办电邮讲话［2014］016 号）

---

① WiMax，worldwide interoperability for microwave access，全球微波互联接入，也叫 802.16 无线城域网或 802.16。是一项新兴的宽带无线接入技术，能提供面向互联网的高速连接。

坚持聚焦管道的针尖战略，有效增长，和平崛起，成为 ICT 领导者。（任正非：在人力资源工作汇报会上的讲话，总裁办电邮讲话［2014］057 号）

要成为行业领袖，不能采取狭隘地在高速公路上丢小石子的方式来形成自己的独特优势。这样只会卡住世界的脖子，不是我们要走的道路。我们要走的道路是站在行业领袖的位置上，为世界做出贡献。什么叫领袖？领袖就是为了世界强盛，对建立世界信息网络大构架做出贡献，舍得给周边人分享利益。我们是一个负责任的大公司，怎么会去阻挠信息流的前进呢？即使你阻挠信息流前进，别人不走你这条路也终究会走到目的地，而你就必然会被历史边缘化了。（任正非：在与法务部、董秘及无线员工座谈会上的讲话，总裁办电邮讲话［2015］015 号）

1.2　公司长期有效增长的内涵

1.2.1　追求有利润的收入，有现金流的利润，不重资产化

没有规模效益，企业的发展会越来越困难

我们的企业生存在信息社会里，由于信息的广泛传播，人们的智力得到更大的开发和更大的解放，能够创造出更多的新产品和新技术来服务于这个世界。由于信息网络的加速庞大，使得所有新产品和新技术的生命周期越来越短。不能紧紧抓住机会窗短短开启的时间，获得规模效益，那么企业的发展会越来越困难。没有全球范围的巨大服务网络，没有推动和支撑这种网络的规模化的管理体系，就不能获得足够利润来支撑它的存在和快速发展。因此失去机会窗的原因对华为来说，主要是服务和管理，这是华为的战略转折点。（任正非：《不做昙花一现的英雄》，1998）

由于信息产业的进步与多变，必须规模化，才能缩短新产品的投入时间。规模是优势，规模优势的基础是管理。企业缩小规模就会失去竞争力，扩大规模，不能

有效管理，又面临死亡。管理是内部因素，是可以努力的。规模小，面对的都是外部因素，是客观规律，是难以以人的意志为转移的，它必然抗不住风暴。因此，我们只有加强管理与服务，在这条不归路上，才有生存的基础。这就是华为要走规模化、搞活内部动力机制、加强管理与服务的战略出发点。（任正非：《我们向美国人民学习什么》，《管理优化》第 63 期，1998）

如果在我们领先的几年中，有可能占据了非常大的市场，从而将成本摊薄，并持续把成本控制住，这个市场就可能继续是我们的。我说的这个成本并非单指产品技术成本。如果我们控制不住市场规模，技术突破别人也是可以很快追上来的。谁能像薇甘菊[①]一样，锁住这个空间，谁就锁住了这个世界。（任正非：在地区部向 EMT 进行 2008 年年中述职会议上的讲话，EMT 纪要［2008］028 号）

经营结果要以利润为中心，但不能追求利润最大化

多年来，华为公司的增长是以销售额为导向的增长。在泡沫经济时期，这种增长方式无疑是可以理解的，正如房地产价格非常高的时候，谁圈地越多，赚钱也就越多。华为公司刚成立的时候，纯利达到了23%，在那个时候，我们只要抢到合同，肯定就能赢利，这就形成了以销售额为导向的文化。它没有与时俱进，而持续到现在，是必须改变的时候了。在这个历史时期，已经不再是卖得越多越好，而是要提高经营效率及项目管理能力了。所以，考核方式应该转变为三个要素：销售收入、贡献毛利和现金流，才能构成持久的平衡。（任正非：《改变对干部的考核机制，以适应行业转型的困难发展时期》，总裁办电邮文号［2006］036 号）

我们公司在前面 20 年是以规模为中心，是因为那个时候的规模很大，利润还比较丰厚，只要抢到规模就一定会有利润。但是现在我们正在发生改变。我们强调每个代表处，每个地区部，每条产品线，必须以正的现金流、正的利润和正的人的效益增长为中心做进一步考核，我想三年内会发生比较大的变化。如果继续以规模为

① 薇甘菊，多年生藤本植物，在其适生地攀缘缠绕于乔灌木植物，重压于其冠层顶部，阻碍附主植物的光合作用继而导致附主死亡，是世界上最具危害性的植物之一，素有“植物杀手”之称，入选我国首批外来入侵物种。——编者注

中心，公司会陷入疯狂。（任正非：与 PMS[①] 高端项目经理的座谈纪要，总裁办电邮文号［2009］007 号）

企业生产最主要的目标是服务客户获取利润，不是别的。我们走了 20 年，我们终于可以喊出这句话：我们经营结果以利润为中心了！但这个利润有近期的，有中长期的，有远期的。利润不是说今年收回来叫利润，再过 10 年收回来不叫利润，以利润为中心是我们公司管理改革一个很重要的东西，组织、责任者等所有东西都可能由这个东西的改变而使公司整个组织改变。为什么我有信心呢？我认为这个改变最终的结果是，华为公司在这个生存时期会比昨天生存得好一点，其实就好一点点，我们就活过来了。生与死之间可能相差就一秒钟两秒钟。（任正非：在后备干部总队例会上的讲话，2009）

我们公司经营目标不能追求利润最大化，我们所有薪酬、经营的指导方针不能追求利润最大化。利润最大化实际上就是榨干未来，伤害了战略地位。（任正非：在 EMT 办公例会上的讲话，2010）

在华为公司还是小公司的时候，虽然说要做大，但还是每年都看利润的，如果没有钱分，公司早就散了。你们人人都想做思科，做苹果，人人都财大气粗。本来就在优势这块，聚集突破就行了，就想做一个世界大公司，所有业务展开，最后关键点并没有做起来。不能创造价值的东西，我们不能再铺摊子，要以创造价值为中心。（任正非：在 EMT 办公例会上的讲话，2012）

现金流是企业生存的命脉

我曾经带高级干部去看客家大屋——土围子，这个土围子为什么能守住？为什么大屋能活下来？关键是每个大屋都有个很好的水井，这就是现金流。我们公司高层干部要清醒地认识到现金流的重要性，我们公司到现在没有出现过崩溃的兆头，就是我们一直关注现金流不能中断。粮食等物资可以储存起来，但没有水就不能生存下来。土围子最大的特点就是有水井。国外的城堡都要解决吃水的问题，解决了

---

① PMS，工程生产管理系统。

吃水的问题就解决了战争和生活问题。这眼水井就是我们财务管理的现金流。（任正非：在2004年三季度国内营销工作会议上的讲话）

未来最危险的问题就是现金流，一定要高度重视。我们将来如果出现大问题，就是现金流枯竭。因为这是企业生存的瓶颈，业界很多公司死就死在这个上面。德隆有什么问题？它就是现金流中断了，项目不能软着陆，所有银行同时逼它还款，这样经营的链条就断掉了。所以这就叫作现金为王。因此我认为如果死，我们就死在现金流上。我们不会死在利润上，没有利润我们卖房子、卖土地，还能扛个几年，没有现金流我们很快就破产了。（任正非：《加强货款回收，改善现金流》，总裁办电邮文号［2006］007号）

经营结果必须稳健、均衡，才能支撑起公司的长期生存和发展

仅仅考核任何单项指标都不代表公司能取得可持续发展。如果单纯考核销售额，有些地区部、办事处，有些产品线就拼死命向公司要战略补贴、拼死命要求公司把价格降下来，这是典型的销售无能、干部无能，因为他只能卖到最低价。这样的销售额越大，我们死亡就越快。（任正非：在2006年市场年中工作会议上的讲话，总裁办电邮文号［2006］036号）

我们要继续坚持以有效增长、利润、现金流、提高人的效益为起点的考核（条件成熟的地方，可以以薪酬总额为计算基础），凡不能达到公司人的效益提升改进平均线以上的体系团队负责人，片区、产品线、部门、地区部、代表处等各级一把手，要进行问责。在人的效益超越平均线以上的部门，要对正利润、正现金流、战略目标的实现进行排序，坚决对高级管理干部进行末位淘汰，改变过去刑不上大夫的做法，调整有一线成功实践经验的人补充到机关。（任正非：《谁来呼唤炮火，如何及时提供炮火支援》——在销服体系奋斗颁奖大会上的讲话，总裁办电邮文号［2009］001号）

销售的目的不仅仅是签订订货合同，不论多么激动人心的机会都须形成收入，不论多大的收入最终都须转换成利润和现金流，反之，就是饮鸩止渴，将导致公司灭亡。（来源：《关于2012年经营环境分析与关键经营策略的指导意见》，司发

［2012］081 号）

我们是一个轻资产公司，并不具备资产经营的能力和经验。如果我们拥有较重的资产，我们的流动性就会变得越来越差，到那个时候，我们面临的问题就不是有效增长，而是生死存亡。（任正非：与销售融资专家座谈纪要，总裁办电邮文号［2012］025 号）

“以生存为底线，实现有利润的增长、有现金流的利润，不重资产化”的经营目标是确定的，要坚持围绕这个目标开展未来 2~3 年的经营管理工作。（来源：财经委员会 2016 年度工作情况汇报纪要，董事会纪要［2017］006 号）

1.2.2 不断提升公司的核心竞争力

加大前瞻性、战略性投入，构筑公司面向未来的技术优势，引领行业发展

公司不为短期的利益所动，紧紧地围绕着企业核心竞争力进行经营管理，一些不利于提升企业核心竞争力的事华为坚决不做，在一些与企业核心竞争力不相关的利益前，华为是经得住诱惑的。可以说，为了核心竞争力华为失去了很多机会与利益，但如果没有核心竞争力，我们将永久地失去发展的机会。对于华为来讲，我们现在可选择的机会确实很多，但只有无所为，才能有所为，我们所为的标准只有一条，这就是不断地提升公司的核心竞争力。有了核心竞争力，我们还可以干许许多多的事情，失去了核心竞争力，我们将一事无成。所以，我们一直在减少自己的多余动作。（任正非：《华为的机会与挑战》，2000）

我们对战略性目标的投入要看得更重一些。我们今天的投入要两年后才产生效果，我们今天削减投入就会在春天到来的时候没有种子，没有化肥。（任正非：在总裁办公会议上的讲话，2001）

加大前瞻性、战略性投入，构筑公司面向未来的技术优势，引领行业发展。要加大以技术为中心的战略性投入，以领先时代。我们以客户为中心讲多了以后，可能会从一个极端走到另一个极端，会忽略以技术为中心的超前战略。将来我们以技术为中心和以客户为中心两者是拧麻花的：一个以客户需求为中心做产品；一个以技术为中心，来做未来架构性的平台。（来源：《关于2012年经营环境分析与关键经营策略的指导意见》，司发［2012］081号）

以技术创新和管理变革双轮驱动公司核心竞争力的持续提升

近期的管理进步，必须有一个长远的目标方向，这就是核心竞争力的提升。公司长远的发展方向是网络设备供应商，这是公司核心竞争力的重要体现。有了这个导向，我们抓近期的管理就不会迷失方向。朝着这个方向发展，我们的短期发展和长期发展就不会发生矛盾，我们的核心竞争力就会得到提升，我们也就有了生存的理由和生存的价值。（任正非：《活下去，是企业的硬道理》，2000）

华为自始至终以实现客户的价值为经营管理的理念，围绕这个中心，为提升企业核心竞争力，进行不懈的技术创新与管理创新。在实践中我们体会到，不冒风险才是企业最大的风险。只有不断地创新，才能持续提高企业的核心竞争力，只有提高核心竞争力，才能在技术日新月异、竞争日趋激烈的社会中生存下去。（任正非：《创新是华为发展的不竭动力》，2000）

冬天真的要来了，谁能取胜？无非是质量与成本取胜，谁的质量与成本是最优秀的，谁的响应最快，谁就能度过这个冬天。所以研发一、二把手最重要的问题就是抓质量、抓成本，之后才能再在技术创新方向上探索。支撑技术创新的基础支柱是：质量、成本、时间。如果离开质量、成本、时间，就没有技术创新的价值了，绝不能为了创新而创新。科研的胆大与谨慎要并存，在花钱上要胆大，在质量与技术认证上要谨慎。（任正非：在华为技术与安圣电气研发体系干部座谈会上的讲话，2001）

怎样才能在全球化中取得成功，并保持优势呢？其实华为的核心价值观已经说明了我们的目标、策略以及执行的方法。我们曾经是靠艰苦奋斗、技术创新而生存下来的公司，难道技术创新就没有止境？摩尔定律就永远正确？靠一招鲜就能吃遍天？我认为当有线、无线的宽带接入，达到一定带宽，并覆盖到一定程度后，网络技术创新这套马车，就会慢下来。这个时候，有很大的市场覆盖，有优良的管理，能够提供低成本优质服务的公司才能生存下来。华为就是要赶在死亡之前，达到这样的规模水平，并在这近10年中，努力变革自己，谦虚地向西方公司学习管理，提高效率，并制定优异的人力资源机制，促使全体员工不断奋斗，才有可能活下来。只要我们不自满、不懈怠，我们就一定会是长久的赢家。（任正非：《市场经济是最好的竞争方式，经济全球化是不可阻挡的潮流》，总裁办电邮文号［2009］005号）

在我们公司的创新问题上，第一,一定要强调价值理论，不是为了创新而创新，一定是为了创造价值。第二，在创新问题上，我们要更多地宽容失败。（任正非：与2012实验室座谈会纪要，总裁办电邮文号［2012］035号）

工程师执政有什么害处呢？就是把产品做到客户不需要，重视技术创新，不重视管理。不能老是以技术为导向，公司要贯彻从技术导向走向商业导向，我们要重视管理。项目CEO是商业领袖，不是技术专家。（任正非：在EMT办公例会上的讲话，2012）

1.2.3 构建健康友好的商业生态环境

建设商业生态环境，要有战略思维

华为的发展壮大，不可能只有喜欢我们的人，还有恨我们的人，因为我们可能导致很多小公司没饭吃。我们要改变这个现状，要开放、合作、实现共赢，不要一将功成万骨枯。前20年我们把很多朋友变成了敌人，后20年我们要把敌人变成朋友。当我们在这个产业链上拉着一大群朋友时，我们就只有胜利一条路了。（任正非：《以客户为中心，加大平台投入，开放合作，实现共赢》，2010）

我们要重视生态环境的建设，要有战略性的思维，认真思考我们的生态环境是什么，我们怎么去改善我们的生态环境，通过什么手段去建立良好的生态环境。（任正非：《对“三个胜利原则”的简单解释》，2010）

任何强者都是在均衡中产生的。我们可以强大到不能再强大，但是如果一个朋友都没有，我们能维持下去吗？显然不能。我们为什么要打倒别人，独自来称霸世界呢？想把别人消灭、独霸世界的成吉思汗和希特勒，最后都灭亡了。华为如果想独霸世界，最终也是要灭亡的。我们为什么不把大家团结起来，和强者合作呢？我们不要有狭隘的观点，想着去消灭谁。我们和强者，要有竞争也要有合作，只要有益于我们就行了。（任正非：《以客户为中心，加大平台投入，开放合作，实现共赢》，2010）

随着公司的发展和变化，我们的商业环境会变得越来越困难，我们也要有很多化解商业困难的措施。我们虽然已经强大，但内部还存在着不少问题，我们要学会“恃强示弱，内刚外柔”。别得意便张狂，学会处理好内部关系与外部关系。表面的强大，不是强大。（任正非：《成功不是未来前进的可靠向导》，总裁办电邮文号［2011］004号）

未来华为的成功取决于两点：一是组织的能力与活力，二是商业生态环境。我们的组织有没有能力担负起千亿美元产值的公司运作，有没有活力去应对挑战？商业生态环境对我们的容忍度，容不容许我们做大做强？我们有什么办法去改善商业的生态环境？（任正非：《不要盲目扩张，不要自以为已经强大》，总裁办电邮文号［2012］006号）

在这个英雄辈出的时代，一定要敢于领导世界，但是取得优势以后，不能处处与人为敌，要跟别人合作。有人问我：“你们的商道是什么？”我说：“我们没有商道，就是为客户服务。”（任正非：在战略务虚会上的讲话，2015）

以土地换和平

什么叫领导？什么叫政客？这次以色列的选举，让我们看到了犹太人的短视。拉宾①意识到以色列是一个小国，处在几亿阿拉伯人的包围中，尽管几次中东战争以色列都战胜了，但不能说50年、100年以后阿拉伯人不会发展起来。今天不以土地换和平、划定边界，与周边和平相处，那么一旦阿拉伯人强大起来，犹太人又会流离失所。而大多数人只看重眼前的利益。我终于看到一次犹太人也像我们一样短

① 拉宾，指伊扎克·拉宾（Yitzhak Rabin），以色列政治家、军事家，他是首位出生于以色列本土的总理，在任职期间对推动中东和平进程做出了积极努力，于1995年被犹太激进分子刺杀。——编者注

视。我们的领导都不要迎合群众，但实现推进组织目的，要注意工作方法。一时牺牲的是眼前的利益，但换来的是长远的发展。（任正非：《华为的冬天》，2001）

我曾经在与一个世界著名公司，也是我司全方位的竞争对手合作时讲过，我是拉宾的学生，我们一定要互补、互助，共同生存。我只是就崇敬拉宾，来比喻与竞争对手的长期战略关系。（任正非：《华为的冬天》，2001）

几年前我们提出以土地换和平，加大与友商的合作步伐，实现优势互补，共同为客户创造更大的价值。经过了七八年，我们终于让相当多的人认识了我们，很多友商开始视我们为朋友。在为客户提供优质服务中展开竞争，在降低开发成本上进行合作……这些管理格局的变化，已经明显反映到我们的发展态势中来了，未来公司的发展将发生很大的历史性变化。（任正非：《认清形势，加快组织建设和后备干部培养，迎接公司新发展》，2005）

1.2.4 追求公司长期价值

价值表现为公司现实的获利能力和未来潜在获利机会的货币化

任何一个产品都可能经历不赢利到赢利的过程，我们要用产品长期的赢利战略支持短期的不赢利战略，关键是要设置一个边际成本点，超过了这个规模量的点之后就能够赢利。（任正非：在 IP[①] 微波业务发展专题汇报上的讲话纪要，2009）

我们这次组织整改还是强调市场机会第一，然后才是人均效益。如果片面强调人均效益第一，那么按照华为公司今年的效益，只要不招人，人均效益就提高了，但我们的增长不够。因此，人均效益提高的基础还是有效增长，还是要形成以有效增长为中心、以自我协调为中心的机制。我们的眼睛不能只盯着人均效益，否则我们一定会失败。没有战略思维是不行的，所以要盯在我们的增长上，盯在我们创造的总效益上，然后再考核人均效益。（任正非：2009 年 3 月 25 日在后备干部总队例

① IP，internet protocol，网络之间互连的协议。

会上的讲话）

我们必须要在一个主航道上，是以价值为中心，不是以技术为中心。（任正非：在网络能源产品线汇报会上的讲话，总裁办电邮文号［2012］043 号）

华为的商业模式是：长期保持饥饿状态，不谋求赚大钱

面临这个时代，不是我们要不要引领市场需求，我认为能不能适应这种变化才是最主要的。我们现在很多资产实际上是话音时代的资产，过去 20 年的成功并不能证明我们未来会怎么样。在这个新时代，我们就是要丢掉包袱前进。首先，我认为技术不是门槛，任何技术别人都能赶上来；客户也不一定有忠诚度，因为你自己就不可能永远这么好地对待你曾经的客户，这些都是不可靠的。我认为真真实实的是商业模式，为什么我一贯主张赚小钱不赚大钱？这就是商业模式。因为电信网络太不挣钱了，有些设备供应商减少了有些方面的投资，才让我们赶上来了。如果当我们在这个行业称霸时，我们继续赚小钱，谁想进这个行业赚大钱都是不可能的，他要赚小钱，他能不能耐得住这个寂寞？耐不住寂寞他就不干了，还是我们占着这个位置。如果我们长期保持饥饿状态，不谋求赚大钱，最终我们能持久赚钱。赚小钱，如果分配不是很差，还过得去，大家不散掉就行了。如果我们想垒起短期利益，想赚大钱，就是自己在埋葬自己。保证公司生存下来应该是多方面的，但我认为最主要的，就是内心要盯住有效的增长及优质的服务。（任正非：在 2013 运营商网络 BG 战略务虚会上的讲话及主要讨论发言，总裁办电邮讲话［2014］016 号）

华为公司也曾多次动摇过。人生还是要咬定自己的优势特长持续去做。有人说我们做芯片不挣钱，人家做半导体的挣大钱，但是挣大钱的死得快，因为大家眼红，拼命进入。我们挣小钱怎么死呢？我们这么努力，比不上一个房地产公司，上帝先让我们死，就有点不公平。我和欧盟副主席聊天，他问我：全世界的经济都这么困难，你怎么敢大发展？我说第一点，我们的消费是小额消费，经济危机和小额消费没关系，比如你欠我的钱，我还是要打电话找你要钱，打电话就是小额消费。第二点，我们赢利能力还不如餐馆的毛利率高，也不如房地产公司高，还能让我们垮到哪儿去，我们垮不了。所以当全世界都在摇摆，都人心惶惶的时候，华为公司除了下面的人瞎惶惶以外，我们没有慌，我们还在改革。至少这些年你们还在涨工资，而且有的人可能涨得很厉害。我们为什么能稳定？就是我们长期挣小钱。（任正非：与 2012 实验室座谈会纪要，2012）

1.2.5 资本与劳动分享利益

人与人之间的所有合作实际上还是利益分配问题。如果我们当初只想个人富裕的话，那么我们的朋友就会更少一些，我们的战斗力就更小一些，我们的利润也就更低一点。我们可分配的百分比很大，但基数很小，其相乘结果是很小的。因此我们的目的是把蛋糕做大，百分比调小，从而符合“利益均沾”的原则。（任正非：谈公司未来组织目标和体制蓝图纪要，1994）

资源是会枯竭的，唯有文化才会生生不息。一切工业产品都是人类智慧创造的。华为没有可以依存的自然资源，唯有在人的头脑中挖掘出大油田、大森林、大煤矿……（来源：《华为公司基本法》，1998）

建立起员工个人收入与公司整体效益联系浮动的价值分配制度。在效益好时要敢于扩张，共同负责；在受到挫折时，要共同忍受。通过这种张弛，把压力传递到流程的每个环节与每一个员工。（任正非：1999 年管理工作要点）

企业的发展要强调客户、资本、劳动者多赢。因此，我们要强调要真正去努力实现客户的需求，要培养对客户需求有激情、有干劲，并孜孜不倦去实现的员工。以长期奉献能力与实现贡献定薪酬，以短期贡献定奖励。我们一定要强调每个人对资本的贡献价值，在这个价值下，每增加一个人，要增加一部分增值价值。办企业一定要使客户满意，这是生存基础；也要使股东满意，这是投资的目的；同时，也要使贡献者满意，我们绝不让雷锋吃亏，这是持续发展的推动力。（任正非：“关于人力资源管理变革的指导意见”，2005）

华为公司到底是肯定英勇作战的奋斗者，还是肯定股东？外界有一种说法，华为股票之所以值钱，是因为华为员工的奋斗，如果大家都不努力工作，华为股票就会是废纸。是你们在拯救公司，确保财务投资者的利益。作为财务投资者应该获得合理回报，但要让“诺曼底登陆”的人和“挖巴拿马运河”的人拿更多回报，让奋斗者和劳动者有更多利益，这才是合理的。（任正非：在后备干部项目管理与经营短训项目座谈会上的讲话，总裁办电邮讲话［2014］054号）

有员工在公司心声社区贴了一篇外面评论家的文章，主要说若华为不能持续赢利，虚拟受限股就是泡沫，终会破灭。这篇文章讲的是一个真理。因此，华为要加强改进自己，聚焦战略，简化管理，去除冗员，淘汰落后，才能不断地激活自己。不过上市公司不赢利，也要垮掉的，不上市的公司不赢利也不能发展的。我们没有不同于别人的命运，唯有多努力。（任正非：在企业业务座谈会上的讲话，总裁办电邮讲话［2014］006号）

我们虚拟受限股的实行是经政府批准的，有红头文件的，是合法的。历届中央首长都在关怀过问这件事情，看其能否促进产业发展，称其为中国特色社会主义的一种尝试。我们也经常去北京汇报执行情况，我们是遵纪守法的。但任何投资都是有风险的，我们是把风险捆在员工奋斗上的，员工对自己的奋斗有信心，就自愿购买，也可以不买。如果你担心，现在公司处在平静的发展时期，任何人都可以自愿全部退出虚拟受限股计划，但退出后就不能再逆向购买回去。若再想购买，仍然是按基于贡献的饱和配股计划执行。（任正非：在企业业务座谈会上的讲话，总裁办电邮讲话［2014］006号）

华为这20多年的成功，在于解决了资本和劳动的价值分享机制，这个分享机制要延伸到与供应商、客户进行分享，最终结果就是共同分享这个世界。（任正非：在战略预备队誓师典礼暨优秀队员表彰大会上的讲话，总裁办电邮讲话［2015］083号）

杨林：您刚才讲到华为的机制，关于华为的机制和企业文化，我看国内有很多文章进行探讨，您能不能告诉我您的看法？任正非：其实我们的文化就只有那么一点，以客户为中心、以奋斗者为本。世界上对我们最好的是客户，我们就要全心全意为客户服务。我们想从客户口袋里赚到钱，就要对客户好，让客户心甘情愿把口袋的钱拿给我们，这样我们和客户就建立起了良好的关系。怎么去服务好客户呢？那就得多吃点苦啊。要合理地激励奋斗的员工，资本与劳动的分配也应有一个合理比例。（来源：《与任正非的一次花园谈话》，总裁办电邮讲话［2015］098 号）

杨林：华为取得这么大的成功，尤其在欧洲，如何蚕食了您的竞争对手，包括诺基亚、爱立信等大公司的市场份额？华为从不知名的中国小公司，如何成为今天欧洲市场上数一数二的玩家？任正非：你讲错了，你应该讲，我们怎么与这些公司合作为这个世界做贡献的。这个信息社会长大的速度，比我们的能力长大得快，不然我们也可以打打高尔夫、喝喝咖啡。我们的国际同行在这段时期也变大了，苹果大得皮都不知如何削了。是共同合作发展，满足社会需要。我们的分享制，从 20 多年来对资本与劳动的分享实践，逐步扩展到对客户、供应商分享成功。同时，与领导这个世界的先进公司合作共同制定标准、路标，一起为社会做出更大贡献。我们没有狭隘到如何消灭别人。不断烧钱的目的，是烧到对手烧不动了，就垄断了。我们不谋求市场垄断。我们并没有蚕食它们，也从来不想蚕食它们。而是千方百计希望它们强大。它们强大，像诺基亚和阿朗的合并，我们都非常高兴。诺基亚的奋斗精神，我认为比别的公司要强，所以诺基亚能重新回到世界舞台上。我们加强和它们的合作，共同为这个社会提供服务。（来源：《与任正非的一次花园谈话》，总裁办电邮讲话［2015］098 号）

我们公司只有一个价值观——多劳多得。和我们一起奋斗的员工，无论什么样的岗位，都能享受到公司的分享制，用利益来驱动组织前行。以前签证部门待遇低，关心不够，后面我们要加强，吸引优秀人才加入，快点把炮弹打出去。所以贯彻市场化的原则，有利于提高大家的积极性。（任正非：在员工关系年会上的讲话，总裁办电邮讲话［2016］058 号）

我认为的价值观，是每个要素都要分享到合理的利益和回报。“自由、平等、博爱”很好，但没有定义谁来做蛋糕，没有蛋糕，怎么能做到“自由、平等、博爱”？社会上说将来网络设备白牌化，很便宜，但是“免费的午餐”谁来做，谁来维护？白牌化的网络设备质量能做到非常好吗？维护非常好吗？一个要素分配不到价值时，这个要素就会塌陷。免费的午餐不符合市场经济规律，在这里不赚钱，就在那里捞点钱，这种创新叫“商业模式创新”，而美国是“技术创新”。（任正非：与 Fellow[①] 座谈会上的讲话，总裁办电邮讲话［2016］069 号）

资本为创造世界出了一臂之力，但最重要的还是靠劳动创造世界。我们得益于二十几年去读这些标准，融入公司所有人的脑袋中了。对每个脑袋称称重量，然后把股票合理分配，就形成了我们的新机制。虽然走了两个人，但标准体系还存在，读标准的人还是很厉害的。如果公司有一天散了，再重新聚回来，原有的所有体系都不再有了，因为标准要有生命才能延续。管理是无生命体系，标准体系是无生命体系，如果没有有生命的人去支撑，我们这个体系就付诸东流了。所以，华为公司不能垮，否则几十年来花费了百亿美元积累起来的管理体系就没有用了，形成对技术标准的理解也没有用了。（任正非：与 Fellow 座谈会上的讲话，总裁办电邮讲话［2016］069 号）

28 年“力出一孔、利出一孔”的厚积薄发，资本与劳动的分享机制，集体奋斗的精神是有独特竞争力的。（任正非：《前进的路上不会铺满了鲜花》——在 2016 年市场年中会议上的讲话，总裁办电邮讲话［2016］079 号）

网上传有员工 34 岁要退休，不知谁来给他们支付退休金？我们公司没有退休金，公司是替在职的员工买了社保、医保、意外伤害保险等。你的退休得合乎国家政策。你即使离职了，也得自己去缴费，否则就中断了，国家不承认，你以后就没有养老金了。当然你们也可以问西藏、玻利维亚、战乱、瘟疫……地区英勇奋斗的员工，征集他们愿不愿意为你们提供养老金，因为这些地区的奖金高。他们爬冰卧雪、含辛茹苦，可否分点给你。华为是没有钱的，大家不奋斗就垮了，不可能为不奋斗者支付什么。30 多岁年轻力壮，不努力，光想躺在床上数钱，可能吗？（任正非：任正非在泰国与地区部负责人、在尼泊尔与员工座谈的讲话，总裁办电邮讲话［2017］026 号）

---

① Fellow，代表华为公司专业技术人员重大成就的最高称号。在产品、技术、工程等领域做出创造性成就和重大贡献、具备足够业界影响力的华为员工，可被推荐参与华为的 Fellow 的评选。

我们要循序渐进，要不断提升我们的效率，人员费用增长要慢于销售收入和利润的增长。我们提倡“三个人干五个人的活，拿四个人的收入”。加强获取分享制，形成不同血脉，但有共同信仰、共同利益的群体。（任正非：《华为的胜利也是人力资源政策的胜利》——在与人力资源管理部部分员工晚餐会上的讲话，总裁办电邮讲话［2017］037号）

1.2.6 通过无依赖的市场压力传递，使内部机制永远处于激活状态

核心价值观要转化为一种利益驱动机制才能确保其传承

价值分配系统必须合理，价值分配系统要合理的前提条件是价值评价系统必须合理，而价值评价系统要合理，价值评价的原则以及企业的价值观系统、文化系统必须是要积极的、蓬勃向上的，这样才可能使那些优秀人才，那些真正为企业做出贡献的人才得到合理的回报。（任正非：《抓住机遇，调整机制，迎接挑战》，1997）

“以客户为中心，以奋斗者为本，长期艰苦奋斗”就是一种利益驱动机制。以奋斗者为本的文化可以传承的基础就是不让雷锋吃亏，对那些有使命感、自觉主动贡献的人，组织不要忘了他们。这也许就是华为文化，要使这个文化血脉相传。这个文化不是在大喊大叫中建立起来和传承下去的，它要落实到若干考核细节中去。要春雨润物细无声般地将文化溶解在血液中。（任正非：《从“哲学”到实践》——在2011年干部大会上的讲话，总裁办电邮文号［2011］016号）

别的公司是“以人为本”，我们是“以奋斗者为本”。我们不通过垄断，扩大市场是靠战斗抢回来的，所以我们分给的是奋斗者。我们的政策是开放的，只有团结越来越多的人，才会做越来越大的饼。只要你努力，分到的饼只会增加不会减少，不会因为别人进来两个月，就把你的饼抢走了。我们如果是这样的开放心态，还会做强！（任正非：在2013年7月23日重装旅集训营座谈会上的讲话，总裁办电邮文号［2013］174号）

要按价值贡献，拉升人才之间的差距，给火车头加满油，让列车跑得更快些及做功更多。践行价值观一定要有一群带头人。人才不是按管辖面来评价待遇体系，一定要按贡献和责任结果，以及他们在此基础上的奋斗精神。（任正非：《用乌龟精神，追上龙飞船》——在公司2013年度干部工作会议的讲话，总裁办电邮文号［2013］255号）

华为确保奋斗者利益，若你奋斗不动了，想申请退休，也要确保退休者有利益。不能说过去的奋斗者就没有利益了，否则以后谁上战场呢？但是若让退休者分得多一点，奋斗者分得少一点，傻帽儿才会去奋斗呢？因为将来我也是要退休的，如果确保退休者更多利益，那我应该支持这项政策，让你们多干活，我多分钱，但你们也不是傻帽儿。因此价值观不会发生很大变化，传这种话的人都是落后分子。（任正非：在后备干部项目管理与经营短训项目座谈会上的讲话，总裁办电邮讲话［2014］054号）

考核机制以责任结果为导向，对英雄及时激励；敢于破格提拔优秀人员，拉开分配差距。第一，对英雄的激励要及时，就是根据目标达成情况，不要按干部选拔标准去评价。冲上山头的就是英雄，就该发山头激励奖。至于冲上山头的人能不能当干部，我们可以再把干部选拔标准拿出来比一比。当前有一种现象，不管评什么，都把各项指标拿出来比。冲上山头和一些小毛病有什么关系呢？攻上山头、炸了碉堡，就是英雄嘛，就奖励炸碉堡这件事情，与其他毛病无关。毛病会影响他升职升级。第二，我们要敢于拉开分配差距，破格提拔贡献者，优秀员工要多拿钱、快速提拔。不拉开差距，优秀苗子就起不来，被压得嗷嗷叫，升不了官，团队士气就低落。铁军都是打出来的，打赢了就快速提拔，士气高涨，战斗力就强。选出几个优秀人员来树立标杆，大家看到了榜样，就会开始争着上战场冲锋，去超越标杆，这样队伍的士气才能起来。后进、落后、不出绩效者，慢慢地末位淘汰。（任正非：在中亚地区部员工座谈会上的讲话，总裁办电邮讲话［2016］063号）

将市场竞争压力层层传递到每一道流程、每一个人，激活组织

华为公司发展到目前的规模，面临的挑战只会更大。要么停滞不前，逐渐消沉，要么励精图治，更上一层楼，在世界一流企业之林占一席之地。正所谓不进则退，我们需要将危机意识更广、更深地传播到每一个华为人身上。（任正非：《胜则举杯相庆，败则拼死相救》，1997）

破釜沉舟，把危机意识和压力传递到每一个员工。通过无依赖的市场压力传递，使内部机制永远处于激活状态。（任正非：《华为的红旗到底能打多久》，1998）

在国外我们经常碰到参与电信私营化这样的机会，我们均没有参加。当然我们不参加，以后卖设备会比现在还困难得多，这迫使企业必须把产品的性能做到最好，质量最高，成本最低，服务最优，否则就很难销售。任何一个环节做得不好，都会受到其他环节的批评，通过这种无依赖的市场压力传递，使我们内部机制永远处于激活状态。这是欲生先置于死地，也许会把我们逼成一流的设备供应商。（任正非：《华为的红旗到底能打多久》，1998）

中基层干部就要有危机感，什么是危机感？就是每年有 10% 的行政干部下岗。你已经走向行政管理岗位了，我们给了你信任和机会，但是你放弃了，那我就没办法，因此我们对行政管理干部要强化末位淘汰。干部一定要末位淘汰的，才有排队和甄别，才能有压力和活力，这支队伍才能保持战斗力。（任正非：在 2010 年度市场工作会议上的讲话，2010）

公司未来的价值评价体系要以商业成功为导向。各个口长期亏损的行政干部一定要实行末位淘汰制，一定要降职降薪，给大家一个威慑。即使是优秀苗子，落下去一下有啥不可以，进入战略预备队当普通员工，有贡献你还可以上来。先降职降薪降下来，你还可以冲锋，干好了还可以再上来。所以，效益做不上去的干部就要换掉，“将熊熊一窝”，不能产生战略贡献的干部不能提拔。（任正非：《三年，从士兵到将军！》，总裁办电邮讲话［2014］031 号）

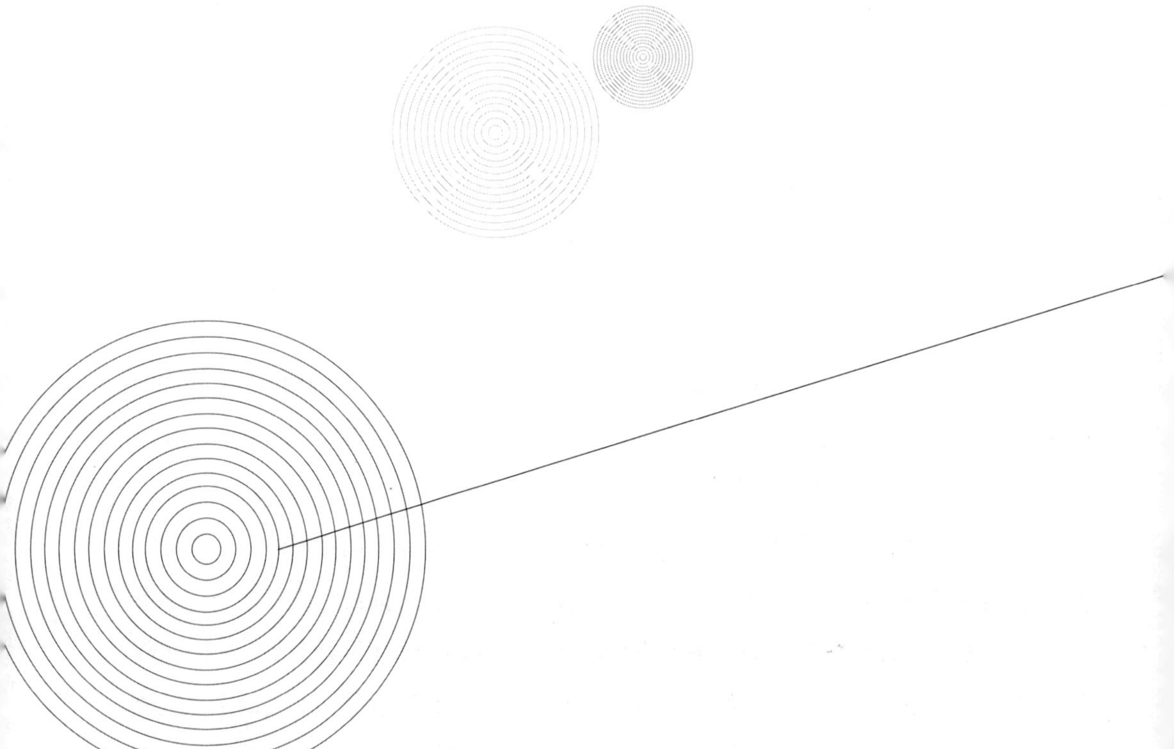

第二章

华为竞争战略的财务视角

华为公司的价值主要是靠业务创造的，财经管理的主要任务是服务好和监督好业务创造价值的过程。从财务视角看待价值创造过程要把握哪些要点呢？首先是善于从投资的视角看业务，从战略的视角看机会。战略机会窗开启的最佳时机通常是短暂的，所以要抓住战略机会就要舍得投入，敢于胜利，善于胜利。其次，要力出一孔，有所为，有所不为。聚焦主航道、坚持压强原则，这是华为自创业以来始终坚持的资源投入原则，是华为成功的要诀，也是财务资源投入要坚持的原则。再次，在大机会面前，千万不要机会主义，不要为短期利益诱惑所动，不要纠结于沉没成本。

当出现机会和成本的冲突时，是要机会还是要成本？华为的优先次序是首先要机会。主张高科技企业机会是大于成本的，抓住了战略机会，花多少钱都是胜利；抓不住战略机会，不花钱也是死亡。节约是节约不出华为公司的。所以财经管理，既要关注成本，更要关注价值创造。

李冰父子留下的“深淘滩，低作堰”的治水准则，是都江堰影响深远的诀窍，其中蕴含的智慧和道理，远远超出了治水本身。华为视其为公司商业模式的生动写照。公司若想长存，这些准则也是适用的。华为的方针是保持合理的利润率水平，加大对未来的投入，让利给客户、供应商和合作伙伴。

开放、竞争、合作是华为不断提升核心竞争力，建设良好商业生态环境的基本方针。企业的供应链就是一条生态链，客户、合作者、供应商、制造商在同一条船上。只有加强合作，关注客户、合作者的利益，追求多赢，企业才能活得长久；只有帮助客户实现他们的利益，华为才能在利益链条上找到自己的生存位置。

市场经济的最高形式，就是经济的全球化，这是不可阻挡的历史必然。华为公司的发展经历了从国际化迈向全球化的过程。华为公司前20年是走向国际化，是以中国为中心走向世界；后20年以至未来是全球化，放眼全球，广纳英才，把战略能力中心，建到战略资源聚集地去。

以上要点，既是华为业务的大战略，也是公司财经的大战略。本章将就上述要点做深入论述。

2.1 抓战略机会，要敢于投入，坚持投入

2.1.1 抓住了战略机会，花多少钱都是胜利，抓不住战略机会，不花钱也是死亡

要从战略的角度看待当前公司的发展，发展需要发展成本，招人对效益、工资增长可能会有牵制，但要看到明天、看到未来，这样就会有新的、不同的认识。该发展时必须抓住机会迅速发展。（任正非：在 2001 年应届毕业生招聘动员暨培训会议上的讲话纪要）

整个战线的目的，就是要加强扩张，要加快扩张。我们这样的机会一千年不再出现一次。曾经出现过千载难逢的机会，就是七八年前出现过这种机会，但那时候我们还是蚂蚁，我们没有这个能力。而我们现在已经有能力了。我们这个时候要敢于胜利，才能善于胜利。（任正非：在 1 月 31 日 EMT 例会“2008 年公司业务计划与预算”汇报的八点讲话，EMT 纪要 [2008] 009 号）

大投入的滞后效应，一定会使我们有一段很难堪的日子。只要有饭吃就行，有

饭吃队伍就存在，没饭吃规模再大也不行。（任正非：《力出一孔，要集中优势资源投入在主航道上，敢于去争取更大的机会与差距》，总裁办电邮文号［2011］039号）

大数据流量可能将呈超几何级数增长，有流量就有机会。华为担负传输的任务，需要更大、更粗、更快的管道，这是我们面临的最核心、最大的机会。我们集25年努力建立起的平台基础，比别人有优势。粗管子由十几根细管子叠起来的时代要结束，未来需要大平台，这是小公司做不到的，那我们的战略机会点就出现了。（任正非：在2013运营商网络BG战略务虚会上的讲话及主要讨论发言，总裁办电邮讲话［2014］016号）

当发现一个战略机会点，我们可以千军万马压上去，后发式追赶，你们要敢于用投资的方式，而不仅仅是以人力的方式，把资源堆上去，这就是和小公司创新不一样的地方。（任正非：《用乌龟精神，追上龙飞船》——在公司2013年度干部工作会议的讲话，总裁办电邮文号［2013］255号）

我们现在要保持一定的投资强度，投资要聚焦到战略制高点上来，抢了战略制高点，不卖得那么便宜，拿盈利去做先进性的研究。（任正非：在企业业务座谈会上的讲话，总裁办电邮讲话［2014］006号）

要舍得打炮弹，用现代化的方法做现代化的东西，抢占制高点。我们现在打仗要重视武器，要用武器打仗。以前因为穷，所以我们强调自力更生，强调一次投片成功，强调自己开发测试工具，现在看来都是落后的方法。我们要用最先进的工具做最先进的产品，要敢于投入。把天下打下来，就可以赚更多的钱。我们要舍得打炮弹，把山头打下来，下面的矿藏都是你的了。在功放上要敢于用陶瓷芯片，要敢于投资，为未来做准备。（任正非：《最好的防御就是进攻》，总裁办电邮文号［2013］232号）

2.1.2 错开相位发展，加大对未来机会的投入

错开相位发展，加大对机会的投入。研发与市场要相差两年左右的时间，现在

如果不加大投入，等到春天来了我们种什么？不加大投入怎么能产生机会？研发体系要和市场体系错开相位发展，在市场下滑时，要加大研发投入，才有可能在市场重新恢复到正常状态的时候有所发展。为了迎接这种到来，我们在研发体系投入问题上是不能动摇的。（来源：产品线管理办公室工作汇报会议纪要，2000）

最近，我们确定了要“在弯道里超车”。我们要在世界竞争格局处于拐点的时候敢于超车。大家看 F1[①] 比赛，赛车在直线跑道从来没有超车的，因为超不了。在直线上大家都是拼命加速，你怎么超得了呢？西方同行有几十年的管理积累、品牌积累、客户的信任积累。在发展形势一片大好时，它们一加速就跑得远远的，我们超不了。而在弯道的时候，一个判断失误，可能它就掉到后面去了。因为弯道多迷惑、多犹豫。现在电子产品像秋天的西瓜一样过剩，西瓜太多了，西瓜的价格就降到令人不可接受的地步，谁都不清楚未来这些产品能否恢复赢利。我们只要把握了我们的优势，敢于在弯道上加大投入，就有可能在某方面超越它们。电信行业已处在一个技术转型、网络转型、业务转型以及商业模式转型的弯道。（任正非：《认清形势，加快组织建设和后备干部培养，迎接公司新发展》——在干部部部长会议上的讲话纪要，2005）

我们现处在快速扩张的阶段，属于反周期成长。所谓反周期成长，就是经济大形势下滑时，我们加速成长。2000 年年后那一段时间，我们内外交困，濒临崩溃。按正常逻辑，这时候应该是收手，休整队伍、巩固好根据地，以便下次再来。但我们是反周期成长，加大投入，因此等经济危机一过，友商就看到旁边站着个人，个子虽然还有点矮，鼻子也低，看着还是长大了。通过第一个反周期性成长，我们站在世界舞台上了。现在第二个反周期性成长，能达到什么目标很难说，但我们至少应该有几个定价权吧。（任正非：在 PSST[②] 体系干部大会上的讲话，2008）

---

① F1，一级方程式锦标赛。

② PSST，products & solutions staff team，产品和解决方案实体组织办公会议。是研发实体组织进行日常业务决策与运营管理的平台。

回想 IT[①] 泡沫崩溃时的情景，当时传输从白马王子，跌落到一文不值，许多业界领袖公司减少了投入。而我们反周期成长，在财务极度困难时，没有减少投入，使我们今天能成为世界第二。（任正非：《让青春的生命放射光芒》——在网络产品线奋斗大会上的讲话纪要，2008）

2.1.3　在大机会时代，千万不要机会主义，要有战略耐性

在大机会时代，千万不要机会主义，我们要有战略耐性。（任正非：《在大机会时代，千万不要机会主义》——与消费者 BG 管理团队午餐会上的讲话，总裁办电邮讲话［2014］025 号）

大机会窗展开的时候我们应该怎么做，希望你们百尺竿头更进一步。看到你们在这么短的时间起步很好，我很高兴。最近我给消费者 BG 讲话时提到"面对大机会时代，我们千万不要机会主义，要有战略耐性"。你们要继续好好干，努力为我们的共同目标而奋斗！公司赚钱越多，投入未来越多，战略竞争力越强，就赚得更多，就能吸引世界各国优秀"蜂子"进来，然后我们就会有更强的竞争力，赚更多的钱，引进的更多的"蜂子"，战略竞争力更强！（任正非：在日本研究所工作汇报会上的讲话，总裁办电邮讲话［2014］034 号）

华为公司要坚持跑马拉松，要具有马拉松精神，慢慢跑，要持续赢利。互联网的特性是对标准化、数字化的内容传输的便利性和规模化。它是促进实业在挖掘、消化信息后的改进，所谓互联网时代，是信息促进人类社会进步，促进实业、服务等的进步，并不是仅指网络商本身。我们只要手机做到高质量，又适配了全球一部分人的需求，就奋力在网上销售就行了。我们与京东、阿里是不一样的，我们能控制交易质量，而且有一把知识产权大伞罩着全球市场。仅仅做一个交易平台是有一定风险的。大家一定要相信汽车首先必须是汽车，金融必须首先是金融，豆腐必须

① IT，information technology，信息技术。

首先是豆腐……别的不能取代汽车，如果能取代，那就是阿拉伯飞毯。（任正非：《在大机会时代，千万不要机会主义》——与消费者BG管理团队午餐会上的讲话，总裁办电邮讲话［2014］025号）

当我们像乌龟一样在爬的时候，中国可是四处都是鲜花，我们全当作没有看到，至今还在艰苦奋斗。终端与我们同甘共苦这么多年，要继续坚持走一条好路，这条好路就是能一直有钱发。我们要找到自己存在的问题和缺点，认识到自己是谁，坚持走自己的道路，才能构建成功，才能构建未来。只要二十年以后我们还活着，就是“一览众山小”！（任正非：《在大机会时代，千万不要机会主义》——与消费者BG管理团队午餐会上的讲话，总裁办电邮讲话［2014］025号）

有人会说我们机会主义，就是要逼你转型，就像当年逼余承东[①]一样，消费者BG不就转型过来了吗？我对老余讲，“相信未来两三年，华为公司终端的质量会大幅度提升，让它惯性往下走”。老余应该重点抓商业模式、计划管理这些方面。而且专门讲了我的一个观点，“你们这棵桃子树上一定要结西瓜，不能就只结桃子这一种商业模式”。因为桃树的树干，就是公司共同支撑平台（如服务平台、维修平台、财务平台等），根状体系要分不同客户去吸取不同营养。你们要有多种商业模式，很多公司都有窍门，桃子树上如何才能结出西瓜，你们要去好好思考。（任正非：《遍地英雄下夕烟，六亿神州尽舜尧》——在四季度区域总裁会议上的讲话，总裁办电邮讲话［2014］086号）

我们不要急于将新技术过快地推向市场，我们要有战略耐性，可以后发制人。我们一直在关注客户需求的方向，我们并没惰怠，就像一只猫，弓缩着身子，直到市场机会成熟。我们不会麻木到大机会出现还不行动。同时，要研究如何保护客户的投资，物尽其用，不要净想着颠覆。（任正非：与英国研究所、北京研究所、伦敦财经风险管控中心座谈的纪要，总裁办电邮讲话［2015］075号）

我们一再强调终端要有战略耐性，要耐得住寂寞。如果你们匆匆忙忙发展，可

---

① 余承东，华为消费者BG CEO、华为终端公司董事长。——编者注

能因为一个零件问题，这批手机几十万部、几百万部出问题，就会毁了整个终端公司，有时很难再爬起来。所以我们还是要踏踏实实，控制欲望、控制合理发展速度，“鸡血”沸腾一定是犯错误的前兆。这个时代是“春秋战国”，但即使竞争激烈，我也不鼓励你们降价恶性竞争，而是鼓励提高质量，耐着性子跑，这样才能跑赢。不要担心别人短期内占领了这个市场，以人们两三年换一次手机的频率，下次就该换成华为手机了，三年以后才能“出水才见两腿泥”来。（任正非：《脚踏实地，做挑战自我的长跑者》——在消费者 BG 2015 年年中沟通大会上的讲话，总裁办电邮讲话［2015］107 号）

大机会时代，千万不要机会主义。一定要有战略耐性。人类社会的发展，都是走在基础科学进步的大道上的。而且基础科学的发展，是要耐得住寂寞的，板凳不仅仅要坐十年冷，有些伟大的人，一生寂寞。基因技术也是冷了几百年，才重新崛起的。华为有 8 万多研发人员，每年研发经费中，约 20%~30% 用于研究和创新，70% 用于产品开发。我们已将销售收入的 14% 以上用作研发经费。未来几年，每年的研发经费会逐步提升到 100 亿 ~200 亿美元。（任正非：《为祖国百年科技振兴而努力奋斗》，总裁办电邮讲话［2016］067 号）

华为正在本行业逐步攻入无人区。无人区，处在无人领航、无既定规则、无人跟随的困境。华为跟着人跑的“机会主义”高速度，会逐步慢下来，创立引导理论的责任已经到来。华为也不能光剪羊毛，谢谢西方公司前 30 年对华为的领航。（任正非：《为祖国百年科技振兴而努力奋斗》，总裁办电邮讲话［2016］067 号）

我们为什么一再强调要聚焦主航道呢？就是因为自信我们对未来的大机会、机会窗的假设是正确的，我们不会贪图小利和眼前利益而迷失了方向，丢掉了大机会。（任正非：《前进的路上不会铺满了鲜花》——在 2016 年市场年中会议上的讲话，总裁办电邮讲话［2016］079 号）

华为这 28 年来的努力，使得今天能够厚积薄发。在大信息传送领域，我们有可能到达无人区。所以，我们要建立一种战略自信。我们相信，在这个大机会时代，我们一定能够抓住机会；我们相信，我们的队伍将来能承载着 2 000 亿美元销售收入的目标。当然，我们的队伍不要为 1 500 亿、2 000 亿美元的口号所累，不要穿上红舞鞋。公司说的这个目标，是在指引公司的结构改革、机制改革、流程改革等，以适应未来真正能达到时，我们的能力能与之相适应。不是指标，不是 KPI[①]，而是核心竞争力，否则我们就是叶公好龙。（任正非：《前进的路上不会铺满了鲜花》——在 2016 年市场年中会议上的讲话，总裁办电邮讲话［2016］079 号）

2.2　力出一孔，有所不为才能有所为

2.2.1　集中优势资源投入在主航道和战略性机会点上，确立并扩大优势

利用压强原则，形成局部的突破，逐渐取得技术的领先和利润空间的扩大。技术的领先带来了机会窗利润，我们再将积累的利润投入升级换代产品的研究开发，如此周而复始，不断地改进和创新。（任正非：《创新是华为发展的不竭动力》，2000）

把握行业转型的机会，敢于加大投入，抢占战略机会点；以有效增长为核心，有舍有弃地加强战略集中度，把握住战略制高点，构筑公司面向未来长期生存发展的基础。（来源：《关于 2012 年经营环境分析与关键经营策略的指导意见》，司发［2012］081 号）

要加强内部的整改，要集中精力，在主航道、主战场上建立优势地位，决不轻言横向发展，削弱了垂直进攻的力量。在清晰的战略目标架构下，以垂直业务整合为中心，一定要提高效率。只有在有效增长、提高盈利的基础上，才有可能战略夯实长期优势的基础。不改革，效率不能提高，我们就不能把握未来几年的机会。（任

① KPI，key performance indicator，关键绩效指标。

正非：任正非在常务董事会民主生活会上的讲话，2012 年）

什么叫主航道？世界上每个东西都符合正态分布，我们只做正态分布中间那一段，别的不做了，说那个地方很赚钱我们也不做，也卖不了几个。我们就在主航道、主潮流上走，有流量就有胜利的机会。（任正非：在三亚终端战略务虚会上的讲话及主要讨论发言，2012）

我们必须要聚焦在一个主航道上，是以价值为中心，而不是以技术为中心。作为一个辅助产品线，一定要突出你的价值贡献是什么。（任正非：在网络能源产品线汇报会上的讲话，总裁办电邮文号［2012］043 号）

多少人欢乐几家愁。沿着主航道，把握好大江大河，我们一定能走到大海。（任正非：《紧紧围绕客户，在战略层面宣传公司》——在华为品牌战略与宣传务虚会上的讲话纪要，2012）

活不下去就没有未来！我们的价值评价体系要改变过去仅以技术为导向的评价，大家都要以商业成功为导向。消费者 BG 已经进入公司主航道了，但主航道是要创造价值，价值并不仅仅是技术领先。未来还有很长的路要走。你们应该是给主航道贡献能量，而不是拖后腿。主航道的能量一旦发散后，就很难聚焦起来达成目标。（任正非：《在大机会时代，千万不要机会主义》——与消费者 BG 管理团队午餐会上的讲话，总裁办电邮讲话［2014］025 号）

公司已明确“针尖”发展战略不动摇，坚持路线是“有所为，有所不为”。我们已经通过了公司战略路标图，未来就要紧紧围绕战略路标来做。在大数据流量方面加大投入，我们现在不仅是占领网络地盘，还要占领流量，我们帮客户经营，客户的地盘就那么大，但流量比别人大，那也是成功。我们不能在非战略机会点消耗公司的战略竞争力量，非战略路标的业务做不了就做不了，我们做不到什么都能满足客户需求。但中间界面要逐渐开放，让能做的公司进来做。（任正非：在解决方案重装旅第一期学员座谈会上的讲话，总裁办电邮讲话［2014］064 号）

公司要像长江水一样聚焦在主航道，发出巨大的电来。无论产品大小都要与主航道相关，新生幼苗也要聚焦在主航道上。不要偏离了主航道，否则公司就会分为两个管理平台。（任正非：《坚持为世界创造价值，为价值而创新》——在战略务虚会上的讲话，总裁办电邮讲话［2015］006号）

2.2.2 要成为领导者，一定要加强战略集中度

要成为一个真正的世界潮流的领导者，必须在主潮流上取得胜利

我们要避免多条战线作战，才能减轻疲于奔命的问题。我们就将重点放在主要客户的方向上，主要客户的方向变了，我们要跟着进行调整。（任正非：在华为技术安圣电气研发体系干部座谈会上的讲话，2001）

我们的投资，我们的人力资源管理，也要根据客户需求、社会需求的正态分布进行配置。我们在某些领域、某些方面做得比较优秀，也冒出了一个小头，但我们要成为一个真正的世界潮流的领导者，必须在主潮流上取得胜利。因此，现阶段按客户需求的正态分布投入力量，是符合潮流的。（任正非：《静水潜流，围绕客户需求持续进行优化和改进》，2002）

我们要力出一孔，力量从一个孔出去才有力度。我们“利出一孔”做得比别人好。但是我们的“力出一孔”做得不好，研发的力量太发散，让竞争对手赶上来了。每一个产品线、每一个工程师都渴望成功，太多、太小的项目立项，力量一分散就把整驾马车拉散了。你们无线产品线要力出一孔，要加强向主航道的投入，提高主航道的能力，在主航道上拉开与竞争对手的差距。（任正非：《力出一孔，要集中优势资源投入在主航道上，敢于去争取更大的机会与差距》——无线业务汇报会议纪要，总裁办电邮文号［2011］039号）

不赚钱的产品就关闭、压缩。我不会投资非战略性的产品，除了你们滚动投入，又能交高利润。我们整个公司只有把战线变得尖尖的，才能形成突破。否则就把公司的能力拉得平平的了，什么城墙都攻不破。（任正非：在网络能源产品线汇报会上的讲话，总裁办电邮文号［2012］043号）

我们要成为领导者，一定要加强战略集中度，一定要在主航道、主战场上集中

力量打歼灭战，占领高地。（任正非：在惠州运营商网络BG战略务虚会上的讲话及主要讨论发言，总裁办电邮文号［2012］010号）

我们一定要走在需求的前头。除了力量聚焦外，我们没有别的出路。我们要看看成功的美国公司，大多数是非常聚焦的。难道它们就不能堆出个蚂蚁包？为什么它们不去堆呢？当前，不是我们超越了时代需求，而是我们赶不上，尽管我们已经走在队列的前面，还是不能真正满怀信心地说，我们是可以引领潮流的。但只要我们聚焦力量，是有希望做到不可替代的。（任正非：《变革的目的就是要多产粮食和增加土地肥力》——在2015年市场工作会议上的讲话，总裁办电邮讲话［2015］016号）

企业业务要抓住成功的部分，先纵向发展，再横向扩张。智慧城市、金融行业的IT向云架构转型、电力行业的数字化、政府和企业对云服务的需求，都是重要战略机会。平安城市是智慧城市的一个抓手。千万不要大铺摊子，失去战略聚焦的机会。（任正非：《决胜取决于坚如磐石的信念，信念来自专注》——在市场工作大会上的讲话，总裁办电邮讲话［2016］007号）

只有敢于放弃，才有明确的战略

战略，战略，只有略了，才会有战略集中度，才会聚焦，才会有竞争力。我们可选择的机会确实很多，但只有有所不为，才能有所为，我们所为的标准只有一条，就是不断地提升公司的核心竞争力。（任正非：《华为的机会与挑战》，2000）

产品战略上一定要清晰，不能什么东西都要自己搞，要敢于放弃，只有懂得放弃，才能说明你有明确的战略。市场需求大、成长性好、技术成熟的可以重点自研；市场需求小、成长性差、技术准备不成熟的可以放弃自研，考虑合作方式。（任正非：《高质量，低成本，构建末端接入产品的竞争能力》，2009）

我们要学会战略上舍弃，只有略才会战胜。当我们发起攻击的时候，我们发觉这个地方很难攻，久攻不下，可以把队伍调整到能攻得下的地方去，我只需要占领世界的一部分，不要占领全世界。胶着在那儿，可能错失了一些未来可以拥有的战略机会。以大地区来协调确定合理舍弃。未来3~5年，可能就是分配这个世界的最佳时机，这个时候我们强调一定要聚焦，要抢占大数据的战略制高点，占住这个制

高点，别人将来想攻下来就难了，我们也就有明天。（任正非：在企业业务座谈会上的讲话，总裁办电邮讲话［2014］006号）

未来物联网、智能制造、大数据等将对管道基础设施带来海量的需求。我们的责任就是提供“连接”，具体就是“连接”的设备。这个世界的市场非常巨大，我们还做不到在所有国家都成功。我们只能努力把我们能做的国家做好，这就不简单了。（来源：《与任正非的一次花园谈话》，总裁办电邮讲话［2015］098号）

什么叫战略？“略”是什么意思？“略”是指舍弃一部分东西。你不舍弃一部分东西，不叫略；没有方向，不叫战。对于形势不好的市场，要敢于抛弃一部分，聚焦一部分，聚焦后有利润赚就行了。（任正非：在中亚地区部员工座谈会上的讲话，总裁办电邮讲话［2016］063号）

在一些与企业核心竞争力不相关的利益前，要经得住诱惑

大家知道，深圳经历了两个泡沫经济时代，一个是房地产，一个是股票。而华为公司在这两个领域中一点都没有卷进去，倒不是什么出淤泥而不染，而是我们始终认认真真地搞技术。房地产和股票起来的时候，我们也有机会，但我们认为未来的世界是知识的世界，不可能是这种泡沫的世界，所以我们不为所动。（任正非：《华为的红旗到底能打多久》，1998）

我们不能被充满诱惑的各种机会所迷惑，在全球经济形势不容乐观的大环境下，更不要四面出击，扩张成一片混乱，要加强战略集中度，管道是我们永远的主题，不能动摇，有舍有弃我们才能保持住战略制高点。运营商网络、企业、消费者等各BG都要在所处业务领域的主航道、主潮流里弄潮，建立系统性的力量，而不是去押宝赌博。世界上每个东西都符合正态分布，我们只做正态分布中间那一段，别的不做。我们把投入集中到战略主攻方向上，要求非主航道的业务提供比主航道业务更高的贡献利润率，以约束其盲目发展。（来源：《关于2012年经营环境分析与关键经营策略的指导意见》，司发［2012］081号）

我们只可能在一个较窄的尖面上实现突破，走到世界的前面来。我们不能让诱惑把公司从主航道上拖开，走上横向发展的模式，这个多元化模式，不可能使公司在战略机遇期中，抢占战略高地。我们的经营，也要从过往的盲目追求规模，转向注重效益、效率和质量上来。真正实现有效增长。我们对非主航道上的产品及经营单元，要苛以“重税”，抑制它的成长，避免它分散了我们的人力。我们在市场，要逐步学会抢占战略高地，从上向下辐射的市场策略。当然，我们得有相当“高”的产品及服务，才有高地之说。同时，没有质量好、成本低的中低端产品，包围占领山脚，就形不成规模利润。伴随这些业务的成长，人才要更快地成长。（任正非：《要培养一支能打仗、打胜仗的队伍》——在三季度区域总裁会议上的讲话，总裁办电邮文号［2013］093号）

2012实验室在瞄准未来构筑一些高端技术的过程中，还是要敢在主航道上向前冲。人工智能研发技术越难越要搞，不要去做些小商品挣些小钱，趁着这几年我们有的是钱，要大力投入，加快建设步伐让服务用上最先进的工具。这些技术马上达到实用性还要些时间，我们要有这个战略耐心。（任正非：在诺亚方舟实验室座谈会上的讲话，总裁办电邮讲话［2016］083号）

2.2.3 坚持“压强原则”

收窄战线，压强投入，重点突破，良性循环

华为公司要坚持压强政策，即集中公司全部力量于一点，在某一点上有较大的突破。为什么要坚持“压强原则”？这是由市场信任程度（即用户心理）和每个公司能力方面都存在的压强效应决定的。AT&T（美国电话电报公司）具备生产个人电脑的能力，但如果它们的个人电脑产品推出来，肯定得不到用户的青睐。华为传输产品刚推向市场，大家也许普遍会认为：华为的不如武邮[①]的好，即使我们产品能得到承认，也需要公司投入大量的人力、物力、财力和经历很长一段时期，这就是人们信任程度方面的压强效应。作为一个公司，在一个领域，只有一个或少数几

---

① 武邮，武邮系（峰火通信、光讯科技、长江通信）。

个强项，总的力量分布是只有极少的巅峰，不可能在每个方面都是力量均衡的。充分扬长避短，集中精力于自己的强项上，会产生成倍增长的规模效应。（来源：《集中力量，重点突破》——任正非谈压强原则，1994）

通信市场是很大的，若我们各方面都投入肯定受不了。我们就集中力量打歼灭战，突破一个点，把人力、物力、资金集中在这一点上。在这个点上做到与外国公司同样先进。这样就可撕开一个口，撕开一个口就有市场，有市场赚了钱再加大投资，加大投资又会有更大的突破，有突破又会有更多的市场，这样就会形成一个良性循环。如果我们的产品持续领先，如果有很大的市场，我们就像印钞票一样，大量拷贝软件，这样成本就降下来了，利润就会增长，企业就有生机。（任正非：《持续技术领先，扩大突破口》，1996）

大家知道，坦克在稀泥沼泽上可以通行无阻，但是针落到强硬的地板上，地板却经不起压强。就是说，我没钱，我就把它集中在一点上来投，压得死死的，我可能在这里面就有突破。当时社会嘲笑挖苦我们，我们就是要把精力集中到一点上来突破。（任正非：《抓住机遇，调整机制，迎接挑战》，1997）

我们坚持“压强原则”，在成功关键因素和选定的战略生长点上，以超过主要竞争对手的强度配置资源，要么不做，要做，就极大地集中人力、物力和财力，实现重点突破。（来源：《华为公司基本法》，1998）

华为从创业一开始就把它的使命锁定在通信核心网络技术的研究与开发上。我们把代理销售取得的点滴利润几乎全部集中到研究小型交换机上，利用压强原则，形成局部的突破，逐渐取得技术的领先和利润空间的扩大。技术的领先带来了机会窗利润，我们再将积累的利润投入升级换代产品的研究开发中，如此周而复始，不断地改进和创新。今天尽管华为的实力大大地增强了，但我们仍然坚持压强原则，集中力量只投入核心网络的研发，从而形成自己的核心技术，使华为一步一步前进，逐步积累到今天的世界先进水平。（任正非：《创新是华为发展的不竭动力》，2000）

大公司与小公司的区别就在于：小公司灵活和响应快，可能会先发现市场和机会点，并抢到一定的利润；大公司庞大，反应慢，但一旦进入，就会利用自己的平台优势和规模优势，集中兵力突破，后发制人，有强大的能力覆盖市场。（任正非：《分层授权，大胆创新，快速响应客户需求》，2001）

我们是一个能力有限的公司，只能在有限的宽度赶超美国公司。不收窄作用面，压强就不会大，就不可能有所突破。我估计战略发展委员会对未来几年的赢利能力有信心，想在战略上多投入一点，就提出潇洒走一回，超越美国的主张。但我们只可能在针尖大的领域里领先美国公司，如果扩展到火柴头或小木棒这么大，就绝不可能实现这种超越。（任正非：《用乌龟精神，追上龙飞船》——在公司2013年度干部工作会议的讲话，总裁办电邮文号［2013］255号）

要聚焦一切战略力量攻破进入大市场的条件

我们公司就是太重视细节了，缺少战略家。我们要打开城墙缺口，我不在乎你是一发炮弹炸开的还是六发炮弹炸开的，我要求的就是打开城墙，冲进去占领这个城市，那有多少财富呀！我不是说不该降低成本和提升质量，而是要看战略机会点，看哪个更重要，一定要把战略力量集中在关键的突破口上，集中在主航道上、主战场上。（任正非：《力出一孔，要集中优势资源投入在主航道上，敢于去争取更大的机会与拉开更大的差距》，2011）

我认为企业业务不需要追求立刻做大做强，还是要做扎实，赚到钱，谁活到最后，谁活得最好。华为在这个世界上并不是什么了不起的公司，其实就是我们坚持活下来，别人死了，我们就强大了。所以现在我还是认为不要盲目做大，盲目铺开，要聚焦在少量有价值的客户、少量有竞争力的产品上，在这几个点上形成突破。所以我们在作战面上不需要展开得那么宽，还是要聚焦，取得突破。当你们取得一个点的突破的时候，这个胜利产生的榜样作用和示范作用是巨大的，这个点在同一个行业复制，你可能会有数倍的利润。所以说我们要踏踏实实沿着有价值的点撕开口子，而不要刚撕开两个口子，就赶快把这些兵调去另外一个口子，你们分兵多路，最后就必然是死亡。（任正非：在企业业务座谈会上的讲话，总裁办电邮讲话［2014］006号）

2.2.4 战略竞争力量不应消耗在非战略机会点上

主力不应消耗在局部目标上

德军元帅埃里希·冯·曼施坦因（Erich von Manstein）在他的“二战”回忆录《失去的胜利》一书中讲道：“德军的攻击力，是德国在欧洲战场上的决定性力量，将其消耗在局部目标上，实不可取。”我把它提炼为一条战略原则，就是“战略竞争力量不应消耗在非战略机会点上”。我们公司一定要成功抢占战略目标。为此，我们把研发和区域切开了，研发是一个独立的模块。若把研发跟区域捆在一起，就是去满足低端客户需求，放弃了战略机会。优质资源向优质客户需求倾斜，要放弃一部分低端客户需求。将来我们不会在所有领域都做到世界领先，可能会收缩在一块领域，所以非主航道的领域，交不出利润来，就要缩减。（任正非：《遍地英雄下夕烟，六亿神州尽舜尧》——在四季度区域总裁会议上的讲话，总裁办电邮讲话［2014］086号）

我们不能在非战略机会点上消耗公司的战略竞争力量，非战略路标的业务做不了就做不了，我们做不到什么都能满足客户需求。但中间界面要逐渐开放，让能做的公司进来做。（任正非：在解决方案重装旅第一期学员座谈会上的讲话，总裁办电邮讲话［2014］064号）

不要在局部竞争点上消耗战略力量，要聚焦一切战略力量攻破进入大市场的条件。如果存储现在花大量精力去了解很多行业，就是在非战略机会点上消耗战略竞争力量，针尖上的突击力不够。存储目前还在亏损中，因此对于一些不能大规模拷贝、不能大规模扩张的行业就少做一点。（任正非：《洞庭湖装不下太平洋的水》——在IT存储产品线业务汇报会上的讲话，总裁办电邮讲话［2014］045号）

不要在一些非战略机会点上计较，否则局部利益牵制了战略竞争力量。战略机会对我们能开放的时间是3~5年，弟兄们从现状说说，你们有没有可能抢占？所以不要说考核残酷。有人说“我还可以”，我们不是仅仅要“可以”，我们对不同干部有不同要求，你们要思考怎么担负得起这个使命来。如果你的销售额及利润做不上去，不是我要拿掉你的官职，你没有利润，薪酬包就被挤小了，不够弟兄们分，在你的领导下，弟兄们都赚不到钱，那不推翻你才怪。（任正非：《喜马拉雅山的水为什么不能流入亚马孙河？》——在拉美及大 T[①] 系统部、运营商 BG 工作会议上的讲话，2014）

聚焦在主航道上创新，这是非常非常难的，我看到你们做的各种各样的研究创新工作，都是在主航道上添砖加瓦，不做到一定的修炼，在这个前沿阵地是无法突破的。但是，我认为人类社会出现大数据流量，应该是几千年来的第一次。当第一次人类出现大数据流量时，我们公司提供的支撑系统设备，已排在世界前列，是难得的光荣，也是难以承担的责任。我们以后还要走在世界最前列，如果我们不能走在世界最前面，我们公司就会落后，落后我们公司慢慢就会收缩，那我们前面的努力就白努力了，所以我们要聚焦在主航道上创新，不在非战略机会点上消耗战略竞争力量。我们聚焦能量还不一定能成功，分散了肯定不行。技术进步太快了，我们稍有迟疑，就会被抛弃。（任正非：与英国研究所、北京研究所、伦敦财经风险管控中心座谈的纪要，总裁办电邮讲话［2015］075 号）

我们不指望小国赚大钱，但一定要活下来（赢利），构建战略缓冲带。要活下来，我们就一定要站在客户的角度抓好网络质量。要研究客户的网络痛点在哪儿，就是从数据流量图、网络拓扑图、卫星图……经济 / 人口分布图等看，每个月坚持看，痛点在哪里，哪里的数据流量太集中了，这个地方投一点资，这个网就会松开很多，收益就增加，这样运营商就增加了发展的信心。不要带着理想硬塞死老鼠给别人，要避免无效投资，就是要在高价值区域重点投资，低价值区域暂时别去管它。小国要聚焦。［任正非：在中亚（塔吉克斯坦、土耳其、白俄）代表处汇报会议上的讲话，总裁办电邮讲话［2016］091 号］

---

① 大 T，大型运营商，它一般在多个国家运营电信网络。

优质资源向优质客户倾斜

只有我们活下来，才能对客户很好地服务，只有优质客户多给我们一些利益，我们才有能力，多配置一些资源，提供优质服务。这是一个共同利益问题。（任正非：在小国表彰会上的讲话，总裁办电邮文号［2013］039号）

我最近一直在提倡一个观点，就是优质资源要向优质客户倾斜。服务好优质客户，就是对优质客户最大的回报。……赚了钱我们才有生存和发展的基础，对于优质客户，我们最好的回报就是配置优质资源服务好你们，使你们获得更大的成功，这样才是一个好的循环。好好服务于客户，这就是机制。我们的改革方向就是优质资源要向优质客户倾斜。优秀的作战队伍，以及服务平台，职级就是要高一些，与别的代表处不过分强调平衡。赚了钱，我就把高级别的服务人员放到你（客户）那里去，把你（客户）服务好，客户就知道还是华为好，绑定华为才能胜利。我们这么做，优质客户以后都会说，不吃亏。作为CFO[①]，你一定要把这个账算清楚，优质资源一定要向优质客户倾斜。你从优质客户那里赚到了钱，你应该对人家给予回报。什么是优质资源，就是提高一线连长的级别。连长可以是上尉，也可以是中校，也可以是上校，也可以是少将。所以我们现在提出来要提高一线作战部队的任职资格，就是使好的资源可以配置服务于优质客户，就是这个意思。（任正非：和广州代表处座谈纪要，总裁办电邮文号［2013］57号）

优质资源向优质客户倾斜，聚焦战略客户。我们要把力量聚焦在高价值领域，未来华为要有主动选择客户的权力，我们不会去敲诈勒索客户，但有这么多客户需求，我们也不可能全都服务。（任正非：在2013运营商网络BG战略务虚会上的讲话及主要发言，总裁办电邮讲话［2014］016号）

我们需要提高优质客户的优质资源配置，把能打仗的员工多派一些到优质客户那里，增强战斗力，提高服务质量。这样高薪的员工派往那里，优质客户那里赚取的利润消化一些，客户一看，“华为在我们这里也没赚多少钱”。他心里是舒服的，

① CFO，chief financial officer，首席财务官。

而且我们为他们提高了竞争力，战斗力增强了那么多啊！（任正非：《三年，从士兵到将军！》，总裁办电邮讲话［2014］031 号）

输出产业秩序，抓住大数据时代机会窗的战略控制点，围绕赢利，聚焦主航道、主战场，优质资源向优质客户倾斜，满足有价值客户的有价值需求。我们优质资源向有限的有价值客户倾斜，帮助这些客户赢市场。市场是由最终客户决定的，我们只要把这个事情做好，这些客户市场抢占的多，赚的钱多，也会多买我们的，我们就成功了。（任正非：与巴西代表处及巴供中心座谈纪要，总裁办电邮讲话［2014］050 号）

将来公司的重装旅应该重在做解决方案。时代在转变，所以我们必须给运营商提供一个综合的解决方案，但是价格需要贵一点，当然服务也会好一点。我们讲"优质资源向优质客户倾斜"，不是说这个客户打电话你不去维修，那个客户打电话你就去。而是指我们对优质客户配备"少将"，一般客户配备"少尉"，这样有所区别，但服务的热情和积极性都是一样的。"少将"去了一定是做得更好，那样客户就能更赚钱，我们也能多赚钱。这不就是优质资源向优质客户倾斜了吗？人和组织结构都区分了，投入的资源不一样了。（任正非：在运营商 BG 三朵云业务体验和阶段验收汇报会上的讲话，总裁办电邮讲话［2015］099 号）

服务好优质客户，就是对优质客户最大的回报。要敢于把优质资源向优质客户倾斜，切实改善服务。要优化资源配置策略，不以投诉为由来驱动资源的投入，资源的投入应该基于合同契约。（来源：《关于切实改善面向优质客户服务的决议》，EMT 决议［2015］010 号）

我们要调整格局，优质资源向优质客户倾斜，可以在少量国家、少量客户群中开始走这一步，这样我们就绑定一两家强的，共筑能力。（任正非：《坚持为世界创造价值，为价值而创新》——在战略务虚会上的讲话，总裁办电邮讲话［2015］006 号）

2.3 创新的目的是为客户和公司创造更大价值

2.3.1 要关注降低成本，更要聚焦创造价值

公司的总目标是销售、利润。我们要加大研发投入，研发投入如果有效，就增加了我们的机会，我们重视这个机会的增长；市场加大投入，也有利于我们获得机会，我们要抓住这个机会，这个机会是大于成本的。当公司出现机会和成本的冲突时，我们是要机会还是要成本？首先要机会。我一直认为我们高科技企业机会是大于成本的，只要符合机会，成本的增长是可以理解的。（来源：2001 年税收预算汇报会议纪要，2001）

眼前最重要的不是成本高低问题，而是能否抓住战略机会的问题。抓住了战略机会，花多少钱都是胜利；抓不住战略机会，不花钱也是死亡。节约是节约不出华为公司的。（任正非：在上海研究所的讲话，2007）

在我们公司的创新问题上，一定要强调价值理论，不是为了创新而创新，一定是为了创造价值。（任正非：与 2012 实验室座谈会纪要，2012）

互联网总是说颠覆性创新，我们要坚持为世界创造价值，为价值而创新。我们还是以关注未来 5~10 年的社会需求为主，多数人不要关注太远。我们大多数产品还是重视延续性创新，这条路坚决走；同时允许有一小部分新生力量去从事颠覆性创新，探索性地“胡说八道”，想怎么颠覆都可以，但是要有边界。这种颠覆性创新是开放的，延续性创新可以去不断吸收能量，直到将来颠覆性创新长成大树苗，也可以反向吸收延续性创新的能量。（任正非：《坚持为世界创造价值，为价值而创新》——在战略务虚会上的讲话，总裁办电邮讲话［2015］006 号）

面对着未来网络的变化，我们要持续创新。为世界进步而创造，为价值贡献而创新。在坚持延续创新的同时，要容忍不同意见和不同创新。（任正非：《变革的目的就是要多产粮食和增加土地肥力》——在 2015 年市场工作会议上的讲话，总裁办

电邮讲话［2015］016号）

2.3.2 改变研发投资结构，扩大研究和创新的投入比例

作为高技术产品的程控交换机，同时也是高投入的，厂家只有紧跟世界先进技术水平，在开发上大量投入，才能保证设备具有世界一流的技术水平；只有在市场、培训、服务方面投入，才能保证设备在交换网运转良好，适应高质量通信网建设。（任正非：《对中国农话网和交换机产业的一点看法》，1994）

华为能在中国激烈的通信市场竞争中和与世界电信巨子的较量中脱颖而出，除了坚持以顾客为导向，拥有令人赞叹的产品可靠性记录外，最重要的是对研究开发的高度重视。（任正非：《坚持顾客导向，同步世界潮流》，1996）

为了拓展明天的市场，每年从销售额中提取10%作为研究经费，紧紧抓住战略发展不放。只有持续加大投资力度，我们才能缩短与世界的差距。（任正非：《再论反骄破满，在思想上艰苦奋斗》，1996）

我们保证按销售额的10%拨付研究经费，有必要且可能时还将加大拨付的比例。（来源：《华为公司基本法》，1998）

公司给预研的定位是费用预算占研发投入的10%，只能在10%的范围里使用，钱如果浪费也就浪费了。投资要讲正态分布。对于投资，我们有两个牵引：一个是客户需求牵引，一个是技术牵引。我们不排斥两个牵引对公司都是有用的，也不唯一走客户需求牵引或是技术牵引道路。（任正非：《公司的发展重心要放在满足客户当前的需求上》，2002）

预研投入的钱不允许挪作他用，不允许与其他研发投入混合起来。公司已经强调以客户需求为导向了，如果再不强调预研，那么技术驱动这个轮子就很弱。整个公司的大方向是以客户需求为导向，但实现这个目标要依靠技术，所以必须保证技术创新的合理费用投入。（任正非：对2005年规划预算工作指示会议纪要）

总的原则是鼓励继续加大研发投入。公司保持适当的赢利水平即可，我们要合

理消耗部分短期收益，加大投入，以促进公司长期竞争能力的提升。建议将泛网络的研发投入占销售收入的比例提升到12%，且要求研发必须完成这个投入水平。（来源：EMT纪要［2010］025号）

一是开发工作要变成特殊的确定性工作，有计划、预算和核算。错了可以重申请。二是改变研发投资结构，扩大研究和创新的投入比例。比如，开发经费占总研发经费的70%，要有30%来做研究和创新。总研发经费，可否占销售收入的14%？三是研究和创新要多路径、多梯次，面向未来。开发这一块应该是确定性的，每个产品线的IPMT[①]确定的东西就按照路标去实现。（任正非：《多路径、多梯次跨越"上甘岭"，攻进无人区》，总裁办电邮讲话［2016］068号）

2.3.3 保证客户界面的投入

1. 各经营单位不仅要关注短期经营目标的实现，更要关注客户的长期投入回报和业务发展潜力，要根据公司确定的基线和业务发展的实际需要合理配置客户界面的费用，不片面追求费用率的改进。2. 费用预算和授予要客户界面费用和内部运作费用分别进行。客户界面费用的预算不能挪用，且预算节约不计入当期的考核利润。违规将客户界面费用用于内部运作支出的，由内部审计部负责查处。3. 客户界面费用实行与产出指标挂钩的弹性管理机制。当客户界面费用预计超季度授予或年度预算时，如未来一段时期（如6~12个月）的产出和费用率指标预测仍在合理范围之内，超支单位可提出季度间费用预算借用或年度预算追加申请。（来源：《关于客户界面费用管理的决议》，华为财委会决议［2013］003号）

做厚客户界面投入。根据公司确定的基线和业务发展的实际需要合理配置客户界面费用，不片面追求费用率的改进，客户界面费用实行与产出指标挂钩的弹性管理机制。（来源：《2014年预算白皮书（上）：预算管理指引》，华为财委会函件

① IPMT，Integrated Portfolio Management Team，集成组合管理团队。是代表公司对某一产品线的投资损益及商业成功负责的跨部门团队。

［2013］010号）

华为要面向客户长期做生意，不能减少客户界面的投入。要保证面向运营商客户的全覆盖，要把面向CIO[①]/CMO[②]的客户经理和铁三角配齐，确保IT的销售。客户经理要按编制（而不是按效率）来配，一个客户需要配多少个客户经理都要用勾勾表清晰地管理起来，不准减少。（来源：《落实公司战略，抓好运营商业务经营和企业业务、终端业务发展》——徐直军与南太地区部座谈要点，华为SDC[③]办公室讲话［2014］008号）

客户能不能改革，是一个非常复杂的问题，这方面我们不可能去帮助客户，也不要着急去改造客户。在客户界面上，多放几个人，效率不够高，我们能理解。（任正非：在变革战略预备队誓师及颁奖典礼上的座谈纪要，总裁办电邮讲话［2015］047号）

预算要继续保持对客户界面的投入。（来源：2017年度公司计划、预算启动通知，华为司发通知［2016］398号）

加强代表处构建面向客户"百客百店"的能力。公司的解决方案前移，代表处可以根据公司的货架，自己选择产品，形成解决方案，根据一线的实际情况和长期业务规划自己定价。我们要建立"百客百店"战略预备队，从全公司征募有计划实践经验、有丰富GTS[④]经验和高度责任心的员工，投入这场会战。这些人有经验和责任心，是公司的宝贵财富。这样增加两三百人，面向具体客户定制符合客户当期需求的解决方案，再与合同场景规划师协同工作，这样，我们在一个国家的经营就能做到深耕细作。一个店有2~3个种子，本国销售就会在客户化中形成。将种子带

① CIO，chief information officer，首席信息官。
② CMO，chief marketing officer，首席营销官。
③ SDC，Strategy & Development Committee，战略与发展委员会。
④ GTS，Global Technical Service，全球技术服务部。

到全球代表处，全球销售就会在客户化上形成标准化。（任正非：在 ISC+① 及 CIF② 项目进展汇报会上的讲话，总裁办电邮讲话［2017］035 号）

2.4 深淘滩，低作堰

2.4.1 “深淘滩”就是确保增强核心竞争力的投入，确保对未来的投入

“深淘滩，低作堰”，是李冰父子 2 000 多年前，留给我们的深刻管理理念。同时代的巴比伦空中花园和罗马水渠、澡堂，已荡然无存，而都江堰仍然在造福于成都平原。为什么？李冰留下“深淘滩，低作堰”的治水准则，是都江堰影响深远的主要“诀窍”，其中蕴含的智慧和道理，远远超出了治水本身。华为公司若想长存，这些准则也是适用于我们的。（任正非：《深淘滩，低作堰》，2009）

深淘滩，就是确保增强核心竞争力的投入，确保对未来的投入，即使在金融危机时期也不动摇；同时不断地挖掘内部潜力，降低运作成本，为客户提供更有价值的服务……低作堰，就是节制对利润的贪欲，不要因短期目标而牺牲长期目标，自己留存的利润低一些，多一些让利给客户，以及善待上游供应商。（任正非：《深淘滩，低作堰》，2009）

我们一切出发点都是为了客户，其实最后得益的还是我们自己。有人说，我们对客户那么好，客户把属于我们的钱拿走了。我们一定要理解“深淘滩，低作堰”

① ISC+，ISC+ 变革项目群。ISC+ 变革项目群用数字化技术打造主动型供应链，沿着提升客户体验和一线效率、数字化供应链转型、构建轻量级 IT 架构三条变革主线实施变革，构建聚焦客户、合作伙伴的集成、协同、可视的能力，通过灵活性、快速响应能力、可靠性和质量成本优势将供应链建设成为华为的核心竞争力之一。

② CIF，cost insurance freight，成本、保险费加运费。

中还有个低作堰。我们不要太多钱，只留着必要的利润，只要利润能保证我们生存下去。把多的钱让出去，让给客户，让给合作伙伴，让给竞争对手，这样我们才会越来越强大，这就是“深淘滩，低作堰”。大家一定要理解这句话。这样大家的生活都有保障，就永远不会死亡。（任正非：《以客户为中心，加大平台投入，开放合作，实现共赢》，2010）

2.4.2　不断挖掘内部潜力，降低运作成本，为客户提供更有价值的服务

要提高我们内部运作质量，降低运作成本，必须建立一个非常优质的管理体系，包括考核、激励等一系列高度有效的管理平台，把无效的成分剔除出去。（任正非：在自我批判指导委员会座谈会上的讲话，2006）

价格低就意味着只有做到内部运作成本低一条路，不仅在各个运作环节寻找优化，而且在人的工资薪酬上，要理智合理地控制，不然客户是不会接受你的员工的舒适的工作与生活，以及员工的高工资、高成本凌驾在他们头上的。（来源：《华为公司的核心价值观》，2007 年修改版）

所有的运作都要考虑内部运作成本，一定要避免庞大的非作战高成本。（任正非：在行政采购及信息安全问题座谈会上的讲话，2007）

新技术对商业成功的决定作用将有所淡化，经营低成本将成为竞争的关键要素，我们未来的生存发展靠的是管理进步。我们要坚定不移地保持低重心，紧紧抓住土地。首先要抢地盘，抢到地盘后再生根开花。（来源：关于 2009 年公司业务策略讨论的纪要，EMT 纪要［2009］017 号）

当前在预算考核中，我们压缩的是内部运作成本，而不是客户及供应商界面的管理费用，各个部门要真正地理解。压缩内部运作成本，才有利于机关组织的大部门制与联席化，流程优化及简化。（任正非：《聚焦战略，简化管理》，总裁办电邮文号［2012］041 号）

我们要背靠大地，大地是母亲，力量无穷，要坚定高质量、低成本的战略。（任

正非：《高质量，低成本，构建末端接入产品的竞争能力》，2009）

将来互联网产生的价值，可能既不是管道公司赚钱，也不是互联网公司赚钱，而是其他实体公司挖掘应用这些信息赚了钱。管道公司和互联网公司都是为了未来的世界。华为商业模式应该是保证持续赢利，不一定比别人赚得多，能活下去就是最后胜利。（任正非：在2013运营商网络BG战略务虚会上的讲话及主要讨论发言，总裁办电邮讲话［2014］016号）

2.4.3 自己留存的利润低一些，多一些让利给客户，善待上游供应商

我们要追求合理的利润，不能太高价，过高的价格就会有人进来。也不能太低价，太低价会破坏产业环境，自己也会生存不下去。任何一种产品都可能经历不赢利到赢利的过程，我们要用产品长期的赢利战略支持短期的不赢利战略，关键是要设置一个边际成本点，超过了这个规模量的点之后就能够赢利。（任正非：《高质量，低成本，构建末端接入产品的竞争能力》，2009）

我们还是深淘滩，低作堰，就是我们不想赚很多的钱，但是我们也不能老是亏钱。低作堰嘛，我们有薄薄的利润，多余的水留给客户与供应商。这样我就能保持生存能力。你只要活到最后你一定是最厉害的，因为你每次合作的时候都要跟强者竞争，留着活下来的都是蛟龙。（任正非：《开放、合作、自我批判，做容千万家的天下英雄》，2010）

我们要保持“深淘滩，低作堰”的态度，多把困难留给自己，多把利益让给别人；多栽花少栽刺，多些朋友，少些“敌人”。团结越来越多的人一起做事，实现共赢，而不是一家独大。（任正非：《五彩云霞，飞遍天涯》，2010）

我们要改善客户服务，而不是降价。过度的低价格竞争会对整个商业生态环境造成破坏，最终必然是牺牲质量，中国各行各业现在面临的就是这个问题。我们要努力提升赢利能力，但超额的盈利不是全拿来分掉，要通过为客户提供高质量的服务将一部分盈利耗散掉。提高服务质量，就提升了我们对小公司的竞争

优势，巩固我们的竞争地位。（来源：关于809战略指引汇报的纪要，EMT纪要［2012］016号）

2.4.4 绝不走低价格、低成本、低质量的道路

我的长远看法，就是从内部来提高服务质量，不要把价格降得太低。不提高服务质量，客户没的比较，比较就只是比价格。我们服务质量没有提高，然后我们价格还很低，实际上竞争力差距是没有拉开的。我们通过提高产品的质量来进行竞争，避免把西方公司逼到死路上去。（任正非：在EMT办公例会上的讲话，2010）

在交付合作伙伴的选择上，要把质量作为重要的评价要素，要在追求高质量的基础上，关注成本，不准一味地追求低价。（来源：EMT纪要［2010］022号）

终端也没有格局问题，要以赢利为基础稳健发展。在这种市场上，不能动不动就搞什么恶战，别老是想低价竞争的问题，这是历史了，这是过去华为公司的错路，要终止，否则我们就会破坏这个世界，破坏社会秩序了。我们还是要以优质的产品和服务打动客户，恶战、低价是没有出路的。（任正非：和广州代表处座谈纪要，2013）

在短缺经济时代，只要把生产的量放大，满足需求就可以赚很多钱；现在是过剩经济时代，生产量超过了实际需求，要么是降价这样的残酷竞争，要么就是生产地沟油这样的劣质产品，最后把自己搞死了。这样烧钱的最终目的不是为客户服务，是想把竞争对手烧死以后赚客户大钱。华为公司的价值观是坚持以客户为中心。要把自己的质量做好，让运营商通过与我们合作得到好处，运营商就会坚定不移地选择我们。我们也不卖低价，卖低价发低工资，那样我们的人都跑光了。我们要真正地提高质量，竞争最本质的问题是提高质量。（任正非：在第四季度区域总裁会上的讲话，总裁办电邮讲话［2015］113号）

尽管有一些产品不能形成技术优势，但要在标准化、简单化、免维护化上下功夫。也要在商业模式上，管理模式上，人的奋斗精神、能力与责任心上，构建合理

的优势，形成差别，以获取胜利的喜悦。我们决不走低价格、低成本、低质量的道路。如果那样，将会摧毁我们20年后的战略竞争力。（任正非：《变革的目的就是要多产粮食和增加土地肥力》——在2015年市场工作会议上的讲话，总裁办电邮讲话［2015］016号）

我们的价值观要从“低成本”走向“高质量”。要让器件厂家有合理利润，采用高质量的器件做高质量的产品；要给客户提供高质量的服务和高品质的体验。高质量可能会提高成本，但是能够产出更多的价值。我们做得实实在在一些，抗风险能力就强一些，我们在国际竞争和经济起伏中就平稳一些。（来源：董事会常委会纪要［2015］023号）

品质入门级产品是不是完全就是低利润呢？不一定，当产品量上去、免维护化以后，利润也不一定就低。你们不要把产品价格往低价降，人家降我也降，那是把别人逼到死路上去了。我们首先要让消费者觉得我们的产品质量好，价格可以稍微卖高一点。而且每年我们都可以从高端机沉淀一些成熟的硬件、软件到低端机来，今年的低端机就是去年的高端机，这样经济条件差一些的用户也能用得很好，不也是成功吗？所以不要妄自菲薄。（任正非：在消费者BG 2015年中沟通大会上的讲话，总裁办电邮讲话［2015］107号）

我们将来严守两个承诺，一个是知识产权的承诺，一个是产品质量的承诺，我们只要赚到钱，就改善服务，就去投资，这就是范弗里特弹药量[①]嘛，全球的服务体系要快速建，快速建来不及，就在国内培训，国内培训后优秀的服务人员就外派，将海外国家的服务能力建设好后，就让本地服务团队服务好当地消费者，外派队伍就逐渐后撤。服务模式要不断创新，因为手机的竞争慢慢地不是研发了，产品易用性到一定阶段的时候，你再改进产品对消费者的价值就不大了，研发找不到改进措施了，苹果也找不到改进的措施，这就表明其实技术很快达到饱和线了，兔子跑到饱和线就没有地方跑了，就等待乌龟来追你了。这个时候我们加快服务体系的

① 范弗里特弹药量：朝鲜战争历史名词，唯火力制胜论的一种，意指不计成本地投入庞大的弹药量进行密集轰炸和炮击对敌实施强力压制和毁灭性的打击。——编者注

建设，就是称霸世界的准备，就是“成吉思汗的马掌”。（任正非：《CBG服务体系要做“成吉思汗的马掌”，支撑我们服务世界的雄心》——在消费者BG服务策略汇报会上的讲话，总裁办电邮讲话［2016］012号）

2.5 开放、竞争、合作

2.5.1 只要坚持开放，就没有什么能阻挡我们前进的步伐

一个不开放的文化，不会努力地吸取别人的优点，逐渐就会被边缘化，是没有出路的。一个不开放的组织，迟早也会成为一潭死水。我们无论在产品开发上，还是销售服务、供应管理、财务管理……都要开放地吸引别人的好东西，不要故步自封，不要过多地强调自我。创新是站在别人的肩膀上前进的，同时像海绵一样不断吸取别人的优秀成果，而并非是封闭起来的“自主创新”。华为开放就能永存，不开放就会昙花一现。（任正非：《逐步加深理解“以客户为中心，以奋斗者为本”的企业文化》，2008）

华为的核心价值观中，很重要的一条是开放与进取，这条内容在EMT讨论中，有较长时间的争议。华为是一个有较强创新能力的公司，开放难道有这么重要吗？其实由于成功，我们现在越来越自信、自豪和自满，其实也在越来越自闭。我们强调开放，更多一些向别人学习，我们才会有更新的目标，才会有真正的自我审视，才会有时代的紧迫感。（任正非：《开放、妥协与灰度》，2010）

我们为什么强调开放？因为这个世界太大了，太平洋这个管道太粗了，未来没有一家能垄断这个世界，不开放就是死路一条。为什么有人不愿意开放？就是被既得利益绑架了。所以一定要消灭既得利益，这是我们一贯的做法，你们看我们公司什么赚钱，就在消灭什么，因为你自己不降下来，别人一定会取代你。石器时代结

束，不是因为石头没有了。所以我们一定要坚持开放，这一点不要动摇。不要说我们是弱者，我们是强者也要开放，开放后我们什么优势都没有了，没有优势了就逼着我们自己必须努力，结果反而我们会有优势。（任正非：在惠州运营商网络BG战略务虚会上的讲话及主要讨论发言，总裁办电子邮件［2012］010号）

我们一定要避免建立封闭系统。我们一定要建立一个开放的体系。我们不开放就是死亡，如果我们不向美国人民学习他们的伟大，我们就永远战胜不了美国。（任正非：与2012实验室座谈会纪要，2012）

资本主义就是因为开放走向成功，中国以前闭关自守没有成功，所以我们也要走向开放。现在很多人希望把国门关起来，说中国会强大。错了！中国关门的时间已经很长了，从来都没有证明中国强大过。美国是最开放的国家，所以美国现在还是最强大。不要看美国有时出现暂时的发展停滞，但美国是火山喷发式的创新，一会儿冒出一个Apple（苹果公司），一会儿冒出Facebook（脸谱网）来，只要美国持续开放，谁能阻挡它前进的步伐？（任正非：《一杯咖啡吸收宇宙的能量》，2014）

单项的研发能力，全世界很多国家的公司和研究所都很厉害，但是整合能力我们最强，所以我们不要害怕开放。学术界平均1 000篇论文才有一篇有商业价值，他们也很着急，只要我们找他们讲问题，他们就很高兴。我们要把思想研究院搞起来，思想研究院只有秘书机构，就是一个会议机构，各种思想碰撞后出纪要。我们一定要对未来有一个投入，才可能在3~5年之后在这个领域里面取得一定的地位。（任正非：在诺亚方舟实验室座谈会上的讲话，总裁办电邮讲话［2016］083号）

人工智能研究一定要走向高度开放。你们自己开展研究是正确的，不研究你就不知道方向与对错，就不知道哪些是好的。世界上还有比我们做得好的，我就引进来。谷歌的系统大量读西班牙的、拉丁美洲的图书，它的英文翻译为西班牙语就非常准确，我们也要从外面引进这些做得好的机器翻译能力。在自然语言对话上，我们能不能与业界领先企业合作，我们给它们一些支持，做出来后我们用它的系统就行了。我们要有这种气概，只有容天下才能霸天下。（任正非：在诺亚方舟实验室座

谈会上的讲话，总裁办电邮讲话［2016］083号）

2.5.2 未来企业间的竞争是产业链之间的竞争

我们要给供应商可以活下去的价格基础，不主张制造一种恶性的市场环境。恶性的环境大家都活不下去。如果我们的供应商不断地崩溃，然后寻找建立新的合作伙伴，这个认证过程不也是需要成本的吗？（任正非：与采购系统干部座谈纪要，2000）

公司大到一定程度以后，必然会和供应商建立战略性伙伴关系，这才能保证物料器件源源不断地供应上来，公司才能快速发展。（任正非：在2000年物料供货形势汇报会上的讲话纪要，2000）

现代企业竞争已不是单个企业与单个企业的竞争，而是一条供应链与其他供应链的竞争。企业的供应链就是一条生态链，客户、合作者、供应商、制造商在同一条船上。只有加强合作，关注客户、合作者的利益，追求多赢，企业才能活得长久。（来源：《华为公司的核心价值观》，2007年修改版）

将来的竞争就是一条产业链与其他产业链的竞争。从上游到下游的产业链的整体强健，就是华为生存之本。（任正非：《深淘滩，低作堰》，2009）

企业管理关键是面向市场做要素整合，把资金、技术、人才、市场、研发、生产制造、企业内外产业链等面向市场竞争的所有资源和要素有效地整合起来，并在市场竞争中获胜，这是管理的价值，也是管理的目标。（来源：《提供给新华社的通讯稿》，2009）

强化与产业优质资源战略合作，也可以和友商成为同盟，共同为世界创造价值做出贡献。也要注意客户的资源保护。第一，不要总强调颠覆，要强调共同创造价值、价值贡献。我们能够和思科互联互通，让两家设备良好使用，就是我们的成功，不要排斥思科。有些路线上，我们也要和思科走向同盟者，看看它们所走的是什么道路，我们也要捧捧场。心胸要开阔一些，华为之所以能走到今天，不就是我们把对手变成朋友了吗？第二，强化与产业优质资源战略合作，提高自身竞争力。如果产业链有厂家能达到我们要求的水平，也要买它们的产品。我们要用开放的心态对待。如果我们不买，它们就把产品卖给别人，组合产业所有不与我们合作的资源，达到跟我们一样的竞争力量，这是不利的。所以，我们要开放，也要和欧美厂家合作，分享利益。（任正非：在固网产业趋势及进展汇报会上的讲话，总裁办电邮讲话［2015］109 号）

2.5.3 商业生态圈的建设，关键是利益分享

只有帮助客户实现他们的利益，华为才能在利益链条上找到华为的位置。只有真正了解客户需求，了解客户的压力与挑战，并为其提升竞争力提供满意的服务，客户才能与你长期共同成长与合作，你才能活得更久。所以需要聚焦客户关注的挑战和压力，提供有竞争力的通信解决方案及服务。（来源：《华为公司的核心价值观》，2007）

华为跟别人合作，不能做“黑寡妇”。黑寡妇是拉丁美洲的一种蜘蛛，这种蜘蛛在交配后，母蜘蛛就会吃掉公蜘蛛，作为自己孵化幼蜘蛛的营养。以前华为跟别的公司合作，一两年后，华为就把这些公司吃了或甩了。我们已经够强大了，内心要开放一些，谦虚一点，看问题再深刻一些。不能小肚鸡肠，否则就是楚霸王了。我们一定要寻找更好的合作模式，实现共赢。研发还是比较开放的，但要更加开放，对内、对外都要开放。想一想我们走到今天多么不容易，我们要更多地吸收外界不同的思维方式，不停地碰撞，不要狭隘。（任正非：《以客户为中心，加大平台投入，开放合作，实现共赢》，2010）

我们越来越清楚地认识到，我们在全球开展业务的目的不仅仅是增加销售获得利润，更要在当地进行长期投资，创造就业，缴纳税收，推动当地的科技进步，提升当地产业竞争力，促进社区繁荣，对各国的发展做出应有的贡献，从而建立双赢的商业生态环境。今天我们在商业环境中遇到的种种障碍是我们由小到大发展的过

程中必然要经历的，唯有用开放的心态去面对各种困难与挫折，用积极的思维去指导冷静的行动，才能使环境逐步得到改善，从而最终使我们的发展被行业、政府、社会所接受。（来源：《关于2012年经营环境分析与关键经营策略的指导意见》，司发［2012］081号）

学会给盟友分蛋糕，用开阔的心胸看世界，世界慢慢都是你的。我们要走向开放，华为很快就是世界第一，如果只想独霸世界而不能学会给盟友分蛋糕，我们就是成吉思汗，就是希特勒，就将以自己的灭亡为下场。不舍得拿出地盘来的人不是战略家，你们要去看看《南征北战》这部电影，不要在乎一城一地的得失，我们要的是整个世界。（任正非：《最好的防御就是进攻》，总裁办电邮文号［2013］232号）

高级干部要重点关注公司三个文件。第一个文件是《关于切实改善面向优质客户服务的决议》，对于消费者BG而言，就是要改善为优质用户服务的质量，包括产品质量、销售、售后……各个为用户服务的环节。第二个文件是《关于与供应商合理分享利益的决议》，改善与供应商之间的关系，特别是改善与战略供应商的关系。以前我们居然去扶持游击队小公司，所以难确保高质量。你们生产这么大量的产品，要找到关键供应商，与它形成战略伙伴关系。我们要给供应商分享利益，供应商把零件提供好一点、质量做好一点，我们才能最终对消费者服务好。所以，华为公司的政策是坚定不移“对外开放、对内开源”，对于供应链生产线，不一定要入股和自建，我们只要诚心诚意与供应商做好价值分配，就会共同获得胜利。（任正非：在消费者BG 2015年中沟通大会上的讲话，总裁办电邮讲话［2015］107号）

消费者BG适合精兵战略，不要太大的发展规模，否则总有一天会崩溃的。你们贯彻分享制的时候，不仅是对员工、供应商分享，也要给渠道、零售伙伴等分享，多方面分享机制就决定了我们不需要建立一个庞大的组织。我们还是要审时度势地看自己，不要认为自己可以包罗万象，时时反思不足，就会找到消费者BG应该发展的路。我认为增加编制，就应该相应增加很多能力，所以现在人力资源的发展规划上一定要细致化，比如哪个地方要什么编制，标准是什么，怎么做出贡献？

能不能先把这些表格拿出来。（任正非：在消费者 BG 2015 年中沟通大会上的讲话，总裁办电邮讲话［2015］107 号）

我希望终端用世界上最好的镜头、最好的音响、最好的计算能力……组装成世界上最好的手机。这些零部件不需要全都自己开发，把我们的研究系统和战略合作供应商平台全打通、全融合，共同来分享利益。即使大部分是我们研究的，也要让合作伙伴集成生产、组件供应。决不可作自耕农。我们能给员工分享利益，为什么不能给战略合作伙伴分享利益呢？我们一定不能事事“自主”，成为国际孤儿。（任正非：《前进的路上不会铺满了鲜花》——在 2016 年市场年中会议上的讲话，总裁办电邮讲话［2016］079 号）

要学习给基建的纪要《把胜利成果的分享机制越过工卡》，要足够开放，充分开放，让优质供应商成为我们的同路人，和我们一起成长；基建的机制让工人得到尊重，工作积极性非常高，工程质量、进度都非常好。把胜利果实的利益分享到每个伙伴。（任正非：在白俄罗斯科学院会谈时的讲话纪要，总裁办电邮讲话［2016］087 号）

2.6 成为一家真正的全球化公司

2.6.1 建立全球性的商业生态系统才能生生不息

在中国经济融入全球化的时代，一个企业需要有全球性的战略眼光才能发愤图强；一个民族需要汲取全球性的精髓才能繁荣昌盛；一个公司需要建立全球性的商业生态系统才能生生不息；一个员工需要具备四海为家的胸怀和本领才能收获出类拔萃的职业生涯。（任正非：在欢送海外将士出征大会上的讲话，2001）

现在世界上有一种现象，很多大公司嫌自己公司不大，还要不断兼并成更大的公司。为什么世界需要这样此起彼伏、波澜壮阔的兼并？因为未来的世界是大公司的世界，不是小公司的世界，美国的政治实际上就是为大公司的经济服务的，它推行全球化政策的目的就是把产品卖到全世界，它的产品很好才能卖到全世界去。作为小公司在全球化中享受不了太多的东西，只有大公司才能在市场垄断的条件中获得巨额利润，再投入新的功能领域中，包括研发、市场、管理各方面中，再保有获得的机制长盛不衰。因此全世界都很明白，要借此来迎接全球化的浪潮。（任正非：在技术支援部的讲话，2002）

我们的国际化正在面临着很好的机会。在中国可能过一两年就没有很大的市场空间了，但海外却在蓬勃发展。我到一些国家看过，这些国家相当于十年前的中国，感觉很有希望，我们也有很多机会。我们从来没有遇到这么好的国家市场。以前，我们总是等别人把市场占满后我们跟在后面捞点市场份额，现在我们终于可以在一个国家刚刚启动市场的时候就进入了。譬如说俄罗斯，整个国家比中国大一倍，如果铺光纤的话要铺多少？这不就是我们的机会吗？因此，我们要加紧成为国际公司，各部门也要正确认识和理解市场问题。（任正非：在与光网络骨干员工交流会上的讲话，2002）

市场经济的最高形式，就是经济的全球化，这是不可阻挡的历史必然。资本在寻找在有优质基础的地方发展，它像候鸟一样，总在不断寻找丰美的水草。（任正非：《市场经济是最好的竞争方式，经济全球化是不可阻挡的潮流》，总裁办电邮文号［2009］005 号）

原有的全球经济格局打破，贸易保护主义必然是要产生的，我们要有应对贸易保护主义的能力，未来的全球经济形势不容乐观，我们要牺牲一些短期利益，来解决全球化的问题。（来源：《关于 2012 年经营环境分析与关键经营策略的指导意见》，司发［2012］081 号）

进行全球化，是需要民族、思想、文化的全球化，每个民族都有独到的特点。比如德国、日本的工艺做得很好，而法国人很浪漫，对色彩、数学等多方面很有理解，那么我们可以在法国建立对图像模糊数学的研究所、色彩的研究所。（任正非：

在日本研究所工作汇报会上的讲话，总裁办电邮讲话［2014］034号）

2.6.2 在全球化竞争中发挥比较优势

我们的全球化不是简单的欧美化，尤其是待遇和成本方面不能欧美化。如果我们的人力成本失去控制，也就丧失了我们参与竞争的根本优势，我们的薪酬政策要保证全球赢利。（来源：关于全球化本地化人力资源管理项目汇报的纪要，EMT纪要［2006］018号）

我司的独特竞争优势立足于实行普遍教育的人口大国下的规模化研发低成本。我司的商业模式是通过将网络设备业务做大做强来构建全球化、国际水准的市场平台、服务平台、研发平台、管理平台，在这些平台上培养干部、发展新业务，并通过新业务的资本运作来获利。（来源：《关于公司全球竞争策略的原则性指导意见》，EMT决议［2007］021号）

要制定分地域、产品、客户群的差异化竞争策略，不能四面出击，不搞全球一刀切。要在政府关系、客户关系、竞争合作关系等方面进行战略思考，明确我们要构筑什么样的差异化优势，这种差异化要区别于竞争对手并且让客户可以明显感觉到。（来源：《关于市场工作重点的指导意见》，EMT纪要［2008］014号）

我们要正视产业分工的合理性，发挥自己在国际分工中的比较优势，从而努力使自己逐步摆脱劣势，其实这才是正途，那种愤愤不平是不能解决问题的。（任正非：《市场经济是最好的竞争方式，经济全球化是不可阻挡的潮流》，总裁办电邮文号［2009］005号）

2.6.3 将战略能力中心放到战略资源聚集地去

我认为在全世界最适合的人中，建立我们的全球各种能力中心，这些能力中心是用蜂群战术调动起来的。这个地方的人最有这个能力，我就在这个地方建这样的能力中心。就是根据这个地区的文化特点，根据各方面的特点。比如印度人特别善于谈判和投标，我们就把谈判和投标的能力中心建到印度这个地方去，还有哪个地方那些人的特点是什么，我们就把我们的各种能力中心散布到全球去。（任正非：在EMT办公会议上的讲话，2009）

在全世界不同国家，针对业务需要建立不同的能力中心。能力中心的建设是全球化的，不是只针对一个国家的需求。这是全球化的战略布局。（来源：《拉通项目四算，支撑项目层面经营管理》，总裁办电邮文号［2010］007号）

对能力中心建设，要求统筹规划，持续建设。结合公司战略管理流程，制定全球能力中心建设规划，已经清晰的布局方向可以马上启动建设。（来源：关于开展全球能力中心建设及专项招聘工作的要求，EMT纪要［2010］033号）

目前公司业务正在从国际化迈向全球化，在充分利用中国资源和市场优势的同时，公司要在全球范围内实现国际化的人才、能力、经验和资源的最佳配置以及资源的快速集结与共享。同时，公司在面向未来的持续发展中，还面临着对移动互联、新型消费电子、ICT融合、云计算等多种技术的需要，以及向消费芯片、企业网和新能源等新业务领域的拓展，因此，需要从全球视野出发，加强新技术和新业务的规划布局。（来源：EMT纪要［2010］033号）

我们为什么不加强在全球建立不同的能力中心，比如说在英国或荷兰，我们为什么不可以建立审计共享中心。当我提出能力中心建设的时候，人力资源部打出全球能力中心建设表格，全是以研发为中心的，他们还是狭隘的技术导向，还没有走向综合均衡能力的提升。我们的融资风险控制中心项目管理的风险分析和风险控制为什么不可以利用华尔街？我们公司已经有很多的院士了，有些是海外的非常年轻的优秀院士。我就不知道你们经营管理部门、融资部门、审计部门不能搞几个“院士”[①] 回来吗？人家搞个院士，你们搞个“院士”不行吗？所以在能力中心建设的过程中，我们还是狭隘的以技术为中心，还是没有形成全面的管理能力提升。（任正

① “院士”，即任正非一直强调的“工程商人”。企业搞产品开发，不是搞发明创造，而是要为产品的市场成功（商业成功）负责。——编者注

非：《成功不是未来前进的可靠向导》，总裁办电邮文号［2011］004号）

华为公司前20年是走向国际化，是以中国为中心走向世界，我们后20年是全球化，以全球优秀人才建立覆盖全球的能力中心，来辐射全球。（任正非：关于如何与奋斗者分享利益的座谈纪要，总裁办电邮文号［2011］010号）

研发部门在全球已经有几十个能力中心，这些能力中心不是负责欧洲业务的，而是领导华为的全球业务。全球能力中心的布局和建设将会持续下去，这些能力中心会逐渐补足各专业组织的能力。（任正非：与销售融资专家座谈纪要，总裁办电邮文号［2012］025号）

今年（2012）1月份我提出来，在日本要建以日元为中心的结算中心，在欧洲要建以欧元为中心的结算中心。我们在多元化的融资体系及资金结算领域将会发生变化。（任正非：与销售融资专家座谈纪要，总裁办电邮文号［2012］025号）

日本研究所最紧要的是敢于增大投入，发展的步子迈大一些，不一定仅仅在材料的应用科学等方面，可以在质量管理方面展开。日本人有一个最大的优点——认真，我们就在日本和德国分别建立测试中心，将中国、日本、德国三个测试中心互动起来，增加大容量高速数据安全性的质量投入。（任正非：在日本研究所工作汇报会上的讲话，总裁办电邮讲话［2014］034号）

制造要进一步开放，继续用好日本精益生产顾问和德国顾问，或直接引进日本、德国等发达国家的先进企业制造管理人员、工艺工程师及技师，将华为制造工艺及制造管理快速提升到世界级水平。（任正非：巡视松山湖制造现场的讲话纪要，总裁办电邮讲话［2014］052号）

我们要把战略的能力中心，放到战略资源的聚集地去。大公司要敢于用密集投资，缩短追赶时间和延长机会窗开启的时间。所谓范弗里特弹药量，就是这个意思。（任正非：与英国研究所、北京研究所、伦敦财经风险管控中心座谈的纪要，总裁办电邮讲话［2015］075号）

我们的产品要讲究质量，不仅仅是针对硬件，也包含软件。世界上软件做得好的公司，除了一家在德国外，其他全在美国。所以应该在西雅图建立一个软件研究所，把物理类和逻辑类研究分开，否则我们的软件就不可能做到最好。美国这个国家的创新机制、创新精神、创新动力很强，我们不要故步自封，一定要把战略能力中心放到战略资源聚集地去。（任正非：在消费者 BG 2015 年中沟通大会上的讲话）

关于高端品牌机开发，把工艺放到日本，脑袋放到美国，屁股放到苏州去，形成高端品牌机开发圈，才能做更好的高端产品。什么是高端产品？就是要符合消费者需求和时代脉搏。未来很重要的技术是图像，而日本通过几十年积累，集中了大量的图像人才。日本的图像企业不行了，但是基因还在，我们在日本应该建立这种图像研究所，把日本的“短、薄、精、小”+“图像”接过来，那我们的手机不就有很多优越之处吗？然后我们把开发放到后方城市去，当地成本低，拿同样的工资，员工的生活水平比上海好。（任正非：在消费者 BG 2015 年中沟通大会上的讲话，总裁办电邮讲话［2015］107 号）

我们要把能力中心建到产业资源的集聚地区，要有全球胸怀，不要老是想着只有北京、上海、深圳，要全球布局而不是中国布局。这个一线不是指北京、上海，我是指包括美国在内的全球布局。可以让他们（员工）自愿选择，二线城市将来是研发交付基地。（任正非：《聚焦主航道，在战略机会点上抢占机会》——在产品投资策略审视汇报会的讲话，总裁办电邮讲话［2015］123 号）

我们要支持前苏联地区的技术发展（主要指俄罗斯、白俄、乌克兰等），因为这些地区过去的技术是非常厉害的，现在的基础还在，同时这些国家的人们都非常静心、踏实，不像中国，太浮躁，不是炒房就是炒股，或者 P2P[①]，就没有几个踏踏实实搞研究的，中国之大已没有一张安静的书桌。踏实的人能静下心来搞好研究，像日本那样在炒诺贝尔奖。我们一定要支持他们搞研究，等将来他们研究厉害了，对我们帮助就大了。（任正非：在白俄罗斯科学院会谈时的讲话纪要，总裁办电邮讲话［2016］087 号）

华为这些年逐步将能力中心建立到战略资源的聚集地区去。在世界建立了 26

① P2P，peer to peer，指个人与个人之间的小额信用借贷交易。

个能力中心，逐年在增多，聚集了一批世界级的优秀科学家，他们全流程地引导着公司。这些能力中心自身也还在不断地发展。华为过去是一个封闭的人才金字塔结构，我们已炸开金字塔尖，开放地吸取“宇宙”能量，要加强与全世界科学家的对话与合作，支持同方向的科学家的研究，积极地参加各种国际产业与标准组织，各种学术讨论等，多与能人喝喝咖啡，从思想的火花中，感知发展方向。巨大的势能的积累、释放，才有厚积薄发。随着突破越来越复杂，跨界合作越来越重要，组织边界要模糊化，专业边界也要模糊化，培育突破的土壤。干部、专家，我们不仅仅是以内生为主，外引也要更强。我们的俄罗斯数学家，他们更乐意做更长期、挑战很大的项目，与我们喜欢短期成功的中国人结合起来；日本科学家的精细，法国数学家的浪漫，意大利科学家的忘我工作，英国、比利时科学家领导世界的能力……（任正非：《为祖国百年科技振兴而努力奋斗》总裁办电邮讲话［2016］067号）

我们要在社会上广泛寻纳，把能力中心建到战略资源聚集地区。在一定的地区、一定的专业，也要有一个汇聚平台。汇聚平台可以消化理解这些灿烂的思想火花。我们对大学的投资支持，我支持这个教授，不要你的论文，不索取你的专利所有权，不求拥有，也不求成功，即使不成功，你告诉我为什么不成功，过程讲清楚，把你的研究过程、阶段性成果来给我们讲讲课，如果研究走错了，把这个错误给我们讲讲课。我们这个汇聚平台要从他那里“去粗取精、去伪存真、由此及彼、由表及里”中归纳总结几点经验教训。（任正非：《多路径、多梯次跨越“上甘岭”，走进无人区》——在巴展和乌克兰谈话要点，总裁办电邮讲话［2016］068号）

2.6.4 放眼全球广纳英才，建立全球化管理架构

加强技术和新业务的全球化布局

公司在面向未来的持续发展中，面临着对移动互联、新型消费电子、ICT融合、云计算等多种技术的需要，以及向消费芯片、企业网和新能源等新业务领域的拓

展，因此需要从全球视野出发，加强新技术和新业务的规划布局。（来源：关于开展全球能力中心建设及专项招聘工作的要求，EMT 纪要［2010］033 号）

我们全球化的路径不会改变，华为在欧洲的机构是欧洲公司，不是中国的公司；华为在日本的机构是日本公司，不是中国公司。要自己逐步从意识上本地化。（任正非：与销售融资专家座谈纪要，总裁办电邮文号［2012］025 号）

我们建立战略咨询委员会，首先要国际化，一个局部地区的思想不代表全球的思想。战略方向本身就可能不准确，有付出牺牲代价的可能性，我们不要在成功的战略方向上走错了路，我们也并不希望我们一家在这个战略方向上独自成功，而是在成功的战略方向上有我们，且不是只有我们。我们要分享这个世界，要建立起这种价值观，这样与世界的对抗和矛盾就会减弱。（任正非：在 EMT 办公例会上的讲话，2012）

我很担忧两点：第一是在全球的布局不够，第二是对新技术的收购不够。如果你们孤芳自赏，自我膨胀，最后可能会丢失了最佳时机。如果你们要做一个“都江堰农民”，很快就会被历史抛弃。（任正非：《洞庭湖装不下太平洋的水》——在 IT 存储产品线业务汇报会上的讲话，总裁办电邮讲话［2014］045 号）

我们要建立起大质量体系架构，在中国、德国、日本建立大质量体系的能力中心。日本的材料科学非常发达，你们不要轻视京瓷[①]，氮化镓就是陶瓷，那是无线电最主要的材料。我们要用日本的材料做全世界最好的产品；德国人很严谨，工艺、管理非常优秀；中国人善于胡思乱想，构架思维问题。我们把三者结合起来，就能支持华为全局性的质量。而且我们用工具、手段来代替人，购买世界上最好的工具，做出别人不可替代的产品，做到无敌，最后就能世界领先。（任正非：在消费者 BG2015 年中沟通大会上的讲话，总裁办电邮讲话［2015］107 号）

可以在日本建立一个交付能力研究所，不跟现在日本两个研究所地点重合。日本人在做细心的工作上很厉害，服务可以找一大堆日本人来帮助你们上战场。通过

① 京瓷：京瓷株式会社，一个品牌，创始人是稻盛和夫。

日本交付能力研究所，我们要在工程交付和质量上找些秘诀。GTS 也要利用全球各地资源的优势。（任正非：在专业服务业务策略汇报上的讲话，总裁办电邮讲话［2016］062 号）

放眼全球，广纳英才，英雄不问出处

我们正处在完成一切与国际化接轨的转轨的过程中，这个转轨过程，不是要外国人向中国人妥协，而是中国人去融入全球化。（任正非：在信息安全体系汇报会上的讲话，2001）

公司将加速自身的国际化，迎接经济全球化的竞争浪潮。我们强调员工必须加强自我学习、自我培养。IPD[①]、ISC[②]、财务 IT 都是迈向国际化的重要一步。我们会不断地培养和造就中国籍员工成为适应国际化的人才，同时，将加大外籍员工本地化的培养力度，逐步培养和造就一批骨干外籍员工，进入不同的管理层、决策层。（任正非：2002 年管理要点）

为迎接公司国际化的挑战，在技术服务、供应链、采购、策略合作、品牌、海外公共关系、人力资源、商务等领域都要引进国际化、职业化的人才。引进高端人才主要是做种子，数量不一定多，关键是通过他们把整个体系的水平提升起来。（来源：EMT 决议［2005］005 号）

销售、服务加快海外人员本地化的进程，是公司大的原则和方针。目前服务已经走得比较快了，销售也要尽快跟上来。我们派往海外的中方员工有个问题，就是没有当地民族的味道，不能真正融入当地，真正做到跨文化进行很好的沟通交流，还有一定困难。另外，本地化员工的综合费用会低很多。海外员工本地化是我们长期发展的目标。（任正非：加强职业化和本地化的建设，2005）

积极引进具有国际视野的高端人才担任主管：供应链要引进日本、德国的高端

① IPD，integrated product development，集成产品开发。是一套产品开发的模式、理念与方法，是创新技术研究和产品开发到生命周期管理端到端业务运作的研发管理体系。

② ISC，integrated supply chain，集成供应链。是由原材料、零部件的厂家和供应商等集成起来组成的网络，通过计划、采购、制造、订单履行等业务运作，为客户提供产品和服务的供应链管理体系。

人才做副总裁；审计要引入美国高端人才；2008 年要努力做到各一级部门、地区部的 ST[①] 都有外籍成员。要用开放的心胸对待外来人才。无论来自何方，无论新老员工，只要在统一的制度框架下运作，贡献大于成本，就能得到公司的认可。公司以制度评价人，而不是以历史评价人。破除狭隘的华为人、华为观。（来源：《关于交付、运营资产管理、队伍建设等方面的指导意见》，EMT 纪要［2008］013 号）

加强本地化干部的使用，我们只要把监管体系建立起来，本地员工是可以使用的。我们在印度做公共关系，为什么不让印度人来和印度人打交道？我们在后台给点参谋智慧就行了。公共关系逐步要换成当地员工来做。在世博会上，我希望在上海，站着的大量是外国人，让外国人来接待外国代表团，人家就会有亲切感。当然陪同一个中国人也不是不可以，但不是一群中国人接待一群外国人。我认为在公共关系上，要选择有视野、有政治头脑的人。（任正非：在 EMT 办公会议上的讲话，2009）

放眼全球，广纳英才，英雄不问出处。我们正在向国际化靠拢，一批特别优秀的员工，收入水平逐渐要达到国际水平，这样才能把国际一流的专家引进来。为什么美国那么发达？美国这个国家有一个非常好的土壤，美国的原住民是印第安人。华为的原住民是什么人呢？陕西蓝田人。我们现在引进中国各个民族、各个地区的人，华为就发展了，华为下一步还要引进世界各地的人。（任正非：《聚焦商业成功，英雄不问出处》，总裁办电邮讲话［2014］026 号）

这个世界上，仅凭一个人是不能做到优秀的，要学会把一些优秀的人才用起来，就是要用好人家的介质，发挥好自己的关键点。在我们产品线的研发过程中，一定要大量地把维护专家培养起来，建立一些预备队，因为将来维护的作用甚至可能比研发还大，责任更重。而且我们要容纳得下世界级的人物进入公司。在商业系统里，空降兵很难成功，因为外来一个管理者，他会遇到来自上甘岭的兄弟连，指挥不动他们。而科学家进来呢，他遇到的都是方程式，没那么多复杂的人际关

① ST，staff team，办公会议。公司实体组织进行日常业务协调与决策的平台，为保证执行的高效，采用行政主管权威管理制，同时通过集体议事，集思广益，避免或弥补主管个人管理的风险性和片面性。

系，因此科学家在华为能生存下来。我们的商业系统、市场系统要有战略预备队，让外来管理者参加循环流动起来，形成新的兄弟连。（任正非：《洞庭湖装不下太平洋的水》——在IT存储产品线业务汇报会上的讲话，总裁办电邮讲话［2014］045号）

我们这次干部大会提出来，这个人才金字塔模型要异化，要歪一歪，不要那么整齐。为什么要歪一歪呢？比如，全世界电子制造最好的就是日本和德国。好，我们的制造就对齐日本，把日本技师招到我们公司来，让他们也搞一条生产线。中国技师就向日本看齐，如果你达到这个标准，那你就拿日本工资好了。我们现在市场和研发的骨干人员的工资标准是向美国看齐，制造的骨干人员的工资标准是要向日本看齐。这样我们每一个模块都找到自己的对标对象。（任正非：在德国LTC①教导队训战班座谈会上的讲话，总裁办电邮讲话［2014］061号）

世界上最厉害的软件国家还是美国，美国的创新意识很强，我们还要在美国加大对未来优秀人才的投入，把诺亚方舟的前哨部队放到美国、加拿大去。爱尔兰靠美国的东部近，有没有大的架构师？我们在海外的专家平均都是四五十岁，现在我们要进苗子了。苗子不一定都是中国人，可以是外国人的博士，进来十年后正好可以冲锋，不然我们很快就会青黄不接。中国香港、台湾地区也有非常多的优秀人才留学后回来，但没有太大产业，我们要多拢一点回来。现在人工智能在外面炒作得很火，可能会出现一些泡沫破灭，河水一泛滥后就在马路上抓鱼，华为这个时候趁机赶紧找人。（任正非：在诺亚方舟实验室座谈会上的讲话，总裁办电邮讲话［2016］083号）

建立全球化管理架构

公司一定要挤进国际化轨道，财务已经是国际化了，接着供应链和GTS全部要国际化，而且要快速跑步国际化，公司没有选择。（任正非：《将军如果不知道自己错在哪里，就永远不会成为将军》，总裁办电邮文号［2007］033号）

① LTC，lead to cash，线索到回款。是华为从线索、销售、交付到回款的主业务流程。

进一步强化公司人力资源布局的全球化视野。在全球选择若干法律环境较好、员工薪酬性价比较好的国家，评估将其作为低端研发基地或其他业务基地的可行性，提前做好政策和环境对比分析。（来源：人力资源汇报纪要，2007）

印度的业务架构，可以参照美国模式，重点考虑引入具有一定社会影响力的独立董事问题，在此基础上理顺业务架构和治理结构方案，满足印度市场拓展的需要。（来源：关于美国业务架构与机构设立方案汇报的纪要，EMT 纪要［2010］007 号）

我们要加快全球化步伐，建立全球化管理架构，在全球范围培养、提拔一大批有使命感，有战略思维、善经营、有干劲的干部，充实到各级管理团队中，创造干部队伍内部的良性竞争机制。（来源：《关于 2012 年经营环境分析与关键经营策略的指导意见》，司发［2012］081 号）

第三章

灵活把握不确定性的机会

华为从一个追随者开始进入行业领导者行列时，所面临的新的挑战，就是如何管理不确定性。处在ICT这个瞬息万变、充满不确定性的行业中，稍有迟疑，就会失之千里。如果故步自封，拒绝批评，忸忸怩怩，就不只是失之千里了。

但越是不确定的未来，越是充满机会。不确定性是利润的真正来源。高科技企业的实践表明，不确定性成长机会的战略价值是决定高科技公司市场价值的主要因素。现代金融理论认为，企业的战略价值主要是由投资不确定性机会的灵活性决定的。这种灵活性的价值可以由实物期权理论得到解释和评估。

虽然要面对未来高度的不确定性，但制定战略不是赌博。华为在面向未来做战略决策的时候，不会只把宝押在一个项目上面，因为那样风险太大。只赌一种机会，一锤子买卖，那是小公司资金不够时的做法。作为一家大公司，华为采取的是加大研究投入，多路径、多梯次，饱和攻击的方式。并且在观念上强调对未来的探索本来就没有“失败”这个词。当然，不确定性的研究创新虽然是基于科学家的兴趣的，但也要有边界，是为公司的主航道服务的。无边界的技术创新有可能会误导公司战略。

值得注意的是，一方面要加大不确定性研究的投入，另一方面要善于区分确定性业务和不确定性业务，分离不确定性中的确定性成分，使之标准化、程序化、自动化，以提高运营的效率和效益。这是管理变革的主要任务。

本章将从战略价值管理的角度，对华为如何灵活把握不确定性机会，应对未来的挑战，进行深入讨论。

3.1 投资不确定性项目，要保持适度的灵活性

3.1.1 做战略决策，不能只把宝押在一个上面

当公司决定在某一战略方向发展时，要在相背的方向，对外进行风险投资，以便在自己的主选择出错时，赢回时间。当事物还处于混沌状态，自己没有主选择时，要同时在多种方向进行均衡的风险投资。只有当事物的主线越来越明晰后，才大规模组织队伍扑上去。即使在扑上去时，也要认真研究哪一些可以进行国际合作。不要什么都自己做。任何一个公司都要走专而精的道路。（来源：产品线管理办公室工作汇报会议纪要，2000）

我们做战略决策的时候，不能只把宝押在一个上面，因为做产品只选择其中一种考虑，风险太大。（任正非：与 CDMA[①]2000 基站产品组座谈纪要，2001）

大数据流量时代，没人知道未来的流量到底会有多大，固网将发挥重要作用，

① CDMA，code division multipleaccess，码多分址。数字技术的分支——扩频通信技术上发展起来的一种无线通信技术。

有巨大的市场机会。既然我们确定了大军滚滚向前的方向，就要把实现目标的多重机会都当成对目标进攻的多种方式。不能只赌一种机会，那是小公司资金不够时的做法。我们是大公司，有足够的资金支持，要敢于投资，在研究与创新阶段可从多个进攻路径和多种技术方案、多梯次地向目标进攻。在主航道里用多种方式划船，这不是多元化投资，不叫背离主航道。现在的世界变化太快，别赌博，只赌一条路的公司都很难成功。因为一旦战略方向错误，损失就会巨大。（任正非：在固网产业趋势及进展汇报会上的讲话，2015）

3.1.2 多路径、多梯次、饱和攻击

只要市场需要，而且这个市场需要可能有一个市场的支撑量，我们就要抓住这个机会。现在我们并不知道市场会出现什么导向。所以在市场比较模糊的情况下，我们轻易不能放弃，在目前模糊的情况下，必须多条战线作战，当市场明晰时，我们立即将投资重心转到主线上去。所以我主张业务导向、产品导向，以利润为导向，但是不为利润所动，我们需要的是未来的机会。（来源：研发管理委员会会议纪要，2001）

我们在华为内部要创造一种保护机制，一定要让蓝军有地位。蓝军可能胡说八道，有一些疯子，敢想敢说敢干，博弈之后要给他们一些宽容，你怎么知道他们不能走出一条路来呢？世界上有两个防线是失败的，一个是法国的马其诺防线，法国建立了马其诺防线来防德军，但德国不直接进攻法国，而是从比利时绕到马其诺防线后面，这条防线就失败了。还有日本防止苏联进攻中国东北的时候，在东北建立了 17 个要塞，他们赌苏联是以坦克战为基础，不会翻大兴安岭过来，但百万苏联红军是翻大兴安岭过来的，日本的防线就失败了。所以我认为防不胜防，一定要以攻为主。攻就要重视蓝军的作用，蓝军想尽办法来否定红军，就算否不掉，蓝军也是动了脑筋的。三峡大坝的成功要肯定反对者的作用，虽然没有承认反对者，但设计上都按反对意见做了修改。我们要肯定反对者的价值和作用，要允许反对者的存在。（任正非：《最好的防御就是进攻》——向任正非汇报无线业务会议纪要，总裁

办电邮文号［2013］232号）

伟大的领袖是打出来的，不是想出来的，就是要实践，我们把大家都扔到海里面。有些企业，它们的经营模式是规模和服务，因此市场需求前景是受限制的，发展是有极限的。而且，同质化竞争，别人也可以挤进来分一杯羹，缩小你的空间。我们这个行业是高成长行业，拼实力的行业，如果今天你拿不出来先进的东西，没有前瞻性的策略，明天你就垮了。像我们这样的企业，垮了多少？我们是非上市公司，高层都是着眼未来5~10年的战略构建，不会只考虑现阶段，所以我们就走得比别人快、比它们前瞻。突破是要有战略定力和耐性的。10年、20年没有突破，甚至一生也没有突破，一生都是世界"备胎"。我们现在不是靠赌哪一种技术、哪一种方向，"赌博"一种路线是小公司才会干的，因为它们的资金不够。大公司有足够的资金，在主航道里多路径、多梯次的前进，使用投资密集型，来缩短探索方向的时间。在多重机会的作战过程中，可能某种机会成为业界的主潮流，战线变粗，其他战线会慢慢变细了，但也不必关闭别的机会。把有经验的干部调到主线作战，把一批新干部调到支线作战去，继续进攻。前进的人来自多元化视角，并不是只有一条路线思想，即使他带着的是有失败经验的思想在前进，这样我们就一定会爬到顶端。美国军队要打胜仗，不计弹药量，大家以为他们是浪费，其实是靠投资密集度来攻占。此外，我们有广泛吸纳人才的机制，而且，15万人"力出一孔，利出一孔"，我们除了胜利，已经无路可走了。（来源：《与任正非的一次花园谈话》，总裁办电邮讲话［2015］098号）

内部对不确定性的研究、验证，实行多路径、多梯次的进攻，密集弹药，饱和攻击。蓝军也要实体化。并且，不以成败论英雄。从失败中提取成功的因子，总结、肯定、表扬，使探索持续不断。对未来的探索本来就没有"失败"这个词。（任正非：《为祖国百年科技振兴而努力奋斗》，总裁办电邮讲话［2016］067号）

对未来的探索本来就没有"失败"这个词。猴子在树上时，世界就没有路；成为人后才走出曲曲弯弯的小路；无数的探险家，才使世界阡陌纵横。没有一个人能走完世界，走一段路的探险家就是英雄。从欧洲到亚洲的路上，沉没了350万艘船，那些沉在海底的人，是全球化的英雄。不完美的英雄，也是英雄，它鼓舞人们不断地献身科学，不断地探索。使“失败”的人才、经验能继续留在我们的队伍里，我们会更成熟。我们要理解“歪瓜裂枣”，允许黑天鹅在我们的咖啡杯中飞起来。创新本来就有可能成功，也有可能失败。我们也要敢于拥抱“颠覆”，蛋从外向内打破是煎蛋，从里面打破飞出来的是孔雀。（任正非：《为祖国百年科技振兴而努力奋斗》，总裁办电邮讲话［2016］067号）

失败的项目中也有英雄。我们这个喇叭口要心胸宽广，可以多路径，可以容纳更多人才。失败的路径同样有优秀人才存在，失败中也有英雄产生，有缺点的英雄也是英雄。我们要善于总结失败中的成功基因，这样失败也是成功。在确定性的领域我们可以以成败论英雄，在不确定性的领域，失败的项目中也有英雄，只要善于总结。所以在评价体系上，不要简单草率。颠覆这个世界常常都是外行，不是沿着内行的方针演进出来的。颠覆旧中国的是两个医生（孙中山、鲁迅）。（任正非：《多路径、多梯次跨越“上甘岭”，走进无人区》——在巴展和乌克兰谈话要点，总裁办电邮讲话［2016］068号）

人类社会走过这么曲曲弯弯的道路，我们今天已经开始摸到真理的脚了，不要总认为我们做这个事情是失败了，什么叫成功失败？你走了此路发觉不通，你告诉你的同志这条路走不通咱们换条路走，那也是成功。在这些所谓的失败过程中，也培养你极其丰富的经验。……我们评价一个人不要用简单的、黑白分明的评价方式，这样的方式不行，我这是指你们研究类项目，不是指确定性项目。（任正非：在诺亚方舟实验室座谈会上的讲话，总裁办电邮讲话［2016］083号）

在科学的道路上，我们不要压制不同见解的人，这就是我们所讲的“多路径”。要有不同的观点，才叫多路径，未来走的途径就越来越心胸宽广。胸怀世界，就要敢气吞山河。（任正非：与Fellow座谈会上的讲话，总裁办电邮讲话［2016］069号）

华为公司经过一个瓶颈挤压大家，这就是价值观。挤压完以后，再放开，大家的奔跑速度越来越快，推动华为这个“机器”的前进。我们正在改变，让大家的聪明才智得到发挥，让大家的思想活跃起来。（任正非：与Fellow座谈会上的讲话，

总裁办电邮讲话［2016］069 号）

未来世界一定是跨学科创新的，但是华为不可能拥有这么多跨学科的人才，所以胡厚崑[①]提出淡化工卡文化。我们以前叫作“窄频带、高振幅”，每个人某方面的能量非常大，而知识面可能很窄，但是如果把很多人拼起来，那么我们就是“宽频带、高振幅”。如何实现跨学科？只能通过各种组合来实现，这就是我们将来新的研究措施。（任正非：与 Fellow 座谈会上的讲话，总裁办电邮讲话［2016］069 号）

第一梯队没时间读书，不读总裁办文件，不读公司文件，这个梯队两三年、三五年就耗尽能量了。第二梯队就将星闪耀，递补上去，高举先辈（第一梯队）的旗帜，踏先辈的意志，继续攻击前进。跟帖反映公司的青年人已经跟上来了，接替第一梯队往前冲。我们要准备一下二梯队；在国内还要招一些学激光、物理、化学的顶尖学生，因为激光速度很快，学很快理论的学生，思维也快，当年郑宝用[②]就是一个。第二梯队如果重复做前面人做的，那就不叫第二梯队，他看到前面存在的问题，解决一些想不到的问题，或红军想到了暂时做不到的问题，以及和红军思想不一样的问题。（任正非：《多路径、多梯次跨越“上甘岭”，走进无人区》——在巴展和乌克兰谈话要点，总裁办电邮讲话［2016］068 号）

华为坚持管道战略，开放合作，团结一切可以团结的力量，对未来方向进行探索和研究，掌控不确定性。（任正非：与 Fellow 座谈会上的讲话，总裁办电邮讲话［2016］069 号）

我们除了在市场战线要获得成功外，在技术战线我们也要有所作为。我们每年除了给开发拨付 80 亿 ~90 亿美元甚至 90 亿美元以上的开发经费外，将给研究每年超过 30 多亿美元的经费。我们为什么要延伸到基础研究领域，因为这个时代发展太快了，网络进步的恐怖式发展，使我们不能按过去科学家发表论文，我们理解后去做工程实验，然后（再去做）产品这样缓慢的道路。我们现在就要选择在科学家探索研究的时候，探进脑袋去思考如何工程化的问题。我们不仅要使自己数十个

① 胡厚崑，华为公司副董事长、轮值 CEO。——编者注

② 郑宝用，曾任华为公司高级副总裁。——编者注

能力中心的科学家和工程师努力探索，不怕失败。而且要越过工卡文化，大量支持全球同方向的科学家。我们的投资是不具狭义目的的。正如我在白俄罗斯科学院所说的，我们支持科学家是无私的，投资并不占据他的论文，不占有他的专利、他的成果，我们只需要有知晓权。不光是成功的，包括他失败过程的知晓权。像灯塔一样，你可以照亮我，也可以照亮别人，而且灯塔是你的，完全不影响你产业化。（任正非：《春江水暖鸭先知，不破楼兰誓不还》——在“出征·磨砺·赢未来”研发将士出征大会上的讲话提纲，总裁办电邮讲话［2016］093号）

3.1.3 一杯咖啡吸收宇宙能量

在思想上要放得更开，你可以到外面去喝咖啡，与他人进行思想碰撞，把你的感慨写出来，发到网上，引领一代新人思考。（任正非：与2012实验室座谈会纪要，2012）

高级干部与专家要多参加国际会议，多“喝咖啡”，与他人碰撞，不知道什么时候就擦出火花，回来写个心得，你可能觉得没有什么，但也许就点燃了熊熊大火让别人成功了，只要我们这个群体里有人成功了就是你的贡献。公司有这么多务虚会就是为了找到正确的战略定位。这就叫“一杯咖啡吸收宇宙能量”。（任正非：《最好的防御就是进攻》，2013）

一杯咖啡吸收宇宙能量，你们这些Fellow的技术思想为什么不能传播到博士和准博士这些未来的“种子”里面去？你们和大师喝咖啡，现在为什么不能也和“种子”喝咖啡？喝咖啡是可以报销的。别说怕白培养了，不来华为，他总为人类服务吧？把能量输入“种子”阶段，这样就形成庞大的思想群。就像一块石头丢到水里面激起波浪一样，一波一波影响世界。你们一个Fellow能交5个这样的朋友，一个人几百个的粉丝，影响了多少人？交流也是在提升我们自己，因为我们真的想不清楚未来是什么。华为公司的圈子还太小，你们这些Fellow都不出去喝咖啡，只守在土围子里面，守碉堡最终也守不住的嘛。你们这些科学家受打卡的影响被锁死了，在上研所这个堡垒里面怎么去航海，去开放？航海的时候怎么打卡？发现新大陆怎么打卡？沉到海底怎么打卡？从欧洲通向亚洲的海底有350万艘沉船，那些沉到海底的人怎么打卡？所以，我们的管理要实行开放模式。（任正非：《一杯咖啡吸收宇宙的能量》，2014）

我们还要走向世界级。现在我们缺思想家和战略家，只停留在将军层面。如果我们都只会英勇奋战，思想错了，方向错了，我们越厉害就越有问题。所以我们希望你们中间能产生思想家，不光是技术专家，要产生思想家，构筑未来的世界。（任正非：《一杯咖啡吸收宇宙的能量》，2014）

开阔视野，持续开放，高级干部和专家要改变"中国农民"思维，多开放，多与人"喝咖啡"。世界IT行业最发达的地区在美国，在持续引入高端专家的同时，我们的高级干部和专家也要冲破局限，每年走出去和世界交流，不要像中国老农民一样，只知道埋头苦干，要善于用一杯咖啡吸收宇宙能量。我们经常参加各种国际会议和论坛，杯子一碰，只要5分钟，就可能会擦出火花，吸收很多"能量"。你们一天不改变你们的思维习惯，就不可能接触世界，不接触世界怎么知道世界是什么样子的，有时候一两句话就足以道破天机，擦出思想的火花。（任正非：《风物长宜放眼量》——在成研所业务汇报会上的讲话，总裁办电邮讲话［2014］027号）

在前进探索的道路上，我们不能只有"坦克、飞机、大炮"，还要培养一批科技外交家。具有相当资格的优秀专家，他的特长不是单项突破，而是有广泛的知识面，综合能力强，就可以定位为"科技外交家"。Fellow一心一意盯着新技术往前走，科技外交家广泛扫描，可以以Fellow助手的名义，去全世界到处与人喝咖啡交流，目标是综合性地听风声，听完以后，总能捕捉到一两个信息的小苗子。抓住业界中突然冒出来的小苗子，回来输入我们的平台，经过科学家们务虚分析，如果方向正确，形成战略务虚会要点，输入2012实验室，开始启动未来十年或二十年的技术研究。有了一定的阶段性研究成果，再进入战略MKTG[①]体系继续规划业务发展。（任

① MKTG，marketing，市场营销。华为公司负责市场营销的部门。

正非：在固网产业趋势及进展汇报会上的讲话，2015）

创新本来就有可能成功，也有可能失败。我们也要敢于拥抱“颠覆”，蛋从外向内打破是煎蛋，从里面打破飞出来的是孔雀。现在的时代，科技进步太快，不确定性越来越多，我们也会从沉浸在产品开发的确定性工作中，转而加大对不确定性研究的投入，追赶时代的脚步。我们鼓励我们几十个能力中心的科学家，数万专家与工程师加强交流，思想碰撞，一杯咖啡吸收别人的火花与能量，把战略技术研讨会变成一个“罗马广场”，一个开放的科技讨论平台，让思想的火花燃成熊熊大火。公司要具有理想，就要具有在局部范围内，抛弃利益计算的精神。重大创新是很难规划出来的。墨守成规是最容易的选择，但也会失去大的机会。（任正非：《为祖国百年科技振兴而努力奋斗》，总裁办电邮讲话［2016］067号）

“黑天鹅”是可能出现的，但是希望出现在我们的“咖啡杯”中。我们要开放，要支持同方向的科学家，要支持理解“歪瓜裂枣”……“黑天鹅”到我们公司里来飞，我们允许你飞，自己颠覆自己。（任正非：《多路径、多梯次跨越“上甘岭”，走进无人区》——在巴展和乌克兰谈话要点，总裁办电邮讲话［2016］068号）

我们在世界上要找一些有歧见的教授，同意支持他，我们有一个团队跟他，就是二梯队了。就像量子通信一样，前几年还在批判这个东西不实用，还遥远得很，现在你看，中国不就做成了么？我们能不能在我们的通道中，给他留一条道，将他融进应用的大海中。我们对一些准博士、“歪瓜裂枣”、有聪明才智的人敢于支持。要在大学里活动，要发现这种人才，从学生时代就支持他，他也不一定到华为来工作，他在别的单位工作如果有发明能解决这个问题，那我们就运用这个发明，有偿使用就行了。（任正非：《多路径、多梯次跨越“上甘岭”，走进无人区》——在巴展和乌克兰谈话要点，总裁办电邮讲话［2016］068号）

一杯咖啡吸收宇宙能量，不是把人装进去，主要是吸收思想。将来能不能以Fellow为中心成立一个思想研究院？Fellow要多交叉，跨领域，多碰撞，多产生思想火花。这个研究院的宗旨就是思想和方向研究，而不仅仅是研究实现技术。Fellow不要只干具体事，不要只关心这个产品、那个产品，来喝杯咖啡，产生火花碰撞，思想井喷。每个研究所要有一部分独立预算，这就是思想。徐文伟上次讲上不碰内容，下不碰数据，这就是重大方向，这也是思想。但不是严格划界，我们要产生能支撑内容与数据的能力，只是不去经营。（任正非：《多路径、多梯次跨越“上甘岭”，走进无人区》——任正非在巴展和乌克兰谈话要点，总裁办电邮讲话［2016］068号）

用美国砖建中国长城，让“蜂子”在长城上跳舞，人工智能研究一定要走向高度开放。你们自己开展研究是正确的，不研究你就不知道方向与对错，就不知道哪些是好的。世界上还有比我们做得好的，我就引进来。（任正非：在诺亚方舟实验室座谈会上的讲话，总裁办电邮讲话［2016］083号）

3.2 无边界的技术创新可能会误导公司战略

3.2.1 产品创新一定要围绕主航道，围绕商业需要

什么叫自由？火车从北京到广州沿着轨道走，而不翻车，这就是自由。自由是相对必然而言。自由是对客观的认识。人为地制定一些规则，进行引导、制约，使之运行合理就是自由。必然是对客观规律还没有完全认识，还不能驾驭和控制这些规律，主观还受到客观的支配。（任正非：《要从必然王国，走向自由王国》，1998）

我们对研究与创新的约束是有边界的。只能聚焦在主航道上，或者略略宽一些。产品创新一定要围绕商业需要。对于产品的创新是有约束的，不准胡乱创新。贝尔实验室为什么最后垮了，电子显微镜是贝尔实验室发明的，但它的本职是做通信的，它为了满足科学家的个人愿望就发明了这个电子显微镜。发明后成果丢到外面划不来，于是就成立了电子显微镜的组织作为商业面的承载。所以无边界的技术创新有可能会误导公司战略。我们说做产品的创新不能无边界，研究与创新放得宽一点但也不能无边界。我们要成就的是华为的梦想，不是人类梦想。所以我们的创

新应该是有边界的，不是无边界的。（任正非：《一杯咖啡吸收宇宙的能量》，2014）

创新要有边界，我们要继续发扬针尖战略，用大压强原则，在大数据流量时代领先突破。（任正非：《变革的目的就是要多产粮食和增加土地肥力》——在2015年市场工作会议上的讲话，总裁办电邮讲话［2015］016号）

我们有两个决策体系，一个决策体系是以技术为中心的理想体系，一个决策体系是以客户需求为中心的战略Marketing（市场）的现实主义。两个体系在中间强辩论，然后达成开发目标妥协。（任正非：与Fellow座谈会上的讲话，总裁办电邮讲话［2016］069号）

我们不知道信息社会未来会是什么样子，要研究未来信息社会的假设，没有正确的假设，就没有正确的方向；没有正确的方向，就没有正确的思想；没有正确的思想，就没有正确的理论；没有正确的理论，就不可能出来正确的战略。思想研究院研究未来的思想和方向，然后2012实验室再形成理论，经过验证，2012实验室是在做这些假设思想中的实验。我们一定要搞清楚未来走向哪里去。（任正非：《多路径、多梯次跨越"上甘岭"，走进无人区》——在巴展和乌克兰谈话要点，总裁办电邮讲话［2016］068号）

3.2.2 不确定性的研究创新也要有边界，是为主航道服务的

聚焦主航道，以延续性创新为主，允许小部分力量有边界地去颠覆性创新。互联网总是说颠覆性创新，我们要坚持为世界创造价值，为价值而创新。我们还是以关注未来5~10年的社会需求为主，多数人不要关注太远。我们大多数产品还是重视延续性创新，这条路坚决走；同时允许有一小部分新生力量去颠覆性创新，探索性地"胡说八道"，想怎么颠覆都可以，但是要有边界。这种颠覆性创新是开放的，延续性创新可以去不断吸收能量，直到将来颠覆性创新长成大树苗，也可以反向吸收延续性创新的能量。（任正非：《坚持为世界创造价值，为价值而创新》——在战略务虚会上的讲话，总裁办电邮讲话［2015］006号）

第一，我们的使命是为人类的繁荣创造价值，为价值而创新。创新一定要为这个目的，不能为了创新而创新。首先自主创新的提法本身有片面性，我们要站在巨人肩膀上前进。如果我们从地上自己一点点爬起来，当爬到巨人肩膀上时，已经过了三千年。为了更快、更好地实现我们的目标，充分吸收利用人类的一切文明成果才是聪明人，因为这样会提高你生命周期的效率。……所以在创新过程中，我们要在有限的生命里，吸取更多能量，缩短创造财富的时间和精力。如果别人合理收取我们一点知识产权费，其实相对更便宜，狭隘的自主创新才是贵的。我们每年投入10%的研发费用，有一部分研发都从“喇叭口”滤掉了。第二，要成为行业领袖，不能采取狭隘的在高速公路上丢小石子的方式来形成自己的独特优势。这样只会卡住世界的脖子，不是我们要走的道路。我们要走的道路是站在行业领袖的位置上，为世界做出贡献。什么叫领袖？领袖就是为了世界强盛，对建立世界信息网络大构架做出贡献，舍得给周边人分享利益。（任正非：在与法务部、董秘及无线员工座谈会上的讲话，总裁办电邮讲话［2015］015号）

首先要压缩管理承载的东西，美人就是裸体跑，不要承载太多东西。今年在预算分配上，密集炮火的范围不包括产品开发，产品开发是确定性工作，要讲究目标与效率。密集炮火是面对未来，是突击无人区，不能随便用密集炮火的方法，必须要好好地审视。当然不确定性的研究创新也要有边界，是为主航道服务的；不为主航道服务的我们也要控制。（任正非：在EMT办公会议上的讲话，总裁办电邮讲话［2016］054号）

智慧要在主航道边界里面，不做边界外的事情。人工智能要与主航道业务捆绑，在边界之内可以大投，一起扩展更多的灵感、更多的发挥。所以离开了这个边界，偏离主航道的就不给钱了。华为不做公共人工智能产品，不做小商品，我非常害怕你们一冲动，拿人工智能去和社会比。你做出来我没用，有人就去创业，这会掏空公司的，你如果有才华就要转到主航道上来。这些公共人工智能产品（别人主业、我们副业）的事不要做。别人成功了我们就花钱拿过来用。（任正非：在诺亚方舟实验室座谈会上的讲话，总裁办电邮讲话［2016］083号）

3.3 善于从不确定性中识别和分离确定性

3.3.1 领袖的作用是方向感，要在不确定性中给出确定性判断

未来的不可知性使我们的前进充满了风险，面对着不确定性，各级主管要抓住主要矛盾，以及矛盾的主要方面，要有清晰的工作方向，以及实现这些目标的合理节奏与灰度；多做一些自我批判，要清醒感知周围世界的变化，“深淘滩，低作堰”。（任正非：《谁来呼唤炮火，如何及时提供炮火支援》，2009）

公司设立委员会的目的，主要是针对经营环境的不确定性及重大事项开展集体决策，以提高决策质量。在相对确定的日常业务场景下，应更强调主管负责制，以提高运作效率。（来源：EMT 纪要［2013］009 号）

不确定管理首先是要识别，公司要在每年进行不确定性的研讨和识别，明确公司面临的关键不确定性，并由公司战略部及相关部门开展研究分析，制定应对策略并跟踪。（来源：常委会纪要［2015］005 号）

面对经济、金融和市场环境的不确定性，系统识别公司面临的运营、财务和合规遵从风险，建立公司风险管理地图并明确重大风险的 Risk Owner（风险责任人），有效应对不确定性对公司经营活动的影响。（来源：EMT 决议［2015］013 号）

我们的外部环境在变化，未来五年我们要成为世界的领袖，就要针对确定性来推进公司内部深化改革，构建应对未来风险和变化的能力，适应外部环境的变化，对确定性的改革就是对不确定性的支撑。（来源：EMT 纪要［2015］007 号）

在管理变革上，摆在大家面前也是非常严峻的挑战。变革队伍的大多数人从事的是确定性工作，大家要有信心去研究。为什么欧洲基站安装成本，有的国家要 2 万欧元，有的国家只要 3 000 欧元？这都是因为我们对确定性工作管理不够好而造成的高成本，确定性作业没有流程化、标准化，没有很好地对数据进行统筹的结果。这些钱都是大家的奖金啊，挤出来不就分给大家了吗？在这方面改进一点，效

率就提升一点，贡献就多一点，公司就处于一个良性的循环过程中。比如 Turnkey（交钥匙）工程，我们已经从过去的不明白到了现在的基本明白。未来我们要研究怎么把各项业务做得更好，百尺竿头更进一步。（任正非：在变革战略预备队第三期誓师典礼上的讲话，总裁办电邮讲话［2015］078 号）

领袖的作用是方向感。不在于你是否扛锄头、挖战壕，而在于你是否能领导大家走出困境，找到前进的方向。方向感就是要在多种不确定性中给出确定性的判断，尤其是资源有限的情况下。当然也包括模糊性的判断，引领走出混沌。我们原来是跟随世界，将来你要领导世界了，你怎么办？当年为了一个小灵通，一个 TD[①]，差点把我的命都给搞掉了，为什么？ 8 年啊，看到人家（做）小灵通轰轰轰烈，大家写报告，说 3 个月就能做出来，做不做？还有 TD，到底上不上？你说那 8 年，我咋过来的？领导好难做啊。不做，错了如何办？做了，在非战略机会点上，消耗了战略竞争力量，会有今天吗？现在轮到你们来领导世界了，你才会感到这像是把你放在炉子上烤。（任正非：《多路径、多梯次跨越"上甘岭"，走进无人区》——在巴展和乌克兰谈话要点，总裁办电邮讲话［2016］068 号）

3.3.2 前端是应对不确定性的精兵组织，后端是对付确定性的平台和共享组织

未来我们公司的建制就是精兵组织，未来作战方针就是要精兵化。前端应该是精兵，来对付不确定性，包括了技术的不确定性、客户需求的不确定性、交易条件的不确定性、交付条件的不确定性。对付确定性的工作由区域平台担负起来。（任正非：在变革战略预备队进展汇报上的讲话，总裁办电邮讲话［2015］029 号）

这样前方就轻装了，精力不再陷入事务性工作中，主作战部队只管聚焦作战。

---

① TD，time-division，时分码分多址。TD-SCDMA 是英文 Time Division-Synchronous Code Division Multiple Access（时分同步码分多址）的简称，中国提出的第三代移动通信标准（简称 3G），也是 ITU（国际电信联盟）批准的三个 3G 标准中的一个。

主作战部队要把需求讲清楚，一个是要把客户需求讲清楚，研发要去做；一个是要把供应需求讲清楚，后方要支持。这两个需求讲清楚，冤有头、债有主，各算各的账。（任正非：在变革战略预备队进展汇报上的讲话，总裁办电邮讲话［2015］029号）

过去的20多年，IBM（国际商业机器公司）帮我们把一盘散沙凝聚起来，形成了若干平台，使公司走向严格、有序的发展。未来10年，我们要改变现在的屯兵运作模式，为精兵运作模式。提高组织的有效性、及时性、准确性。把不确定性的事情，由精兵组织来应对。对确定性的事情，由平台或共享组织来支持与服务。对不确定性的考核是风险的把握；对确定性的考核是效率与效益。我们变革要把一部分权力的指挥中心放到一线需要的地方去，让听得到炮声的人来呼唤炮火，避免公司机构过于庞大、官僚。随着LTC流程的贯通，我们已逐渐听到了炮声。后方将具备更强的专业服务与支持能力。（来源：埃森哲董事长Pierre拜访任正非的会谈纪要，总裁办电邮讲话［2015］040号）

未来公司前端是对付不确定性的精兵组织，后端是对付确定性的平台和共享组织。要把确定性和不确定性分离开，通过合理的授权监管机制，让听得见炮声的人来呼唤炮火，提升公司的整体作战能力和效率。（任正非：在变革战略预备队誓师及颁奖典礼上的座谈纪要，总裁办电邮讲话［2015］047号）

精兵组织是为了应对各种不确定性，比如客户需求、交易条件、环境变化等，关键是要判断如何降低经营风险。客户需求的不确定，主要指的是MKT（市场营销）和研发，每年花这么多钱，其中有很多就是不确定的。交易条件的不确定，指的是合同环境不确定，我们现在连合同的概算都搞不清楚，很少有项目是先把概算搞清楚了再投标。而针对确定性业务，比如交付、服务、财务管理、供应管理等，我们要建立平台制和共享制，关键是考虑如何提升工作效率。考核确定性业务就是效率与效益。（任正非：在变革战略预备队誓师及颁奖典礼上的座谈纪要，总裁办电邮讲话［2015］047号）

3.4 成功不是一个引导我们走向未来的可靠向导

3.4.1 世界上唯一不变的就是变化

我们正处在IT业变化极快的十倍速时代，这个世界上唯一不变的就是变化。我们稍有迟疑，就会失之千里。如果故步自封，拒绝批评，忸忸怩怩，就不只是千里了。我们是为了面子而走向失败，走向死亡，还是丢掉面子，丢掉错误，迎头赶上呢？要活下去，就只有超越。要超越，首先必须超越自我。超越自我的必要条件，就是及时去除一切错误。要去除一切错误，就要敢于自我批判。古人云，三人行必有我师。对于我们，这三人中，一个是竞争对手，一个是敢于批评我们设备问题的客户，另一人就是敢于直言的下属。只要我们能够真正地做到礼贤下士，就没有什么改正不了的错误。（任正非：《为什么要自我批判》，2000）

希腊哲学家赫拉克利特说："世界上唯一不变的就是变化本身。"变化并不可怕，只要我们一直奋斗，并不会不利于你。我们就是因为一直相信这个相对真理，并为之奋斗，才有了今天。当"以客户为中心，以奋斗者为本，长期艰苦奋斗"价值评价体系不断循环运转，并不断在运转中优化它的结构与形式，它逐渐地就脱离了具体的人，它就形成了一种形式，一种机制，就会永存。任何一个奋斗者都可以下车的，车子仍然会一直往前走，逐步地它不会再与人的生命相关联，抽象为一种形式。新人又上车，又下车……机制就能百年永存下去。相对真理因我们的宽容而延续。（任正非：《从"哲学"到实践》——在2011年干部大会上的讲话，总裁办电邮文号［2011］016号）

整个商业生态环境发生了很大的变化，这个时候我们不能不考虑适应，我们必须要以此推动变革。包括技术环节也发生了很大的变化，从话音时代走向宽带时代，从宽带时代走向信息时代。这些变化未来带动的空间是不可想象的。就像云计算一样，云计算到底有多么广阔，又有多么深刻，我们根本就不知道，也难以预测。未来的信息社会会是什么样子？根本不可能设计出一个完美的商业模型。（任正非：《成功不是未来前进的可靠向导》，总裁办电邮文号［2011］004号）

3.4.2 打败我们的只有我们自己

繁荣的背后都充满着危机。这个危机不是繁荣本身的必然特性，而是处在繁荣包围中的人的意识。艰苦奋斗必然带来繁荣，繁荣以后不再艰苦奋斗，必然丢失繁荣。千古兴亡多少事，悠悠，不尽长江滚滚流。历史是一面镜子，它给了我们多么深刻的启示。忘却过去的艰苦奋斗，就意味着背弃了华为文化。（任正非：《再论反骄破满，在思想上艰苦奋斗》，1996）

谁能把我们打败？不是别人，正是我们自己。如果我们不能适时地调整自己，不去努力提高管理素质、强化管理能力，不将艰苦奋斗的传统保持下去，我们就会把自己打败。古往今来，一时成功者众多，持久的赢家很少。失败的基因往往在成功时滋生，我们只有时刻保持危机感，在内部形成主动革新、适应未来的动力，才可能永立潮头。（任正非：《胜则举杯相庆，败则拼死相救》，1997）

华为经过的太平时间太长了，在和平时期升的官太多了，这也许会构成我们的灾难。泰坦尼克号也是在一片欢呼声中出的海。（任正非：《北国之春》，2001）

高科技企业以往的成功，往往是失败之母，在这瞬息万变的信息社会，唯有惶者才能生存。（任正非：《北国之春》，2001）

中国人民大学商学院的一批EMBA（高级管理人员工商管理硕士）学员去英国兰开斯特大学交流访问，在考察了英国工业革命的辉煌历史后，再看看今天的英国，感受到很大的震撼。他们向英国教授请教对中国一些优秀企业的看法，其中也包括华为。对方教授有几句评价，说华为不过是走在世界上一些曾经辉煌过的公司走过的路上。这些公司在达到顶峰之前也是客户导向的，也是不停地奋斗的，但达到顶峰之后它们开始变得故步自封，听不进客户的意见了，于是就衰落了。我觉得这位英国教授很有历史眼光，他看到了企业如果自发地演变将会是一种什么结果。

我也曾推荐《曾是热血青年的汉奸们》这篇文章给大家看，再看看改革开放的风云人物今何在？世界万事万物都是变化的。其实我们在不知不觉中，变得落后了。（任正非：《从哲学到实践》，2011）

最近我们在推动高、中级干部及后备干部学习公司管理文化提纲，这个提纲概括了我们这 20 年的奋斗，它浸透了编委及大家的心血，也许会为我们的发展留下不灭的灯光。但也要科学合理地去理解华为的文化，不然成功有可能导致经验主义，有可能反步入陷阱。（任正非：《成功不是未来前进的可靠向导》，总裁办电邮文号［2011］004 号）

我们会不会被时代抛弃？我们要不要被时代抛弃？这是个很重要的问题。无线电通信是马可尼发明的，蜂窝通信是摩托罗拉发明的，光传输是朗讯（Lucent）发明的，数码相机是柯达发明的……历史上很多东西，往往发明人、创始人最后变成了失败者。这些巨头的倒下，说穿了是没有预测到未来，或者是预测到了未来，但舍不得放弃既得利益，没有勇气革自己的命。大公司有自己的优势，但大公司如果不能适应这个时代，瞬间就灰飞烟灭了。走向新时代的延长线可能不是直线，可能要出现弯曲，就像光也会弯曲一样。过去经济学的一些经典理论，到这个新时代可能也会发生变化，过去的成功模式也要出现弯曲了。在这个拐点的时代，我们怎么去适应？大家要知道，我们公司过去在几次重大战略上可都是犯过错误的：我们曾经是否定宽带的，后来才追赶上来；包括软交换也是重新追赶上来的。华为公司现在这么大的规模，在这个时代的快速变化中，如果我们没有勇气去拥抱未来，是很危险的。尽管未来不确定，甚至推翻自己积累的优势。不拥抱未来怎么能行呢？我们现在对未来信息社会的想象和理解还是低水平的，所以我鼓励高级干部要多去参加国际会议，多去跟人家喝喝咖啡，多去跟人家瞎聊……我们今天的瞎聊，不也聊出来几句在点子上的话吗？ Google（谷歌）这个公司还是很有远见的，我们公司的远见能不能赶上 Google？而且我觉得赶上还不够，我们要大大超越 Google 的远见，才能适应这个时代的变化。我们对未来还是需要预测的，我们还是需要追赶、需要领先的，我们还是需要不被时代抛弃的，如果我们顺应时代的变化，坚持走开放的道路，慢慢调整好组织和队伍，真正满足了客户的需求，就像 IBM 曾经做的那样，大公司也是能被激活的，也不是必然要衰落的。（任正非：在惠州运营商网络 BG 战略务虚会上的讲话及主要讨论发言，总裁办电子邮件［2012］010 号）

3.4.3 最好的防御就是进攻，要敢于打破自己的优势形成新的优势

中国改革开放走到今天，取得了这么伟大的成绩，其实和那些天天骂我们、挑我们刺儿的人是有很大关系的。这些人天天盯着我们，说我们这不好、那不好，促使我们改进。华为之所以能走到今天，也是高举着批判的旗帜，天天批自己，说我们自己的不足，所以我们“走强”了。走向未来，我们必须继续加强这个力量，要组成一个蓝军，坚决打倒华为。每个部门都要组成蓝军，坚决打倒自己部门，打的过程中红军也“走强”了。如果在蓝军里都没有能力打倒华为，这个人不能在红军里面当司令。因为他没有能力打倒华为，他就不知道发展空间在哪儿，他来当官就是一个庸官，守成是不可能前进的。华为的干部对华为提不出批评意见来，就说明他的水平已经到天花板了，不能再提拔使用；能批评华为的人，说明他视野宽，他有观点，这样的人才能提拔。（任正非：在流程与 IT 战略务虚会上的讲话及主要讨论发言，总裁办电邮文号［2012］026 号）

最好的防御就是进攻，要敢于打破自己的优势形成新的优势。我们不主动打破自己的优势，别人早晚也会来打破。我们在学术会议上要多和爱立信、阿朗、诺西……交流，并在标准和产业政策上与它们形成战略伙伴，就能应对快速变化的世界。（任正非：在 GTS 网规网优业务座谈会上的讲话，总裁办电邮讲话［2014］012 号）

华为过去走的是从下往上攻的市场路线，除了质优价低，没有别的方法，这把西方公司搞死了，自己也苦得不得了。美国从来是从上往下攻，Google 和 Facebook

都是站在战略高度创新，从上往下攻。Wi-Fi① 作为和 LTE② 竞争的技术，你不能说美国不会玩出什么花招来，我们要以招还招。不要以为我们一定有招能防住它，我们公司的战略全都公开了，防是防不住的。我们要坚持开放性，只有在开放的基础上我们才能成功。（任正非：在 GTS 网规网优业务座谈会上的讲话，总裁办电邮讲话［2014］012 号）

去实践，我们不知道海里面的人哪一个将来会走出来，在 15 万人中，我想终有人能引领我们走向成功，但我们现在不知道，希望在你们身上，希望你们能担负起责任来。（任正非：在 GTS 网规网优业务座谈会上的讲话，总裁办电邮讲话［2014］012 号）

---

① Wi-Fi，Wireless-Fidelity，无线宽带。Wi-Fi 是一种允许电子设备连接到一个无线局域网（WLAN）的技术，通常使用 2.4G UHF（特高频无线电波）或 5G SHF ISM 射频频段。

② LTE，long term evolution，长期演进技术。长期演进技术是应用于手机及数据卡终端的高速无线通信标准，该标准基于旧有的 GSM/EDGE 和 UMTS/HSPA 网络技术，并使用调制技术提升网络容量及速度。

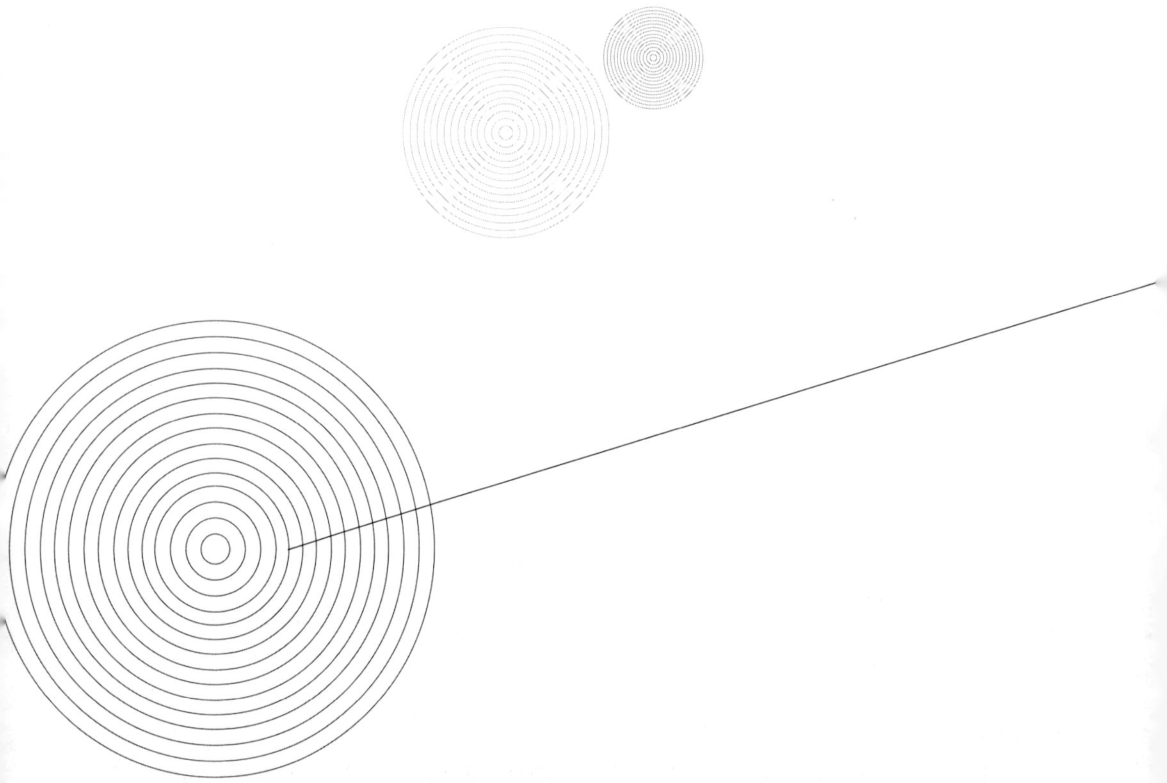

第四章

通过战略并购和公司风险投资，增强公司的核心竞争力

通常认为，CVC（公司风险投资）与 IVC（社会上独立风险投资）的主要区别就在于它们所追求的目标不同。前者更重视战略意图和与母公司的战略协同，而直接来自被投资公司的财务回报是次要的目标。后者恰恰相反，主要以追求财务回报为目标，缺乏或没有明确的战略意图。

对 CVC 来说，试图同时实现战略意图和追求财务回报这两个目标，实际上是一种困境。兼顾这二者的结果往往是顾此失彼，CVC 一旦背离了战略意图，也就与 IVC 没有区别了。大企业如果指望 CVC 投资机构自身赢利，就是舍本逐末。

华为 CVC 的战略意图非常明确，就是通过与母公司战略和业务的协同，提升母公司的核心竞争力和总体价值，而不以 CVC 部门的局部价值最大化为目标，严格控制 CVC 的投资目标和投资边界，不做多元化投资，赚大钱，不赚小钱。

本章将对华为公司的公司风险投资的战略意图和投资原则做确切的、扼要的阐述。

4.1 通过战略并购，弥补公司核心竞争力的短板

4.1.1 资本运作以战略投资为目的，帮助华为获取关键技术和能力

与会领导认可项目组输出的资本运作政策方案，方案要点为：1. 内生性增长是支持华为未来发展的核心和主要驱动力，资本运作可在适当的条件下运用；2. 资本运作以战略投资为目的，帮助华为获取关键技术和能力，或扩大市场份额；3. 并购仅在现有核心主业强相关领域开展；合资可在稍偏离核心业务领域开展，但要有明确的业务单元权属（BU Owner）；企业风险投资侧重于促进生态系统发展、刺激市场需求、填补技术空白及获取前沿技术等投资机会。4. 资本运作是高风险业务，应始终坚持谨慎原则；监控和管理是实现资本运作目的和降低资本运作风险的重要手段。（来源：《关于资本运作政策文件及决策体系方案的决议》，华为财委会决议［2011］038 号）

企业发展部主要工作要完全聚焦在为主航道保驾护航上：通过资本运作帮助业务部门快速获取产品及能力、弥补短木板、控制战略资源、互补内部创新、实现“体外预研”；同时积极配合公司专利策略开展专利收购。此类主航道上的资本运作活动要继

续开展。（来源：关于资本运作项目经营管理结果汇报的纪要，EMT 纪要［2014］001 号）

4.1.2 公司风险投资侧重于布局前沿技术、防范技术风险、支撑主航道发展战略

企业发展部要将技术类风险投资（VC）作为重点工作主动做起来，以面向未来的视角、聚焦与主业相关的关键技术，并常态化地开展。（来源：关于 PI[①]/VC[②] 投资工作述职汇报的纪要，财委会纪要［2012］046 号）

企业风险投资是华为互补内部创新、了解和布局前沿技术、防范技术风险、应对未来不确定性的重要手段。华为企业风险投资的投资边界为在 ICT 领域内开展支撑主航道业务的战略投资，其目的为：构建接触业界创新资源的“触角”，洞察业界创新趋势；布局前沿技术，开展体外创新；控制关键资源，促进战略合作，保证供应安全；围绕主航道构建良性生态系统；提升管道能力、扩大管道流量、促进连接的覆盖与数量。（来源：《关于风险投资决策流程及授权优化建议的决议》，EMT 决议［2015］006 号）

华为企业风险投资以支撑主航道发展战略为目标，要明确企业风险投资的重要性和意义，建立清晰的企业风险投资的边界约束。（来源：关于华为企业风险投资决策流程及授权优化建议讨论的纪要，财委会纪要［2015］018 号）

我们原则上不对外进行投资，投资就意味着终身要购买她的东西，因为她是我的儿媳妇。我们现在就是“见异思迁”，今天这个好就买这个，明天那个好就买那个。当然我们也建立战略伙伴关系，希望你别落后了。只要你不落后，我就买你的，但你落后了，我就买别人的。我们主要关心所有的产品是不是世界上最好的，而不是是我儿媳妇生产的，我来组装。（任正非：与日本代表处、日本研究所员工座谈纪要，总裁办电邮讲话［2016］080 号）

---

① PI，principal investment，资本性投资 。

② VC，venture capital，风险投资。

4.1.3 收购是为了弥补主航道竞争力的不足，不是为多元化经营

自 2011 年 6 月以后已经停止了非主航道上投资，后续继续禁止所有非主航道上的投资，对已有的非主航道上的投资要全部退出。（来源：关于资本运作项目经营管理结果汇报的纪要，EMT 纪要［2014］001 号）

从公司的发展趋势来看，我们的战略目标仅仅聚焦在管道业务纵向发展，而不是横向发展上。在管道业务的投资强度，与其他公司相比，应该算比较多的。大家要知道，我们每年投入研发费用 80 亿美元左右，没有任何困难。在这样的战略下，我们的资本结构足够，现在不需要更多的新资本。我们不可能变成资本公司，资本公司要对资本负责任，我们现在就是对人负责任。（任正非：在与法务部、董秘及无线员工座谈会上的讲话，总裁办电邮讲话［2015］015 号）

华为聚焦在主航道，收购是为了弥补管道竞争力建设上的不足，而不是为多元化经营。华为从未停止过收购，只是一千万美元以内的收购不用报给我审批，但我相信收购数量应该不小。我们现在的收购，主要是为了弥补管道竞争能力建设上的不足，而不是为了多元化业务经营。如果我们跨界去收购一大堆公司，会不会有假的？会不会因为经营不善，反而垮得更快？世界上最赚钱的事情，就是你自己印钞票。回家印饭票给你儿子，他每天撕一条给你，这点你是可以兑现的。所以不能万事都做。（任正非：在与法务部、董秘及无线员工座谈会上的讲话，总裁办电邮讲话［2015］015 号）

4.2 对外投资与并购的管理原则

4.2.1 不开展以获取财务回报为目的的产业投资

再次明确，不开展以获取财务回报为目的的产业投资。（来源：关于 PI/VC 投

资工作述职汇报的纪要，财委会纪要［2012］046号）

从现在开始，所有投资、收购兼并必须经由企业发展部统一管理并呈报，企业发展部要严格压制盲目扩张。未进入企业发展部项目管道的属违章项目，公司不予以支持和批准。公司在近两年要重管理，严格控制收购、兼并式发展。（来源：《关于投资并购等相关工作的管理要求的一点建议》，EMT决议［2011］041号）

对于新的项目需求，企业发展部要严格识别是否属于主航道投资，以客观中立的立场和专业的视角做好投资认证和立项论证工作，从源头上保证项目质量，确保“优生优育”。（来源：关于资本运作项目经营管理结果汇报的纪要，EMT纪要［2004］001号）

4.2.2 要加强对已交割投资项目的投资后管理工作，保证项目的投资目标达成

针对资本运作项目发生的费用（投资款、并购款及项目发生的运作费用），按照“谁受益、谁承担”的原则。按照受益原则，资本运作项目发生的投资款或并购款纳入相应投资中心预核算，如各BG、各产品线等，但不纳入地区部、代表处、系统部等非投资中心预核算。（来源：《资本运作项目发生费用预核算规定》，财经委员会文件［2012］001号）

企业发展部要加强对已交割项目的整合和投后管理工作，“管生管养”，保证已投资项目的投资目标达成。（来源：关于资本运作项目经营管理结果汇报的纪要，EMT纪要［2014］001号）

4.2.3 公司不支持、不投资和不参与内部创业

任何投资失败需由决策组织承担成本，公司禁止出售任何业务。如果任何业务不能继续发展或不符合战略诉求，直接关闭而不得出售。公司不支持、不投资和不参与内部创业。（来源：《关于禁止出售业务、内部创业等的决议》，EMT决议［2015］012号）

第五章

加强风险控制与遵从性管理

华为公司的全球化面临诸多风险。一方面是来自外部的风险，像地缘政治风险、金融危机风险、世界经济增长不稳定和投资萎缩的风险、汇率风险、汇困风险、逆全球化和贸易保护主义风险、反倾销风险、劳资纠纷风险、客户商业模式变化风险等；另一方面是来自内部的风险，诸如盲目扩张风险、产品质量风险、业务连续性风险、供应风险、超长期存货风险、超长期应收账款风险、网络安全风险、用户隐私保护风险、纳税风险、贸易合规风险、法律遵从风险、腐败风险等。这些风险使华为在国际市场上的成长面临非常严重的挑战。当世界失衡后，华为能独善其身吗？如何独善其身？

在全球化的非线性复杂世界里，原因强弱与结果之间没有必然的联系，局部作用的潜在影响与其本身的大小没有关系。随着华为规模越来越大，网络覆盖越来越广，网络结构越来越复杂，“蝴蝶效应”就出现了，局部的变化可能被放大到给整个公司造成严重损失，任何一个小问题都可能爆炸从而引发一个大问题。

“富贵险中求”，华为不因风险就不前进了，也不因前进而不顾风险。面对未来的风险，华为的方针是，用规则的确定性应对结果的不确定性，用法律遵从的确定性应对国际政治的不确定性。严格管制内、外合规，严守商业边界。既加强风险识别和管控，又要“多打粮食”，加强风险管控是为了“多打粮食”。通过不断完善风险控制体系，使公司从心所欲，不逾矩。在发展中获得自由。

本章重点讨论华为公司各类内外风险的管控规则，而对于具体的监管、内控和内审管理，留到下篇的相应章节中讨论。

5.1 扩张的同时必须能够控制得住，控制是为了更有效地扩张

5.1.1 当世界失衡后，我们能独善其身吗？如何独善其身？

随着企业业务规模及业务复杂度不断地增加，尤其是全球业务的增长，内外部风险也在逐步增加。（任正非：《华为内控体系建设就是要穿美国鞋，不打补丁》，总裁办电邮文号［2007］032 号）

未来 5~10 年，面临的现实是整个世界环境会变得非常非常复杂，当世界失衡后，我们能独善其身吗？如何独善其身？在这样复杂的外部环境下，我们还要面临非常大的其他压力，在微观上来说，投资的萎缩，汇率的飙升，贸易保护主义的形成，人工工资的提高，劳资纠纷的汹涌，维权的规模出现等一系列，都是我们在这个时代面临的非常严重的挑战。（任正非：在新一届董事会监事会会议上的讲话，总裁办电邮文号［2011］001 号）

在外部，欧洲主权债务危机未有好转迹象、全球金融环境持续动荡，使得消费

者的购买欲望和政府对基础设施投资的意愿下降，运营商对 CAPEX[①] 更加谨慎；货币汇率变化加剧，增加了汇兑损失的风险；与此同时，新兴市场的通货膨胀仍未得到有效抑制，推高了公司的运营成本，挤压了赢利空间。一些国家或地区的政局动荡，对我们在当地的经营连续性和安全性造成影响，地缘政治导致的经营风险不可忽视。我们还注意到，由于大国政治博弈、贸易保护主义，以及网络安全等因素结合产生的贸易壁垒，使公司的营商环境变得更加严峻。全球需求疲软、资产泡沫破灭、金融去杠杆化将可能同时发生，增加了未来全球经济走向的不确定性。（来源：《关于 2012 年经营环境分析与关键经营策略的指导意见》，司发［2012］081 号）

十几年前，前北电 CEO 欧文斯曾提出和我们合作做低轨道卫星，其实就是今天 Facebook 和 Google 提出来的方案。当时我们没有做，因为卫星可能涉及军工，我们上不碰军工，下不碰机密，民营企业恪守本分。那么，是否会出现一种东西把今天的电信网络颠覆？我相信一定会的。摩托罗拉的“铱星计划”其实就是一个很好的计划，但谁知道接着出现了光纤，就把它颠覆了。人类的电信网络难道就不能颠覆吗？（任正非：与 Fellow 座谈会上的讲话，总裁办电邮讲话［2016］069 号）

5.1.2　不能只看到机会而忽视风险

我们要贸易合规，还要注意反倾销，我们现在与有些公司竞争过程中，有些地方价格已经做得太低了，有些合同要注意，不能再这么做了。我们遭遇反倾销，损失会很大的。（任正非：《从关爱的角度去实现监管》，总裁办电邮文号［2011］013 号）

在投资策略上，虽然产业新机会琳琅满目，但我们不能只看到机会而忽视风险，要谨防空有雄心勃勃的战略追求，却没有将战略追求转换为财务收益的商业运营能力。我们如何看待，现在各个业务部门在制订业务计划与战略规划时普遍在画“V”字，都在说自己还没有到盈亏平衡点，都在唱同一首歌——“今天虽不好，明

① CAPEX，capital expenditure，资本支出。

天会更好”，都在向集团要更多的资源投入，但自己对未来业务结果的承诺却往往只是一个缺乏可信度的愿景。我们要考虑投什么和放弃什么，该采取什么样的投资节奏，是先投入再赢利，还是边投入，边实现赢利，再扩大投资？（来源：《关于2012年经营环境分析与关键经营策略的指导意见》，司发［2012］081号）

消费者BG要以利润为中心，严格控制库存风险。活不下去就没有未来！我们的价值评价体系要改变过去仅以技术为导向的评价，大家都要以商业成功为导向。消费者BG已经进入公司主航道了，但主航道是要创造价值，价值并不仅仅是技术领先。（任正非：《在大机会时代，千万不要机会主义》，总裁办电邮讲话［2014］025号）

终端要加强和供应商的战略合作，一味地压低供应商的价格，其实我们会有风险的，一个零件出问题可能导致这批手机全完了；如果这批量太大，终端公司可能就完了。所以，一是控制库存，二是改善和供应商的关系，一定要用优质器件来做优质手机。（任正非：在EMT办公会议上的讲话，总裁办电邮讲话［2015］132号）

随着我们产品容量越来越大，速度越来越快，其实我们的风险是越来越大，而不是越来越小，任何一个小问题都可以爆炸成一个大问题。为了使这些产品质量更具有可靠性，我们就借助德国人、日本人高度认真的精神和中国设计人员的异想天开来共同提高产品质量。（任正非：与日本代表处、日本研究所员工座谈纪要，总裁办电邮讲话［2016］080号）

2016年，全球政治经济环境“黑天鹅”群飞，我们始终坚持战略聚焦，厚积薄发，实实在在为客户创造价值。未来宏观环境面临ICT行业转型、客户经营压力加大、国家经济不确定性加大等风险，公司整体经营在抓机会的同时，须加强风险应对。（任正非：《聚焦为客户创造价值，实现有质量的增长》，总裁办电邮讲话［2016］099号）

5.1.3 追求有效增长，抑制盲目扩张

过去20年，华为是一个机会驱动的公司，我们走到了今天这样的规模。未来20年，华为应该是一个效益驱动的公司，不追求规模做得最大，但一定要追求效

益和稳定的成长。（来源：《董事会财经委员会定位和职责规定（暂行）》，华为董字［2012］002号）

战略发展委员会（SDC）和人力资源委员会（HRC）都要奋勇去增长，但是受到财经委员会（FC）的约束。财经委员会怎么约束呢？第一，只给你那么多钱；第二，你要给我交多少利润。（来源：《董事会财经委员会定位和职责规定（暂行）》，华为董字［2012］002号）

机会驱动并不一定是新产业，对新产业是管控和约束，在主航道上也充满机会。财委会就是对机会投入资源并差别性地要求利润回报。（任正非：《用预算核算来牵引和约束，沿着主航道实现有效增长》——在财经委员会定位与职责务虚会上的讲话，2012）

多核业务的发展战略会是我们新的大挑战，需要我们识别方向、节奏、优先顺序，使得发展有序、风险可控。（任正非：《做好公司价值管理，追求公司有效增长》，总裁办电邮文号［2012］005号）

各个业务都要提升自我效益指标，抑制盲目扩张的冲动。公司要求各业务交利润，从战略上说是要抑制一些新的业务盲目成长，说到底是要打击非理性扩张。如果这块业务是有效扩张，属于主航道的，我们可以给予机会；如果是非主航道上的，就得多交钱才能发展。我们使用的是税收调节计划，新项目得多交“税”，防止盲目扩张。如果各个业务只是基于惯性和自我膨胀，平铺式地发展，不对公司整体产生利润，那么公司最终只能被拖垮。（任正非：《做好公司价值管理，追求公司有效增长》，总裁办电邮文号［2012］005号）

未来的经济形势不容乐观。不允许盲目发展，谈市场空间要面向现实，要强调当期贡献。在这个风险很大的历史时期里，我们要清晰整个公司的战略，发挥我们的优势，才能产生足够活下去的必需利润。谁不能产生利润就要适当压缩，对于不能产生利润的产品，就不要盲目（投入）了。你不要说未来有什么贡献，万一活不到未来，未来的贡献和我们没关系。不能为了成就你的事业，一将功成万骨枯。不要太乐观估计自己，还是保守一点。（任正非：在网络能源产品线汇报会上的讲话，

总裁办电邮文号［2012］043号）

对有些国家未来的经济发展判断，如果没有那么大机会，我们要实事求是地对待。对于处于战乱的国家，如果没有那么大机会，这些国家我们不应屯这么多兵；今后没有多大发展的国家也要适当收缩，收缩到以服务为中心的销售活动，以服务为中心来加强销售服务。这些国家只考核利润，不再考核销售收入。（来源：关于2017年机会点到订货汇报的纪要，EMT纪要［2016］021号）

5.1.4 保持扩张与控制的平衡

8万多人的队伍可千万不能随便乱停下来，停下来不走是会发生灾难的，所以还要继续往前冲。任何队伍一溃就是千里啊。华为可不能溃败，要长期保持在战斗、冲锋的状况，要在冲锋中去改进，我们不能停下来改进，我们加强了正现金流和正利润的考核，已经给这些冲锋的将士戴上紧箍咒了，但是不能再给他们戴上脚镣，不然的话我们公司停下来整顿，这个风险太大了。我们的考核已经使得公司原来的增长方式变成有效增长、自我循环了。转变已经开始，不会很快的，只要方向正确，一定会实现正确。（任正非：与IFS项目组及财经体系员工座谈纪要，总裁办电邮文号［2009］004号）

保持扩张与控制的均衡，加强战略集中度，有舍有弃我们才能把持住战略制高点。要坚定不移地沿着主航道、主潮流走，这样三五年后，我们才有可能走出一条路来。（任正非：《2012年公司经营管理要点指引》）

提升经营质量，促进有效增长。在加大投入的同时，公司的战略追求必须落实到业务经营的目标设定和考核闭环管理中。加强风险管理，稳健规范经营，以确定的规则来应对充满不确定的全球经济形势。（任正非：《2012年公司经营管理要点指引》）

通过全球化业务布局，构筑公司全球化生存的基础。从硬投资和软文化上，开展人才、能力、经验和资源全球化有效配置，稳固地缘基础，结成广泛的利益伙伴

关系，营造和谐生态环境，规避未来可能的战略性风险。（任正非：《2012 年公司经营管理要点指引》）

5.2 华为财务风险控制的多维运作机制

5.2.1 华为风险控制的“4 个 3”运作机制

从财务的角度来讲，我们通过“4 个 3”的运作机制来监管整个公司的风险。什么是“4 个 3”？首先是三类风险，把公司的经营分成战略风险、运营风险、财务风险；其次是三角联动，设在伦敦、纽约与东京三个蓝军团队独立作业去挑战红军；第三是沿着业务的每个业务活动我们建立了三道防线；最后是通过三个独立组织，CFO 组织、账务组织与资金组织，建立了所有业务活动的三层审结机制。（来源：孟晚舟在伦敦 FRCC[①] 的汇报提纲，2017）

三类风险：我们把每类风险都做了详细的要素澄清，比如战略风险，我们知道我们公司一定会面临技术上的风险，会不会有颠覆式的技术出现以挑战我们的技术模型；运营风险方面，比如说供应风险：前段时间炒得沸沸扬扬 P10 的 Flash（闪存）芯片问题，芯片问题其实是上游供应商在控制给我们的供应量，这是我们的供应风险；当然还有财务风险、外汇风险、税务风险，这都是我们要去面对的。我们把公司的所有风险进行了详细分类，每类风险公司有一个唯一的责任人，他负责打破部门墙，打破组织边界，去管理这个风险在整个公司中的运作。他通过识别、评估、应对、监控、报告的周而复始的风险管理循环，使这些风险尽可能降到最低，这是我们在三类风险上的管理。（来源：孟晚舟在伦敦 FRCC 的汇报提

① FRCC，华为财务风险控制中心。

纲，2017）

三道防线：第一道防线是行政长官。在任何情况下，行政长官一定是首先责任人，他天然要承担对流程的责任，他天然要承担将风险管理与控制活动融合到他的日常工作活动中去。第二道防线是，在行政长官身边建了两个队伍，内控队伍和稽查队伍。内控队伍负责建立内控方法论帮助行政长官自我检查，类似于体检表，通过体检表的“review”（回顾）去回顾、识别我还有什么做得不好的；稽查是在流程作业过程中，识别每个流程最主要的风险，最有可能的问题是什么，关注主要矛盾和主要风险。这两个组织是行政长官的助手，向行政长官汇报，帮助行政长官能够控制住95%的作业风险。第三层道防线是审计组织，审计组织向公司独立汇报，审计通过不规则、不定期地对“点”的核查，形成对“面”的威慑，这是我们沿着每个业务活动去建的三层防线。（来源：孟晚舟在伦敦FRCC的汇报提纲，2017）

三角联动：2013年开始设立了伦敦风控中心，在此设立的很重要的原因是：我们认为英国人是非常崇尚规则制定的，特别从金融领域来看，我们比较欣赏英国人的保守，而不是其积极创新。我们希望能够大量引入有英国文化的财务高端人士，来对我们今天正在做的财务策略与财务架构进行独立地评估，我们希望对所有的事情都能建立确定的规则，即便有不确定的事情发生时我们都有法可依。在东京，日本人做事情很细致，一定要管到最小颗粒度，所以东京这个中心是面向所有的合同，每单合同、每个项目需要看（因为我们的设备端到端交付周期是2~3年），进去看这个合同在这三年整个经营管理中是否有不合理的，是否有循环嵌套的，是否有违规的，通过独立审计报告告诉相关人员，如：财务人员、项目工程师，以及项目的设计人，你未来需要在什么方面改进。纽约（中心）主要是看宏观经济，其实对华为来说，不可能独立于世界而存活，比如：石油（方面），我们有个团队专门研究石油油价，需要看石油输出国组织成员国家汇率变动趋势、国家的外汇储备，以预判它的货币的汇率走向，预判这个国家有没有可能成为外汇管制国家。我们想做的是站在明天看今天应该如何改进。（来源：孟晚舟在伦敦FRCC的汇报提

纲，2017）

三层审结：三层审结是我们建立的比较特殊的机制，很多公司的CFO是独立的，资金和账务不见得是独立的。我们给每一个行政长官背后都配置了一个CFO，除了我们理解的国家CFO、区域CFO、客户CFO以外，我们在每个大合同、每个项目都配置了CFO、人力资源部有CFO、行政采购部有CFO。这些CFO干什么？一方面是提供专业支撑，帮助业务做决策时能够做出正确的经营判断；另一方面因其独立汇报，在决策汇报过程中如果识别了不合理的、不真实、不足够的风险事项，有向上举手的报告机制，向上级主管报告，提醒上级主管干预与管理此事项。（来源：孟晚舟在伦敦FRCC的汇报提纲，2017）

5.2.2 财务风险控制的两个视角

华为财务风险控制的机制，可以从两个维度来看：一个是外部视角，伦敦、东京、纽约形成的三角联动机制。伦敦是以确定的规则，应对不确定的未来，东京是把管理做到最小经营单元，纽约是站在明天看今天，以此来进行三角联动。另一个维度是内部视角，除了三角联动以外，我们还有三层审结机制。第一层：日清日结。资金每日完成银行对账，确保每笔资金流动源于账务处理。第二层：账务在核算中，确保流程合规、行权规范，每笔账务处理源于业务真实。第三层：通过独立的CFO体系，对业务决策形成现场制衡。（来源：孟晚舟风险监控汇报要点，2017）

5.2.3 财务风险控制的三角联动机制

现在要把我们风控的三个核心点定下来。第一点：英国人是讲规则的，善于做规则，每个国家的规则和每个行业的规则由英国风控做；日本人是善于眼睛向下做项目的，不是仰望星空的，是做事的，应该是沉在项目的风控管理中；美国人都是胸怀世界的，让他们来解宏观结构。用三个民族的不同特征，形成这三个支柱来控制我们公司的运作。（任正非：在财经管理纲要编委会的讲话，2017）

伦敦财务风控中心为华为提供金融政策、税务政策及操作规则指引

为什么华为选择在伦敦设立这个中心？是因为这里有成熟的制度、规则，英国的法律、金融、税务等制度框架被各国广泛采用，正因为有这样的制度性优势，英国率先走出2008年金融危机，伦敦也进一步巩固了全球金融中心地位。具体讲有三点：第一，天时。从17世纪起，伦敦就是世界经济贸易中心，今天，伦敦是全球最大的金融衍生品市场，占全球交易量的49%。第二，地利。伦敦是具有包容性的金融中心，可便捷覆盖欧、非、中东、中亚这些区域，率先推出了金融审慎监管。第三，人和。金融从业人员超过100万，远超法兰克福与巴黎，而且资深金融人才的薪酬水平低于中国。华为伦敦财务风险控制中心是在账务、税务、资金三个关键作业领域，对流程设计、财务策略、作业质量、合规风险进行端到端的管理。我们希望通过规则的确定性应对结果的不确定性，为华为全球提供金融政策、税务政策及操作规则的指引；建立国家风险应对制度。例如，在俄罗斯、希腊危机发生之前，我们已识别出风险，通过调出资金，保全资产；同时制度性管理华为全球1.2万亿美元的结算及流动性风险，已经覆盖180多个国家（和地区），超过145种货币。（来源：孟晚舟风险监控汇报要点，2017）

东京财务风控中心专注项目风险控制

东京财务风控中心，主要是进行项目管理。日本人有极强的精细化作业意愿，他们能够把复杂的事情简单化，把简单的事情一次就做对。日本人在项目基线与预算管理上非常认真，有敢于停工的勇气，在项目风险管理上坚持的理念是“可以有异常，不能有意外”。正因为日本人有着这样精益求精的工匠精神，在项目管理上设立了全球最高的标准，华为在东京设立财务风控中心，围绕项目经营开展工作。项目经营是围绕商业设计、谈判、风险预估、履行监控、完工决算这些环节来看我们的管理机会点，进行改进。从项目经营的细节中，发现系统性的改进方向，“一条绳子牵出一头牛”。在项目操作上，制定完备的《飞行员手册》，面向全球推广。最

终的目标是为项目经营加油门，增加土壤肥力，多产粮食。（来源：孟晚舟风险监控汇报要点，2017）

纽约财务风控中心帮助公司判断和应对宏观经济上的风险

美国经济周期及美元走势直接影响全球经济，美国的决策直接影响地缘政治和国家风险，而纽约就是美国经济、金融的走向暴风眼与决策汇聚之地。因此，纽约作为金融中心的优势在于视界，这个视界既能看到长周期的规律，也占据了政策走向的制高点，同时有着全球性的影响广度。华为成立纽约财务风控中心，就是利用纽约这种远、高、广的视界，吸收宇宙能量，与华尔街顶级金融机构和智库对接，掌握第一手信息，帮助公司判断和应对宏观经济上的风险，不让“黑天鹅”飞起来。包括政治上的不确定性，如各国大选带来的影响；经济上的不确定性，全球经济走势；汇率的不确定性，如美元的拐点何时出现；以及贸易战的不确定性，比如对某个行业的惩罚性关税。这些都需要我们去做精细化的管理。（来源：孟晚舟风险监控汇报要点，2017）

5.3 金融风险防控

5.3.1 要有应对金融危机的预案，提高合同质量是最根本的措施

第一，金融危机打击的是谁？它打击的是泡沫经济。金融危机真正打击的是具有很大泡沫性的公司，比如说，金融行业和房地产行业。第二，电信消费是小额消费，并不会跟随金融产业的兴衰而巨幅波动。第三，随着数字洪水的到来，大家对网络宽带的要求会越来越高。（任正非：与销售融资专家座谈纪要，总裁办电邮文号[2012]025号）

不同国家、不同时间、不同场景，风险是不一样的，我们对各种情况都应有预

案，尽可能减少损失，确保我们的业务不保守运作。（任正非：与英国研究所、北京研究所、伦敦财经风险管控中心座谈的纪要，总裁办电邮讲话［2015］075 号）

由于全球经济环境不良化，大客户的信用风险可能爆发，可能无法归还到期欠款：如上半年巴西 Oi① 申请破产、印度 Reliance② 背负巨大债务风险，这都给我们提出了非常明确的要求：华为公司的增长要建立在高合同质量上。如果国际政局上发生危机，我们公司还有钱买“老面馒头”，就活下来了。如果没钱怎么办？所以，我们不能任性地冲过去，要加强合同管理，在市场上强调提高效率、效益。特别是回款高风险国家的管理。提高预付款到账的占比，减少终验款的占比，使得今年的增长过程中还能确保有质量的增长。（任正非：《前进的路上不会铺满了鲜花》——在 2016 年市场年中会议上的讲话，总裁办电邮讲话［2016］079 号）

要有应对金融危机的预案，从组织建设和干部配备上提升对风险内控、合规运营的监管能力。（任正非：《聚焦为客户创造价值，实现有质量的增长》，总裁办电邮讲话［2016］099 号）

我们将来达到 2 000 亿美元收入的时候，光有伦敦风险控制中心是不够的，要把日本、纽约都发展起来，进一步做好面向项目和面向宏观的金融风险控制。［来源：关于轮值期（2015 年 4—9 月）工作总结及相关讨论的纪要，董事常委会纪要［2016］004 号］

5.3.2 开展多元化的融资和多元化的结算

要降低对国内银行贷款的依存度。要重视本地化融资，加强本地化融资队伍建设，分散融资风险。（来源：关于 2012 年集团公司预算审议汇报的纪要，EMT 纪要［2012］012 号）

要开始多元化的融资和多元化的结算，让本地化货币小循环循环起来，减少汇

① 巴西 Oi，巴西电信巨头。——编者注

② 印度 Reliance，印度移动运营商。——编者注

兑损失。在日本、欧洲我们已经有一定规模的结算，日元、欧元货币能够小循环，可以对冲一些，就不需要换成美元；确实不能实现循环的货币，再承担国际货币汇兑风险。（任正非：在 2012 年 3 月 30 日 EMT 办公例会上的讲话，2012）

我们越快速发展，风险越大。我们自身运行风险也极大。我们所处的 170 多个国家与地区中，总会有战争、疾病、货币等风险。我们已在伦敦建立了财务风险控制中心，去年管理了 178 个国家（和地区）、145 种货币、5 万多亿人民币的结算量的风险，把损失降到最小。我们即将在东京、纽约同时建立财务风控中心，用这些国际优秀人才，来管理控制公司的资金运行、合同、项目管理风险。已取得不小成效，为全球化奠定了基础。（任正非：《为祖国百年科技振兴而努力奋斗》，总裁办电邮讲话［2016］067 号）

5.3.3 不因风险我们就不前进了，也不因前进而不顾风险

公司应建立预警系统和快速反应机制，以敏感地预测和感知由竞争对手、客户、供应商及政策法规等造成的外部环境的细微但重大的变化。（来源：《华为公司基本法》，1998）

风险管理一方面是事后及时解决问题，另一方面要通过事先的监控来预警防范，避免问题的发生；但这不意味着要另建一套庞大的组织、流程体系，而是通过在现有的流程和管理体系基础上逐步落实完善风险管理框架。（来源：关于风险管理工作汇报的纪要，EMT 纪要［2005］059 号）

不因风险我们就不前进了，也不因前进而不顾风险。我们严格规定，决不进行金融投机开展金融业务，决不使用金融杠杆工具。我们不可能在两条战线上同时冒风险。（任正非：与英国研究所、北京研究所、伦敦财经风险管控中心座谈的纪要，总裁办电邮讲话［2015］075 号）

5.4 业务连续性管理

5.4.1 我们的职业操守是维护网络的稳定

我们从事的是为社会提供网络，这种覆盖全球的网络，要求任何时候必须稳定运行。而我们提供的产品与服务已无处不在、无时不在，无论在缺氧的高原、烈日炎炎的沙漠、天寒地冻的北冰洋，还是布满地雷的危险地区、森林、河流、海洋，只要地球上有人的地方，都会覆盖。（任正非：关于珍爱生命与职业责任的讲话，总裁办电邮文号［2011］009号）

我们的职业操守是维护网络的稳定，这是与其他行业所不同的，豆腐、油条店可以随时关掉，我们永远不能。当灾害、战争发生时，我们全力关注网络的基本稳定。（任正非：关于珍爱生命与职业责任的讲话，总裁办电邮文号［2011］009号）

任何时候都会有动乱发生，我们在任何地方、任何时候只对网络的基本稳定承担责任，任何地方、任何时候，我们决不会介入任何国家的政治。（任正非：关于珍爱生命与职业责任的讲话，总裁办电邮文号［2011］009号）

公司各级主管与行政管理部门，要有危难时如何紧急处理的预案。公司在启动应急预案，有效应对危机的同时，各部门也要各司其职，保证公司生产业务系统稳定、正常运行。（任正非：关于珍爱生命与职业责任的讲话，总裁办电邮文号［2011］009号）

业务连续性是我们对客户服务的基本保障，也是华为生存的基本保障。在这个问题上，我们不能抱有任何侥幸的心理。我们要敢于进行战略性投入，坚持开放创新，吸收外界的成果和力量，在关键技术、基础软件平台、关键芯片、关键器件等各个方面实施战略攻关，实现供应安全，保障业务连续性。（来源：《超越美国，潇洒走一回》——徐直军[①]在公司2013年度干部工作会议上的发言，总裁办电邮文号［2013］244号）

---

① 徐直军，华为公司副董事长、轮值CEO。——编者注

5.4.2 建立战略储备，防范供应风险

为防范目前经济环境下有些供应商可能会出现经营问题，给我司带来原材料供应的风险，建议考虑从目前的原材料降价收益中拿出一部分作为抗风险储备资金，建立一定的物料储备，作为我司生产和供货的安全保障机制；也可用于对优秀供应商和供应商的关键优秀行为进行奖励，以使我司获得更大的收益。（来源：关于采购认证管理部 2009 年度业务策略汇报的纪要，EMT 纪要［2009］013 号）

存货要保住我们的生存底线，在生存底线上不能崩溃。要通过关键物料的战略攻关、多区域采购替代、战略储备等多种手段保障管道主力产品的业务连续性。（来源：EMT 纪要［2012］004 号）

战略攻关的目标，对内是生存底线，对外是超越，否则就没有意义。我们不能成为依赖于某些大国的小爬虫，而是要有实现超越、成为行业霸主的决心。我们比技术源头落后几年，所以要通过战略攻关、技术突破，做好“备胎”，实现超越。（来源：关于业务连续性与战略攻关年度工作汇报的纪要，EMT 纪要［2013］005 号）

产品开发要有红军和蓝军，红军聚焦于最强竞争力，蓝军聚焦于安全“备胎”；红军和蓝军的团队成员可定期或按版本互换；产品架构要灵活，单板也要实现可互换。（来源：关于业务连续性与战略攻关年度工作汇报的纪要，EMT 纪要［2013］005 号）

战略储备要以先进先出、保证“换胎”周期为原则。在紧急时期，可用储备物料来支撑备件和服务的持续销售。（来源：关于业务连续性与战略攻关年度工作汇报的纪要，EMT 纪要［2013］005 号）

5.4.3 避免战乱、动乱、疾病疫区国家 / 地区落入应急触发式管理循环

战乱、动乱、疾病疫区国家 / 地区管理，应与正常业务开展国家的管理进行区分，要让“上甘岭”国家得到公平对待，要从应急保障、组织评价考核、人才管

理、人才激励、组织氛围建设上系统思考。艰苦地区及岗位管理部后续运作不仅要对这类国家提供紧急应对保障支持，还应加强整体系统管理，要梳理管理框架和规则，避免落入应急触发式管理循环。（来源：关于艰苦地区及岗位管理部工作汇报的纪要，常委会纪要［2014］012号）

公司在也门留守了8个人，艰苦地区及岗位管理部要去改造他们的生活环境，拿出策划来。比如，房屋外观不要改变，房屋内墙可以装钢板，窗户的玻璃换成夹胶玻璃，采用机械送新风系统……你们去咨询基建部，玻璃、钢板按尺寸在中国采购后空运过去，可以算入公司空耗费用，工程费用由也门（分公司）自己摊。你们也可以把阿富汗的经验总结推广，阿富汗战乱那么多年，但是没有一个人受伤。在这些国家，应该做到团结、友爱、安全，人的生命是放在第一位的。公司尽可能提供保障，不去做太冒险的事情。因为我们付出了冒着枪林弹雨的代价，产品应该要涨价，当然涨价也不是敲诈勒索，但也要让运营商理解。这样虽然国家小，可以自我平衡，能不能上缴利润不是最主要的。（来源：区域差异化考核进展汇报会议纪要，总裁办电邮讲话［2015］050号）

行政服务管理不能只看规模大小，还要看国家的艰苦程度，要明确这个导向，因为把艰苦地区的生活搞好是很不容易的。（任正非：《关于改善艰苦国家的作战环境》——在EMT办公会议上的讲话，总裁办电邮讲话［2016］037号）

5.5 以法律遵从的确定性应对国际政治的不确定性

5.5.1 法律遵从是我们在全世界生存、服务、贡献最重要的基础

个税的风险主要在海外，海外的法律遵从是为了公司当地的安全运营。国内个税的遵从处理原则就是“跟着走”，不要做“创新”。（来源：向任正非汇报个税相关

问题的会议纪要，2011）

所有员工都必须对法律法规心存敬畏、认真对待、严格遵从，不能存在任何侥幸心理，必须遵纪守法。（来源：员工也必须遵纪守法，EMT 决议［2015］016 号）

华为有责任遵从适用的法律、法规，包括根据中国法律对内容运营平台中的信息进行管理。（来源：员工也必须遵纪守法，EMT 决议［2015］016 号）

对法务部的总定位，我认为“救火”打官司不是主要目标，更重要的是做好“防火”建设。（任正非：在与法务部、董秘及无线员工座谈会上的讲话，总裁办电邮讲话［2015］015 号）

郭平提出，用法律遵从的确定性，来应对国际政治的不确定性。给我们指出了正确处理国际关系的方向。（任正非：《春江水暖鸭先知，不破楼兰誓不还》——在“出征·磨砺·赢未来”研发将士出征大会上的讲话提纲，2016）

面对错综复杂的商业环境，我们要用法律遵从的确定性，来应对国际政治的不确定性，以跨越宏观环境的不连续性风险。（任正非：《聚焦为客户创造价值，实现有质量的增长》，总裁办电邮讲话［2016］099 号）

党的十八届四中全会关于法治化、市场化的决定，是中国百年振兴的纲领，我们坚决拥护。几十年后我们会成为一个强大的国家，对世界做出更大的贡献。华为的市场已覆盖 170 多个国家与地区，法律遵从是我们在全世界生存、服务、贡献最重要的基础。我们不仅要遵守各国法律，联合国决议，而且在敏感地区视美国国内法为国际法。不然，我们就不可能全球化。（任正非：《为祖国百年科技振兴而努力奋斗》，总裁办电邮讲话［2016］067 号）

当前世界风云变幻，危机重重。我们要严格地遵纪守法，用法律遵从的确定性，来应对国际政治的不确定性。要严格地管制内、外合规，严守商业边界。（任正非：《为祖国百年科技振兴而努力奋斗》，总裁办电邮讲话［2016］067 号）

未来 3~5 年，公司存在很大风险，华为公司必须遵纪守法，以法律遵从的确定性，应对国际政治的不确定性。整个世界风云变幻，但是我们能确定自己遵纪守法，在世界各国都不要违反法律。（任正非：《前进的路上不会铺满了鲜花》——在

2016 年市场年中会议上的讲话，总裁办电邮讲话［2016］079 号）

首先我们是一个商业公司，我们不应该过问政治，因为政治是政治家的政治，不是我们的政治，因为我们不懂政治。我们认为还是要踏踏实实地为客户做好服务，这样我们就会赢得我们的成功。（任正非：与日本代表处、日本研究所员工座谈纪要，总裁办电邮讲话［2016］080 号）

5.5.2 要像重视网络安全一样关注用户隐私保护

公众、政府、客户对用户隐私保护日益关注，华为在消费者领域和企业领域的业务发展更需要加强用户隐私保护。华为要像重视网络安全一样，在用户隐私保护上对公众、政府、客户做出重要承诺，承担企业责任。公司将采取各项措施，切实加强用户隐私保护工作。（来源：《关于加强用户隐私保护管理的决议》，EMT 决议［2014］031 号）

明确各级业务主管是所辖业务的网络安全与用户隐私保护的第一责任人，各级流程责任人是所辖流程的网络安全与用户隐私保护的第一责任人。各 BG、BU[①]主管要对所有的经营结果承担责任，不仅要对技术竞争力、市场份额、财务损益负责，更要承担网络安全与用户隐私保护的法律责任。（来源：《关于加强用户隐私保护管理的决议》，EMT 决议［2014］031 号）

5.6 合规管理与子公司董事会的监督职责

5.6.1 加强合规管理，多打粮食

解决海外代表处、子公司、研究所的合规运营，避免恶性事件的发生。（来源：

① BU，business unit，业务单元。指按产品或解决方案维度建立的产品线。

《2010 年关键工作要求》，EMT 决议［2010］007 号）

任何不合规的事件都可能对公司的声誉和公司在全球的持续、稳定发展造成重大影响甚至致命伤害。（来源：《推进子公司合规运营，支撑公司稳健发展》，总裁办电邮讲话［2015］012 号）

合规风险的管理原则：1. 合规管理要有清晰的目标和计划。按不同国家对合规要求的严苛程度、国家的大小，以及国家业务量规模进行分类。明确未来三年的合规目标规划并组织实施，三年内确保公司核心业务合规。2. 合规风险是动态的、相对的，并非绝对值。针对部分合规风险，经过公司审批后，可以给予“豁免权”（风险接受）；而公司审批未通过的风险，则必须无条件确保合规。对于可能导致公司主营业务、信誉、品牌形象等受到严重影响的高级别风险，必须设置合规红线，并确保优先达到基本的合规红线要求。3. 除了公司已审批“豁免”的合规风险，其他合规风险都要在规定时间达到既定合规目标。对于个别暂时达不到百分之百合规的风险问题，要能实时监控和管理当前的改进进展及状态。（来源：关于公司重点工作“建设并优化海外合规运营的管理机制，规范子公司管理运作，建立完成所有海外子公司监督型董事会”的汇报纪要，常委会纪要［2014］017 号）

在合规管理过程中不要怕，要小心翼翼地向前走，不要触及合规底线。我们以后可以容忍因为能力不足且大家共同决策后仍然踩线了，不得已交纳罚款，但不能允许因为无知稀里糊涂地付出代价。（任正非：在多个汇困国家调研中的讲话和要求，总裁办电邮讲话［2015］023 号）

董事会合规监督是为了让你们不违法、不违规地多打粮食，长远的目标就是这些目标，你短期的下降也要围绕长远目标来做。不能说因为合规打粮食就少了，那你那个合规是过去式，是虚假的。（任正非：在 2014 年年中子公司董事赋能研讨会上的讲话，总裁办电邮讲话［2014］074 号）

加强合规管理，提升合规管理能力。未来要通过干部培训，或类似埃及论坛自学讲学等多种交流方式不断提升公司合规管理能力。（任正非：在多个汇困国家调研中的讲话和要求，总裁办电邮讲话［2015］023 号）

子公司监督性董事会的定位与作战队伍的目标一致——“多产粮食，增加土壤战略肥力”。“粮食”不仅是指销售收入，还包括利润和现金流。有利润的收入，有现金流的利润，这是我们对多产粮食的定义。目前子公司监督性董事会担负子公司的内外合规、干部监督、账务合规、经营状况的监督职责，将来可能还会承担公共关系平台、法务平台、后勤保障平台，与作战队伍各司其职，让作战队伍在合规中轻装前进。（任正非：在公司监督与管控体系延伸建设思考汇报会上的讲话，总裁办电邮讲话［2017］041 号）

5.6.2 子公司董事会代表公司在一线进行实地综合监督，但不干预一线业务运作

要不断加强权力下放，让听得见炮火的人发挥指挥作用，同时，也要加强监督和管理的作用。（任正非：《成功不是未来前进的可靠向导》——在公司市场大会上的讲话，总裁办电邮文号［2011］004 号）

“一国一平台，一国一控股”的说法很清晰，不要在同一个城市注册多个公司。以此来梳理治理架构，规范我们的各国法人实体设立，做好合规运营和法律遵从。（任正非：在欧洲商业环境研讨会上的讲话，总裁办电邮文号［2013］054 号）

让最听得见炮声的人来呼唤炮火。我们既要及时放权，把指挥权交给一线，又要防止一线的人乱打仗，所以监控机制必须及时跟上，我们利用资本的方式跟上去，资本不是流程化的，是在流程外面的。当军队快速前进时，很多车“哗哗哗”就过去了，子公司董事会就在旁边看半天，如果发现问题了，就坐着直升机来追，你就是非流程化。世界上的法律是支持资本管理经营的，我们子公司董事会的权力是代表资本的，以资本的力量来实施监督，但监控不要影响人家操作。（任正非：在2014 年年中子公司董事赋能研讨会上的讲话，2014）

子公司董事会为什么要成为综合治理平台？将来我们的业务规模可能不是 700亿美元，可能是 1 000 亿美元、2 000 亿美元……大数据流量具体会有多大，我们

也不清楚。公司一定要走向综合治理，才能及时满足客户需求，才敢给作战部队授权，否则就不可能再扩大规模。我们现在是一个平台，将来要有 100 多个子公司董事会的综合治理平台，及时响应、满足客户需求的能力就大大增强了。这两年公司聚焦针尖战略，技术领域做到行业领先已经没有问题了；人力资源金字塔薪酬模型过去是稳定的，现在要进一步改良，激发潜在活力；未来我们用 3~5 年时间把管理变革全部落地，先达到西方管理水平；5~10 年后把作战权力下放到听得见炮声的团队。我们的授权体系下去后，综合平台一定要起到很大作用，这一点我们要高度重视。我们还要加强财务治理、综合治理，要加强对财务人员的编制的认可、认同。（任正非：在海外子公司董事会推行工作汇报会上的讲话，总裁办电邮讲话［2014］048 号）

目前子公司董事会聚焦在合规监督上，合规监督发现的几个最突出的劳工、税务、PE[①] 问题，恰恰是过去区域一线存在的问题，而绝大多数主管基本上还是聚焦在业务的经营管理和战略经营上，对这些问题关注少一些。公司目前正在大力发展企业业务和终端消费者业务，比过往更容易将问题暴露于社会公众。通过及时建立子公司董事会，通过监督补上这些短板，经营就会更加健壮，有利于未来进一步的扩张。（任正非：在 2014 年年中子公司董事赋能研讨会上的讲话，总裁办电邮讲话［2014］074 号）

要加强海外子公司法人管理能力的建设：1. 投资管理部在海外子公司法人管理能力建设方面已开展了的系列项目，构建了子公司实体管理的流程体系，加强业务装载在子公司的流程建设，规范子公司的基本制度，提升子公司维度的合规能力建设。2014 年年底前完成相关制度和方案，2015 年重点要落地推行。2. 海外子公司法人实体管理要加强对重点子公司的建设，尤其关注业务装载比较复杂的实体，如英、法、德、马来西亚等子公司，优化治理结构，试点任命子公司总经理进行子公司维度统一平台管理，管好子公司法人实体，为业务发展和资源布局做好平台建

① PE，permanent establishment，常设机构。

设。3. 要关注在合规风险较高的国家，尤其是美国，是否为董事购买了保险，加强董事个人的风险防范措施。（来源：关于公司重点工作“建设并优化海外合规运营的管理机制，规范子公司管理运作，建立完成所有海外子公司监督型董事会”的汇报纪要，常委会纪要［2014］017 号）

未来 5 年，华为的销售收入很快会达到 1 000 亿美元，将来一定会把作战权力授到最前方，那时就不是单一平台管理，也可能有多个平台管理。所以就需要有一个中立的、代表公司的机构去一线进行实地综合监管，这就是子公司董事会的使命。（任正非：在监控重装旅座谈会上的讲话，总裁办电邮讲话［2015］060 号）

子公司董事会是代表公司在一线进行实地综合监督，是权力机构。审计、稽查、内控、OEC[①]、法务等都是执行机构，他们要支撑子公司董事会做好监督。子公司董事会体现的是“权力价值”，不是去跟这些体系争工作、分工作，而是这些体系要对子公司董事会负责任。（任正非：在监控重装旅座谈会上的讲话，总裁办电邮讲话［2015］060 号）

现在法务部代表公司进行合规管理，各种规则、制度（包括项目）的一系列推行，是中央集权式管理，对总公司董事会负责。将来我们要把中央集权式管理转变授权到前方管理，当地的法务、监察等就对子公司董事会负责，当然也要对上级业务部门负责。如果不这样转变的话，机关就会很臃肿。将来我们要不断给最了解业务、最贴近客户的作战团队授权，拥有权力的人要受到监管，监管团队也要前移。但是不等于机关部门不起监管作用，机关越来越加强专业化，用专业化的方法来支持前方推行实施。当地法务人员既要向子公司董事会及当地业务管理团队报告合规问题，也要向法务部主管汇报。当地法务人员还要参与本地合规能力建设。（任正非：在监控重装旅座谈会上的讲话，总裁办电邮讲话［2015］060 号）

监事会开始协助子公司董事资源局和投资管理部把子公司董事会建立起来，将来由监事会对子公司董事会直接管理；投资管理部和子公司董事资源局要抓好董事

① OEC，office of ethics and compliance，道德遵从办公室。

赋能，要加强子公司董事资源局专职董事数量的充实，只要是主管调岗，都要去监管重装旅“洗澡”，然后可能继续走向行政管理岗位的干部，也可以在子公司董事会干一段时间，这是双向流动的。（任正非：在子公司监督型董事会管理层监督方案及试点情况汇报上的讲话，总裁办电邮讲话［2015］072号）

子公司董事会负责公司在走向海外过程中的合规运营，董事成员也都是曾经担任过管理岗位很多年值得信赖的公司资深干部，因此在汇困组织体系中，可以考虑将子公司董事会通过权签设置方式，让其承担操作类事项的审批权签但不是决策权签，把操作层面的事权在一定框架下授给子公司董事会中方联席小组，将作战和监控权力都前移，同时也对解决方案部门形成制约。（任正非：在多个汇困国家调研中的讲话和要求，总裁办电邮讲话［2015］023号）

子公司董事会作为督战队，代表公司去监督，要善于发现问题，把问题反映出来，不干预一线业务运作，也不帮他们掩盖问题。可以进行安抚，但安抚是工作方法，不是工作目的。目的还是要攻上“上甘岭”，多产粮食。（任正非：在子公司监督型董事会管理层监督方案及试点情况汇报上的讲话，2015）

子公司董事会逐渐从目前的仅监督对外合规，向对内合规延伸。子公司内、外合规两手都要抓，通过看风险、看机制来履行监督责任。第一，看风险。首先要扫描高风险的领域，通过几个方面来获取输入：一是审计、内控、HR（人力资源）、法务等部门的输出，二是区域以往的案例，哪些问题是多发的？三是结合识别的重点风险领域，沿着这些领域的风险场景进行梳理。第二，看机制。透过发现的风险和漏洞，看子公司管理层在集团政策落地方面是否有效，有没有建立起有效的流程和子公司监管的大坝，有没有把《教管查处管理》落地，机制方面有没有漏洞和不足，提醒管理层去改进。（任正非：《为祖国百年科技振兴而努力奋斗》，总裁办电邮讲话［2016］067号）

我们建立了一批曾经是地区部总裁，有资历的代表处代表组成的多个国家的子公司董事会，主管内、外合规，履行监督职责，实行个人负责制。即不需要集体讨论（集体讨论的是建设性问题），就可以对可能会引起重大危机的问题发起攻击，这就是他们的忠诚。他们的表彰、提拔、奖励公司不管，对他们的弹劾、批评，必须被最高层批准，从而约束了一群无知青年组成的庞大市场队伍，成为一支有组织、守纪律、英勇奋斗的“军队”。（任正非：《为祖国百年科技振兴而努力奋斗》，总裁办电邮讲话［2016］067号）

子公司董事要敢于暴露问题，管理好内、外合规边界。不要触犯规矩，不要行贿、不受贿，内部不要滋生腐败，对外不要触犯当事国法律、联合国法律，在敏感地区不要触犯美国法律。要严格控制在这个范围内，我们就是商人，我们只是经商。（任正非：《前进的路上不会铺满了鲜花》——在2016年市场年中会议上的讲话，总裁办电邮讲话［2016］079号）

目前子公司法律型董事会继续承担“橡皮图章”的角色。我们要抓实的子公司监督型董事会形成，当形成到一定程度，才能将子公司法律型董事会和子公司监督性董事会合并，成为真正的权力机构。如果当前就承担法律型董事会的角色，需要深入非常多的细节中去，反而做不成事。（任正非：在公司监督与管控体系延伸建设思考汇报会上的讲话，总裁办电邮讲话［2017］041号）

第六章

恰当把握开放、妥协和灰度，正确处理扩张与控制的矛盾

华为公司的管理哲学是将企业看作一个充满矛盾的开放系统。各种矛盾以及各种矛盾着的事物相互作用，共处、对立、冲突、转化，循环往复，螺旋上升，从而产生出动力和张力，推动公司向前发展。正确处理各种矛盾，需要把握开放、妥协和灰度，这是一种高超的领导艺术。

老子云："将欲歙之，必固张之；将欲弱之，必固强之；将欲废之，必固兴之；将欲取之，必固与之，是谓微明。"又云："反者道之动，弱者道之用。"其中的相反相成的道理，是观察事物和利用矛盾推动事物发展的辩证法。

扩张与控制本身就是一对矛盾，正是扩张带来的风险，才产生了控制的需要。而控制的目的还是为了更有效地扩张。

在华为的管理哲学中，尤其值得注意的是任正非总裁提出的"乱中求治，治中求乱"的思想。华为从创业一路走来，其自发形成的管理体系在 IBM 顾问看来，"华为没有时间一次把事情做对，却有时间一做再做"。终于，在 IBM 等著名咨询公司顾问的指导下，华为成功进行了 IPD、ISC、IFS、CRM[①]、IT S&P[②] 五大流程体系的深刻变革，建立了现代企业的先进管理体系，提高了运作的效率和效益，完成了"乱中求治"的任务。但任正非总裁又及时提出了"治中求乱，打破平衡继续扩张"的思想，这可以看作是华为公司管理哲学最具代表性的特征。

本章从扩张与控制中摘取了六对矛盾进行深入讨论，而对其他矛盾关系的讨论，实际上已经融汇在全文中了。

---

① CRM，customer relationship management，客户关系管理。

② IT S&P，IT Strategy & Plan，IT 战略与规划。

6.1 机会牵引与资源驱动

6.1.1 要更多地强调机会对资源分配的牵引

各个大公司的研发经费都在销售额的10%左右，以此创造机会。我国在这方面比较落后，对机会的认识往往在机会已经出现以后，做出了正确判断，抓住机会，形成了成功，华为就是这样的。而已经走到前面的世界著名公司，它们是靠研发创造出机会，引导消费。它们在短时间席卷了“机会窗”的利润，又投入创造更大的机会，这是它们比我们发展快的根本原因。（任正非：《我们向美国人民学习什么》，1998）

机会是企业扩张的动力。（任正非：《我们向美国人民学习什么》，1998）

西方公司以资源驱动企业发展，我们更多的是强调机会对公司发展的驱动。（任正非：《CFO要走向流程化和职业化，支撑公司及时、准确、优质、低成本交付》，总裁办电邮文号［2009］021号）

公司主要的资源要用在找目标、找机会，并将机会转化成结果上。我们后方配备的先进设备、优质资源，应该在前线一发现目标和机会时就能及时发挥作用，提供有效的支持，而不是拥有资源的人来指挥战争、拥兵自重。谁来呼唤炮火，应该让听得见炮声的人来做决策。（任正非：《谁来呼唤炮火，如何及时提供炮火支援》，总裁办电邮文号［2009］001号）

我认为成本和质量是工业经济时代的产物和主要灵魂。今天已经不是工业经济时代，但我们还在延续工业经济时代的思维。价值的产生不完全在于成本的降低和质量的提升，我们的力量要有战略集中度，不要把力量用在不是特别有用的功能和性能上，不要用在不是特别有利于提升竞争力的东西上。（任正非：《力出一孔，要集中优势资源投入在主航道上，敢于去争取更大的机会与差距》，总裁办电邮文号［2011］039号）

把握行业转型的机会，敢于加大投入，抢占战略机会点；以有效增长为核心，有舍有弃地加强战略集中度，把握住战略制高点，构筑公司面向未来长期生存发展的基础。（来源：《关于2012年经营环境分析与关键经营策略的指导意见》，司发［2012］081号）

未来3~5年，可能就是分配这个世界的最佳时机，这个时候我们强调一定要聚焦，要抢占大数据的战略制高点，占住这个制高点，别人将来想攻下来就难了，我们也就有明天。（任正非：在企业业务座谈会上的讲话，总裁办电邮讲话［2014］006号）

人类社会正处在一个转折时期，未来二三十年内将变成智能社会，智能社会就是信息大爆炸的社会。这个时期充满了巨大的机会，没有方向、没有实力的奋斗是不能产生价值的。没有正确的假设，就没有正确的方向；没有正确的方向，就没有正确的思想；没有正确的思想，就没有正确的理论；没有正确的理论，就不会有正确的战略。（任正非：与Fellow座谈会上的讲话，总裁办电邮讲话［2016］069号）

6.1.2 把资源优先配置到价值客户、价值国家和主流产品

我们要明确，我们在什么地区，谁是我们的优先级战略伙伴。战略合作伙伴

跟我们是什么关系？就是优先为它配置资源，将公司的优势配置给它，把最好的服务经理配给它，把最好的销售经理配给它，什么都是最好的配给它。（任正非：在EMT例会“2008年公司业务计划与预算”汇报上的八点讲话，EMT纪要［2008］009号）

在构筑与客户的战略合作伙伴关系上，除了销售和交付以外，还应开放思路，深入思考我们能给客户带来什么价值，让客户充分感受到，作为战略合作伙伴，我司与其在共同发展过程中战略上的协同性及价值创造的叠加效应。（来源：《关于市场工作重点（竞争策略、解决方案营销等）的指导意见》，EMT纪要［2008］014号）

价值客户、价值国家、主流产品的格局是实现持续增长的最重要要素，各产品线、各片区、各地区部要合理调配人力资源，一方面把资源优先配置到价值客户、价值国家和主流产品，另一方面对于明显增长乏力的产品和区域，要把资源调整到聚焦价值客户、价值国家和主流产品。改变在价值客户、价值国家和主流产品的竞争格局，以支持持续增长。（来源：近期人力资源管理工作中需要关注的问题及原则，EMT决议［2009］002号）

对市场的排序必须坚持现实主义的原则和工作方法，要田忌赛马，把我司的战略优势和已获机会作为排序的原则，要按现实可行性来配置资源。不要按全球市场的理想规模来排序；但并不表示我们放弃那些市场空间，我们也要去争取潜在机会。（来源：关于2010年公司业务计划与预算汇报的纪要，EMT纪要［2010］006号）

要敢于改变商业模式，敢于关闭一些赢利不好的国家，敢于关闭一部分客户，少一点国家少消耗，我们聚焦提供好的服务，为什么一定要覆盖170个国家（和地区）呢？要保证软件的合理利润，要从“迁就客户”变成“为优质客户服务”。软件的全球组织也要优化，不要每个代表处都设置软件组织。软件销售组织要相对独立，如果你们不独立就受主航道牵制，主航道就会把你们当公粮送给别人，换个土地。你们要敢于关闭一部分客户，只做优质客户。（任正非：《聚焦主航道，在战略机会点上抢占机会》——在产品投资策略审视汇报会的讲话，总裁办电邮讲话

[2015] 123 号)

任何国家都是主战场，不能放弃；同时聚焦价值客户，要有战略选择。如果能放弃第一个小国，我们就会放弃第二个小国，又可以放弃第三个小国……就会把全世界小国都放弃。"防线"就往后退，退到哪里呢？退到中国。在中国可以退掉西藏、云南、贵州，再退掉新疆、青海……那就剩北京、上海了。北京、上海最赚钱，但能守得住吗？别人一围，我们就死掉了。所以为了活下去，每个"阵地"对公司来说都很重要。每个区域都很重要，但对客户要有所选择。并非有需求就是客户，有需求但是不付钱，怎么能叫客户呢？付款买需要的东西，还能（让我们）赚到钱，这才叫客户；付多的钱买东西的叫优质客户。我们对客户的认识要做适当改变。世界那么大，我们不能什么市场都做。（任正非：在中亚地区部员工座谈会上的讲话，总裁办电邮讲话 [2016] 063 号）

6.1.3 基于公司战略、投入能力和商业机会，进行投资组合管理和投资节奏管理

加强公司的产品组合与业务组合管理，稳步地推进相关多元化，探索资本运营等更灵活的方式，复制我司的市场、技术和管理优势，缩短进入新领域时间，获取更大的协同效应。（任正非：《关于 2003 年经营及预算目标完成情况向董事会的述职》，2004）

同一条产品线（比如光传输），我们可以在低端产品上进一步压低毛利率以压制战略竞争对手，同时在战略竞争对手缺乏竞争力的高端产品上持续提升盈利空间。绝不能在夺取高端产品胜利时忽略了低端产品，而给战略竞争对手留出机会。（来源：《关于市场工作重点（竞争策略、解决方案营销等）的指导意见》，EMT 纪要 [2008] 014 号）

我们把成熟产业和新增产业的考核分开来，新增产业实行在三五年的时间里，公司给你战略补贴，成长起来后再偿还的机制。不用一个成熟产业来扶植一个不成

熟产业，扶植不成熟产业一定是由公司来扶植，不由哪条产品线来扶植。（任正非：在 EMT 会议上的讲话，2010 年）

我们到底如何去判别和取舍机会？我们到底做什么，不做什么？做是当战略做，还是按买卖做？当战略做可以允许短期亏钱，当买卖做，亏钱就关掉。（来源：关于 2012 年集团公司预算审议汇报的纪要，EMT 纪要［2012］012 号）

公司战略要聚焦到大数据流量的主航道。第一，高端产品要敢于抢占战略高地，从上向下辐射，高端产品不要卖得那么便宜。第二，中低端产品一定要保证高质量、低成本，要把山口山腰围起来形成规模市场，而且质量要做到终身不维修。（任正非：在重装旅集训营座谈会上的讲话，总裁办电邮文号［2013］174 号）

控制好市场投入的节奏，敢于放弃一些没有价值的区域，聚焦于有希望的地方投入，要与当地系统部和代表处充分共享资源，提高效益。市场投入策略上，可借鉴早期做运营商市场的经验，先派小部队去做，待市场慢慢做大后，组织再做大。（来源：关于企业业务 BG 聚焦策略进展汇报的纪要，EMT 纪要［2012］018 号）

我们在争夺高端市场的同时，千万不能把低端市场丢了。我们现在是“针尖”战略，聚焦全力往前攻，我很担心一点，“脑袋”钻进去了，“屁股”还露在外面。如果低端产品让别人占据了市场，有可能就培育了潜在的竞争对手，将来高端市场也会受到影响。华为就是从低端聚集了能量，才能进入高端的，别人怎么不能重复走我们的道路呢？（任正非：《坚持为世界创造价值，为价值而创新》——在战略务虚会上的讲话，总裁办电邮讲话［2015］006 号）

低端产品要做到标准化、简单化、生命周期内免维修。我们不走低价格、低质量的路，那样会摧毁我们战略进攻的力量。在技术和服务模式上，要做到别人无法与我们竞争，就是大规模流水化。客户想要加功能，就买高端产品去。这就是薇甘菊理论，而且我们现在也具备这个条件。（任正非：《坚持为世界创造价值，为价值而创新》——在战略务虚会上的讲话，总裁办电邮讲话［2015］006 号）

今天我们实际还是工程商人，即使在创新这个层面，其实还是工程领域的创新，而不是技术理论领域在创新。因为我们现在还摸不着技术创新的脚，但是我们摸到技术领域的科学家、教授。这也是我们前进的一个方向，在文化上先要有个起步。就像你所说的，我们过去还没有做到这程度，希望未来就要重视。（任正非：与Fellow座谈会上的讲话，总裁办电邮讲话［2016］069号）

6.1.4 使用资源要有成本，资源的获取和占用必须体现在对增长的承诺和实现上

我们必须引入成本管理的观点，要管成本，不允许铺张浪费，但绝对不是用钱或简单指标来看。要分析费用增长是什么，费用增长多少是有效的，多少是无效的；研发投入是什么，产生多少机会，投入有多少是失败的，占研发的比例是多少，是不是合理。（任正非：在采购专家团座谈会上的讲话纪要，2000）

提升经营质量，促进有效增长。公司的战略追求必须落实到业务经营的目标设定和考核闭环管理中。加强风险管理，稳健规范经营，以冷静的心态应对充满不确定的全球经济形势。我们要在战略机会点上大胆投入追求增长，但同时，资源的获取和占用必须体现在对经营目标增长的承诺和实现上，计划预算核算要闭环管理，业务考核结果要与决策一把手和执行一把手的绩效和激励挂钩。（来源：《关于2012年经营环境分析与关键经营策略的指导意见》，司发［2012］081号）

基层作战单元在授权范围内，有权力直接呼唤炮火（指在项目管理上，依据IBM的顾问提供的条款、签约、价格三个授权文件，以毛利及现金流进行授权，在授权范围内直接指挥炮火，超越授权要按程序审批），当然炮火也是有成本的，谁呼唤了炮火，谁就要承担呼唤的责任和炮火的成本。（任正非：《谁来呼唤炮火，如何及时提供炮火支援》，总裁办电邮文号［2009］001号）

资源的加大投入要最终体现在未来积极的业务目标上。要基于清晰可考核的经营指标来衡量资源投入的合理性。（来源：关于三年经营预期和薪酬包基线测算汇报

的纪要，EMT 纪要［2011］002 号）

人力资源还要制定政策，就是预算和分配之间的关系，有些业务单元把预算浪费太多了，计划没有完成，超预算了，就要扣减一些奖金，但有些业务单元预算节约了，而且战略机会没有丢失，当期业绩也是没有问题的，应不应该返给团队员工一部分。这个环节一定要通过人力资源政策来反映出来，闭环就是要影响分配。预算要循环，结算也要循环，给你预算，增加人和力量，投入战略中，到结算时看经营的效果怎么样，你得到的分配也该怎么样。预算、核算和人力资源之间相关度建立起来，就会起到自动约束的作用。（任正非：在财经委员会定位与职责务虚会上的讲话，2012）

6.1.5 用差异化的价值评价牵引资源的合理配置

市场投入应进一步落实以相对数为基准的预算，根据历史相对费用率的变动规律，使费用预算与业务指标逐步匹配，使业务性费用增长，尤其是客户费用投入增长与销售增长相匹配；新兴市场和成熟市场的费用率要区别对待。研发投入不要笼统地计算研发费用率的下降幅度，要区分不同的产品线来分别考虑和确定目标。成熟的产品线下降一个百分点是可以的，非成熟的产品线是不是要降低或降低多少要好好讨论一下。不要搞一个研发费用率的统一降低率，分产品线计算出来总的研发费用率降低多少就是多少，不搞指标主义。（任正非：对 2005 年规划 / 预算工作指示会议纪要，2004）

要保证对现实贡献价值大的市场优先配置优势资源。要从贡献价值、发展阶段两个主要维度入手，真正分析清楚各区域市场的差异，实事求是地对各区域市场进行差异化管理。（来源：关于区域市场差异化管理方案汇报的纪要，EMT 纪要［2008］039 号）

公司要采用不同的指标系统来评价不同类型的业务单元，体现不同的牵引方向。1. 审视未来 2~3 年的市场机会，要区分清楚在这个历史时期，哪些业务单元正在向利润中心转移，哪些业务单元处于过渡阶段，哪些业务单元仍处于增长期。2. 利润中心建设的业务单元，要实行人员定岗定编和利润考核。按照销售中心建设的业务单元仍要首抓销售额增长。3. 评价销售增长幅度时，原则上对于基数大、未来增长空间有限的业务单元，要偏重于增长绝对数量的评价；对于基数小、未来增长空间较大的业务单元，要偏重于增长相对比例的评价。（来源：关于一季度公司经营审视汇报的纪要，EMT 纪要［2009］031 号）

财经委员会是企业价值的综合管理者。在董事会授权范围内，以预算、核算来牵引和约束，对经营活动、投资活动和企业风险进行宏观管控，使公司在机会牵引与资源驱动之间达到动态平衡，实现公司长期有效增长。财经委员会的宏观管控、决策和执行监督工作应围绕公司主战略，通过资源配置、预算与核算等管理手段，牵引公司效率和效益的提升，促进公司合理发展和有效发展。（来源：《董事会财经委员会定位和职责规定（暂行）》，华为董字［2012］002 号）

从价值管理的角度看资源分配，财经委员会将承担整个公司宏观调控的工作，通过预算和差异化的“核算”来驱动机会的成长，约束发展速度，关注资源投入的节奏、方向和结构，在价值增长高的领域可多投放资源，在价值低的领域则更多地追求效益，以最终实现整个公司的利润诉求。（任正非：《做好公司价值管理，追求公司有效增长》，总裁办电邮文号［2012］005 号）

6.2 增长与利润

6.2.1 关注长期的、战略性的建设，把今天的钱变成明天的钱

公司的总目标是销售、利润。我们要加大研发投入，研发投入如果有效，就增加了我们的机会，我们重视这个机会的增长；市场加大投入，也有利于我们获得机

会，我们要抓住这个机会，这个机会是大于成本的。当公司出现机会和成本的冲突时，我们是要机会还是要成本？首先要机会，我一直认为对我们高科技企业来说机会是大于成本的，只要符合机会，成本的增长是可以理解的。（来源：2001 年税收预算汇报会议纪要，2001）

华为公司是靠“浪费”起家的，这些年来华为公司花了大量的“冤枉钱”，我们这些“冤枉钱”总有一天会兑现出来。这就是所有流程打通以后，可以释放出很大的能量，这时就可以产生很大的战斗力。当新的战斗力产生的时候，而不是像现在这样靠人堆上去干的时候，其实我们的待遇也就改变了。（任正非：在流程与 IT 战略务虚会上的讲话及主要讨论发言，总裁办电邮文号［2012］026 号）

我们现在要保持一定的投资强度，投资要聚焦到战略制高点上来，抢了战略制高点，不卖得那么便宜，拿盈利去做先进性的研究。（任正非：在企业业务座谈会上的讲话，总裁办电邮讲话［2014］006 号）

6.2.2 兼顾机会牵引的规模增长和效益驱动的有效成长

现在我们在考核方面增加了对正利润流、正现金流、正效益的考核，实际上公司的考核已经转了一个大方向了，这个方向转得很慢而不是很快，不是告诉他们，你们不要管销售额了，而是要好好去抓这些东西。8 万多人的队伍可千万不能随便乱停下来，停下来不走是会发生灾难的，所以还要继续往前冲。转变已经开始，不会很快的，只要方向正确，一定会实现正确。（任正非：与 IFS 项目组及财经体系员工座谈纪要，总裁办电邮文号［2009］004 号）

对新兴增长点的投入和补贴可能会带来公司总体费用的增长，但这是积极的增长，我们应持积极的态度。公司不追求过高的利润，要将过高的利润转化为潜在的未来增长动力。（来源：关于 2010 年公司业务计划与预算汇报的纪要，EMT 纪要［2010］006 号）

采取什么样的战略需要你们自己想明白，到底是你们先把规模搞得大一点，还是先把利润搞得多一点，这个不要我来给你们判断，否则你们CEO不应该拿这么多钱。（任正非：《做事要霸气，做人要谦卑，要按消费品的规律，敢于追求最大的增长和胜利》，总裁办电邮文号［2011］014号）

很多小国有较好的盈利，要巩固小国经营的地位。在小国要有所为，有所不为，要以赢利为宗旨，超额赢利可以留一部分给地区部、代表处，为客户提升服务质量。（来源：关于809战略指引汇报的纪要，EMT纪要［2012］016号）

合理稳定的赢利能力，保持华为的财务健康，使华为有能力持续投资未来，也使行业处于合理的利润水平，有利于构筑长期稳定的竞争格局。（任正非：在惠州运营商网络BG战略务虚会上的讲话及主要讨论发言，总裁办电邮文号2012［010］号）

我们的增长必须是有效的，公司的仓库应该存放的是粮食，而不应该塞满了死老鼠。向公司提出做这个"创新"、那个"模式"的管理团队及其主管应克服内心的冲动，认真分析项目的收益和风险，也要把自己的经济利益和承诺绑定，分享利益的同时也应分担损失。（任正非：《做好公司价值管理，追求公司有效增长》，总裁办电邮文号［2012］005号）

消费者业务和企业业务，你们不要急于去追赶苹果、思科。喜马拉雅山再高，再高也有顶啊！山顶很冷，到了山顶你又不能称霸20年，垮下来的时候，多余的人到哪儿去？我可没法儿处置。我这里说的不要急于去追赶是指规模，追求效益还是要的。现在消费者业务不服气，企业业务也不服气，然后你们就（抱有）赌博心态，赌博的结果是一将功成万骨枯。我认为你们要有长远存活的心态，实事求是去做，一定要逐步改善盈利。（任正非：在EMT办公例会上的讲话，2013）

我们的经营，也要从过往的盲目追求规模，转向注重效益、效率和质量上来。真正实现有效增长。我们对非主航道上的产品及经营单元，要苛以"重税"，抑制它的成长，避免它分散了我们的人力。（任正非：《要培养一支能打仗、打胜仗的队伍》，总裁办电邮文号［2013］093号）

6.2.3 公司的运作是一种耗散结构

什么是耗散结构？你每天去锻炼身体跑步，就是耗散结构。为什么呢？你身体的能量多了，把它耗散了，就变成肌肉了，就变成了坚强的血液循环了。能量消耗掉了，糖尿病也不会有了，肥胖病也不会有了，身体也苗条了，漂亮了，这就是最简单的耗散结构。那我们为什么要耗散结构呢？大家说，我们非常忠诚于这个公司，其实就是公司付的钱太多了，不一定能持续。因此，我们把这种对企业的热爱耗散掉，用奋斗者、用流程优化来巩固。奋斗者是先付出后得到，与先得到再忠诚，有一定的区别，这样就进步了一点。我们要通过把我们潜在的能量耗散掉，从而形成新的势能。（任正非：《成功不是未来前进的可靠向导》，总裁办电邮文号［2011］004号）

我们总是在稳定与不稳定、在平衡与不平衡的时候，交替进行这种变革，从而使公司保持活力。你们吃了太多牛肉，不去跑步，你们就成了美国大胖子。你们吃了很多牛肉，去跑步，你们就成了刘翔。都是吃了牛肉，耗散和不耗散是有区别的。（任正非：《成功不是未来前进的可靠向导》，总裁办电邮文号［2011］004号）

前20年奋斗我们是寻求内部更多的平衡，从而形成合力和战斗力。但是在后面这20年，我们希望这个平衡能适当地打破，就像原子核裂变一样，产生出更大的能量来，获得更大的胜利。（任正非：在新一届董事会监事会会议上的讲话，总裁办电邮文号［2011］001号）

华为公司实际上是处在一个相对较好的时期，要加大投入，把这些优势耗散掉，形成新的优势。整个社会都在衰退，经济可能会循环衰退，我们虽然跟自己过去相比下降了，但和旁边相比，活得很滋润。因此，对未来的投资不能手软。不敢用钱是我们缺少领袖，缺少将军，缺少对未来的战略。（任正非：与2012实验室座谈会纪要，总裁办电邮文号［2011］001号）

6.2.4 追求一定利润率水平上的快速成长

高科技产业的扩张，机会和市场占有率永远是最重要的，为了市场占有率，有可能牺牲很多利润。（任正非：与财务系统座谈纪要，1997）

我们追求在一定利润率水平上的成长的最大化。我们必须达到和保持高于行业平均的增长速度和行业中主要竞争对手的增长速度，以增强公司的活力，吸引最优秀的人才，和实现公司各种经营资源的最佳配置。（来源：《华为公司基本法》，1998）

我们的发展必须高于行业平均增长速度和行业主要竞争对手的增长速度。过去每年以 100% 的增长速度发展，以后基数大了，肯定速度会放慢，那么以怎样的速度保持在业界的较高水平，这对我们来说是个很大的挑战。（任正非：《华为的红旗到底能打多久》，1998）

我们将按照我们的事业可持续成长的要求，设立每个时期的足够高的合理的利润率和利润目标，而不单纯追求利润的最大化。（来源：《华为公司基本法》，1998）

我们的利益最大化，就意味着客户、合作伙伴的利益受到挤压，他们为什么要忍受？（任正非：《干部要担负起公司价值观的传承》——在人力资源管理纲要第一次研讨会上的发言，总裁办电子邮件［2010］009 号）

6.3 长期利益与短期利益

6.3.1 短期利益是确保生存

在有清晰长远目标的思路的条件下，敢于抓住机会窗开窗的一瞬间，赢取利润，以支持长线产品的生存发展。（任正非：在无线产品线奋斗大会上的讲话纪要，总裁办电邮文号［2008］007 号）

得活到那个时候，才会看见长期战略的价值。没有短期的成功，就没有战略的基础。没有战略的远见，没有清晰的目光，短期努力就会像几千年的农民种地一样，日复一日。持续有效增长，当期看财务指标；中期看财务指标背后的能力提升；长期看格局，以及商业生态环境的健康、产业的可持续发展等。商业成功永远是我们生命全流程应研究的问题。管理要权衡的基本问题是现在和未来、短期和长期。如果眼前的利益是以损害企业的长期利益，甚至危及企业的生存为代价而获得的，那就不能认为管理决策做出了正确的权衡和取舍，这种管理决策就是不负责任的。（任正非：《变革的目的就是要多产粮食和增加土地肥力》——在 2015 年市场工作会议上的讲话，总裁办电邮讲话［2015］016 号）

商业活动的基本规律是等价交换，如果我们能够为客户提供及时、准确、优质、低成本的服务，我们也必然获取合理的回报，这些回报有些表现为当期商业利益，有些表现为中长期商业利益，但最终都必须体现在公司的收入、利润、现金流等经营结果上。那些持续亏损的商业活动，是偏离和曲解了以客户为中心的。（任正非：《变革的目的就是要多产粮食和增加土地肥力》——在 2015 年市场工作会议上的讲话，总裁办电邮讲话［2015］016 号）

6.3.2 在长远利益和眼前利益之间找到平衡点

我们使员工充分认识到长远利益与短期利益的关系，认识到了长远投入的重大意义，避免了杀鸡取卵的短期行为。公司成立之初，选择了通信产品，是十分幼稚的，当时没有想到我们面对的竞争对手是世界著名公司。在这种危机感的驱使下，公司在 95% 的员工没有房子住的情况下，每年不惜投巨资用于研究开发、市场拓展和人才培养。也正是由于这种巨大的压力，形成了内部的高度团结、高度统一；大庆人“先生产后生活”的精神在华为得到了全体员工的理解。（任正非：《华为发展的几个特点》，1996）

公司考虑的是企业的长远利益，是不断提升企业的长期竞争力。员工主要考虑的是短期利益，因为他们不知道将来还会不会在华为工作。解决这个矛盾就是要在长远利益和短期利益之间找到一个平衡点。（任正非：《华为的红旗到底能打多久》，1998）

主战略上要瞄准未来，应该要有实现的路标和时间表。对于发挥战略性作用、非做不可的投资，我们从长期路标中看给公司创造的价值；而对于非战略性投资，要看短期改进、赢利的路标。（任正非：在2013运营商网络BG战略务虚会上的讲话及主要讨论发言，总裁办电邮讲话［2014］016号）

问：如何平衡长期目标和短期目标？因为科研很多东西比如一些算法往往需要很长时间才能产品化，才能商用。有时会有些冲突。任正非：这就是中国五千年来没有为人类做出重大贡献的原因。阿基米德不是中国的吧？阿拉伯数字也不是中国发明的吧？你看人类社会的多少重大文明不是中国的？中国人的目标是解决问题，西方人的目标是寻找逻辑。这就是《九章算术》与欧几里得几何的不同。怎么平衡长期利益和短期利益？有两条，第一，本人耐得住寂寞，不去在乎人家的评价。其实只要不是人人都说你不好，只要给你干活的机会就行了。不给我涨工资，饭够吃就行了。10年、20年你成功了，你就是大博士、伟大科学家，什么都有了。第二，我们的组织要对这些人宽容。如果说贝多芬到我们公司来应聘，一定不会被录取，音乐家是聋子，你没有搞错吧？你想想，会录取吗？所以我们的组织也要有一个宽容的精神，对待这些科研者。我欢迎更多人有长期远大理想，但是我们的文化还容不得。（任正非：在诺亚方舟实验室座谈会上的讲话，总裁办电邮讲话［2016］083号）

长寿企业与一般企业在平衡长期与短期利益的时候有不同的原则，而不同的原则来源于对企业目的的认识。企业的目的是为客户创造价值。（任正非：《变革的目的就是要多产粮食和增加土地肥力》——在2015年市场工作会议上的讲话，总裁办电邮讲话［2015］016号）

6.4 集中与分散

6.4.1 商业开发应当是聚焦的和确定性的，开发目标要支持商业变现

我们先要考虑清楚我们什么要做，什么不做；什么自己做，什么自己不做，要在总的原则上统一思想。比如高速网片，如果一年我们买不了多少，为什么非要自己做，如果我们不一定自己做，可以在这个阶段先进行合作，我们的力量就解放出来了，就可以投入核心产品中去。我们的产品比朗讯、诺基亚、爱立信、思科都全，但在这么宽的战线上齐头并进，能有多少力量使我们走到世界前列？这是我们最严重的问题。（来源：产品线管理办公室汇报纪要，2000）

产品开发不能过分理想化，投资失败的产品要关停，人员快速转移。我们不要老是往理想方案里面使劲……所以英雄不能过分追求理想化，等到理想实现的时候我们已是白骨累累，我们等不到那个时代，我们也没能力创造那个时代。投资失败的项目虽要关掉，但失败的项目里面也有英雄，这些人员也是宝贵财富，因为他们经历这些弯路的时候都是财富，我们要加快人员转移的步伐。（任正非：在产品投资策略审视汇报会的讲话，总裁办电邮讲话［2015］123 号）

客观上，研发为公司的发展做出了较大贡献，研发要面对新技术探索，更要面对客户需求综合，以及需求的敏感度。一定要制造合乎客户需求的产品与服务。研发的目标要从产品开发转向支持商业变现。客户需要的不是产品，而是服务和运营，产品需要将能力使到运营、服务，才能实现商业变现。我们不要单纯地追求指标，还要考虑网络实际的体验结果，产品一定要有竞争力，一定要支持商业变现。（任正非：《前进的路上不会铺满了鲜花》——在 2016 年市场年中会议上的讲话，总裁办电邮讲话［2016］079 号）

开发是一个特殊的确定性项目，应有计划、有预算、有核算，不仅投入财务可视，过程及核算也应财务可视，要加强研发财经队伍的建设。为实现有效管理而逐

步努力。所谓特殊性确定，就是失败了可再申请预算。（任正非：在华为公司 IPD 建设蓝血十杰暨优秀 XDT 颁奖大会上的讲话，总裁办电邮讲话［2016］084 号）

今年在预算分配上，密集炮火的范围不包括产品开发，产品开发是确定性工作，要讲究目标与效率。密集炮火是面对未来，是突击无人区，不能随便用密集炮火的方法，必须要好好地审视。当然不确定性的开发也要有边界，是为主航道服务的；不为主航道服务的我们也要控制。（任正非：在 EMT 办公会议上的讲话，总裁办电邮讲话［2016］054 号）

为了使公司能够过了管理关，我们恳请产品与解决方案体系不要再上小产品了，否则使前端的管理越来越复杂化了。流程通畅了，以后再说以后的事。不能乱生小产品，从预算上严格改过来。小产品能关掉就关掉，为了公司管理能冲破屏障，我们只有压缩自己，让自己简单化，内容越简单越容易冲开，冲开以后再逐渐复杂化我们也可能接受，但我们现在冲不开的原因，就是承载了太多东西。（任正非：在 EMT 办公会议上的讲话，总裁办电邮讲话［2016］054 号）

6.4.2 研究探索要张开喇叭口

华为公司实际上还是一个工程技术的公司，不是一个科学基础研究的公司，那么为什么我们要进入基础科学研究？因为电子技术、信息技术的发展速度实在是太快了，我们等不及科学家研究完成果、发表完论文，我们根据论文理解去做工程实验，最后才指导工程，这个时间太漫长了；在科学家基础研究过程中，我们不得不在科学家提出问题时，就开始研究用工程的方法去解决，这样我们就能更快地响应社会发展的速度，我们才能生存下来，所以我们也要进入热的物理基础研究。（任正非：在白俄罗斯科学院会谈时的讲话纪要，总裁办电邮讲话［2016］087 号）

技术的喇叭口要做大，足够充分开放合作，加强全球协同。未来公司有两大战略，一个是客户战略，一个是技术战略。技术的喇叭口要足够大，把各种技术、路线、方向都要包容进来，落后的也要包容进来，落后的地方可能是暂时的，不是永远，未来它可能会变得更先进。同一个研究方向，我们可以在不同地方重复投资。以前是分红军和蓝军，现在大家都是蓝军，谁赢了谁是红军。我们的合作是开放的，我们给科学家投资，不谋求其论文、专利的成果，只要一个知情权，知道问题怎么解决，或者知道失败的教训。等成果出来再实践太慢，我们要从理论开始就同步考虑工程应用。合作伙伴不一定要成功，失败的教训也是成功。像灯塔一样，既可以照亮我，也可以照亮别人，灯塔还是你们的，不影响你自己产业化。（任正非：在白俄罗斯科学院会谈时的讲话纪要，总裁办电邮讲话［2016］087号）

华为现在的水平尚停留在工程数学、物理算法等工程科学的创新，尚未真正进入基础理论研究。随着逐步逼近香农定理、摩尔定律的极限，而世界面对大信息流量、低时延的理论还未创造出来，华为已感到前途茫茫，找不到方向。华为已前进在迷航中。重大创新是无人区的生存法则，没有理论突破，没有技术突破，没有大量的技术积累，是不可能产生爆发性创新的。（任正非：《为祖国百年科技振兴而努力奋斗》，总裁办电邮讲话［2016］067号）

我们公司既要握有主航道，又要车轮滚滚，“一杯咖啡吸收宇宙能量”。只有坚决攻进无人区，才没有利益冲突和矛盾。我们是公正的扩张，借力的规则是有利于这个世界共同发展的，大公司不会反对我们，小公司望尘莫及，说也没用。只有坚决攻进无人区，才没有竞争对手，我们可以自由飞翔。什么是无人区？第一，没人给你指明前进的道路与方向；第二，没有规则，也不知道哪儿是陷阱，完全进入一个新的探索领域。过去华为公司都是跟随别人，我们节省了很多开路费；走到今天，我们必须自己来开路了。开路，就难免会走错路。（任正非：与Fellow座谈会上的讲话，总裁办电邮讲话［2016］069号）

以后我们不能随便使用“失败”这个词，要使用“探索”这个词，因为“成也英雄，败也英雄”。在任何不走错路的关闭项目中，去分析项目的成功经验或失败原因，即使告诉我们此路不通，也是一种探索。（任正非：与Fellow座谈会上的讲话，总裁办电邮讲话［2016］069号）

所以，我们要重新看待成功与失败，失败的经验对我们是宝贵财富。失败也是一种学习，而且是最宝贵的学习。“一生能有几次败”，所有一切不能重来。我们把失败项目中的奋斗者留下来，以后就不会失败。干部部门更要重新去看待这个问题，评价系统不能僵化，应该有灵活的考核方式。（任正非：与 Fellow 座谈会上的讲话，总裁办电邮讲话［2016］069 号）

“拥抱挑战，拥抱颠覆”，我们不要害怕颠覆，真正的挑战出现了，要敢于上去拥抱。人类社会要转型了，没有方向和实力的奋斗是没有价值的。小公司没有实力；有些大公司有实力，但是没有方向；华为既有实力，又在探索方向，怎么不能引领未来呢？（任正非：与 Fellow 座谈会上的讲话，总裁办电邮讲话［2016］069 号）

范弗里特弹药量、多路径、多梯次重在研究和创新上，前面喇叭口要做大。我们的研发经费的提取比例一定是行业领先的。管理改进的投入也应是行业领先的。以前我们定位研究体系的经费是研发经费的 20%，现在应该按照比例扩大到 30% 或者多少是合理的，我们来合理地逐步扩大。当然整个研发经费的提取比例也要扩大。（任正非：《多路径、多梯次跨越“上甘岭”，走进无人区》——在巴展和乌克兰谈话要点，总裁办电邮讲话［2016］068 号）

面向未来发展，范弗里特弹药量不是用在开发上，开发不应拿着钱去做小产品，要严格管制。开发是交付问题，是确定性工作，不能乱花钱，要有计划、预算、核算和交付管理。（任正非：《多路径、多梯次跨越“上甘岭”，走进无人区》——在巴展和乌克兰谈话要点，总裁办电邮讲话［2016］068 号）

而研究和创新可以多花点钱，范弗里特弹药量要用在未来方向上，而且未来方向一定要有边界，不是边界内的人不要，科学家很有本事并且愿意到边界里来，我也需要；不进来只合作，我也需要。这样我们把全世界的科学家都纳入进来了。不进入我们体系，如胡厚崑讲的，淡化员工的工卡文化，只要科学家、“歪瓜裂枣”在同方向的，我们都给以支持，共创未来，分享收获，心胸要大一些。我们在研究和创新上就可以多路径，喇叭口向上，大量容纳志同道合者；喇叭口向下，向我们未来的梯队传送我们的价值观，让他们前赴后继加盟到我们这里。开发工作要变成特殊的确定性工作，有计划、预算和核算。错了可以重申请。（任正非：《多路径、多

梯次跨越“上甘岭”，走进无人区》——任正非在巴展和乌克兰谈话要点，总裁办电邮讲话［2016］068号）

改变研发投资结构，扩大研究和创新的投入比例。我们要改变过去的布局，以深圳为中心的布局改变为以资源为中心的布局。有些很高、精、尖部件的制造工作可以放到德国、日本去，封装好再拿回中国。3月底的日本研讨会，加一个“日本能工巧匠”的研讨题目，可以请日本科学家给我们讲日本能工巧匠的特点，我们支付顾问费。（任正非：《多路径、多梯次跨越“上甘岭”，走进无人区》——在巴展和乌克兰谈话要点，总裁办电邮讲话［2016］068号）

在我们的顶部设立一个思想研究所，我们的高级专家、高级干部可以在这个思想研究所里面进行头脑风暴，来理解世界未来可能的方向是什么，我们2012实验室来做些验证。我们要敞开心胸，拥抱这个世界。思想研究所需要确定一个边界，在一个边界范围内的项目，我们允许创新，既允许外部科学家创新，也允许内部创新，这样即使出现“黑天鹅”，也是从我们的咖啡杯里面飞出来的，我们有条件把这个“黑天鹅”变成“白天鹅”，所以你讲的是我们组织结构未来可能要发生的改革，这个改革正在酝酿之中。（任正非：与日本代表处、日本研究所员工座谈纪要，总裁办电邮讲话［2016］080号）

6.4.3 加强战略集中度，在主航道上拉开与竞争对手的差距

我们在制定重大投资决策时，不一定追逐今天的高利润项目，同时要关注有巨大潜力的新兴市场和新产品的成长机会。我们不从事任何分散公司资源和高层管理精力的非相关多元化经营。（来源：《华为公司基本法》，1998）

我们要成为领导者，一定要加强战略集中度，一定要在主航道主战场上，集中精力打歼灭战，占领高地。我今天讲带宽，讲管道操作系统，如果我们能超越所有人，我们就有可能掌握未来。（任正非：在惠州运营商网络BG战略务虚会上的讲话及主要讨论发言，总裁办电邮文号［2012］010号）

聚焦价值客户，聚焦价值区域，沿着管道战略，从技术层面上整合我们的研发，宏管道，微管道，水龙头。凡是不在此列的，要以上缴较大的利润来支持公司的战略为基准。科学家要为公司的战略而奋斗，而不是公司为实现科学家的梦想而分散投入。（任正非：《聚焦战略，简化管理》，总裁办电邮文号［2012］041 号）

我们认为未来的形势是以宽带为中心的，在走向超宽带的过程中，华为具有领先其他所有公司的优势，3~5 年之内，华为有能力抢占这块市场。大管道流过的信息，经过细的管道，这就是企业网，把我们的水流到企业里面去。我们把终端比作水龙头，要把水放出来。（任正非：与销售融资专家座谈纪要，总裁办电邮文号［2012］025 号）

坚持“针尖”式战略发展，突进了无人区，没有竞争对手，踩不到别人的脚，商业生态环境就会改善；就会提高我们的产品议价权，这两年大家看到成效了吧？产品好卖，然后赚钱又多。（任正非：在销售项目经理资源池第一期学员座谈会上的讲话，总裁办电邮讲话［2014］066 号）

6.5 机会与风险

6.5.1 机会和风险的管理要更多关注风险

从价值管理的角度来看风险。公司所隐含的内在风险可归为三大类：第一类，20 多年来高速增长隐含的风险。这些在高增长阶段能够掩盖的隐性风险会因外部经济环境的恶化或业务增速下滑而“水落石出”，暴露出来，如超长期应收款、亏损合同、高风险合同、过度承诺、未经审批发到客户手里的 Voucher（优惠券）等，这些风险需要清晰的量化、衡量和处理，并且逐步得到释放。第二类，业务增速下滑而引出的风险。我们过去一直是高速增长的公司，有收入增长就有利润增长，我们的考核、利益分配也都是按照高速增长模式来设计的；2011 年的财务表现说明这个杠杆已经失效，收入增长但利润大幅下滑；同时增长速度低于主要竞争对手的增长速度。这种增速下滑以后，公司赢利和财务状况将会出现变差的情况，这需要我们高度关注运营效率，警惕合同质量、新商业模式、特殊交易模式等问题，厘清授权和审批，要求管理团队“吹牛皮要交税”。同时，我们要建立预算核算与人力资源的关联机制，用价值分配杠杆牵引资源的合理配置，提高人员效率。第三类，多核业务投资与成长的不确定性引出的风险。我们发展终端，发展企业业务，需要关注公司投入人财物的比重、结构和节奏是否与公司资源、业务战略相匹配，还要特别关注如终端的库存、产品质量、企业业务的渠道等这一系列新的问题，要有相应的解决方案和能力。（任正非：《做好公司价值管理，追求公司有效增长》，总裁办电邮文号［2012］005 号）

真正的金融危机并没有过去，有可能还没有发生，后面还有多大的爆炸力并不知道。面对这场金融危机，华为实际也是危机重重。华为要避免这场危机，不让自己崩溃，就要遵守世界各国的法律，自觉遵守世界的硬性规则。我们现在严格加强公司销售收入的管理，制定了销售收入的计算规则，就是防止公司因泡沫化而陷入金融危机的风险。坚决打击做假账的行为，严惩责任人。（任正非：在西欧地区部工作汇报会上的讲话，总裁办电邮讲话［2014］073 号）

机会、风险，我们要将风险排在销售的前面。暂时看不到机会的国家，可以把员工撤退到战略预备队去，减少开支。（任正非：《前进的路上不会铺满了鲜花》——在 2016 年市场年中会议上的讲话，总裁办电邮讲话［2016］079 号）

6.5.2 不作为就不会有风险，但一定会被超越

不作为就不会有风险，但一定会被超越，我们未来一定会因为我们的强大引起更多关注，所以要有作为就要加强合规风险管理；但面对已被发现的危机和挑战，我们要实事求是，不藏不盖。（任正非：在多个汇困国家调研中的讲话和要求，总裁

办电邮讲话［2015］023号）

我们用了25年的时间建立起一个优质的平台，拥有一定的资源，这些优质资源是多少高级干部及专家浪费了多少钱，才积累起来的，是宝贵的财富。过去所有失败的项目、淘汰的产品，其实就是浪费（当然浪费的钱也是大家挣来的），但没有浪费，就没有大家今天坐到这儿。我们珍惜这些失败积累起来的成功，如果不故步自封，敢于打破自己既得的坛坛罐罐，敢于去拥抱新事物，华为不一定会落后。（任正非：《用乌龟精神，追上龙飞船》——在公司2013年度干部工作会议的讲话，总裁办电邮文号［2013］255号）

6.5.3 公司的导向是在有效管理风险的前提下促进销售增长

评估风险要实事求是，长江不能断流，不能因为明哲保身而让业务停下来。（来源：关于风险管理工作汇报的纪要，EMT纪要［2005］059号）

公司要求的导向是如何在有效管理风险的前提下去促进销售增长。目前在合同条款评审中，有些行业主管机构只会"说不"，却不给出积极的建议方案，根本原因是行业主管机构不承担销售责任，这是权责不一致导致的明哲保身行为，要从管理机制上拿出整改方案。（来源：关于2009年年中公司经营审视汇报的纪要，EMT纪要［2009］038号）

我们要清醒地认识到，面对未来的风险，我们只能用规则的确定性来应对结果的不确定性。只有这样我们才能从心所欲，不逾矩。才能在发展中获得自由。任何事物都有对立统一的两面，管理上的灰色，是我们生命之树。我们要深刻地理解开放、妥协、灰度。深刻理解"深淘滩，低作堰"带给我们的启迪。智慧的光辉，将永不熄灭。（任正非：《深淘滩，低作堰》，总裁办电子邮件［2009］009号）

代表处应承接与BG达成一致的年度业务目标，并对业务目标的达成承担相应责任。对低利润、高风险项目应由BG进行补贴，否则代表处具有否决权；但在行使否决权时应同时对各BG的业务目标负责，不因过度关注利润和风险而牺牲增长

机会。（来源：《关于广州代表处试点组织设计与授权管理原则的决议》，EMT 决议［2012］033 号）

机会和风险的管理更多关注风险是指我们要有合理的战略布局，不是全球国家都是风险大于机会，而是分两类：一是“已纳入风险管控的国家”要风险管理大于机会；二是“没有纳入风险管控的国家”还是要机会驱动，还是要去发现机会，敢于抓住机会。（来源：关于 2017 年机会点到订货汇报的纪要，EMT 纪要［2016］021 号）

风险管理要以价值创造为导向，实现“业务扩张”与“风险控制”二者之间的有效平衡，防止走向忽视风险（过左）或过度保守（过右）两个极端。代表处以利润为中心，坚定不移以贸易合规为红线。业务主官在权衡这个点时，可能有些擦边或突破，子公司董事会不是以监督控制为目的去严守一条合规界线，而是和业务主官一起冲锋，帮助取得胜利和在胜利的路上内、外合规。在冲锋过程中，主官的责任是获取胜利，子公司董事会的责任是在获取胜利的基础上保障合规。虽然两者分工不同，但目标都是赢得胜利，而不是管成“幼儿园”。如果都不产粮食，管控有何意义？（任正非：在公司监督与管控体系延伸建设思考汇报会上的讲话，总裁办电邮讲话［2017］041 号）

6.6 乱中求治，治中求乱

6.6.1 精细化管理的目的，是为了扩张不陷入混乱

有管理进步的愿望，而没有良好的管理方法与手段，必定效率低下，难免死亡。华为公司的人均效益和西方公司比较不到人家的 1/3，那么我们浪费的是什么呢？是资源和时间，这是因为管理无效造成的。（任正非：《不做昙花一现的英雄》，1998）

精细化管理就是要有计划、有预算、有核算，各个指标数据都有据可依。代表处围绕计划进行经营管理，就是要围绕这些财务数据进行。只有财务数据清楚了，财务分析也就清楚了，管理指标才能清楚，就能明白需要改进的地方与方向，从而指导业务发展方向并制定合理可行的业务策略与行动措施。怎么才能精细化管理？就是计划要合理，不能盲目。计划是龙头，只有计划做好了，后面的预算才有依据，通过核算来修正、考核计划与预算。我强调的精细化管理，不是一味追求低成本的管理，是在相同成本情况下，为公司做出更大的贡献。两者的含义是不一样的，后者是发散的，前者是收敛的。（任正非：在 BT 系统部、英国代表处汇报会上的讲话，总裁办电邮文号［2007］015 号）

代表处就是要围绕计划、预算、核算，用财务数据为牵引，各项业务策略与措施细化、明确，报告模板化进行经营精细化管理。围绕计划和经营的精细化管理是实行全面利润考核的关键支撑，也是公司各业务中心建设发展的方向。只有在精细化经营管理下，全面利润考核才能有扎实可靠的基础，利润数据才真实可信。（任正非：在 BT 系统部、英国代表处汇报会上的讲话，总裁办电邮文号［2007］015 号）

对于处在高速成长阶段的市场和产品，以抢山头、夺地盘、占市场份额为主要目标，同时开展精细化管理以防止盲目扩张陷入混乱。考核成长不仅要考销售额，还要考潜在销售增长，考大 T 的突破。争夺地盘，不仅仅指争夺地域上的地盘，还包括产品地盘和运营商地盘，地盘就是格局。对于增长速度趋于稳定、增长空间相对有限的成熟市场和生命周期末端产品，在努力挖潜的同时，要抓精细化管理。对这类市场和产品的考核导向很明确，就是要为公司贡献现金流和利润。（来源：《关于市场工作重点（竞争策略、解决方案营销等）的指导意见》，EMT 纪要［2008］014 号）

我们不过分地强调增长，这次增长慢一些的地区部，就是前两年增长快了。对于这样的地区部一定要强调精细化管理，强调有效的管理，将来为担任扩张的部队提供干部资源，提供方法的管理。任何一个部门扩张到一定程度以后都会扩张不动了，这个时候就要回过头来进行精细化管理，但这并不是说前进的部队就不加强精细化管理。所以我认为我们的计划体制是用来作战的，而不是用来向总部汇报的，一定要记住。这一点一定要重视，如果不是这样的话，我们公司是会逐渐萎缩的。（任正非：《看〈莫斯科保卫战〉有感》——在埃及代表处的讲话纪要，总裁办电邮文号［2008］004号）

我们现在利润不是来自管理，而是来自增长，如果明天没有增长了，我们公司可能就利润负、现金流负了。我们现在就要在没有负增长之前，把内部效率提升起来。（任正非：在EMT办公例会上的讲话，2009）

以前我们在市场高速发展的时候，过多地强调了销售，只要抢到的合同多，就意味着更多的利润。随着市场趋于饱和，我们能从市场中获利的机会越来越少。为了生存，以后我们就要进行精细化的管理。（任正非：与PMS高端项目经理的座谈纪要，总裁办电邮文号［2009］007号）

我们公司是从一个混乱公司走过来的，如果不走流程化、高绩效考核的道路，今天就是布朗运动，每个分子都乱动，形不成动力。我们规范化以后，管子“哗哗”地流，经过“拉法尔喷管”挤压。可压缩的流体被压缩超过音速后，扩展的面积越来越大，速度越来越快，这就是火箭。火箭的发动机基于拉法尔喷管。我们是先规范、后放开。（任正非：与Fellow座谈会上的讲话，总裁办电邮文号［2016］069号）

6.6.2 建立平衡与打破平衡

我上次在英国代表处讲话，强调了精细化管理，就是在混乱中怎么走向治，乱中求治。但没有讲到治中求乱，也就是打破平衡继续扩张的问题。有些代表处执行起上次我在英国代表处的讲话来有些偏差。我这次在墨西哥代表处讲了，市场不是绘画绣花，不光是精细化管理，一定要有清晰的进取目标，要抓得住市场的主要矛盾与矛盾的主要方面。只强调精细化管理，公司是会萎缩的，精细化管理的目的，是为了扩张不陷入混乱，而并非紧关城门。我们讲精细化管理，不等于不要扩张，面对竞争，我们还是要敢于竞争，敢于胜利的。只有敢于胜利，才会善于胜利。扩张和精细化管理并不矛盾，要把两者有效结合起来。（任正非：在英国代表处的讲话纪要，总裁办电邮文号［2007］027 号）

管理要从大一统走向差异化，用考核牵引公司的均衡发展。我们这些年从混乱走向基本规范化，在管理建设上取得了重要的进步，建立了一个大平台，是很了不起的。我觉得我们第一步建立一个大系统，大人力资源政策，是正确的。但我们公司的考核机制过于僵化了。在下一步奖励改革时，我们还是要强调，不同的产品，不同的地区部，不同的工作，要有不同的奖励模式。（任正非：在地区部向 EMT 进行 2008 年年中述职会议上的讲话，EMT 纪要［2008］028 号）

三十年河东，三十年河西，我们三十年大限快到了。华为公司想不死就得新生，我们的组织、结构、人才……所有一切都要变化。如果不变化，肯定不行。如果我们抛弃这代人，重新找一代人，这是断层，历史证明不可能成功，那么只有把有经验的人改造成新人。我们通过变化，赋予新能量，承前启后，传帮带，使新的东西成长起来。（任正非：在战略预备队建设汇报的讲话，总裁办电邮讲话［2016］085 号）

我们要防止封闭，一定要开放。在机器学习领域，一定有很多学习软件大大地超越我们，会有很多很多人做出好的东西来，我们就和这些最好的厂家合作。这边掺进一个美国砖，那边再用一个欧洲砖、一个日本砖，万里长城，不管砖是谁的，能打胜仗就行了，不要什么砖都自己造。在万里长城这个大平台上，允许大河奔腾的踢踏舞，允许"蜂子"跳舞，它颠覆不了这个平台，但是激活了这个平台。在产业分工上，在别人有优势的地方就利用别人的优势，集中精力在主航道。就是刚才 GTS 讲的那个方面，人工智能先在这几个方面做好。（任正非：在诺亚方舟实验室座谈会上的讲话 2016 年 8 月 10 日，总裁办电邮讲话［2016］083 号）

我们处在一个创新的时代，把很多不确定性、确定性工作都流程化后，就抑制了新东西的产生。首先要肯定日本是一个伟大的国家，将规范的管理落实到了基层，车间的螺丝刀、零件、纸巾等的摆放都规范得清清楚楚，青年工人进来后需要严守这个规则，青年人创造的冲动就没有了。英国也是伟大的国家，给世界输出的文化是规则，但英国把流程规则到最末端。而美国是一批异教徒移民，把英国制度撕裂，大的法律框架是规范化的，但管不了末端，所以美国把英国文化做了变异，创造了一个灿烂的美国两百年。（任正非：与 Fellow 座谈会上的讲话，总裁办电邮讲话［2016］069 号）

下篇：价值管理

华为公司未来的胜利保障，主要是三点要素：第一，要形成一个坚强、有力的领导集团，并且这个核心集团要听得进批评；第二，要有严格、有序的制度和规则，这个制度与规则是进取的。什么叫规则？就是确定性，以确定性应对不确定性，用规则约束发展的边界；第三，要拥有一个庞大的、勤劳勇敢的奋斗群体，这个群体的特征是善于学习。

——任正非

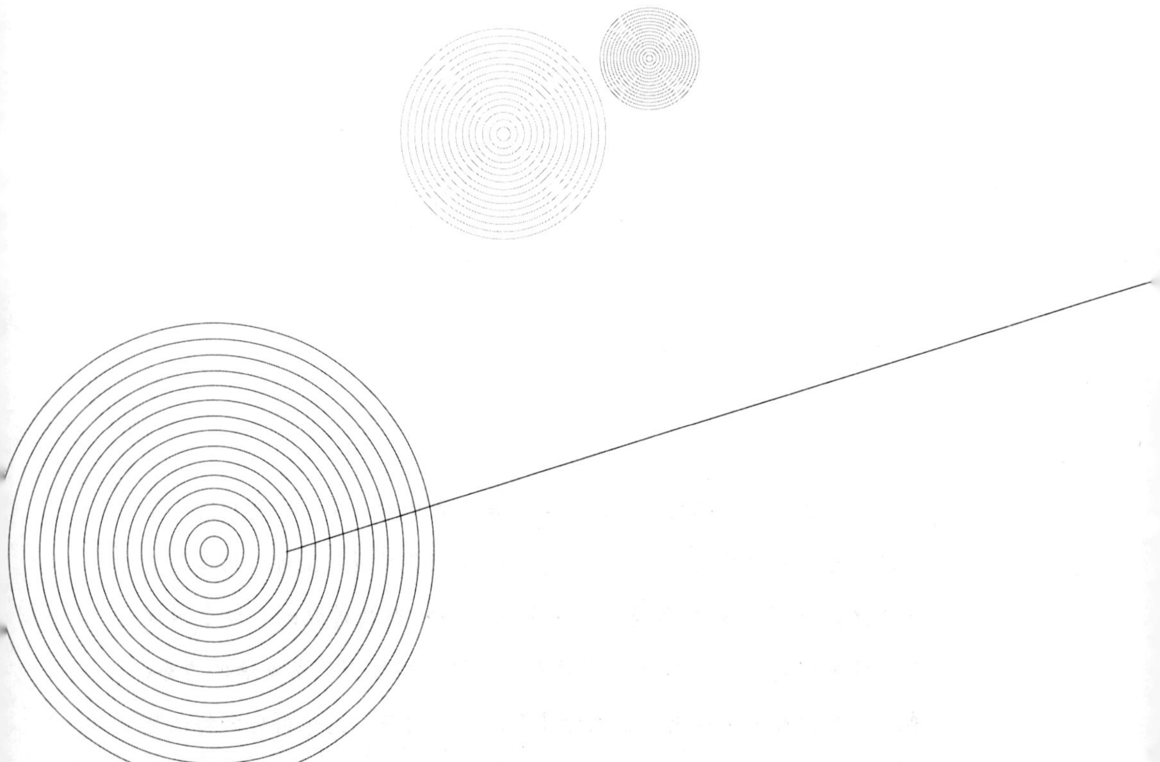

第七章

价值管理的指导方针

华为公司要长期生存和发展，一定要走上国际化、全球化之路，开发新领域，拓展发展空间。而在扩张过程中，一定要有良好的管理体系，否则不仅徒劳无功，而且会很危险，那还不如不扩张。

在华为的价值创造过程中，财经管理担负着价值整合者的角色，肩负着把资金、技术、人才创造的价值充分转化为公司的收入、利润和现金流，把全体干部员工的努力成果转化为真金白银的任务。财经管理要履行好价值整合者的使命，必须建立科学的、规范的、高效的和能够驾驭风险的管理体系。为此，华为从 2007 年起，花了 7 年时间，在 IBM 顾问的指导下，成功实施了 IFS（集成的财经服务）变革。使华为公司的财经管理体系完成了脱胎换骨的改造，达到了世界级企业的领先水平，有效地支持了全球范围业务的快速增长。

系统理论和诸多新科学的研究表明，所有系统的存在与发展都是基于几个主要原则进行的。这几个主要原则规定了系统的总体特性和演化的路径。类似的，华为财经管理体系的演进、变革和自我完善过程也是基于一些基本的原则。总结和提炼这些基本原则，有助于我们深化对财经管理本质和规律的认识，有助于提高我们管理的自主性，减少被动性和盲目性，使我们“从必然王国走向自由王国”。

本章是对华为财经体系在价值管理方面的指导方针和基本原则的概括性阐述，这些方针和原则不是教条，而是财经管理的指南。其意义在于，它提供了一种认识华为公司价值管理规律的方法论。

7.1 华为最宝贵的是无生命的管理体系

7.1.1 摆脱三个依赖，走向自由王国的关键是管理

摆脱三个依赖，走向自由王国的关键是管理。通过有效的管理构建起一个平台，使技术、人才和资金发挥出最大的潜能。我们要逐步摆脱对资金的依赖，对技术的依赖，对人才的依赖，使企业从必然王国走向自由王国，建立起比较合理的管理体制。对人的管理才是最大的财富。当我们还依赖于人才，依赖于技术，依赖于资金时，我们的价值评价体系就存在一定程度的扭曲，我们还不能说是获得了自由。只有摆脱三个依赖，才能科学决策。我们起草基本法，就是要建构一个平台，构筑一个框架，使技术、人才、资金发挥出最大的潜能。（任正非：《华为的红旗到底能打多久》，1997）

通过建立健全管理控制系统和必要的制度，确保公司战略、政策和文化的统一性。在此基础上对各级主管充分授权，造成一种既有目标牵引和利益驱动，又有程序可依和制度保证的活跃、高效和稳定的局面。（来源：《华为公司基本法》，1998）

管理与服务是华为生死攸关的问题。人才、资金、技术都不是华为生死攸关的问题，这些都是可以引进来的，而管理与服务是不可照搬引进的，只有依靠全体员工共同努力去确认先进的管理与服务理论，并与自身的实践紧密结合起来，以形成我们自己的有效的服务与管理体系，并畅行于全公司、全流程。（任正非：《不做昙花一现的英雄》，1998）

未来的挑战不是技术或产品，主要表现在基础研究和创新优势方面，根本是企业的管理上。我们所面临的最大挑战是内部管理问题，即在组织、流程、IT 等方面建设适应市场需求和及时满足客户需求的管理体系。否则，公司再扩张就会出问题。我们一方面要不断地激活组织，始终保持它的活力，不使它退化和沉淀；另一方面，我们始终要保持对组织的约束和控制，不能击垮它，在激励中约束，在约束中激励。取得激励与约束的平衡，并使这种平衡在动态中不断地优化。（任正非：《华为的机遇与挑战》，2000）

我们公司一定要走上国际化。我们不可能永远都是一个中国公司，如果是这样就会有问题。几年以后中国市场饱和了怎么办？研发系统已经在做内容服务，开发新的领域，开发新的软件，增加发展空间。必须增强我们生存的安全系数，就是要向海外市场扩张；而在扩张过程中，一定要有良好的管理体系，如果没有良好的管理体系，那会很危险，那还不如不扩张。（任正非：在营销系统干部培训中的讲话，2002）

首先要对人的行为实施管理，其次对各级流程的责任制度实施管理。把行为准则、岗位责任、处罚规定、奖励制度制定出来，流程责任人就不敢松懈了。思路、方法、模板，这是监控应该建立的一种专业的指导、规范的东西，交给业务部门，让业务部门按照要求去建设自己的监控体系，监控负责验收和评价，这样做才能使监控和业务真正结合起来。（任正非：对区域监控工作的讲话纪要，2007）

西方公司自科学管理运动以来，历经百年锤炼出的现代企业管理体系，凝聚了无数企业盛衰的经验教训，是人类智慧的结晶，是人类的宝贵财富。我们应当用谦虚的态度下大力气把它系统地学过来。只有建立起现代企业管理体系，我们的一切努力才能导向结果，我们的大规模产品创新才能导向商业成功，我们的经验和知识才得以积累和传承，我们才能真正实现站在巨人肩膀上的进步。（任正非：在“蓝血十杰”表彰会上的讲演稿，总裁办电邮讲话［2014］039号）

华为公司最宝贵的是无生命的管理体系，以规则、制度的确定性来应对不确定性，争夺大数据流量时代的胜利。（任正非：在公司质量工作汇报会上的讲话，总裁办电邮讲话［2015］067号）

7.1.2 变革的目的是要多产粮食以及增加土壤肥力

我们公司在重大问题的决策上实行委员会制度，在执行层面或贴近项目的决策层面推行行政首长负责制，所以我们决策速度快。（任正非：与华为大学第10期干部高级管理研讨班学员座谈纪要，总裁办电邮文号［2011］031号）

不断完善公司治理结构，明确集团对各业务运营中心的授权和管控机制，保证各业务中心既能充分地攻击前进，又不偏离公司的整体战略和运作规则，通过建立合理的考核与激励机制，促使各运营中心进行有效扩张，保证公司有效增长。在新时代我们要更多地通过文化、制度和流程来建立更加科学化的管理，同时逐步放权，并同步加大监控的力度，让授权与监管两个轮子并行运转。（来源：《关于2012年经营环境分析与关键经营策略的指导意见》，司发［2012］081号）

我们留给公司的财富只有两样，一是我们的管理架构和流程与IT支撑的管理体系，二是对人的管理和激励机制。人会走的，不走也会死的，而机制是没有生命的，这种无生命的管理体系，是未来百年、千年的巨大财富。这个管理体系经过管理者的不断优化，你们说值多少钱？只要我们不崩溃，这个平台就会不断发挥作用。我们公司上市后能值多少钱，其实就是这两项管理财富值多少钱。所以我们会很重视流程。（任正非：在流程与IT战略务虚会上的讲话及主要讨论发言，总裁办电邮文号［2012］26号）

未来5~10年，公司将致力于行政改革，努力将公司从一个中央集权的公司，通过将责任与权力前移，让听得见炮声的人来呼唤炮火。从而推动机关从管控型，向服务、支持型转变，形成一个适应现代需求的现代化管理企业。（任正非：在持股员工代表大会上的发言摘要，总裁办电邮文号［2013］056号）

在未来变革过程中，我们要强调目的才是最重要的，目的就是要多产粮食、产生战略贡献和增加土地肥力，凡是不能为这两个目的服务的，都要逐步被简化。变革最主要是围绕“为客户服务创造价值”来设立流程、制度，不能为这个中心服务的，我们都要简化。现在流程烦琐，就是因为我们以前没有弄清楚目的到底是什么。这样我们提高了作战效率，同时我们有一批优秀的、勤劳勇敢的人，经过三五年，我们在管理上一定能进步起来。（任正非：《遍地英雄下夕烟，六亿神州尽舜尧》——在四季度区域总裁会议上的讲话，总裁办电邮讲话［2014］086号）

衡量管理进步一定要有一把尺子，多产粮食；代表处订货增长没有多少，利润增长，其实就是管理在进步。我们要看现阶段能产生什么贡献，贡献是基于偶然性还是必然性，是可持续还是不可持续？就能得出一个大致的基线和规律，来衡量管理进步。（任正非：在变革战略预备队及进展汇报座谈上的讲话，总裁办电邮讲话［2015］026号）

在LTC（线索到回款）流程集成打通的基础上，我们确定变革的目标，第一阶段就是账实相符，第二阶段就是实现“五个1”。我们不是一定要“五个1”,“五个2”也不错。为什么要1秒钟？ 1分钟也是一个1，一小时也是一个1，一天不也是一个1吗？大目标就是要多产粮食，增加土壤肥力，其他多余的东西在变革过程中慢慢就被甩掉了。（任正非：《变革的目的就是要多产粮食和增加土地肥力》，总裁办电邮讲话［2015］016号）

华为已经走过了农民时代，正走在正规军的路上，我们要学会发射“火箭”“大炮”……提高我们对战略的认识、对战术的理解、对具体操作技术的能力，这是时代赋给我们的使命。公司没有IT支持的时候，我们就是健忘型组织，因为依靠人来固化一个东西，可能他上个厕所就忘了。我们现在有了流程IT支持，那肯定是一步步改进。我们公司一部分以规则、制度的确定性来应对任何不确定性，逐渐走上正路。其实我们现在已经走在正路上了，只是还需要走得更好一些。(任正非：在公司质量工作汇报会上的讲话，总裁办电邮讲话［2015］067号)

7.2 业务为主导，会计为监督

7.2.1 “业务为主导，会计为监督”，就是不单纯以财务投资回报为导向

坚持以业务为主导，会计为监督的宏观管理方法与体系建设。以业务为主导，就是按目标需求进行业务的最优化发展；以会计为监督，是指各级干部都要负有财经管理的责任，实行项目管理，加强核算与成本控制。这就是发展与制约相制衡的平衡管理。(任正非：1999管理工作要点)

对“会计为监督”体系的理解就是提供规范化的服务，会计在提供规范化服务的同时已经完成了监督。按计划规范化服务，预算规范化服务，按成本规范化服务……审计系统和内部稽核系统主要是管例外事件的，但现在是建设阶段，例行也要管。建设阶段完成之后，流程等都不准动了，这时它们就只是管例外了。我们的稽核体系、内部审计体系，也包含了对海外账务体系的监控。(任正非：在财务四个统一与2000年工作规划汇报会上的讲话纪要，2000)

业务为主导，财务为监督。业务作为行政长官，拥有决策权，同时也承担相应的决策责任，对所负责区域的成长与稳健负责。财务既要服务业务，也要监督业务。监督职责的有效履行，既能保证财务数据真实反映业务实质，也能帮助业务主管做出正确的选择和决策。(来源：CFO评估方法与评估结果向任正非汇报会议纪要，2011)

业务主管是第一责任人，承担管辖范围内的经营风险及内控责任。财务是各级业务主管的助手，提出建议和揭示风险，你是团队的一员，应做好你的角色。财

务与业务是唇齿相依的，只有共同成长，才可能拥有希望。财务做得不好，业务也不可能独善其身。（任正非：与财经体系员工座谈纪要，总裁办电邮文号［2011］036 号）

“业务为主导，会计为监督”，是我十几年前讲过的，我这句话是批评单纯地以财务投资回报为导向的。“业务为主导”是指我们要通过技术创新，人才引进、市场扩张获得赢利。我说的会计不是单纯的簿记，包括了账务、核算、项目核算、财务管理等，“会计为监督”是指财务在提供服务与支撑的过程中，同时要履行公司赋予的管理与监控职责。（任正非：与财经体系干部座谈纪要，总裁办电邮文号［2012］029 号）

7.2.2 准确确认收入，加速现金流入，项目损益可见，经营风险可控

匹配业务实质，准确确认收入，是公司稳健经营的基础

IFS 是当前公司最重要的业务变革，它带给公司的核心价值体现在“加速现金流入、准确确认收入、项目损益可见、经营风险可控”上。（来源：《尊重专业精神，做好 2009 年财经工作——郭平在财经体系年度大会上的讲话》，《管理优化》第 327 期，2009）

端到端拉通客户合同和采购合同信息，支撑精细化过程管理。IDS1[①] 聚焦于交易层面，全流程梳理了 OTC[②] 和 PTP[③] 业务，完善并输出了一系列流程和规则，搭建了集成的 IT 系统，实现了客户合同和采购合同信息的端到端拉通，支撑了快速准确开票、准确确认收入等经营目标的实现；同时，在此基础上，通过 iSee[④] 多维度展

① IDS，integrated deployment solution，集成推行方案。业务变革的推行方法论，在 IFS 、LTC、MTL、MCR 等变革项目推行时使用。IDS1 指回款、收入、项目预算集成方案包。

② OTC，opportunity to cash，机会点到回款。

③ PTP，procurement to payment，采购到付款流程。

④ iSee，集成统一的财务信息系统。是华为财经体系的主要生产系统，也是全公司经营管理领域的一个主要应用系统、决策支持系统。

示了订、发、收、回等财务产出、运营效率和运作质量指标，精准定位问题，把经营管理落到实处，助力各级经营单元的精细化管理。（来源：《IFS：继往开来，携手业务，提升公司财经综合能力》，《管理优化》第 407 期，2012）

销售收入是衡量公司经营状况和质量的最重要的财务指标之一，客观、准确、及时地确认销售收入是公司稳健经营的基础。各业务单位必须严格遵守公司销售收入确认的相关政策、规则和流程，确保公司运营合规、稳健。违背客观、准确、及时原则虚假确认销售收入的，应予问责。具体决定如下：通过伪造交付文档、提供与业务实质不相符的交付进度信息或交付文档、隐瞒业务真实信息等方式，提前或推迟确认销售收入，是严重违反《华为员工商业行为准则》的业绩造假行为，有可能对公司财务报表造成重大影响。公司对此类行为采取零容忍态度，发现一单，处理一单，因虚增收入而多计的奖金应予退还，同时对故意造假的直接责任人和管理者按 BCG[①] 违规予以相应的纪律处分。（来源：《对虚假确认销售收入行为处理的决议》，财委会决议 [2014] 016 号）

所有员工均应诚实守信、恪尽职守、遵守法律规定和商业行为准则。公司坚决禁止“业务造假行为”，包括但不限于：1. 伪造、变造、篡改印章或签名，签署虚假合同或其他文件。2. 签署“阴阳合同”（指同一次交易中，在客户界面和公司界面分别签订两份不同的合同）。3. 伪造交付文档、提供与业务实质不相符的交付进度信息或交付文档、隐瞒业务真实信息等，虚假确认销售收入。4. 伪造或提供虚假业务单据（含文档）、做虚假的财务信息导致财务报告不真实。 以上造假行为一经发现，直接责任人解除劳动关系，如给公司造成损失，按公司相关规定进行赔偿；触犯国家法律的，移交司法机关处理。对于责任人的直接主管、间接主管按公司相应规定承担管理连带责任。（来源：《关于对业务造假行为处理原则的决议》，EMT 决议 [2014] 030 号）

① BCG，business conduct guidelines，商业行为准则。是华为公司本身制定的有关遵守法律和良好道德的文件，体现了公司的价值观。

一定要加强现金流的控制与管理

仅仅是这两点导向也还是不行，我们还要加强现金流的管理。我们可以给客户的合同做得漂亮、价格卖得很贵、账面利润也不错，却是五千年后一次付款。我们若只有账面利润，没有现金流，我们要饿五千年等着收款，到那时你们已饿瘪了，没有力气吃饭了。因此，一定要加强现金流的控制和管理。（任正非：在2006年市场年中工作会议上的讲话，总裁办电邮文号［2006］036号）

销售的目的不仅仅是签订订货合同，“不论多么激动人心的订货都须形成收入，不论多大的收入都须转换成利润和现金流”，反之，就是饮鸩止渴，并最终导致公司灭亡。（来源：《关于在片联团队成员中指定专人负责推动提高合同质量的决议》，EMT决议［2011］029号）

现金流是大问题，是命脉，一旦我们没有钱发工资，树倒猢狲散，我们二十多年集聚的战略成果就崩溃了。我们好不容易通过战斗把组织建立起来了，一旦散了还有什么战斗力呢？一定要重视本地化融资，加强本地化融资队伍建设，分散融资风险。（任正非：在EMT办公例会上的讲话，2012）

项目管理是公司经营管理的基础

坚持以项目为中心，提高项目经营管理水平，是我们未来几年提高效率和效益的主要手段。我们要把客户、研发和变革项目作为未来业务运作的主要形态，并针对这三类项目建立包括项目组合、项目群和项目管理在内的项目经营管理架构，从“做正确的事”到“正确地做事”形成一个完整的体系，牵引公司组织逐步从强功能特性的金字塔结构向以项目为主、功能为辅的结构转变。（来源：《持续变革，提升一线作战能力，保障公司有效增长》，总裁办电邮讲话［2014］020号）

我们将来实行项目全预算制，先提取空耗费用，因为公司把“电”传输过来是有损耗的，剩下的钱全在项目。项目拿着钱去买炮弹，供应链把炮弹卖给你，机关把服务卖给你，公司向你要预算。你们拿钱购买资源，我想卖一个东西给你，你们不要，为什么？因为它对于你们来说是多余的，浪费钱。多余的就应该被裁掉。现在功能部门没有预算的压力，它们没有把资源卖到项目里面去的动力，这就是机关庞大的原因。所以要有项目计划、预算的管理。项目做完要核算，项目赚没赚钱，赚多少钱还是亏损了多少钱，这就是对项目经理的评价。（任正非：在后备干部项目管理与经营短训项目，总裁办电邮讲话［2014］054号）

未来5~10年，我们将从中央集权式的管理，逐步迈向让听得见炮声的人来呼唤炮火。当前正在进行的管理从以功能部门为中心，转向以项目为中心的过渡试验，就是对这种模式的探索。若5~10年后，我们能实现管理权力下沉，后方支持的优质服务质量上升，那么我们及时满足客户需求的能力及速度就会增强，我们就能在大流量汹涌澎湃中存活下来。（任正非：《变革的目的就是要多产粮食和增加土地肥力》，总裁办电邮讲话［2015］016号）

在从以功能为中心向以项目为中心转变的过程中，要明确项目及其管理体系的运作，实现项目线和资源线的分离。对于一线销售/交付业务而言，各级SDT① 是项目决策团队，代表处/地区部/机关中的相应实体组织是资源部门。项目线拥有预算，资源线提供资源，项目组实现面向客户的契约化交付。在这样的运作管理体系之下，项目经营、预算管理、资源管理、项目型组织等都要发生改变，以支撑公司的管理运作逐步从以功能为中心向以项目为中心转变。（来源：关于"从以功能为中心向以项目为中心转变项目"专题汇报的纪要，常委会纪要［2015］020号）

从价值管理角度关注风险控制

关注并防范部分可能高风险客户的经营风险控制，如部分可能被兼并的运营商；继续加强内控、审计等流程、制度的建设，并落实到实处，防/反腐败；关注贸易保护可能带来的影响，加强本地制造的规划和落地。（来源：《2010年关键工作要求》，EMT决议［2010］007号）

终端发展的两个死结：一个是内部腐败，一个是库存，在库存上我不妥协。库存可能会构成最终的死亡，可能因为一次或两次库存企业就死掉了。我宁可要成长慢一些，也不要库存。而且随着产品越来越时装化，库存的风险越来越大。（任

① SDT，Sales Decision-Making Team，销售决策团队。

正非：《做事要霸气，做人要谦卑，要按消费品的规律，敢于追求最大的增长和胜利》——与终端骨干员工座谈纪要，总裁办电邮文号［2011］014号）

任何新商业模式的采用都可能给公司带来潜在的风险，对此应建立严格的控制机制。（来源：《关于2012年经营环境分析与关键经营策略的指导意见》，司发［2012］081号）

我们不仅要面对过去的历史来总结经验，还要面对今天的现实来确定明天的战略目标。华为公司这25年的发展，基本上踩对了鼓点。在世界经济整体大爬坡的时候，我们强调规模化增长，只要有规模，只要有合同，就有可能摊薄我们的固定成本，就一定有利润。当时如果卖高价，客户能买我们的吗？肯定不会。现在这种惯性思维在公司里还是很严重，大家抓订单、抓合同，不管是否是垃圾质量，只要能装到销售额里，就盲目做大做强。在前两年，如果没有我们加强合同质量管理和坚定不移地转变战略目标，坚持以利润为中心，那么今天我们可能不是坐在这里开会，而是让大家回家了。所以我们这几年制定措施，比如管理服务、终端产品只谈利润，不算销售额；我们在控制各项考核指标时，就是在转型，当然我们的预算转型不够，再过一段时间，还会发生一些变化。（任正非：《喜马拉雅山的水为什么不能流入亚马孙河》——在拉美及大T系统部、运营商BG工作会议上的讲话，总裁办电邮讲话［2014］044号）

金融危机可能即将到来，我们强调，一定要降低超长期库存和超长期欠款。（任正非：在质量与流程IT管理部员工座谈会上的讲话，总裁办电邮讲话［2016］094号）

7.2.3 财务不了解业务，怎么能有效地服务和监督

财务不是决策者，是建议提供者和业务监督者。不了解业务，怎么能有效地服务和监督？满足业务的合理需求，提供有价值的财经服务。能够识别业务的合理性与真实性，提供有效监控，协助业务主管成长。而不是人云亦云，道听途说。（任正非：与财经体系员工座谈纪要，总裁办电邮文号［2011］032号）

业务承担所有的风险责任，财务提供风险分析和揭示；业务不仅要对增长负责，也应对利润负责，更应对法律遵从负责。（任正非：与罗马尼亚账务共享中心座谈会纪要，总裁办电邮文号［2011］021号）

CFO不拥有合同否决权，仅拥有决策升级权。当CFO对合同条款或商业模式发表不同意见时，同级合同决策团队不得进行决策，应转由上级决策团队进行决策。（来源：关于提升合同质量汇报的纪要，EMT纪要［2011］012号）

我们的管理要坚持实事求是，操控业务数据造假要被问责。（来源：关于2017年机会点到订货汇报的纪要，EMT纪要［2016］021号）

7.2.4 监控就是要坚定不移地推行流程管理

现代管理体系就是一种不信任体系，否则就没必要流程化、认证化，加强监控，只是国际教科书上不这么叫而已。虽然是不信任制度，但操作过程中是与人为善的。世界的事物是防不胜防的，但不能因为防而使整个流程运行不起来。华为公司这种体系将使我们不断地进化。（任正非：与采购系统干部座谈纪要，2000）

财经类制度必须由财经管理部统一制定，地区部不能制定。如果地区部要做一些补充规定或说明，必须要经过财经管理部批准转发。（任正非：在听取审计部关于拉美、南非审计项目的汇报时讲话，2004）

财务必须规范地为业务提供快捷、准确、安全的服务，同时在对业务高效的服务流程中完成对业务的监督。规范化、标准化的管理是快速、准确、安全地为业务发展服务的基础。这是公司财务存在的唯一价值。（任正非：《把财经管理体系建成跟随公司业务快速变化的铜墙铁壁》——在欧洲地区部财经管理干部培训班上的讲话，2005）

公司的管理哲学，就是天上的“云”。管理哲学、战略诉求、行业环境等内在及外在因素，共同形成了牵引公司运营的“云”。云下的雨，流到沟里，保证执行的准确度。“云”总要下点雨，这些雨沿着“沟”流入大海，就完成了水的循环。“雨”就是公司的经营活动，有业务活动，也有财务活动；在“沟”的关键节点上，还有财务的监控活动，水要沿着沟流，还要保证速度和质量。（来源：财经流程建设向任正非汇报纪要，总裁办电邮文号［2013］091号）

账务监控就是要坚定不移地推行流程管理，坚持在流程中实行全面的监控，敢于揭露问题并推动改进。（任正非：与毛里求斯员工座谈会议纪要，总裁办电邮文号［2013］016号）

监管融于业务，控制基于流程，在业务中实现监管。最主要的监管还是在流程中。流程本身就是防线，完善了流程就已经建立了良好的防范系统。（来源：华为公司监管纲要，2015）

7.2.5 一切为了前线，一切为业务服务，一切为了胜利

管理体系建设的核心目标是提升一线组织的作战能力。我们要借鉴美军21世纪的作战思路：前方作战部队兵精将强，聚焦目标，追求成功；后方决策中心把握方向，制订战略，充分授权；各种能力中心责任清晰，对准作战，形成联合支持平台。这种体系就像眼镜蛇一样，头部灵活转动，寻找觅食或进攻对象，而发达的骨骼系统环环相扣，确保整个身体的行动能支撑随时发起的进攻。（来源：《持续变革，提升一线作战能力，保障公司有效增长》，总裁办电邮讲话［2014］020号）

“一切为了前线，一切为了业务服务，一切为了胜利”也许会成为变革时代的一个标志性口号。我们要在10年内实现大体系支撑下的精兵战略，逐步实行资源管理权与作战指挥权适当分离。指挥权要不断前移，让优秀将领不断走向前线，灵活机动地决策。以代表处为利润中心，对结果承担责任。指挥权、现场决策权首先前移至代表处。当然，监督权也要不断前移，子公司董事会经过几年的发展，通过立足一线，不断摸索，在内、外合规的管理上已经逐步成熟，效果开始显现，我们在个别国家可以开始对一线业务部门实施授权试点。要扩大合同在代表处审结

的内容与范围，这就是权力下放。流程要纵向、横向打通。要让听得见炮声的人能呼唤炮火，能呼唤到炮火，要努力提高合同质量，才能及时做出炮弹，每个项目应配项目 CFO，从合同策划到合同关闭，全程参与。（任正非：《决胜取决于坚如磐石的信念，信念来自专注》——在市场工作大会上的讲话，总裁办电邮讲话[2016]007 号）

一切作战主官，关注的是胜利，要把确定性的事权，分给职能部门；一切平台主官，眼睛应是盯着前线，驱使自己的部门，及时、准确提供服务与支持，你们的考核是你们服务事项的结果。前方打了败仗，你们也是败将。我们要善于在成功中找到失误，在失败中找到为什么，古人尚有退思园，我们自己难道就不能总结反思一下吗？失败中也有英雄，主官的失误不要掩埋将士的努力，他们中也有可歌可泣的。（任正非：《前进的路上不会铺满了鲜花》——在 2016 年市场年中会议上的讲话，总裁办电邮讲话[2016]079 号）

7.3 以规则的确定性应对结果的不确定性

7.3.1 有了过程规则，我们就不会混乱

为什么我们要搞 IFS，实际上我们要做一件事情，我们要以规则的确定性来对付结果的不确定性，我们对公司未来的发展实际上是不清楚的，我们不可能非常清楚公司未来能到哪一步，因为不是我们可以设计这个公司，是整个社会和环境同时来设计这个公司。所以我们不可能理想主义地来确定我们未来的结果是什么，但是我们可以确定一个过程的规则，有了过程的规则，我们就不会混乱，由规则的确定性来对付结果的不确定性，这就是我们引入 IFS 的原因。IFS 是不是一定要找到一

个最佳的形式？我没有本事去拿别人公司的东西来，拿来了也未必能综合。好好向一个明白的老师学不好吗？IBM的东西，也不是拿来就能用的。什么是业界最佳，我不知道最佳是什么，我认为这个世界就没有最佳，是“适合我们使用的东西就是最好的东西”。（任正非：与IFS项目组及财经体系员工座谈纪要，总裁办电邮文号［2009］004号）

我们一定要确定规则。如果用规则的确定性应对结果的不确定性，我认为速度一定会快的。以东京火车站为例，流量很大但运作速度很快，业务管理及监控都是最有效的。东京火车站是七层，五层地铁、二层新干线，每一层都是几十条线火车在跑，用滚梯和直升梯垂直连接起来，火车快速地在跑，但我从来没看到人监控，怎么不撞车呀？这已经说明了监控和业务是什么样的一个关系，“哗哗”在跑的火车，现代交通的高速、快捷，是业务与内控的典范。（任正非：与IFS项目组及财经体系员工座谈纪要，总裁办电邮文号［2009］004号）

7.3.2 骨干流程要以规则的确定性应对结果的不确定性，末端要给予一定的灵活性

我们在骨干流程上，要以规则的确定性来对付结果的不确定性。但是，在不同的流程，在不同的地段上，都有一定的收敛口，收敛口向上一定要标准化，不然后方看不懂。向下可以有灵活性，在末端，我认为是可以有一些灵活性的。末端就在作战部队，战场是千变万化的，一定要给一些弹性，否则就是机械教条的一些笑话。在变革中强调代表处所有的输出的接口，应该绝对是标准化的。但是代表处本身内部的运作可以有些不同和差异。在收敛之前，允许哪个地方有灵活机动，我认为是可以理解的，这个要根据我们的业务来。（任正非：与IFS项目组及财经体系员工座谈纪要，总裁办电邮文号［2009］004号）

我们应该有严格有序的规则、制度，同时这规则、制度是进取的。规则、制度的重要特性就是确定性，这是我们对市场规律和公司运作规律的认识，规律的变化

是缓慢的，所以，我们是以确定性来应对任何不确定性。（任正非：《变革的目的就是要多产粮食和增加土地肥力》——在2015年市场工作会议上的讲话，总裁办电邮讲话［2015］016号）

我们提出变革要用3~5年把LTC打通，支撑账实相符和“五个1”的实现，就是为了打好基础，支持加强对基层授权。子公司董事会是代表公司的监督系统，当他们有督战能力的时候，就可以把权力下放到前方的作战指挥中心。（任正非：在变革战略预备队誓师及颁奖典礼上的座谈纪要，总裁办电邮讲话［2015］047号）

我认为改革最主要的一点，在建立行政统一服务的规则，针对需求对象，厘清基本需求的标准，建立起以支持前方自主服务为中心的平台，实行基层自我循环管理，自我监督优化。基于代表处的小循环，部分公共产品可以在区域中循环或公司大循环，实行自我决策，自我监督。正确地利用外包机制，合理评价和监管外包资源，以补充能力不足。（任正非：与BCG顾问交流会谈纪要，总裁办电邮讲话［2015］039号）

华为公司未来的胜利保障，主要是三点要素：第一，要形成一个坚强、有力的领导集团，但这个核心集团要听得进批评；第二，要有严格、有序的制度和规则，这个制度与规则是进取的。什么叫规则？就是确定性，以确定性应对不确定性，用规则约束发展的边界；第三，要拥有一个庞大的、勤劳勇敢的奋斗群体，这个群体的特征是善于学习。（任正非：《遍地英雄下夕烟，六亿神州尽舜尧》，总裁办电邮讲话［2014］086号）

7.3.3 以规则的确定性对付执行的不确定性

我们请顾问来，重点是建立规则，建标准。行政平台建设的目的是方便支持与服务前方决策。以规则的确定性对付执行的不确定性。有清晰的规则，以及执行中有灵活度，事后监管。（任正非：与BCG顾问交流会谈纪要，总裁办电邮讲话［2015］039号）

合同经理主要是对付确定性，沿着流程，对效率、效益负责；合同场景师主要对付不确定性，减少风险，逐步将不确定性转化为确定性。（任正非：在合同场景师建设思路汇报上的讲话，总裁办电邮讲话［2015］071号）

目前我们在实际工作中，还存在着把一些确定性事务当作不确定性事务来管理的现象，这样导致讨论时间长、效率低，过多精力浪费在确定性事务上，无法把精力集中在不确定性事务上。（任正非：在合同场景师建设思路汇报上的讲话，总裁办电邮讲话［2015］071号）

7.4 在加大授权的同时有效实施监管

7.4.1 资金管理、账务管理、审计实行中央集权

将来所有业务都会授权，但是现金流管理、账务管理、审计管理仍然是中央集权的方式。消费者BG组建的时间很短，能发展到今天的规模，是真伟大。未来这些平台给你们提供很大贡献，但是也会有所牵制。终端必须要有利润，利润一定要有现金流。当然，消费者业务也一定要合理成长，不要背上利润目标后层层去施压，有压力就会有瞒产、有假话，要不就会拿绳子勒着客户脖子要钱。我们应实事求是，做不出那么多利润来就减人，把成本降下来，减下来的人员可以调整到战略预备队，充电以后再上战场，以此科学发展。（任正非：在消费者BG年度大会上的讲话，总裁办电邮讲话［2017］024号）

公司中央集权的三条监督线（即资金管理权、账务管理权、审计权），这三条监督线直接穿透各层各级，在各层各级实现透明。子公司董事会以子公司为维度，构建集成的合规监督平台，风险识别与风险管理要融入业务中。比如，我们对市场需求的理解不能片面化，市场需求一定与客户支付能力相关。公共关系要

有政治敏感性，对于商业环境恶化的地区，及时做出正确的综合评价，并输送到市场经营方针中。现在我们的产品、管理没有拉开竞争力，商业定位也没有拉开竞争力，该赢利的国家没有跟上步伐，高风险地区反而投入过多。对于考核，财务报表的合法性和经营考核报表的合理性要分开，真正实现代表处为利润中心。（任正非：在公司监督与管控体系延伸建设思考汇报会上的讲话，总裁办电邮讲话［2017］041号）

7.4.2 指挥权要放在前线，赋予前方指挥官最后决策权

华为的治理模式不是以个人为中心，而是以团队为中心。综合授权要围绕业务环境，授予跨部门委员会或部门团队，以实现集体决策和协同执行，并共同承担责任。现阶段而言，综合授权难以准确落到岗位角色个人，且针对角色的综合授权将使组织面临个人决策的片面及风险，并可能引发不同角色间的矛盾与内耗。（来源：关于IBM授权实践及华为改进方向汇报的纪要，EMT纪要［2008］004号）

我们公司将以毛利、现金流，对基层作战单元授权，在授权范围内，甚至不需要代表处批准就可以执行。军队是消灭敌人，我们就是获取利润。铁三角对准的是客户，目的是利润。铁三角的目的是实现利润，否则所有这些管理活动是没有主心骨、没有灵魂的。（任正非：《谁来呼唤炮火，如何及时提供炮火支援》，总裁办电邮文号［2009］001号）

沿着流程授权、行权、监管，来实现权力的下放，以摆脱中央集权的效率低下、机构臃肿，实现客户需求驱动的流程化组织建设目标。（任正非：《谁来呼唤炮火，如何及时提供炮火支援》，总裁办电邮文号［2009］001号）

任务式指挥需要组织整体的改变，不是班长一个人的战争，而是需要在责任、权力、组织、资源、能力、流程和信息系统等多个组织管理要素上的支撑。在责任分工方面，将战术指挥重心下沉一线，高层和机关聚焦战略制定、方向把握及资源调配；在权力授予方面，行政管理和作战指挥权力分离，基于清晰的授权规则和

下属的任务准备度进行合理授权；在组织配置方面，根据作战需要，模块化地剪裁和调整一线组织；在资源布局方面，战术资源贴近一线作战部队，战略资源集中布局，快速有效响应；在能力建设方面，以战略要求为主线，开展综合性能力建设；在流程运作方面，作战流程是面对复杂多变、不确定的环境，聚焦作战能力的实现，行政管理流程则严谨全面。在信息系统支撑上，通过构建互通的信息环境，使各级指挥官在任何时间 / 地点获取到完成任务需要的信息，对作战环境形成共同的理解。（任正非：在“班长的战争”对华为的启示和挑战汇报会上的讲话，总裁办电邮讲话［2014］078 号）

中国“人之初，性本善”的理论，导致中国缺少放权、监管的理论基础。西方的观念是要把所有的人在制度上都管住，缺点就是太规范，一直规范到最基层。要放松基层的决策流程，避免西方的僵化错误。那么如何放开？在哪个节点要收敛回来？在那个节点下，一线可以自己指挥，但节点上的上报一定是标准化的。我认为要放松战斗的决定权、管理战果的处置权。（来源：关于“严格、有序、简化的认真管理是实现超越的关键”的座谈纪要，总裁办电邮讲话［2014］028 号）

在组织改革中，最后指挥权和决策权的授权要清晰。我同意有多种决策权，我讲的是最后决策权。以销售额为中心，是 BG 的责任；以利润为中心，是区域的责任。我认为战争决策权应该授权给区域；BG 更多关注资源建设、战略建设、参加作战，为了促进销售额，要想办法让前线指挥官接受它的观点。除了消费者业务我可能同意 BG 有决策权，其他业务必须是区域有决策权。（任正非：在“班长的战争”对华为的启示和挑战汇报会上的讲话，总裁办电邮讲话［2014］078 号）

第一点，赋予前方指挥官最后决策权，不能让 BG 和战略预备队把前方指挥官架空，如果你们认为前方指挥官能力不够，可以调换、重新任命，但是指挥权还是要放在前线。第二点，我提出将操作的决策权下放给子公司董事会。以前是机关审批，机关是审批不过来的，那么机关有什么决策权呢？解决方案的决策权，就是怎么解决这个问题的解决方案，专家有这个决策权，但具体操作时应该要前线决策。前线的决策监督，有子公司董事会在前线。（任正非：在“班长的战争”对华为的启

示和挑战汇报会上的讲话，总裁办电邮讲话［2014］078号）

7.4.3 权力前移，监管也要前移

机关要精简，流程要简单。我们要减少总部的垂直指挥和遥控，要把指挥所放到前线去，把计划、预算、核算放到前线去，就是把管理授权到前线去，把销售决策权力放到前线去，前线应有更多的战术机动，可以灵活地面对现实情况变化。后方要加强按计划预算进行服务，用核算监控授权。权力是受约束的，这样才能既授权又约束，指挥权才能下放到一线，而总部也放心。（任正非：在英国代表处的讲话纪要，总裁办电邮文号［2007］027号）

公司要加快建立垂直向下、独立于当地的监控体系，可在子公司董事会增加独立董事或监事作为监控人员，可以引入外籍人士。完善子公司治理结构，在授权的同时强化配套的监控机制。（来源：《关于海外子公司总经理、董事设置相关事宜的决议》，EMT决议［2008］004号）

各业务的一把手是监控的负责人。所以首先要明确，自检、内控检查与评估、授权体系建设这三项工作的责任人就是流程负责人，监控管理部不能越俎代庖，不要搞成业务负责人不在乎，监控人员很积极，这样解决不了问题。只不过目前做得不够规范，监控部要帮助去规范，把监控责任落实到流程负责人，并通过对业务的内控检查与评估，促使业务负责人对其管辖的地盘负责任。监控管理部有考核的权力，参与对干部的评价，必要时，可以弹劾。（任正非：对区域监控工作的讲话纪要，2007）

由集权管理向充分授权、分权制衡转型的过程中，开展有效审计、监控体系的建设是非常必要的。（任正非：《以客户为中心，以奋斗者为本，长期坚持艰苦奋斗是我们胜利之本》，总裁办电邮文号［2010］002号）

监控与效率存在天然的矛盾，我们可以快速通过，并辅助事后回溯，也可以事前控制，说清楚问明白再让业务通过，这取决于我们对风险的判断与把握。（任正

非：与罗马尼亚账务共享中心座谈会纪要，总裁办电邮文号［2011］021 号）

我们还要进一步地让贴近客户的团队更有权力，只有这种灵活机动的战略战术，才有利于提高客户满意度，有利于成功，有利于干部成长，有利于效益的增加。当我们权力前移，当然监管也要前移。（任正非：《要培养一支能打仗、打胜仗的队伍》，总裁办电邮文号［2013］093 号）

权力的自我监督融合在业务流程中，稽查实施过程监督。保持权力行使的有力、可靠。（任正非：《要培养一支能打仗、打胜仗的队伍》，总裁办电邮文号［2013］093 号）

业务主管要真正承担起教育、内控的管理责任。磨不开面子的主管要转入业务操作岗位。做好员工教育，包括本地主管做好本地员工教育；落实"干部三管"，做好典型高风险岗位权责适配；落实终端、交付、销售、企业业务等关键内控，有效提升内控成熟度。（任正非：在大规模消灭腐败进展汇报上的讲话，总裁办电邮讲话［2014］010 号）

7.4.4 监管是手段，商业成功才是目的

实行利润考核，代表处干部要会管理、懂财务和经营，持续改进内部管理，降低运作成本，在系统部、代表处形成"业务为指导，财务为监督"的管理模式。围绕全面利润考核与精细化管理，财务的报告要实事求是，既不要悲观，也不要乐观。财务要对业务形成支撑。（任正非：在 BT 系统部、英国代表处汇报会上的讲话，总裁办电邮文号［2007］015 号）

逐步落实总部从管控中心向支持、服务、监控中心的转移。建立以前端对后端的牵引能力。制订从中央集中管控到具体作战权力授予基层作战组织的转变计划并执行，保证指挥所建到听到炮声的地方。成功帮助各级组织转变为合适的利润中心。（来源：《关于 2007—2009 年 EMT 优先重点工作及其管理办法的决议》，EMT 决议［2007］012 号）

关于“第一责任人”的问题，我们的态度是：继续把权力下放给各级行政首长。各级行政首长的主要职责是什么？第一，创造价值。第二，有效监管。权力已经下放给你了，你就要帮我管住这块地，你任其腐败发生不管那就不合格，就不能担任主管了。如果你作为一把手监控得很严明，大家一起把奖金挣回来好好分，干部也成长了，队伍也带好了。因此，作为行政主管，不能作为监控一把手的人，就不能把权力下放给他，换个人就是了。（任正非：与华为大学第10期干部高级管理研讨班学员座谈纪要，总裁办电邮文号［2011］031号）

加强对一线授权，有利于抓住机会；加强机关以服务、支持、监管为主，更好地支持一线，服务客户，控制风险。（任正非：《聚焦战略，简化管理》，总裁办电邮文号［2012］041号）

内控要上前线，深入业务中去，跟随服务，在炮火中前进，实现快速运作流程与合理监管。工程稽查当前担负着打击大面积腐败的责任，内控应跟上去，建立合理的制度与方法，实现科学监管，监管的目的是要让业务更好地跑起来。监管是手段，商业成功才是目的。（任正非：与财经体系干部座谈纪要，总裁办电邮文号［2012］029号）

信任不等于不要监督，监督也不等于不信任。（任正非：《要培养一支能打仗、打胜仗的队伍》，总裁办电邮文号［2013］093号）

建设监控与问责体系的根本目的是为了防腐败和促经营，支撑业务有效运作，商业成功才是目的。（来源：关于建设监控和问责体系charter① 汇报的纪要，EMT纪要［2014］023号）

作为监控体系应该很清楚，公司这么多年来一直是在发展中解决问题，而不是停下来把问题解决后再发展，如果是那样的话，那华为公司早就止步不前了。所以我们还是强调在发展中解决问题，不能因为有腐败而不发展，也不能因为发展而不反腐。公司建立监管体系，目的就是为了公司的长远发展。（任正非：《坚持治病救人，让所有队伍放下历史包袱，轻装上阵》，总裁办电邮讲话［2015］064号）

---

① charter，章程。

7.5 紧紧围绕价值创造简化组织和流程

7.5.1 一定要大道至简，使例行管理标准化简单化

要保证华为公司长治久安，就要进行程序化作业。国外公司每付一笔款程序都很科学，为什么不学习？当这种标准化作业得到很好运行时，财务系统就将成为开放的系统，你们就会得到更多的自由而不是更多的制约。（任正非：在财务系统领导干部会议上的讲话，1995）

管理变革要瞄准“提升效率、多打粮食”的关键目标，实现流程贯通，支持管理简化并落地。15 万人团结一心，价值体系基本正确，管理优化、简化，那么我们的战斗力就会极强。相信 5 年后，我们能赶上爱立信今天的管理水平。实现的基础是什么？首先要把管理变革落地，才能调动起来。（任正非：在小国综合管理变革汇报会上的讲话，总裁办电邮讲话 [2014] 062 号）

建立标准化、简单化的共享中心。IT 如何支持战略指挥授权系统，如何落实流程责任制？不能说点了按钮，命令就下达了，谁监管、谁统计、谁测试？共享中心变革的目的是要标准化、简单化，让大家使用方便。流程 IT 部门人员的思想要去掉创新观念，不要把流程设计得弯来弯去。改革的目的是为了多产粮食及增加土地肥力，凡是不适合这两者的改革，都是多余的环节，要砍掉。（任正非：《依托欧美先进软件包构建高质量的 IT 系统》——在质量与流程 IT 管理部工作汇报会上的讲话，总裁办电邮讲话 [2015] 010 号）

让听得到炮声的人来呼唤炮火，一定要大道至简，一定要分层分级授权，使管理标准化、简单化。一定要减少会议、简化考核、减少考试，不能用学生式的管理方式进行管理，更不能按考试得分影响薪酬。主要精力要集中在产粮食上，按贡献评价人。（任正非：《变革的目的就是要多产粮食和增加土地肥力》，总裁办电邮讲话 [2015] 016 号）

在一些稳定的流程中，要逐步标准化、简单化，提高及时服务的能力，降低期间成本和管理成本。将一些不确定出现的问题，转交由不管部门处理。（任正非：《变革的目的就是要多产粮食和增加土地肥力》——在2015年市场工作会议上的讲话，总裁办电邮讲话［2015］016号）

战略预备队训战结合要场景化，强调实践。变革项目组与华为大学要结合起来，实现金种子循环发酵。一定要归纳出来几种场景类型、模板和案例，代表处选择哪一种场景去推广，那就给它提供全套标准化的方法。战略预备队培养也是按照不同场景来做，不要着急去培养懂全场景的人，懂一种场景的人以后懂别的场景是很容易的。（任正非：在变革战略预备队及进展汇报座谈上的讲话，总裁办电邮讲话［2015］026号）

管理要标准化、简单化，提高效率。第一，流程责任制的主体应该及时、准确地提供服务。按标准化、简单化审查相关事项，快速通过。不能过度监控。我们经常对终端讲"标准化、简单化、生命周期内免维护化"，像"印钞票"一样生产终端产品。管理也同样要做到"标准化、简单化"，指令清晰化。就像高铁的运行。第二，为什么要设这么多关卡审查呢？公司要提高效率。机关要为前方服务，要减少证明"你妈是你妈"的问题。而且你看高铁，哪次是由铁道部部长亲自去扳道岔？没有。所以对于账务体系，就是提供一个标准筛子，把绝大多数"沙子"都筛过去。只剩两个沙子过不去，上报到有关部门，灵活研究处理措施。现在公司的信息流还跑不过物流，说明内部阻碍很多。如果这个干部没有能力，就要赶快撤换一个有能力执行的干部上来，这就是流程责任制。（任正非：在监控重装旅座谈会上的讲话，总裁办电邮讲话［2015］060号）

如果我们标准化的产品（先从盒子开始）全球统一是一个价格。通关、工程、交付等的不确定性，由代表处负责。陆、海运输费用按流量分摊。简化了考核的环节，也使远方市场得到帮助。省了很多中间环节。现在我们同一件设备成百上千种价格，承载了运费、通关费加了一大堆，复杂到国家代表处都做不了，还要回机关做。我们还是要简化，不只是前方要减少人，后方的平台也要简化管理。（任正非：

在 2016 年 1 月 25 日 EMT 办公会议上的讲话，总裁办电邮讲话［2016］054 号）

我们的业务越来越大，覆盖的地域越来越广，尽管我们建立了制度和流程，但我们监管难以无缝，还是要靠干部、员工的自律，这样才能降低管理成本，以及大量发现和选拔培养干部。优秀干部的创造，一方面要创造价值，另一方面通过管理、治理、内控等来控制住问题的产生。越是制度化、流程化，越是需要各执守人的自觉，这就是西方的法治加宗教。公司建立了制度，还要自觉遵守，否则建立层层城墙去挡住，成本多高啊！（任正非：在 2017 年市场工作大会上的讲话，总裁办电邮讲话［2017］007 号）

呈现给一线的能力也是一样。后方各个专业模块做好能力的供应，能力要专业化、颗粒度小、可编排、可调用，把能力编排和调用的能力给一线。就像“好医生”平台一样，后方能力供应部门的考核标准就是让大家多用，像流量一样。能力使用调用流量不大的部门也许是资源需求不那么迫切的部门，把流量大的部门先增强；其次就是看单位流量，根据每个人担负的流量大小来确定晋升。如果能力没有人用，那就减编制。（任正非：在“运营商三朵云 2.0”阶段进展汇报会上的讲话，总裁办电邮讲话［2017］018 号）

你们想打通，要透明化，要从源头开始，源头不准确，后面的东西都不可能准确。产品的引入就要有标准控制。要把可制造、易交付、免维护或少维护融入产品开发的源头中去。输入的产品怎么集约化。产品验收模板就是一个筛子，研发得自己钻这个筛子，钻不过这个筛子的东西就不准投产，这样就倒逼研发改进。研发人员一开始就要研究如何钻这个筛子，钻你这个模板，他就得标准化，如果他认为有冲突，可以和你一起讨论，循环改进。（任正非：《我们的目的是实现高质量》——在松山湖工厂考察时的讲话，总裁办电邮讲话［2017］036 号）

7.5.2 不能为客户创造价值的部门为多余部门，流程为多余流程

各级干部精力要聚焦在价值创造上，要把精力集中在业务进步上，不断提高业

务水平，改善服务质量，降低运作成本，简化流程，优化组织，合理精减人员，以此来增强竞争力和改善普遍客户关系。（任正非：在新盛大厦对彭中阳[①]的谈话纪要，2012）

变革的目的就是要多产粮食（销售收入、利润、优质交付、提升效率、账实相符、“五个1”等），以及增加土地肥力（战略贡献、客户满意、有效管理风险），不能对这两个目的直接或间接做出贡献的流程制度都要逐步简化。这样才可能在以客户为中心的奋斗目标下，持续保持竞争的优势。（任正非：《变革的目的就是要多产粮食和增加土地肥力》，总裁办电邮讲话［2015］016号）

我们要接受“瓦萨”号战舰沉没的教训。战舰的目的就是为了作战，任何装饰都是多余的。我们在变革中，要避免画蛇添足，使流程烦琐。变革的目的要始终围绕为客户创造价值，不能为客户直接和间接创造价值的部门为多余部门，流程为多余的流程，人为多余的人。我们要紧紧围绕价值创造，来简化我们的组织与流程。（任正非：《变革的目的就是要多产粮食和增加土地肥力》，总裁办电邮讲话［2015］016号）

区域管理部要组织内部学习《变革的目的就是要多产粮食和增加土地肥力》，干部要输出感想，直接写清楚自己部门存在的问题及整改计划，不要写多余的话。不产粮食、不增加战略肥力的流程就是多余的流程，要砍掉。我们有些地方的信息流都跑不过物流，就说明内部关卡太多，机关太大。所以我们缩减行政岗位的数量，增加专家数量。机关干部找不到事干，就调到战略预备队，去上战场锻炼。机关干部一定要有基层实践经验，一定要担任过项目经理。我们的组织逐步成熟，一定要去掉重复性流程和劳动，减少没有价值性的工作，简化流程。这几年下去做项目管理的一大批干部，做得好的要被破格提拔的有几百名。做出干部进步的榜样。（来源：《区域差异化考核进展汇报》会议纪要，总裁办电邮讲话［2015］050号）

过去华为变革没有目标，把管理搞得太复杂，增设了很多弯儿，增加了几万

① 彭中阳，华为公司监事会监事，中国地区部总裁。——编者注

人。慢慢收敛、慢慢精简。现在我们瞄准了目标，最终目的是为了多产粮食，不能多产粮食就没有意义。不能多产粮食的流程是多余的流程，不能多产粮食的部门是多余的部门，不能多产粮食的人是多余的人，我们围绕这个原则来简化管理。当然，增加土壤肥力的战略投入也是多产粮食。我们真正去执行，漏洞就减少了，流程的运行速度和人员的精减速度应该是加快了。所以，我们不能过度强调风险，设置过多的风险点。曾经有个办事处，为了一个10元钱的事情开了好几次的会，开会的成本有多高？（任正非：在监控重装旅座谈会上的讲话，总裁办电邮讲话［2015］060号）

总裁办电邮文件转载《美军还能打仗吗？》时，我写了一句按语："军人的责任是胜利，牺牲只是一种精神。"所以不是说你吃了苦就能当将军，一定要做出贡献。学习也要有针对性，即使你说自己满腹学问，如果不能产粮食，有什么用？不能产粮食的流程是多余流程，不能产粮食的组织是多余组织，不能产粮食的人是多余人，要减掉。（任正非：《将军是打出来的》——在2015年项目管理论坛上的讲话，总裁办电邮讲话［2015］118号）

变革和IT也要聚焦，减少变革项目数量，IT不能遍地开花。每增加一段流程，要减少两段流程；每增加一个评审点，要减少两个评审点。流程是为作战服务，是为多产粮食服务。使用量少的流程是不是多余流程？当带宽不断减少时，可能会有人投诉，你们就去访谈，看看这个需求有无可能合并在其他流程中。当然，不能简单直接地减掉一个流程，因为可能会产生断裂带，引发矛盾冲突，就不会成功。（任正非：在质量与流程IT管理部员工座谈会上的讲话，总裁办电邮讲话［2016］094号）

第八章

面向端到端业务流程的财经管理

“以业务为主导，以会计为监督”的方针立足于财经服务业务创造价值，将监控融于流程。IFS（集成的财经服务）变革第一阶段的目标，“准确确认收入，加速现金流入，项目损益可见，经营风险可控”，就是对准公司价值创造端到端业务流程的薄弱环节制定的。主业务流的流程化组织与管理系统的建设和持续改进，是华为公司的长期任务。

OTC（机会点到回款）流程，是华为与客户做生意的主业务流程，承载着公司主要的物流、资金流和营运资产。对于OTC主流程来说，首先，要从源头上提高合同质量，控制合同风险。其次，要以开票为统领，从结果端向前端梳理和理顺主业务流的活动及工作要求。再次，要抓住“通”这个主要矛盾，围绕全流程打通客户PO（采购订单），并对相关领域的业务流程进行集成变革。

IPD（集成产品开发）流程是面向市场创新的主流程。财经在这个主流程中的管理宗旨，是把产品开发当作一项投资来进行管理，抓住从机会点到变现这个本质，积极参与到IPD的跨部门决策团队和流程的DCP（关键控制点）决策评审以及产品组合管理中，运用计划、预算、核算的方法，使开发过程可视，支持产品开发的商业成功。

PTP（采购到付款）流程，对标IBM的采购流程，建立完善的采购职责分离矩阵及评估机制；按照“发票接收与处理”“发票匹配”“重复付款检查”“支付”等设置支付安全关键控制点；逐步推行按项目驱动采购，以使采购成本核算到项目，落实项目的经营责任。同时，实现采购流程与财经流程的集成。

“云、雨、沟”是华为公司管理变革思路的形象描述。“云”是公司的管理哲学，“雨”是公司的经营活动，“沟”是对标西方公司最佳实践，通过系统性变革建立的流程和规则。“云”一定要下成“雨”才有用，“雨”一定要流到“沟”里才能发电。若没有“沟”，“雨”到处泛滥，能量也就发散掉了。

本章将就华为三个主要的端到端流程，阐述财经管理如何融入业务流程，在服务业务的同时实现有效监管。

8.1 从机会点到回款（OTC）业务流的财经管理

8.1.1 OTC 业务流的关键控制点

针对 OTC 主业务流的流程化组织和管理系统建设，是华为长期的任务

“投标，合同签订，交付，开票，回款”是贯穿公司运作的主业务流，承载着公司主要的物流和资金流。针对这个主业务流的流程化组织建设和管理系统的建设，是我们长期的任务。由于我们是从小公司走来的，相比业界西方公司我们一直处于较低水平，运作与交付上的交叉、不衔接、重复低效、全流程不顺畅现象还较为严重。DSO、ITO 较业界同行还有较大差距，库存和资金周转和 E2E 的成本有很大的改进空间，是公司运作上“深淘滩、低作堰”的主战场，另一个业务流 IPD 是设计中构筑成本优势的主战场。（任正非：《深淘滩，低作堰》——在运作与交付体系奋斗表彰大会上的讲话，总裁办电邮文号［2009］009 号）

净现金流入是公司存活的命脉

一个人在沙漠里走，没有水和粮食，最后肯定被太阳晒死了。公司能否稳定首先要看是否有粮食，冬天来了，华为首先要准备好“棉衣”。棉衣是什么？对内而言是现金流，对外是市场规模和容量。（任正非：《公司的发展重心要放在满足客户当前的需求上》——在与光网络骨干员工交流会上的讲话，2002）

充足的现金流是我们公司生存下来的唯一可能。我们公司最大的风险就是现金流，不会是其他。（任正非：《加强货款回收，改善现金流》——在EMT办公例会上的讲话，总裁办电邮文号［2006］007号）

净现金流是公司存活的命脉，要逐步加强对净现金流的考核。现阶段要根据各代表处的现实净现金流情况，测算合理的考核权重；要避免考核过于激进而达不到激励或鞭策的效果。（来源：关于一线BU考核与激励方案汇报的纪要，EMT纪要［2009］006号）

汇困国家能多汇出去钱，业务就可以多做一些。汇困国家销售要实事求是。什么叫真实需求？有支付能力才叫真实需求。汇困国家最难的就是搞到钱，搞到钱后，东西不愁卖，还可以涨价。（来源：阿尔及利亚代表处业务汇报会议纪要，总裁办电邮讲话［2014］070号）

对汇困国家，我的态度是量出为入。你能汇出多少外汇，那我就做多少合同。合同适当稍微多一点，多10%、20%是可以理解的。对付这场金融危机，唯一的措施是每个点都提高效率和盈利去做，那这个金融危机就跟我没关系。这场金融危机还没有结束，还会很长远。（任正非：与巴西代表处及巴供中心座谈纪要，总裁办电邮讲话［2014］050号）

根据合同条款和交付履行状况准确确认收入

在2009年实施收入按初验报告确认收入，使收入确认和现金流入能够适度匹配。同时，收入确认不能以简单的文档来确认收入，要与交付的真实状态挂钩，反映业务真实状况，项目财务要承担起这个职责。（来源：《围绕客户PO打通，支撑“回款、收入、项目预核算”》——IFS项目向任正非专题汇报纪要，总裁办电邮文号［2009］002号）

收入确认方式不能一刀切，业务部门是收入确认的Owner（责任人），要向财务部门及时提供支撑收入确认的关键信息，账务部门要认真复核，根据合同中所签订的具体条款来确定收入实现的方法和时点。（来源：《围绕客户PO打通，支撑“回款、收入、项目预核算”》——IFS项目向任正非专题汇报纪要，总裁办电邮文号［2009］002号）

建立开票连锁责任制，交付的目的是为了回款

要加强开票与回款的铁三角建设，销售融资、回款经理向前要与合同负责人手拉手，向后要与交付负责人手拉手，这就是一个稳定的三角形。我们一定要实行开票连锁责任制度，铁三角共同承担开票责任，他们其实就是一个开票组织。（来源：《围绕客户PO打通，支撑“回款、收入、项目预核算”》——IFS项目向任正非专题汇报纪要，总裁办电邮文号［2009］002号）

我们要逐渐实现按“形象进度”交付，按“形象进度”回款。形象进度就是交付里程碑，房子虽未修好，但地基修完了，这就是形象进度，地基钱要先收回来。（来源：《围绕客户PO打通，支撑“回款、收入、项目预核算”》——IFS项目向任正非专题汇报纪要，总裁办电邮文号［2009］002号）

要建立与客户的确认与沟通的例行机制，即按交付里程碑进行回款，提高开票的准确性与有效性。账务体系保留对发票的内控职责。（来源：《围绕客户PO打通，支撑“回款、收入、项目预核算”》——IFS项目向任正非专题汇报纪要，总裁办电邮文号［2009］002号）

对开票、未开票的应收账款要进行体系化的管理。明确应收账款争议管理的责任矩阵，确定争议管理的责任人，这个责任人就是代表处销售副代表、地区部销售副总裁。（来源：《围绕客户PO打通，支撑“回款、收入、项目预核算”》——IFS项目向任正非专题汇报纪要，总裁办电邮文号［2009］002号）

信用管理的目的是促进销售的健康增长、有效增长，将资源配置到更有价值的项目上。信用管理的职责是揭示风险，由销售组织按授权层级进行决策。（来源：《围绕客户PO打通，支撑“回款、收入、项目预核算”》——IFS项目向任正非专题汇报纪要，总裁办电邮文号［2009］002号）

销售体系要将完整、正确的合同信息向下游环节传递

我们只有两个阶段：合同获取阶段、合同交付阶段，贯穿其中的魂就是执行的成本，以及最后的利润。合同的核心条款（交付条款、付款条款等）极有价值，销售体系要将完整、正确的合同信息向下游环节传递。（来源：《围绕客户PO打通，支撑"回款、收入、项目预核算"》——IFS项目向任正非专题汇报纪要，总裁办电邮文号［2009］002号）

合同更改是销售过程中不可避免的。合同变更的关键不在于"变更"本身，而在于确保将变更信息准确地传递给合同管理和交付履行组织。（来源：《围绕客户PO打通，支撑"回款、收入、项目预核算"》——IFS项目向任正非专题汇报纪要，总裁办电邮文号［2009］002号）

加强交付的端到端全流程管理

要逐步实现工程交付计划与生产发货计划的集成，按站点发货，以及以站点为中心管理交付、验收和回款等。按站点发货与管理是提高运营资产管理效率的主要途径，也可以实现快速、低成本的交付。（来源：《关于各级干部应加强运营资产管理以及实现按站点发货的决定》，EMT决议［2007］040号）

加强交付的端到端全流程管理。目前的合同执行，从最前端的项目投标到最后的回款，各功能部门是"铁路警察，分段管理"，但在此基础上，必须要有一个角色或小组，进行端到端全流程的监控和协调，并对最终结果负责。IPD管理体系是IPD流程端到端贯通的重要保障，下一步对交付端到端负责的组织支撑和运作机制要建立起来。从合同质量、站点及时齐套发货、工程交付、验收管理等多个环节，改进存货和验收周期。改进目标要客观可操作，实事求是。（来源：《关于交付、运营资产管理、队伍建设等方面的指导意见》，EMT纪要［2008］013号）

要端到端拉通进行成本管理，避免没有全局和全貌的成本管理模式，各产品线应立足于成本委员会的运作，拉通制造、物流、工程交付、维护和研发以及行销等环节的综合成本管理，最终应反映和体现在产品包需求上，从设计和研发阶段就构建全流程成本竞争力，避免按下葫芦浮起瓢以及无用功。（来源：关于2009年年中

公司经营审视汇报的纪要，EMT 纪要［2009］038 号）

供应变革要端到端实现，各个环节都要做到最好。第一，研发要做到最好。不是指研发心中感觉最好，而是让客户感知最好。第二，制造要做到最好。华为研发做到行业领先了，制造也要达到同样的水平。第三，一定要有正确的发货。我们要正确做好合同、正确提供交付，包括供应链环节及合同获取的整个过程。第四，服务要做到最好。我们赚了客户的钱，无论多辛苦，也要把客户的事情做好，客户是永远存在的，让客户满意，我们才有明天。（任正非：《第一次就把事情做对》——在全球仓库大会上的讲话，总裁办电邮讲话［2014］060 号）

8.1.2 从源头上控制住合同质量

要提高合同质量，压缩合同风险，逐步使我们从农民的广种薄收，转向有效益的扩张。公司将逐步加紧合同风险的评估与控制，逐步提高合同质量。我们要聚焦目标营运商，加大对融资、货款回收的标准化作业的规范管理。（任正非：与市场融资小组的座谈纪要，2005）

公司将逐步加紧合同风险的评估与控制，逐步提高合同质量。我们要聚焦目标营运商，加大对融资、货款回收的标准化作业的规范管理。资金管理部要多贴近资源，市场财经部要多贴近客户。而市场财经部不管在西西里登陆，还是打淮海大战，都要学会理解客户需求，引导正确融资，规避重大风险，促成项目成功。市场财经的作战方式千变万化，艰难困苦，前方将士要有运筹帷幄的能力。（任正非：与市场融资小组的座谈纪要，2005）

好的合同条款是实现高质量交付和赢利的基础，在合同谈判中要敢于坚持我们的原则立场，把好合同条款关，不能无原则地退让。（来源：《关于交付、运营资产管理、队伍建设等方面的指导意见》，EMT 纪要［2008］013 号）

公司不赞成冲刺，冲刺的结果是既牺牲了合同质量，也透支了未来。财务分析应对公司的经营管理有负反馈而不能仅仅是正反馈，真实反映公司的经营情况，财务要对市场冲刺效应形成制约和制衡。财经体系要持续加强对业务数据的稽核力度，确保财务数据真实、正确地反映公司经营状况。（来源：关于2011年上半年公司经营审视汇报的纪要，EMT纪要［2011］011号）

交易质量不等同于合同质量，合同质量不等同于合同条款。公司的最终目标是提升交易质量从而实现公司的经营结果，而不是简单地提高合同条款质量。搬砖头的时候不能忘了在修教堂。合同是运做出来的，不是评出来的。提升合同质量的关键是要在前期项目运作和客户关系上下功夫，不能只盯着合同条款，更不能单纯地商务让利和无限承诺。（来源：关于提升合同质量汇报的纪要，EMT纪要［2011］012号）

我们合同条款的随意性太大，这种合同条款的随意性，对我们公司来说风险非常大。我们现在前方任何一个人在合同上签字就生效的方法要改进。要建立公司统一的交易管理中心，不能谁都有权签合同，要建立合同与签约的批准机制，合同要由授权人按要求进行签署，所有面向客户的“契约化文件”要统一出口，契约化文件包括但不限于标书、报价、澄清函、合同、附件及按当地法律会被作为合同构成部分的胶片、邮件等。（任正非：在EMT办公例会上的讲话，2012）

公司必须建立端到端提高合同质量的理念、管理体系和配套考核制度。提高合同质量必须落实到考核激励机制上。公司的考核要更多地与销售收入、利润及现金流挂钩；公司的激励机制要让那些合同质量好的经营单位得到更多的奖金，让合同质量差的经营单位承担一部分损失。（来源：《关于2012年经营环境分析与关键经营策略的指导意见》，司发［2012］081号）

客户需求的本质是希望得到技术先进、质量好、价格低的产品和服务；我们渴望市场成功、有盈利，我们也要适应面对日益升高的优秀员工的待遇要求，以及为了追逐新技术潮流必须增加的投资而产生的矛盾。因此在价格、合同商务条款上的博弈，不能算不谦虚。（任正非：《做谦虚的领导者》——在2014年市场大会上的讲话，总裁办电邮讲话［2014］014号）

从客户端，来到客户端，就是端到端。对我们公司来说，现在直接从客户端到客户端，不现实，有困难。所以公司把端到端收缩到从公司到代表处端，从代表处到站点端。一定要从客户端合同的质量和准确地理解客户需求开始。所以在理解客户需求的时候，一定要提高自己的理解技能，提高自己执行的水平，确保源头的准确性。华为公司走到今天，大家闷头想想自己浪费了多少钱，不管“五个1”工程，也不管账实相符工程多么重要，最重要的是源头进来的信息能否准确反映的客户需求。第一点，我们对合同的场景还不是很清晰，要逐渐将不同的合同场景标准化，这样效率就会提高。第二点，合同的概算要胸有成竹。这是我们客户系统的两个弱项，所以我们在交付界面就把交付控制在工程交付，但是并不等于我们就是一个目标点。（任正非：在秘鲁代表处座谈会上的讲话，总裁办电邮讲话［2014］040号）

我们过去重销售，现在要转变到代表处的全面建设，每个代表处的效益增长，一定要坚定不移地建立在高质量合同的基础上。我们的合同必须要有二次审批，第一次合同签订叫作配置、价格条款确认，第二次合同审批是审批合同承诺条款。区域管理部要做一个指引：合同会审，确定哪些条款不能省掉。巴林银行是怎么垮掉的？就是授权体系不清晰。第二次合同会审，首先要审可销售清单，所有销售产品是否在已授权可销售清单上，不在清单里的就不能承诺；其次，要审核合同条款中是否有起止年限、延期付款是否有滞纳金和利息，是否遵从法律了。（任正非：《前进的路上不会铺满了鲜花》——在2016年市场年中会议上的讲话，总裁办电邮讲话［2016］079号）

销售需要针对很多具体场景进行深入分析和洞察。销售领域专业能力的方面非常之多，那么从哪里开始？公司非常强调两个方面：一方面是合同质量的提升，合同质量的提升不是靠干部拍胸脯、拍脑袋那种方式，而是有非常多场景的设计，合同场景师能够扮演非常重要的角色；另一个方面，是合同签订以后在执行的过程中，怎么根据具体的场景进行改善，提升我们的合同质量和交付质量，合同场景师在这两个方面可以首先发挥作用。希望我们的合同场景师有这样的能力，承担起华为未来在这些销售专业领域内的光荣责任。场景师可以从很大的层面设想未来的趋势是什么。只有负重才能成长，只有负重才能真正地发挥作用，在公司里面才有地位。合同场景师是一个新生事物，大家一起来研讨，研讨的关注点是作为场景师要对什么有担当。要看看在地区部总裁的眼里，什么是最重要的？你如何能成为刘亚楼，成为司令官们的参谋长？（任正非：与合同场景师座谈会上的讲话，总裁办电邮讲话［2017］020号）

8.1.3 面向客户合同/PO，打通回款、收入、项目预核算

要以开票为统领来梳理和理顺主业务流的活动及工作要求

“开票”是指依据合同，开具了客户认可的发票。一旦完成开票，标志着客户正式认可华为的交付完成，也即从法律上明确了客户付款责任的形成，同时意味着与华为方责任相关的回款障碍已全部解决。因此，要以开票为统领来梳理和理顺主业务流的活动及工作要求，即基于“开票”的要求把前后环节的工作协同一致起来，从结果回溯去看合同怎么签、工程交付等各环节如何做。（来源：《关于代表处流程优化的决议》，EMT决议［2009］003号）

交付项目经理必须以合同中约定的交付单元、开票计划为依据，制订交付计划、按约履行交付并及时触发开票。有效触发开票是交付项目经理重要的责任，也是评价其工作的重要的指标。只有交付完成并及时开具了客户认可的发票，才算有效履行了交付项目经理的工作职责。交付项目经理必须对开票（客户认可的发票）的有效性、真实性负责，对项目包含的合同和PO要清晰管理，对实际交付站点的配置信息及变更要完整、准确记录。CSO（合同管理及履行支持组织）负责开票触发及开票管理。业务人员要对业务真实性负责，财务人员不能做假账，同时行使稽核、审计的职责。（来源：《关于代表处流程优化的决议》，EMT决议［2009］003号）

全流程打通客户PO

在框架合同下客户发的小PO是潮流，会越来越多，越来越广泛。客户需求越

来越多元化，整个行业走向“时装化”是大趋势。在这个大趋势下，我们的竞争力已经逐渐不在技术层面，而更多地集中在管理层面。客户 PO 全流程打通的核心问题是，我们内部履行的 PO 与客户维度的 PO 不一致，使得客户维度的 PO 信息在公司内部履行时缺失，同时公司的 IT 系统也不能自动化、集成化地处理 PO，这个打通不仅是要在数据流上打通，还要业务流的打通，真正被业务所使用的 IT 才是有价值的 IT。（来源：《围绕客户 PO 打通，支撑“回款、收入、项目预核算”》——IFS 项目向任正非专题汇报纪要，总裁办电邮文号［2009］002 号）

坚决不同意 PO 打包。PO 打包的结果就为后方认识、理解这个 PO 增加了麻烦，实际上也就是增加了履行的成本。要禁止 PO 打包，鼓励签大框架、小 PO。公司要明确发布 PO 不打包、合同分签 的业务规则。供应链和 GTS 交付也要以客户 PO 维度进行管理和作业。（来源：《围绕客户 PO 打通，支撑“回款、收入、项目预核算”》——IFS 项目向任正非专题汇报纪要，总裁办电邮文号［2009］002 号）

针对“机会点到回款”业务流上的经营痛点，IFS 形成了“面向客户合同 /PO，打通回款、收入、项目与核算”的解决方案，根治了困扰公司多年的“肠梗阻”，使得交易流程与财务流程有效集成，明确作业要求，提升数据质量。近几年，公司经营效率的持续提升，离不开组织间的高效协同运作。（孟晚舟：《在变革中成长——写在 IFS 落幕之际》，《管理优化》第 463 期，2014）

我们一定要聚焦主航道，以合同信息流为中心全打通，合同信息包括从合同生成到交付回款，其他先放一边。我在 LTC 会议上说过，我们就是将合同信息流打通，其他优化模块、能力模块，先放一边。现在 GTS 流程基本打通了，企业网流程阎力大[①]也基本打通了。我们打不通的是做了几十年的系统，为什么？因为不聚焦在主航道上，什么乱七八糟的都往主航道上放。流程要支持主航道主干体系，这个系统的人多提拔，优秀儿女都涌过来，怎么可能会打不通？打通了，再去挖小沟、

① 阎力大，华为企业业务总裁。——编者注

小渠。以大禹治水为例，如果大江大河都没有打通，难道把小沟挖完后就没有水灾了？现在流程 IT 之所以困难这么大，就是因为主航道没打通，导致投入了很多精力，做了几百个项目都没有用。（任正非：在质量与流程 IT 管理部员工座谈会上的讲话，总裁办电邮讲话［2016］094 号）

合同配置信息打通是提高主业务流运作效率的关键

PO 处理效率、合同配置信息打通、计算开票金额三个问题是制约一线主业务流运作效率提升的关键。这三个问题的核心是合同配置信息打通。要考虑把 CBOM[①] 整合为客户化的 SBOM[②]，直接和 BBOM[③] 进行转换，机关的维护量可能会大一些，但可以减少全流程七个环节的多次手工 CBOM-SBOM-BBOM 转换，对一线有利。（来源：《围绕客户 PO 打通，支撑“回款、收入、项目预核算”》——IFS 项目向任正非专题汇报纪要，总裁办电邮文号［2009］002 号）

产品体系要解决产品的集成配置问题。产品体系和流程 IT 部门要联手解决这一问题，尽快给公司做一个汇报，红旗插到哪里，就要把山头占下来，并支持它的运作。与客户 IT 系统的 PO 对接，可以先从大 T 入手。（来源：《围绕客户 PO 打通，支撑“回款、收入、项目预核算”》——IFS 项目向任正非专题汇报纪要，总裁办电邮文号［2009］002 号）

回款不只是财经的责任，还是全流程的责任

货款回收是销售的最末端环节，同时也是全流程矛盾的集中点。合同签订的付款方式的好坏、设备的交付、工程安装与验收等所有环节出现的问题，都直接影响到货款回收的完成。因此说货款回收不只是市场财经的责任，还是整个全流程的责任。（任正非：在市场财经部年度例会讲话纪要，2005）

---

① CBOM，customer bill of material，客户界面化物料清单。

② SBOM，sales bill of material，销售物料清单。

③ BBOM，basic bill of material，基础物料清单。是由 B-part（B-part 是各 BU 根据自己的服务产品与交付界面，确定的最小成本管理与归集单元）构成的全球统一的结构化清单，是组成销售物料清单的基本单元。

要研究出好的办法去回收客户欠款，不能采用激进的手段，不能杀鸡取卵，不能为了收紧而牺牲长远。对于交易模式引起的回款问题，要从改进交易模式入手。每年都要比上一年有所改进，以此来逐渐改善对应收账款（AR）的管理。（来源：关于公司现阶段经营管理策略的相关要求，EMT 纪要［2008］035 号）

回款管理应更加科学、合理，过多地挤占未来回款空间，并不利于公司的长远发展。（来源：关于 2011 年上半年公司经营审视汇报的纪要，EMT 纪要［2011］011 号）

8.1.4 建立合同履行的一站式支撑组织（CSO）

打通销售管理，理顺合同授权，建立全球的合同中心

我们将来能不能这样做：在 IBM 的授权管理和信用管理的基础条件下，基层销售人员只负责关键条款，就是差别性条款和一些额外的谈判。我认为全球建立一个合同指导中心或是几个合同指导中心，就像巴基斯坦的投标一样，是空运过去的，不是现场制作的。现在华为公司似乎相当于有 120 个合同制作中心，每个合同中心都在制作合同，加班加点地做合同。我们没有这么多的法律人员，没有这么多的信用管理人员，分散到 120 个国家去，肯定会出现很多差错的。我听了两个专家的讲话以后有一个想法。在他们的规范化管理的情况下，每个人只做自己要做的那一部分，比如：合同的额外条款是我去谈判的，我对我要谈判的条款进行梳理和签订，谈完以后把它投递到合同中心来。全球只建立几个合同中心，这样我们会解放非常多的劳动力，而且提高了合同的质量。我们加拿大合同的签订，是一个从来没有做过销售合同的研究所所长代签的。因为这些合同的制作中心不需要贴近客户，贴近客户是关键条款，两页纸。（任正非：在 IFS 项目汇报会上的讲话，ESC 纪要，2007）

一定要把合同授权的问题理顺，要抽调重要的力量和监控来把合同授权做起来，我认为首先要打通销售管理，过去一不规范我就主张打不通就算了。但是自

IBM 进来以后，我们的合同就要开始规范，有了规范的合同版本，IBM 做一年两年以后，可能 IBM 验收交给我们的是标准的版本。（来源：《围绕客户 PO 打通，支撑“回款、收入、项目预核算”》——IFS 项目向任正非专题汇报纪要，总裁办电邮文号［2009］002 号）

建立综合性的支撑平台，对合同履行全过程进行支持和管理

CSO（合同管理及履行支持组织）组织，对外提供面向客户的一站式服务，对内作为综合性的支撑平台，具体负责管理合同交接、合同信息录入与发布、实施订单验证、提供支撑收入确认的信息和文档、开具发票等工作，并对端到端合同履行进行监控，保持与客户的沟通。（来源：《围绕客户 PO 打通，支撑“回款、收入、项目预核算”》——IFS 项目向任正非专题汇报纪要，总裁办电邮文号［2009］002 号）

CSO 是合同基本信息管理责任主体，合同信息由这个组织统一录入，各部门不要再各自录入。合同管理、备货发货、交付履行、收入确认、开票、回款等动作都通过这个平台来完成，销售、交付、财务三个部门手拉手完成开票与回款就是通过这个组织的支撑来实现。（来源：《围绕客户 PO 打通，支撑“回款、收入、项目预核算”》——IFS 项目向任正非专题汇报纪要，总裁办电邮文号［2009］002 号）

这个组织（CSO）中的人员，可以从在艰苦地区奋斗过、有工作经验、努力工作的员工中进行选择，多开放一些机会给艰苦奋斗的员工。只要劳动态度好、愿意学习，就有在华为公司工作的权利。我们哪里有困难，哪里就有资源池，哪里就有干部。尽快组建平台，建立资源池，办培训班。一个信息在公司里只有一个责任点，然后在全流程共享。在合同信息发布前，销售要对合同的完整性和准确性负责。（来源：《围绕客户 PO 打通，支撑“回款、收入、项目预核算”》——IFS 项目向任正非专题汇报纪要，总裁办电邮文号［2009］002 号）

8.2 集成产品开发（IPD）流程的财经管理

8.2.1 IPD 的本质是从机会到商业变现

管理体系是框架和决策规则，它不随任何个人和操作的变化而变化

已经走到前面的世界著名公司都十分重视研发，而且研发要对行销、技术支援、成本与质量负责任。它们是靠研发创造出机会，引导消费。它们在短时间席卷了“机会窗”的利润，又投入创造更大的机会，这是他们比我们发展快的根本原因。这次访美我们重在学习管理，学习一个小公司如何向规模化转变，是怎么从混沌中走出来的。（任正非：《我们向美国人民学习什么》，《管理优化》第 63 期，1998）

如果我们在大规模综合作业的过程中，没有良好的管理方法，那么我们不仅没有效率而且浪费我们的资源，浪费是以死亡作为代价的。（任正非：《学习 IPD 内涵，保证变革成功》——在 IPD 动员大会上的讲话，《管理优化》第 90 期，1999）

集成产品开发管理体系是 IPD 最为重要的使能器。管理体系是框架和决策规则，它不随着任何个人和流程的变化而变化。在这里，整体要大于各部分总和。当跨部门团队作为一个集成管理、决策团队时，个人和组织的作用有非常明显的增加。IPD 管理体系是整个公司将如何运作的角色模型，它是内部衡量杆，通过它可以在公司内外判断 IPD 的价值。（Lew Kimme1[①]：《IPD 管理体系——华为为可持续发展铺平道路》，《华为人》第 128 期，2000）

IPD 的管理体系结构包括对许多矩阵组织关系的管理。每个组织都有明确的使命、角色和职责，因此，责任划分十分明确，而且也可以对它们进行授权。这些矩

① Lew Kimme1，IPD 变革项目的 IBM 顾问。——编者注

阵式组织通常都是跨功能部门的团队。它们通过灵活、有效的沟通，聚焦于项目目标和基于团队的管理，确保所有相关的部门都参与进来，相互协作，并在产品开发的各个阶段提供功能部门的贡献和输入。有效的团队运作能够促进基于事实的最佳决策和执行方法。（来源：《E2E-Guide-华为 IPD 管理体系指南》，2016）

只要我们不断地按照 IPD 管理体系和流程来要求自己，我们的能力是能不断提升的，我们开发出来的产品是能有保证的，我们是能摆脱英雄式的产品成功模式，转变成有组织保证的产品成功模式的。任何合格的 PDT 经理们通过发挥自己的能力，按照 IPD 管理体系和流程的要求就能开发出成功的产品。（来源：《找准定位，严格执行 IPD 流程，保证按时、按质交付》——徐直军在 2005 年度优秀 PDT/TDT[①] 团队总结暨表彰大会上的讲话）

在 1999 年之前，华为依靠个人努力和集体突击偶尔能推出优秀产品，IPD 推行后，我们终于可以制度性、体系化地推出有竞争力的产品和解决方案了。（来源：《2011：迈步从头越》——郭平在财经体系 2011 年年会上的讲话，《管理优化》第 376 期，2011）

将产品开发作为投资进行管理，追求商业成功

IPD 要从商业角度来看产品开发项目，其中非常大的一个方面就是财务，即财务如何与整个 IPD 相配合，他们如何去衡量项目的成本和效益。IPMT 要去投资，他必须知道其本身可以投资多少，就是要知道今天的能力究竟可以支撑多少项目，以及如何从商业的角度去考评项目。（来源：《各部门参与是 IPD 成功的保证》——IBM 顾问陈青茹女士在 IPD 动员大会上的讲话，《管理优化》第 90 期，1999）

华为建立了客户需求导向的 IPD 流程体系，将客户需求快速、准确地纳入产品版本路标规划，同时广泛采用构件化、标准化和技术共享，在产品开发过程中构筑了“速度、质量、成本”的综合优势，从而帮助客户在竞争中获得优势地位。（来

① TDT，Technology Development Team，技术开发团队。

源：《华为技术有限公司 2007 年年报》）

美籍华人科学家李凯说，研究是将金钱变成知识的过程，开发则是将知识转换成金钱的过程。成功的标志是优质的客户体验，以及产品的竞争力。因此，技术只是手段，对准客户需求，紧紧追随支持体验与服务，实现商业变现。（任正非：《IPD 的本质是从机会到商业变现》，总裁电邮［2016］084 号）

深刻理解 IPD 的核心理念，理解从机会梳理到商业变现的流程化管理。敢于挑战难的项目，实现大成功。我们是构建一个大的系统、大的平台，必须要有一些规划，不然就不能建造一条万里长城。历史的万里长城是死的，而我们的万里长城是活的，随时都会部分改建的。若底层基础的砖头不能随时代进步改变，不能优化，那么我们就是一个僵化的公司。（任正非：《IPD 的本质是从机会到商业变现》，总裁电邮［2016］084 号）

实现从技术导向的研发转变为基于市场的创新，做工程商人

将来公司做事情一定要以商业的眼光，从公司的角度来看问题，不要只是从部门的角度看问题。在美国我也曾经问他们"IPD 领导的背景和素质要求"这个问题，他们就说"不要把 IPD 看成是研发部门的事，一定要从商业的角度看问题"。这点对我印象很深。大家一定不要只从部门的角度看问题，要以商业的眼光看问题。（孙亚芳：《要从商业角度看问题》——在 IPD 培训会议上的讲话，《管理优化》第 90 期，1999）

任何先进的技术、产品和解决方案，只有转化为客户的商业成功才能产生价值。在产品投资决策上，我们坚持客户需求导向优先于技术导向。在深刻理解客户需求的前提下，对产品和解决方案进行持续创新，我们的产品和解决方案才会有持续竞争力。（任正非：《从汶川特大地震一片瓦砾中一座百年前建的教堂不倒所想到的》——在中央平台研发部表彰大会上的讲话纪要，总裁办电邮文号［2008］16 号）

研发体系大多数人都是工程师，渴望把技术做得很好，认为把技术做好才能体现自己的价值。简简单单地把东西做好，在研发中也许评价是不高的，而把事情做得复杂，显得难度很大，反而评价很高。这就不是以客户为中心，客户需要实现同样目的的服务，越简单越好。我们要使那些能把功能简简单单做好的工程商人得到认可，才能鼓励以客户为中心在研发中成长。因此我希望大家不仅做工程师，也要做商人，多一些商人的味道。（任正非：《以客户为中心，加大平台投入，开放合作，实现共赢》——在2010年PSST体系干部大会上的讲话，总裁办电邮文号［2010］010号）

我们要改变“IPD即研发流程”的认识，真正回到“市场驱动的创新”流程的本质上来，将理解和细分市场、组合分析、制定业务策略和计划等环节，与产品开发有效衔接起来，以真正的、有价值的客户需求来驱动产品开发，充分考虑可生产性、可安装性和可服务性等诉求，在产品开发过程中完成商业模式和销售对象的设计。（郭平[①]：《持续变革，提升一线作战能力，保障公司有效增长》——在公司2013年度干部工作会议上的发言，总裁办电邮讲话［2014］020号）

8.2.2 IPD流程的关键控制点

通过实施IPD，可以建立结构化的产品开发流程，使产品开发能够按照既定的阶段进行。在相应的决策评审点上，由公司各部门高层领导组成的跨部门团队对该产品是否可以继续进行做出业务决策，从而有效地管理公司的投资和产品的发布。（来源：《IPD与华为之梦》——IBM-华为IPD核心项目组，《管理优化》第127期，2000）

7万多人的研发队伍，还能有序地开展工作，这是我们1998年跟IBM开始的产品开发变革的贡献，我们叫IPD。我们从1998年开始到现在不断在优化研发流程，不断在优化组织，不断在提升研发能力，从来没有停过。……从一个创意到走向产品，整个的管理体系、流程、工具、能力提升，这个过程华为没有停止过。现在不管有多少人，别说7万人，就是再加7万人，我们管理也没有问题，能够有序地运作，确保把产品做出来，而且做出来的产品是稳定的、达到质量要求的，这是我们这么多年管理体系和研发流程优化的结果。（来源：《还原一个真实的华为》，《财

① 郭平：华为公司副董事长，轮值CEO。——编者注

富》专访华为轮值CEO徐直军，2012）

IPD流程解决的一个核心问题，就是在产品领域不再依赖“英雄”而是基于流程就可以做出一个基本能满足客户要求、质量有保障的产品。（徐直军：《面向经营单元打通和集成流程，实现“五个1”，实现账实相符》——在2014年市场大会变革与管理改进专题上的讲话，总裁办电邮讲话［2014］018号）

IPD管理体系的重点是管理IPD流程体系，目标是为公司管理层提供一个管理流程和决策制度，使他们持续地对主要业务要素进行监控，制定决策来平衡主要业务，实现业务目标，并对绩效和业务结果承担责任。（来源：《华为IPD管理体系指南》，2016）

产品与解决方案财经管理部（简称“P&S财经”）作为产品线总裁值得信赖的业务伙伴，共同承担投资、经营和内控管理的责任，支撑业务持续有效增长。财经通过专业的投资评估方法，支撑公司投资战略落地，促进投资效率和效益提升；开展财务经营管理，实现宏微观互锁；执行财经及相关流程，有效管理风险，实现安全稳健运营。（来源：《关于发布产品与解决方案财经管理部定位与职责的通知》，华为集团财经通知［2016］027号）

产品与解决方案财经管理部在投资管理方面的职责：1. 建立健全的投资管理规则及与之匹配的数据报告体系。2. 深度参与DSTE（战略到执行）和IPD流程，输出产品投资分析，支撑业务投资决策。3. 基于公司的业务战略及财务战略，监控并促进资源正确使用。建立投资风险预警和上升的管理机制，促进资源的高效使用。（来源：《关于发布产品与解决方案财经管理部定位与职责的通知》，华为集团财经通知［2016］027号）

在IPMT（产品线集成投资组合管理团队）中，财经委员的职责：（1）为保障产品线的收入、费用和业务战略实现，充分贡献财经领域建议和机会点；监控和跟踪产品线和产品成本，并确保其在期望的范围内。（2）在评审产品投资组合和指导单个BMT/SPDT（Business Management Team，业务管理团队/Super Product Development Team，超级产品开发团队）时，贡献财经领域指导和专家意见；评审商业计划书中财经领域具体信息的完整性和准确性，对交付质量签字负责。（3）审视产品开发投资建议和投资基线的一致性，并要求对差异做出说明。（4）确保产品线财经数据和产品版本预核算数据的及时性、准确性，支撑产品线经营和精细化管理。（5）监控并管理承诺的财经部门能力提升活动，确保产品线具有合适技能的财经领域人员到位，为项目和投资组合提供最佳竞争力的财经领域支撑；维护财经领域当前资源清单（包括人力、费用、资产等），并在DCP（决策控制点）时分配给相应的PDT（产品开发团队）。（6）通过例会制度，指导财经领域BMT/SPDT成员在通常的业务问题决策和具体的BMT/SPDT层级的问题上，能够行使其职责并提供反馈信息。（7）落实IPMT关于财经领域的决议和要求，监控财经领域BMT/SPDT成员的绩效，并对他们的绩效考核提供输入。（来源：《华为IPD管理体系指南》，2016）

8.2.3 产业的商业计划及产品的投资组合管理

公司是以赢利为目的，投资产品决策是基于项目的财务评估。以往的产品开发时，估算产品的成本，预计产品的市场销售价格，粗略地估计产品的赢利状况，就决策投入产品的开发。而规范的财务分析所考虑的问题被忽略，IPD产品开发中，财务专业人员加入产品开发团队，从财务专业方面进行项目的投入产出分析，提供了全面的财务分析报告，为公司的投资决策提供了有力根据，实现从商业角度决定产品的投资取舍的根本转变。（来源：《IPD第一个试点PDT的总结（下）》，《管理优化》第161期，2001）

加强投资组合管理，做好投入分配和投入节奏的管理。务实地对市场规模、赢利模式和投入回报进行评估，在客观评估的基础上，确定资源投放力度和节奏。（来源：《关于IT产品线定位及业务发展战略的决议》，华为SDC决议［2012］006号）

产品和技术投资组合排序要落到实处、投入策略和回报等SP（战略规划）和BP（商业计划）要有衔接。要明确产品、技术投资组合策略，对每一个产业有明确的战略定位和投资排序，产业的颗粒度以 SPDT 为单位。要从研发投入回报、经营结果、产品与技术竞争力等角度，明确未来 3 年和 2015 年追求目标。各业务单元要保证面向未来的核心竞争力的投入力度，不得追求短期绩效而忽视长期投资。（来源：《2015 年研发投入管理原则及预算口径》，华为 SDC 业务规定［2014］005 号）

IPMT 要基于商业计划（产业 SP）来做投资决策，决策时要有商业视角。基于物理产业而不是组织（因为组织会变，物理产业不变）进行投资的闭环管理。（来源：产品投资组合管理机制项目 charter 向徐直军汇报纪要，2014）

在 SP 和 BP 的规则中，财务组织应结合业务的长期战略诉求和当期经营目标，制定经营管理的规则，并通过管理规则来牵引业务在长期战略和当期经营上实现自我平衡。不因当期经营压力而削弱了长期战略投入，也不因保障战略投入而无限期失血，经营管理的理想状态应该是“碗里要有饭，田里要有稻，仓库里要有米”。（孟晚舟：《预算牵引资源，配置对准战略》，总裁办电邮讲话［2014］001 号）

由于不同产业特点差异很大，研发投入要按产业维度来管理，在各 BU（经营单元）预算中，统一按产品实际开发的产品客户界面收入进行资源配置，BU 客户界面的收入是 BU 面向全球所有客户的收入。（来源：《2015 年研发投入管理原则及预算口径》，华为 SDC 业务规定［2014］005 号）

结合战略、投入回报、产品生命周期等因素，按照“率、额、额 + 率”三种方法配置研发资源。对于投入期和衰退期的产品，要按“额”来进行管理；对于增长期和成熟期的产品按“率”来进行管理；对于 2012 实验室的战略投入按“额”来进行管理，同时也受集团整体研发费用率的约束。（来源：《2015 年研发投入管理原则及预算口径》，华为 SDC 业务规定［2014］005 号）

8.2.4 IPD 流程与公司其他业务流程的集成

公司多年来一直在学习和引进西方公司的管理体系和管理流程，如 IPD、ISC、IFS、CRM 等。引进这些流程的时候，由于当时的认识、能力、适配等原因，实际上做了一些取舍。目前公司管理中存在断点、低效、不通等问题，和当初没有充分利用这些管理系统有很大的关系…… 公司变革管理面临的最大挑战是跨功能部门的集成，要系统管理各变革项目相互间的结合部和关联关系，最终形成公司管理体系的端到端“龙骨”。（来源：关于公司变革项目回顾初步发现及重组 ESC/PO 建议汇报的纪要，EMT 纪要［2014］005 号）

“云、雨、沟”是我们管理变革的大思路。（“云、雨、沟”是华为公司管理思路的形象描述，“云”是我们对管理的认识，“雨”是我们的经营活动，“沟”是西方公司最佳实践的流程和理论体系。）我们一定要有一条“沟”，将华为的水流集中起来发电，IFS/IPD/ISC/LTC 要融会贯通，成为一条沟。华为的哲学是“云”，一定要下成“雨”才有用，“雨”一定要流到“沟”里才能发电。若没有“沟”，“雨”到处泛滥，能量也就发散了。（任正非：关于“严格、有序、简化的认真管理是实现超越的关键”的座谈纪要，总裁办电子邮件［2014］028 号）

从去年开始，我们提出了一个新的概念“面向对象的流程集成”，意思就是面向代表处 / 地区部，面向 BU/BG，从经营实体的角度来看我们的流程是不是真正打通了，是不是真正集成了，是不是真正能够支撑经营单元不断地提升经营效率、提升客户满意度、提升赢利能力。我们公司最早推行的 IPD 流程，能力成熟度评估这些年一直在 3.2 分徘徊，就是达不到我们最初设立的 3.5 分的目标，为什么呢？原因就是 3.5 分对应的是集成级，仅仅依靠 IPD 自身的流程建设是无法达成的，只有当 IPD 流程与其他流程真正打通，真正地面向对象集成，关键是要把整体效率提升到一定的水平，我们公司这个最早的变革流程才有可能达到 3.5 分。其他流程也是一样的，不管是 LTC（线索到回款）也好，ITR（问题到解决）也好，必须要与其他流程真正地打通，真正地面向对象集成，真正能够支撑经营单元不断地提升经营效率、提升客户满意度和提升赢利能力，才有可能达到 3.5 分。（徐直军：《面向经营单元打通和集成流程，实现“五个 1”，实现账实相符》——在 2014 年市场大会变革与管理改进专题上的讲话，总裁办电邮讲话［2014］018 号）

公司经过这么多年的变革，沿着流程域纵向的设计和建设工作已基本告一段落，只是部分流程还需要一段时间的推行和优化。接下来，更多要通过流程的集成和打通来提升各经营单元的运作效率、客户满意度和赢利能力，在这个阶段，代表处和地区部在流程变革方面会比以前担负起更多的职责，甚至成为流程推行的主体，因为面向对象的流程集成更多需要各经营单元自己来完成。（徐直军：《面向经营单元打通和集成流程，实现“五个1”，实现账实相符》——在2014年市场大会变革与管理改进专题上的讲话，总裁办电邮讲话［2014］018号）

8.3 采购到付款（PTP）业务流的财经管理

8.3.1 PTP业务流程的关键控制点

梳理采购流程架构，设置支付安全控制点，实现对采购业务的有效指导

华为现有七大采购流程是以业务的可编码程度、IT系统是否成熟、采购部门是否介入等多维度划分的，后续修改和升级困难。同时，流程是根据业务实际操作模式进行归纳的，对物流月结PO等部分新业务支撑不足。另外，流程划分的标准不唯一，也导致了流程可选，会出现使用者自己选用流程来绕过监管的情况，或者应该走简单流程的业务却走了复杂流程，使运作成本增加。

PTP项目组形成对现有七大采购流程的优化思路，配合ISC-BPE①和采购部来落实具体的流程优化工作。现阶段，将首先着力于明确七大流程覆盖的业务范围以及应用规则，并设置支付安全的关键控制点，使现有流程更加清晰有效地指导业务运作。未来，随着采购业务编码化的普及以及采购业务上ERP系统应用的加强，将逐步整合七大流程，最终实现模块化的采购流程，形成一个统一的Common Process②。

① ISC-BPE，ISC Business Process Executive Dept，ISC流程管理部。

② Common Process，共同的作业程序。

（来源：《IFS-PTP 项目组：优化采购到付款流程 实现安全准确及时支付》，《管理优化》308 期，2008）

华为目前的六大 AP（应付账款）支付流程划分的标准不统一，分类繁杂，是为了对应不同的采购流程而设置相应的支付流程，对业务的支持不方便，也不便于支付环节的统一操作，影响了支付的效率。对于 PO 采购，IBM 有统一的 PO 支付流程，而对于 Non-PO[①] 采购，又有 IOI（Invoice Only Invoice，非采购介入）支付流程，而且支付流程按照“发票接收与处理”“发票匹配”“重复付款检查”“支付”等模块化设置，总体的流程架构清晰，便于指导业务操作。（来源：《IFS-PTP 项目组：优化采购到付款流程 实现安全准确及时支付》，《管理优化》308 期，2008）

建立和优化供应商发票处理流程，提高发票处理的整体效率

华为在供应商开立发票方面没有清晰的指引，不能保证供应商一次性开立正确的发票，同时，发票在内部的收集、传递、审批、录入、查询等方面的流程还不完善，也没有明确的问题发票处理流程，导致发票的整体处理效率不高。PTP 项目组计划建立我司的供应商发票开立的指引以及供应商问题发票的处理流程，同时优化现有的发票信息收集、传递、录入、查询等流程环节，以提高发票处理的整体效率。（来源：《IFS-PTP 项目组：优化采购到付款流程 实现安全准确及时支付》，《管理优化》308 期，2008）

在 AP 支付流程中建立重复付款检查的流程，并通过 ERP 系统实施重复付款检查功能

华为目前在 AP 支付流程中，对于重复付款仅仅靠临时、个别的人工检查方式来实现，没有制度化、例行化地开展重复付款检查工作。IBM 的重复付款检查机制包括支付前和支付后的检查，每日发送相关报告至 AP 与相关部门，保证对外部供应商的同一笔交易仅支付一次，从而达到事前预防重复付款，事后发现问题解决重复付款，减少公司资金损失。（来源：《IFS-PTP 项目组：优化采购到付款流程 实现

① Non-PO，无正式采购订单。

安全准确及时支付》,《管理优化》308 期，2008）

优化和完善采购到付款全流程的管控机制

PTP 项目组计划联合业务控制与内部审计 BC&IA 项目组，建立完善的采购职责分离矩阵及评估机制，进一步完善风险接受机制，对采购 Bypass① 行为明确定义，建立 Bypass 识别、记录、报告和考核机制，全流程 KCP② 的设置以及流程遵从性测试等，以优化和完善采购到付款全流程的管控机制。（来源:《IFS-PTP 项目组：优化采购到付款流程 实现安全准确及时支付》,《管理优化》308 期，2008）

清理供应商信息，完善供应商信息管理及维护机制，保证支付的唯一性和安全

我们现在的供应商银行信息由财务部门负责管理，非银行信息由采购部负责管理，分散管理导致效率低下和重复工作。由于供应商信息更新和维护不及时，导致大量的重复供应商和长期闲置的供应商，会产生延迟付款和错误付款的情况。对比与 IBM 的差距，采购运作支持部已经组建了专门的小组，先期进行供应商信息清理的工作，后续将结合 PTP 项目组在这方面的关键发现，进一步完善供应商信息管理制度，明确相关信息的录入和维护主体以及操作办法，从而确保供应商信息的有效、完整、准确和唯一，保证支付的唯一性和安全。（来源:《IFS-PTP 项目组：优化采购到付款流程 实现安全准确及时支付》,《管理优化》308 期，2008）

推动前端规范需求、简化需求审批，提升效率

采购要推动前端梳理需求审批流程，并规范采购前端需求。目前采购流程的痛点主要集中于前端需求审批流程臃肿、需求描述不清晰。需求质量由需求提出人承担责任，需求的表述必须规范，持续改进。作为采购来说，不要把需求的责任揽到自己身上。（来源：姚福海向任正非汇报采购工作纪要，总裁办电邮讲话［2017］048 号）

---

① Bypass，绕过。

② KCP，key control point，关键控制点。是在业务流程或应用系统中由流程 Owner 确定的，为降低重大风险、实现相关流程目标而采取的一项或一系列活动。

坚持阳光采购原则，加强对供应商的诚信廉洁管理

对违反 BCG 的供应商，要按照 HIA① 协议坚决处罚。要防范供应商向员工家属等进行间接利益输送。采购干部要说明供应中有无利益相关，并不是有相关就不能采购，而是阳光化。（来源：姚福海向任正非汇报采购工作纪要，总裁办电邮讲话［2017］048 号）

8.3.2 采购流程与财经流程的集成

贯彻“四统一”，采购核算与国际接轨

1998 年 9 月，公司请来了 KPMG（毕马威）公司做财务的“四统一”项目（制度、流程、编码、表格）。1999 年的上半年，KPMG 公司开始按国际一流财务的概念帮助设计和优化我们的账务体系，提出部分的流程和制度。由于采购业务的相对规范性，且我们面对的供应商大部分是国际化的大公司，采购核算工作在会计工作领域便第一个感受到“国际惯例”。在顾问、项目小组和全体员工的努力下，采购核算实施和贯彻了“四统一”的部分成果，并取得了明显的绩效，这更加坚定了我们推进实施“四统一”的决心，同时促使我们提出了采购核算率先与国际接轨的目标。（来源：《贯彻“四统一”，采购核算国际化》，《管理优化》第 126 期，2000）

采购核算处先后完善制定了采购结算的相关管理制度、实施了流程 / 监控、表格的改进点，并于 1999 年 10 月顺利切换了新的会计编码（COA），这些优化工作的实施推进，使得账务处理的及时性与准确性、资金的安全、工作效率等方面均有了很大的提高。（来源：《贯彻“四统一”，采购核算国际化》，《管理优化》第 126 期，2000）

从财经角度优化从采购到付款的流程，以项目来驱动采购

采购成本核算不到项目是因为采购不是按项目来驱动的，如果按项目驱动采购怎么会核算不回来呢？现在我们要强调以项目来驱动采购，这体现了一线呼唤炮

① HIA，Honesty & Integrity Agreement，诚信廉洁合作协议。

火。项目管理的眼光要长远一点，提前三个月、两个月或者一个月制订出项目采购计划，根据计划来驱动采购。我们以前是中央集权计划，有很大的盲目性。一定要把这个计划模式倒过来，否则的话，项目管理做不到科学地精细化管理。（来源：IFS-PTP 项目组向任正非汇报纪要，2010）

谁要采购谁就要付钱，谁就要承担成本。所有的采购，最终都要落实到项目付账，付不出去的账，采购人员要被问责。不要寻求在全球找一个统一的成本基线，每个国家、每个地区、每个项目都有一定的基线，以这个基线作为标杆来实现自我改进。（来源：IFS-PTP 项目组向任正非汇报纪要，2010）

以需求者为中心，服务一线业务，使行政采购更简单

行政采购事项，小到买笔买纸，大到租房租车，是我们工作中最平常甚至琐碎的事务。经过多年的采购变革和 AP 推行，行政采购有了相对统一和简化的 AP 流程，但是在具体业务运作上却依然是手工纸面操作（仅机关部分业务有电子流支撑，但系统分散不集成），使一线从事行政采购的人员非常苦恼。如何解决一线的困难，让行政采购变得更简单容易？行政采购部与 IFS-PTP、内服、账务管理部以及流程与 IT 等多个部门，联合成立了流程与 IT 优化梳理工作组。从 2008 年下半年开始，经过了近一年的努力，将推出行政采购全球统一的 Web[①] 系统——“易购”系统。“易购”系统设计以需求者为中心，目的是使流程效率更高，内控效果更好，操作更简单：1. 统一流程，统一入口，操作简单，全程可视。所有的行政采购都统一到一个平台，申购人直接在系统目录中查找自己所要采购的物品或服务。采购全流程可视。2. 审批简化，提供实时预算参考。整个采购只需要在需求提出时审批一次，付款时无须再审批。审批人可以随时随地进行审批，也可以在系统中进行授权。更重要的是，主管审批时可以实时看到部门的预算使用情况，也可以通过报表功能获取已采购的详细记录。因此，主管审批、问题追溯将有更充分的依据，内控风险得以降低。3. 认证信息“货架”式管理。认证信息通过“易购”系统配置成可

① Web，World Wide Web，全球广域网。

采购的目录，包括供应商名称、物品 / 服务描述、价格等信息，以货架的形式直接展示给需求人查询。采购认证人员还能通过不同的目录配置实现各种采购模式。这样，认证的供应商能充分利用，采购授权也能通过系统进行控制。4. 账务环节自动匹配单据。无论是什么类型的业务，“易购”系统将生成统一格式的 PR、PO 和验收信息，并将 PO 和验收信息自动导入 ERP，因此，在财务付款时，只需录入发票信息，就可以进行系统自动匹配，既提高效率又减少人工出错概率。另外，在内控方面不同业务的要求也全部在系统设计中嵌入和固化，流程遵从性能得到保证。（来源：《行政采购还可以更简单》，《管理优化》第 343 期，2009）

简化低值易耗采购，改革小额采购核销

低值易耗物品的采购要使用大卖场，行政物品基本上在大卖场里都能买得到。我们要认证的就是卖场的资质，而不是认证卖场的商品，通过卖场的游戏规则，我们就能管好低值易耗物品的采购。小额采购，可由员工自行购买，通过 SSE 报销解决，不需要按照采购流程执行。（来源：IFS-PTP 项目组向任正非汇报纪要，2010 年）

我们要努力做流程简化的工作，流程做得很烦琐，实际上监控更难，监控成本也高。（来源：IFS-PTP 项目组向任正非汇报纪要，2010 年）

8.3.3 采购到付款的自动化与付款安全

我认为在 PTP 的工作进行中，华为的工作是抓大放小，我们生产线的东西 100% 按照顾问说的办，行政采购的小额度的办公用品，顾问可以把它稍微放松一点。过去，我们办事处零星物品的采购过程中出了很多僵化的问题。比如说买一支铅笔需要经过公司的认证，买一张纸也要经过批准。有些代表处一个合同是 5 亿美元，有些代表处是两百万就要做一张合同。针对这个情况，我们很僵化，所以有 300 人在全世界认证铅笔和纸张。最后的解决方法就是去世界有名的超市去买，我们认证超市，不认证物品，你在超市买物品的时候必须用信用卡，不能用现金付账，你把你采购的东西上网，报销的时候必须在网上，大家都要看得见，你才能核销。我们充分利用大型超市的公正性来抑制内部的不准确和价格问题，我们这样做的结果，通过超市的公平价格，通过我们对计划的预算，给员工一定的行政办公额度来调整员工对物品需要的数量。所以这一点我们可能和 IBM 有一些不一样的地方。因此 IBM 顾问在 PTP 项目中抓住大的重要的值钱的东西不要放，完全按顾问的意思办，金额小的东西中有问题的东西先放在一边，让他们以后慢慢去改革。（任正非：在 IFS 项目汇报会上的讲话，ESC 纪要，2007）

逐步建立人工智能支持的工程辅料采购规范化，实现各个国家自主选择。工程采购也要搞模板化采购，针对典型站点建立成本模型，模型不需要太细。同时所有品类要以质量为中心，不是以价格为中心。一定要走向高质量，高质量肯定会有高成本。持续提升质量，优质优价。（来源：向任正非汇报采购工作纪要，总裁办电邮讲话［2017］048 号）

工程辅料的采购，可以借鉴行政采购领域应用人工智能的成功经验，逐步走向规范化。分类别做好归一化，建立编码、合格短名单，全球有一个统一的操作指导，可以让各个国家自由选择。大数据比较的基础，是以质量为中心。（来源：向任正非汇报采购工作纪要，总裁办电邮讲话［2017］048 号）

智能化和自动化是方向，但不能把人的工作简单化和边缘化。1. 智能化和自动化是我们努力的方向，是不断提高支付安全的有效工具，不能本末倒置，轻率地认为机器就可以替代人。机器作业并不是 100% 地正确，也不能自主应对各种变化，机器能够适应标准化的工作，并保持很高的作业效率，但并不意味着机器从不会出错。在某些岗位、某些行业，机器一旦出错后果将是无法承受的。比如，今天的飞行技术，在很多时候都依赖于机器，尤其是高空巡航的时候，就是机器在驾驶飞机，即便这样，机长对飞机的意义和作用，也不是机器可替代的。没有机长的飞机，你敢坐吗？ 2. 智能化是帮助我们的支付人员在海量数据中快速识别可能的差错，自动化是帮助我们的支付人员在海量的单据中完成初步匹配，最终，“核按钮”的启动，是需要人来完成的。自动化与智能化的技术能力，是帮助支付人员提高作业质量，而不是让支付人员边缘化、简单化。3. 自动化扫描替代了人工逐行检查，支付人员就可以把时间和精力转移到关键问题的改进上，让他们的经验、技能、综合判断与分析能发挥更大的价值。希望自动化和智能化的应用，能推动支付人员更加主动地反思自己的操作技能、判断技能，堵住业务的漏洞。（任正非：在支付系统员工座谈会上的讲话，总裁电邮［2017］042 号）

支付平台最重要的是安全，而不是支付方式的创新。在支付方式的应用上，必须以安全为主，把支付安全放在首位，宁愿采用成熟的、传统的支付方式和支付渠道；也不能随大溜，别人用，我就要用；更不能为创新而创新，沉醉在支付方式和支付渠道的丰富、扩展、创新上。支付必须使用传统安全的方式，收款允许客户用多种方式。支付方式和支付渠道的引入，要严格评估、谨慎分析、充分认证，识别并关闭所有的风险后，才能试点运行。只有长周期、高质量的试点运行，证明这种支付方式、支付渠道安全可靠，才能正式引入支付平台。（任正非：在支付系统员工座谈会上的讲话，总裁电邮［2017］042 号）

第九章

项目财经管理

项目是华为公司经营管理的基础和细胞，它包括研发项目、销售项目、交付项目和管理变革项目等，是公司经营管理活动的主要组成部分。项目经营和管理得不好，公司的优质经营就无从谈起。华为已经确定了未来公司的经营管理机制，即把公司从以功能部门为中心的运作转向以项目为中心的运作。这是一个巨大的转变，意味着将激活千万作战团队，意味着功能部门未来就是能力中心、资源中心，而不再是权力中心。华为认为只有实现以项目为中心的运作，才能避免大公司功能组织的毛病；去掉冗余，才能提高竞争力，才能使干部快速成长。

向以项目为中心的转变是要在公司建立一个组织级的项目管理体系。华为把公司未来的管理体系比作眼镜蛇：头部可以灵活转动，一旦发现觅食或进攻对象，整个身体的行动十分敏捷。眼镜蛇的头部就像业务前端的项目经营，而其灵活运转、为捕捉机会提供支撑的骨骼系统，则正如公司的管理支撑体系，这就是华为未来管理体系的基本架构。

项目财经管理的关键活动首先是完善项目概算、预算、核算和决算的闭环。在具备经营条件的项目上，以项目作为一个利润中心，建立项目经营管理机制和基于收入、利润和现金流的考核和获取分享激励机制。即使是在基于预算目标按成本中心运作的交付项目上，也要拉通售前与售后，将核算对准预算，决算对准概算，对项目风险假设进行闭环，并基于预算目标的完成情况，建立项目的激励机制，激发基层单元的组织活力。

本章是讨论项目的财经管理，虽然财经管理只是项目管理体系中的一个子系统，但它渗透到项目的各种业务活动中，贯穿项目的整个生命周期。

9.1 从以功能部门为中心向以项目为中心转变

9.1.1 项目是公司经营管理的基础和细胞

公司管控目标要逐步从中央集权式，转向让听得见炮声的人来呼唤炮火，让前方组织有责、有权；后方组织赋能及监管。这种组织模式，必须建立在一个有效的管理平台上，包括流程、数据、信息、权力……历经20多年来的努力，在西方顾问的帮助下，华为已经构建了一个相对统一的平台，向前方作战提供了指导和帮助。在此基础上，再用5~10年的时间，逐步实现决策前移及行权支撑。（任正非：在公司2013年度干部工作会议的讲话，总裁办电邮讲话［2013］255号）

实现以项目为中心才能避免大公司功能组织的毛病，才能提高竞争力，加快从以功能部门为中心向以项目为中心的运作机制的转变。项目是公司经营管理的基础和细胞，只有高质量的项目经营，才有整个公司高质量的运营。我们要通过2~3年的时间，把公司从功能部门为中心的运作转向以项目为中心的运作。这是一个巨大的转变，意味着将激活千万作战团队，意味着功能部门未来就是能力中心、资源中心，而不再是权力中心。在2014年，要进一步推动将预算权、核算权和激励权转移到项目，切切实实激活项目这个最基本的经营单元。（徐直军：《聚焦战略，简化管理，有效增长》，总裁办电邮文号［2013］246号）

项目管理是公司管理进步的基础细胞，要把项目管理作为华为公司最重要的一种管理往前推，华为大学的项目管理培训应该是系统工程。项目管理是个细胞，懂了项目管理，你其实当“军长”都够用的。所以因此项目管理是基本细胞，要管，要进步。项目管理做不好的干部，去管理代表处和地区部就是“昏君”。（任正非：在华为大学教育学院工作汇报会上的讲话，总裁办电邮文号［2013］242号）

华为的管理进步，要立足在项目管理进步的基础上，要好好培养及选拔项目管理的八大员，建立起成熟的程序、庞大的优质管理队伍。我们要以战略预备队的方式，建立起项目管理的干部、专家资源池，要通过人员循环流动任职的方式，把先进的方法、高效的能力，传递到代表处去。要善于发现金种子，并让他们到各地去开花。这些变革都是各级组织发挥价值创造的机会，也是培养干部、识别干部的实践基地。（任正非：《用乌龟精神，追上龙飞船》，总裁办电邮文号［2013］255号）

9.1.2 向以项目为中心转变是要在公司建立一个组织级的项目管理体系

我之前总结的“击毙本拉登”事例，主要讲未来管理体系要做三件事：（1）前方是项目经营：有目标清晰的行动中心。24人的海豹突击队有明确的项目目标，他们的“少将班长”相当于我们的项目经理。（2）中间是被呼唤炮火、有效率的平台：在传递过程中，能使前后方信息、物资全部贯通，能呼唤无人机。由卫星、航空母舰、通信系统等组成的服务平台。（3）后方是清晰的决策及监控中心：前方活动过程清晰透明，确保前方按业务规则进行。（任正非：关于“严格、有序、简化的认真管理是实现超越的关键”座谈的纪要，总裁办电邮讲话［2014］028号）

向以项目为中心转变的目的是在公司建立一个组织级的项目管理体系。我们把公司未来的管理体系比喻为眼镜蛇：头部可以灵活转动，一旦发现觅食或进攻对象，整个身体的行动十分敏捷，可以前后左右甚至垂直窜起发起攻击，而发达的骨骼系统则环环相扣，转动灵活，确保在发起进攻时能为头部提供强大的支撑。眼镜蛇的头部就像我们业务前端的项目经营，而其灵活运转、为捕捉机会提供支撑的骨骼系统，则正如我们的管理支撑体系，这就是公司未来管理体系的基本架构。（郭平：《以项目为中心，促进公司长期有效增长》——在 PMS 的讲话，2014）

公司的运作正在从以功能部门为主的运作方式，逐步向以项目为中心的运作方式转变，客户、研发、服务和变革项目将成为未来业务运作的主要形态。如何建立项目组合、项目群和项目的三级管理体系；如何通过 GTS 和供应链的早期介入拉通项目的端到端运作，实现真正意义上的项目经营；如何确定各类项目的责任中心定位并围绕定位合理授权；后方支撑平台如何响应来自项目的炮火呼唤，通过前方拉动、推拉结合，实现资源的高效配置，等等，都是需要深入研究和通过实践探索解决的管理难题。公司要实现项目为中心的转移，才能避免大公司的功能组织的毛病；去掉冗余，才能提高竞争力，才能使干部快速成长。（任正非：在"蓝血十杰"表彰会上的讲演稿，总裁办电邮讲话［2014］039 号）

将来华为的作战方式也应该是综合性的，我们讲"班长的战争"，强调授权以后，精化前方作战组织，缩小后方机构，加强战略机动部队的建设。划小作战单位，不是指分工很细，而是通过配备先进武器和提供重型火力支持，使小团队的作战实力大大增强。当然，授权不是一两天能完成的。目前，管理上的问题没有落地，所以 3~5 年内把 LTC、账实相符，"五个 1"作为重点，一定要实现端到端贯通。5 年以后，坚定不移地逐步实现让前方来呼唤炮火，多余的机构要关掉，这样机关逐渐不会那么官僚化。（任正非：在人力资源工作汇报会上的讲话，总裁办电邮讲话［2014］057 号）

以项目为中心不仅仅是业务前端项目形式的运作，还包括为项目提供全面支持的管理支撑系统，是一个拉通业务前端和后端的完整架构，涉及人、流程、知识和战略等很多方面，也就是业界所称的组织级的项目管理体系。（郭平：《以项目为中心，促进公司长期有效增长》——在 PMS 的讲话，2014）

坚持以客户为中心，逐步将中央集权的单一资源配置模式，转变为对准战略，让听得见炮声的组织呼唤炮火，前方组织有责、有权，后方组织赋能、监管，以拉为主、推拉结合的资源配置模式。战斗在一线的经营单元面对目标，奋力作战，抓住一切有效增长的机会，而后方大平台不仅要满足炮火呼唤需求，而且要聚焦主航道做好战略资源的配置，在主航道上创造出更多的需求和机会。这就是我们面向未来的管理体系的架构，也是实现超越目标的重要保障。（郭平：《持续变革，提升一线作战能力，保障公司有效增长》，总裁办电邮讲话［2014］020号）

现在我们公司的项目管理水平还低，浪费仍然较大，我们要提高项目团队的配置，使他们能力提升。以前机关为什么这么强大？机关掌握了预算，先把自己奖金、编制、岗位职级……批了，然后到前线的作战部队派个14级、15级就够了。他们层级低，就会多耗工、耗时、耗物资，慢慢摸索到会做了，已经浪费一大堆资源。浪费钱舍得，养几个将军就不舍得吗？这就是过去我们以功能部门为中心的弊病，将来以项目为中心的管理，我们正在试点。接下来，我们逐渐使作战团队拥有更多权力，监管前移，来配合授权体系的产生。但过于激进的改革，可能会造成崩塌，公司平台的转变需要一个缓慢的过程，大家要有耐心，也需要大家共同努力，而且会有更多的优秀将军产生。（任正非：《遍地英雄下夕烟，六亿神州尽舜尧》，总裁办电邮讲话［2014］086号）

我们最终的改革要从以功能为中心转向以项目为中心。以项目为中心，项目经理有计划权、预算权、结算权，项目费用在项目经理手上，项目经理根据项目需要去买炮弹数量。不能为客户创造价值的流程是多余流程，不能为客户创造价值的组织是多余组织，不能为客户创造价值的人是多余的人，不能为客户创造价值的动作是多余的动作。这样，华为公司机关臃肿的情况就会得到改善。（任正非：《将军是打出来的》——在2015年项目管理论坛上的讲话，总裁办电邮讲话［2015］118号）

9.1.3 后方组织要实行联勤服务，及时准确地支持一线作战

将来的组织结构的部门数量从上到下是一个纺锤形。上部是总部机关，中部

是地区部、产品线及其他执行部门，下部是代表处、生产线……总部机关小、部门少，是由有成功实践经验的人组成的，他们能理解前方的诉求，有清晰的战略与战术方向，决策准确、速度快、服务好。部门功能比较综合，因此部门少。中部承担了庞大的作战任务，由于有许多具体的专业支持要实施，部门分工比较细一些，因此部门会多一些。而基层在操作执行上，部门的职责要综合，不能与中部组织一一对应。否则就会协调太多，内耗严重，成为在前线的官僚主义。因此部门设置也比较少。（任正非：在英国代表处的讲话纪要，2007）

我们已明确变革要以作战需求为中心，后方平台（包括设在前线的非直接作战部队）要及时、准确满足前线的需求。我们机构设置的目的，就是为作战，作战的目的，是为了取得利润。后方平台是以支持前方为中心，按需要多少支持，来设立相应的组织，而且要提高后方业务的综合度，减少平台部门设置，减少内部协调，及时准确地服务前方。（任正非：《谁来呼唤炮火，如何及时提供炮火支援》，总裁办电邮文号［2009］001号）

前方要准确清晰地提出并输入需求，后方要能清楚准确地理解前方的需求，按需求提供支持。（任正非：《谁来呼唤炮火，如何及时提供炮火支援》，总裁办电邮文号［2009］001号）

后方变成系统支持力量，必须及时、有效地提供支持与服务，以及分析监控。公司机关不要轻言总部，机关不代表总部，更不代表公司，机关是后方，必须向前方提供支持与服务，不能颐指气使。（任正非：《谁来呼唤炮火，如何及时提供炮火支援》，总裁办电邮文号［2009］001号）

我们内部协调的工作量太大了，我认为后方组织要减少，业务可综合的重组一下，减少协调，要实行联勤服务，你们要慢慢弄懂联勤是什么意思。要把困难留给自己，不能留给前方。前方给一圈机关打电话，就是为了协调后方两个领导的矛盾，为什么后方不把这些业务归纳成一个统一的行政组织，在内部解决困难呢？现在我们运行已经比较规范化，不像原来那么混乱了，这些业务组织的业务应当适当地合并，同样的人员可以适当地多承担一些责任，减少些编制，可能对提高效率会

有点好处。（任正非：在 EMT 办公例会上的讲话，2010）

9.2 项目财经管理的关键活动

9.2.1 项目概算、预算、核算、决算闭环

以项目和客户作为基础核算单元

项目和客户是经营管理的基础。代表处经营管理真正的重心是项目和客户，应以项目、客户作为基础的核算单元。项目是细胞，细胞最重要。没有项目核算，系统部和代表处的经营管理都无法有效地开展。一旦项目和客户清楚了，系统部就清楚了；系统部清楚了，代表处、地区部以此为基础累积也就都清楚了。（来源：《拉通项目四算，支撑项目层面经营管理》——IFS 项目向任正非专题汇报纪要，总裁办电邮文号［2010］007 号）

项目成本核算是各级组织优良管理的基础。（任正非：《以客户为中心，以奋斗者为本，长期坚持艰苦奋斗是我们胜利之本》——在 2010 年度市场工作会议上的讲话，总裁办电邮文号［2010］002 号）

我们正在把公司的重心转向以利润为中心的主体建设，机关必须为利润中心提供服务。这就是说，将来以利润为中心就是将项目的利润作为基础决策主体，这个就是项目 CEO 的定位。（任正非：与 PMS 高端项目经理的座谈纪要，总裁办电邮文号［2009］007 号）

项目概算、预算、核算、决算是项目经营管理中的关键活动，概算是设计项目利润的过程，预算和核算是管理增收节支的过程，决算是传承经验的过程。项目四算拉通的服务对象是系统部以及各类项目组，价值在于支撑项目层面的经营管理。（来源：《拉通项目四算，支撑项目层面经营管理》——IFS 项目向任正非专题汇报

纪要，总裁办电邮文号［2010］007号）

若没有将“计划、预算、核算”三个机制及围绕哪些对象管理梳理清楚，整个改革还是在以功能组织运作为中心，围绕功能组织配置资源、核算，那么管理是无法简化的。华为改革一直没有改革核心问题。（任正非：关于“严格、有序、简化的认真管理是实现超越的关键”座谈的纪要，总裁办电邮讲话［2014］028号）

项目经营首先要提高预算及核算能力。项目预算要可靠、清晰、可执行；项目核算要准确、完整、可评价。我们要识别项目预算、核算做得好的员工，通过破格提拔来鼓励他们和激活组织。（来源：预算工作讨论会议纪要，总裁办电邮会议纪要［2014］004号）

项目有了预算就是“指挥中心”，拥有指挥作战的权力，全面预算管理要为这种运作机制提供支撑。要强调项目中资源使用的成本，实现资源的能力和成本信息的透明化，支撑项目去选择合适的资源。（来源：关于“从以功能为中心向以项目为中心转变项目”进展汇报的纪要，EMT纪要［2014］019号）

以项目为中心的预算机制要围绕计划—预算—核算—评价的闭环管理，实现责任中心与项目预算的衔接。在以项目为中心的预算生成过程中，要考虑到销售项目、交付项目，还要关注到与客户投资计划相匹配的线索和机会点，从而实现预算生成从项目中来（责任中心预算 =∑ 项目预算 + 空耗）。目前，项目四算质量还不够高（预核算贡献毛利率偏差15%之内项目占比为65%、滚动预测偏差15%之内项目占比为36%）。GTS和区域财经管理部要针对项目四算管理中的主要问题，深入分析根本原因，有目标、有计划地加以改进。（来源：关于“从以功能为中心向以项目为中心转变项目”专题汇报的纪要，常委会纪要［2015］020号）

项目全生命周期的预算既要同客户的年度预算相匹配，又要和华为内部的年度预算相匹配。由于客户和华为都是按照年度管理预算，因此在项目全生命周期的预算要分解到客户年度预算、华为年度预算，支撑代表处的经营管理，这样才能解决预算可信的问题。（来源：财委会办公室工作会议纪要，2015）

项目四算（概算、预算、核算、决算）作为项目经营的关键活动在项目全生命周期应遵循以下原则：概算支撑方案优化，支撑销售决策，确立项目初始经营目标；预算继承概算，按照预算投入资源，支撑项目经营目标达成；基于项目决算，对项目经营进行全面评估与评价；建立资源买卖，支撑效益提升。（来源：《项目经营管理政策》，司发［2013］160号）

项目概算是合同谈判的基础

在项目报价时要有成本基线的支撑，项目报价结果作为项目交付的预算，并贯穿整个项目管理的主线。项目经理不仅要对交付负责，还要对项目的财务指标负责。销售和交付的目的都是为了回款。（来源：《围绕客户PO打通，支撑“回款、收入、项目预核算》——IFS项目向任正非专题汇报纪要，总裁办电邮文号［2009］002号）

把概算和合同谈判能力融成一个能力中心，因为合同谈判是基于概算的，概算都没明白怎么能去谈判呢？把印度籍的优秀员工拨出一些来，建立面向全球的投标、概算和谈判的能力中心，将投标、概算、谈判等活动拉通起来。（来源：《围绕客户PO打通，支撑“回款、收入、项目预核算”》——IFS项目向任正非汇报纪要，总裁办电邮文号［2009］002号）

概算要由经营主体来做，各级一把手就是概算经理，心里面要有一本账。他心里都没有概算，今年怎么赚钱，怎么能把钱赚回来呢？在代表处层面，每个代表处代表、系统部主任是概算经理，系统部层面的财经经理（BFC）来做具体工作。（来源：《拉通项目四算，支撑项目层面经营管理》——IFS项目向任正非专题汇报纪要，总裁办电邮文号［2010］007号）

我们没有概算的概念，没有概算过用这种合同场景，它的合同系数大概是多少？标准系数是多少？我们有多少种概算模型？就是“蒙估神”，“蒙一蒙，估一估”，大概就差不多了，然后CFO精算，算出来跟我的大数差不多。我们要分析一下，差别几个数是什么原因？派几个人到那个地方再去看一看，就能确定我们的平均线是设在哪儿，到底谁更正确。我们不争谁正确谁不正确，我们追求怎么才能正确。我们的工作量是有张有弛的，弛的时候我们应该赶快去做合同场景的规划、调查。拉美地区不求做大做强，先做到有利润。对战略机会点，也应在薄利的基础上做生意。拉美地区有汇困等一系列问题，眼前做不大的时候就应该谋求以利润为中心。（任正非：在拉美北地区部、哥伦比亚代表处工作汇报会上的讲话，总裁办电邮讲话［2014］051 号）

炮火是有成本的，谁呼唤炮火谁对成本负责

前线部队最了解情况，也最能评估工程量，应在不违反公司总原则、总目标的前提下，保障基本作战单元的自主性，包括战术上、操作上的决策和适当的人力及物力配置。各干部主要对资源的质量负责，但资源配置应由项目经理来提出，不能官僚、教条，项目经理要人，不能死卡着不给。因为前线作战人员是最知道战场形势和项目情况的，所以一定要让项目经理们在资源配置上有灵活空间。（来源：任正非、孙亚芳在研发组织运作优化汇报会上的讲话纪要，2001 年）

如何协调资源，关键是使用资源一定要有成本，利润中心要对为他发展的成本与费用承担责任。只要这样，机会越多越好，资源不够了，说明获得利润的机会太多了。我们永远都会有人飞来飞去，费用应由利润中心来承担。什么叫作呼唤炮火，就是把费用核算到利润中心去！我就觉得这里面就存在一个问题：我们怎么样把为这个项目服务的费用都核算到这个项目里面去。没有合理的计算方法，这样就导致了我们在人力资源管理上还是一个后进单位。微软陈永正，他说他没钱，理解不了我们公司大手大脚花钱的做法。他的钱得向每个代表处每个项目去要：我给你服务了，你这个费用就要给我，他们的预算在利润中心。我们现在是总部有大把的钱，总部养了一大堆人、臃肿的平台机构，现在我们的核算体系有问题。（任正非：与 IFS 项目组及财经体系员工座谈纪要，总裁办电邮文号［2009］004 号）

代表处要保证要货的准确性，如果发生退货时我们要打折扣，回收造成的损失就会影响你的薪酬包。这样才能使代表处每个人都认真对待要货准确性，防止大家囤货，造成公司的成本费用不可控。公司的管理节约最直接体现在薪酬包里。（任正非：与巴西代表处及巴供中心座谈纪要，总裁办电邮讲话［2014］050 号）

逐步减少仓库的二次分拣式生产，仓库费用及存货成本要核算分摊到受益者。

如何才能减少二次分拣式生产呢？谁受益，谁就承担费用。第一，仓库的租赁、人工等所有费用都要核算分摊到受益者，否则还是会以销售为中心的粗制滥造。第二，将来存货、退货、报废也要算受益者的费用，至少相当一部分要核算到你头上。第三，供应中心仓库的成本也要受益部门分摊，绕过供应中心仓库直接发货，节约出来的利润，可以抽一部分作为奖金来发。（任正非：《第一次把事情做对》，总裁办电邮讲话［2014］060号）

探讨交付资源的财务预算和人力预算之间的关系，项目组有需使用人数的计划及人力预算，对于预算，我们有清晰的变更规则，可以随业务的波动具有一定的弹性。对于人数，公司有HC（人员控制）的管理办法，在业务量增加时，代表处、资源池会因受HC强管控的约束，而难以根据业务量匹配人员，这属于机制上的问题，要通过这次试点揭示出来。同时，我们现在没有关于项目人头数的变更机制，也没有基于信任的人头数的预测和审批，要尝试去解决。要去研究项目资源需求与资源部门供给之间的机制，项目资源需求与资源部门供给之间是一对矛盾与平衡关系。一方面要强调项目资源计划准确性，另一方面也要强调资源部门对整个资源计划管理及资源统筹负主要责任。对于项目资源计划的不准确，应通过资源申请和资源释放的提前期方式进行管理，可以考虑根据不同的资源级别来设置不同的提前期。对于没有按照提前期申请和释放资源的项目组，可以参考翻译中心报价和采购退货的方式，让项目组承担一定的成本，资源部门也承担一定的成本。（来源：财委会办公室工作会议纪要，2015）

对项目损益、现金流和运营资产效率基于基线进行管理

评估项目价值过程中，对项目损益、现金流和运营资产效率要进行评测并基于基线进行管理，继续将全流程交易质量的改善作为公司的优先核心业务加以管理；项目执行过程中要以计划和计划集成为龙头，以项目预算为执行准则，落实交付质量与项目成本、盈利和现金流的管理要素。（来源：《2010年关键工作要求》，EMT决议［2010］007号）

拉美北地区部每个国家建每个国家的基线，用过去三年的数据分析就会得出一个基线，以后的改进就是瞄准前两年的改进。今年跟去年比，明年跟今年比。不要寻求统一的标准基线，不同国家情况完全不同。不追求最佳、最优、最科学，用平衡积分卡，发现哪个和前年比没有改进，明年就重点改进没有改进的那一块，这样多少年循环下来就能达到相对优化的管理。我们在获取分享的时候，改进就直接关系你的收益，浪费也直接关系你的收益。这样才能使自己的费用管理科学化。（任正非：在拉美北地区部、哥伦比亚代表处工作汇报会上的讲话，总裁办电邮讲话［2014］051 号）

继续优化以代表处为中心的基线管理，全球"一国一制"的合理基线。并且不断摸索优化，采用电子智能化后，基线管理也很简单。我们现在的基线是模糊的，以后是科学的。（任正非：在泛网络区域组织变革优化总结与规划汇报的讲话，总裁办电邮讲话［2017］030 号）

9.2.2 树立经营意识，建立项目经营管理机制

1. 项目是经营管理的基本单元和细胞，项目经营得不好，公司的优质经营就无从谈起。2. 项目经营团队就是作战组织，不管常设与临设都应有干部任职资格管理。我们要从优秀的项目经营团队中选拔干部。3. 年度预算的生成要基于项目 / 机会点，资源分配也要逐步落到项目，项目经营团队根据业务计划及授予预算向支撑组织购买资源。支撑组织要对资源的效率负责。4. 项目经营团队是公司经营管理的基本组织，代表处、系统部、产品线是基于项目经营的综合管理组织，从不同维度（产品、客户、地域）来平衡整个公司的业务发展。5. 明确员工在项目经营过程中的责任，只有将责任落实到每个人的身上，并以履行结果来评价干部，才能让大家真正承担相应的责任，促进管理的简化及有效。6. 项目概算中的假设及风险，恰恰体现了我们的专业能力。假设要合理，风险预估要适度。在项目决算阶段，不仅要对项目的实际经营结果做出全面评价，同时要对概算阶段的风险及假设进行回顾。假设及风险如果与实际结果偏差过大，说明其专业能力不足。（来源：IFS-PFM 项目向任

正非汇报纪要，总裁办电邮文号［2013］074号）

从“基于个人能力的项目经营”到“基于组织能力的项目经营”。（来源：IFS-PFM项目向任正非汇报纪要，总裁办电邮文号［2013］074号）

我们强调的基层实践经验，就是指“项目经营管理”经验，这个项目包括销售及交付项目、研发项目等。在干部选拔和任用上，要强调其基层经验、项目经验。（来源：IFS-PFM项目向任正非汇报纪要，总裁办电邮文号［2013］074号）

坚持从优秀的项目经营团队中选拔干部，把项目经营结果和干部末位淘汰结合起来。让优秀的前30%项目团队去接管后面的30%项目团队，使项目的经营管理能够不断提高。通过这种机制，我们加强了行政主管，特别是中基层主管的专业性。（来源：IFS-PFM项目向任正非汇报纪要，总裁办电邮文号［2013］074号）

华为的“项目经营”本质是划小经营单元，大公司要像小公司那样有活力、不僵化。但我们的体制能否支撑？大公司怕僵化，小公司怕失控。（任正非：关于“严格、有序、简化的认真管理是实现超越的关键”座谈的纪要，总裁办电邮讲话［2014］028号）

项目经营首先要提高预算及核算能力。项目预算要可靠、清晰、可执行；项目核算要准确、完整、可评价；我们要识别项目预算、核算做得好的员工，通过破格提拔来鼓励他们和激活组织。（来源：预算工作讨论会议纪要，总裁办电邮会议纪要［2014］004号）

郭平说，我们的增长方式要从优先追求规模成长，转向效率、效益驱动。项目经营管理是我们的重要手段，也是各级管理者的基本技能。（任正非：在项目管理资源池第一期学员座谈会上的讲话，总裁办电邮讲话［2014］058号）

做好项目经营是项目八大员共同的责任，但是由于八大员在项目中的职责分工各不相同，其职责也应该是有差异的。德国代表处“以项目为中心运作”试点可以在这方面进行积极的尝试，使得项目核心成员要承担共同但有差异的责任。例如，项目财务是项目预算/预测/核算准确性的第一责任人，对此承担特别的责任，出了问题要首先被处罚。如果因为业务的原因导致财务有差异，项目财务要追根溯源。

从另一个角度讲，这也为财务人员卷入业务提供了机会，逐步促进项目预核算水平提升。（来源：财委会办公室工作会议纪要，2015）

为什么我们的项目不能赢利？其实是我们的项目 CEO 根本没好好算过账，“财大马虎”，他目的是给客户交付，没想过自己还有目的，就是我们要赢利呀。我们坚持“以客户为中心”，但是我们自己的利益要从我们有效的管理中产生。我们现在的管理不算有效，项目经理不懂财务，项目 CFO 不懂业务。所以我们曾经要求一部分优秀的项目 CFO 到小项目中去做 CEO，一部分大项目的 CEO 到小项目中去做项目 CFO。项目 CFO 要懂业务，周末去你的城市附近，爬爬铁塔、装装基站，哪怕你不会调试，能把螺丝钉拧上去，也会比别人懂得多一些，就有希望比别人晋升得快；项目 CEO 也要学学财务，在这一段电缆中，用工是多少、预算是多少等，好好去算一算。这批人中，这次我签发破格提拔了三四百人，最高有破格三级的。（任正非：《将军是打出来的》——在 2015 年项目管理论坛上的讲话，总裁办电邮讲话［2015］118 号）

9.2.3 售前与售后拉通

每个大项目要保证全流程的拉通管理。我们项目的四算是从项目的立项开始的，一直到回款，是端到端全流程的。现在实际情况都是分成了两段，一段销售，一段交付，激励也是分段激励，没有拉通，各自都有激励，但究竟这个项目有没有赚钱，不知道。我认为，销售项目奖要和盈利挂钩，根据概算的赢利情况对订货的及时激励奖做系数调整，驱使大家追求高质量合同，有效管理合同条款；交付项目主要看预算与交付成本的偏差，当然客户满意是基础。各自责任要清楚，不能错位。（徐直军：《基于流程构筑能力，实现有效增长和高效运营》，SDC 办公室函［2013］011 号）

我们的管理运作要从“以功能为中心”向“以项目为中心”转变。客户项目和产品项目是公司未来业务运作的主要形态。因此，提高项目经营方式和项目管理水平，是我们未来几年提高效率和效益的主要手段。2015 年我们将持续推进以项目为中心运作，开始尝试售前—售后拉通的项目制试点，重点解决“项目经理授权”“项目资源保障”和“预算管理机制”三个关键问题，牵引公司组织结构逐步从“以功能为主、项目为辅”的弱矩阵结构向“以项目为主、功能为辅”的强矩阵结构转变。通过重装旅、重大项目部、项目管理资源池等战略预备队的建设，在项目运行中实现组织、人才、技术、管理方法及经验的循环流动。目的是支撑企业新的作战方式：让听得见炮声的人来呼唤炮火，让前方组织有责、有权，后方组织赋能、监管。（胡厚崑：《拥抱未来，共建全联接世界》，总裁办电邮讲话［2014］087 号）

我认为这不是真正的项目经营，项目经营是整个端到端的事情，涉及售前、售后一直到回款，交付只是其中的一个环节，如果地区部总裁和代表处代表只是看项目最终的赢利情况，而不去管合同签署的质量，就会把项目最终的赢利压力全部压在交付环节，这是不合理的。（徐直军：《把交付打造成为华为公司的核心竞争力》，总裁办电邮讲话［2014］024 号）

项目 Owner 承担端到端经营管理责任（售前及售后），管理及使用项目预算，批准风险准备金使用申请，达成项目经营目标。项目售前 PD[①] 的关键经营职责是组织签订高质量的合同和输出概算，识别主要风险、假设，并对概算质量负责。交付项目 PD/PM[②] 的关键经营职责是基于契约开展高效、低成本、优质交付，达成项目经营目标，并对交付进度、质量、客户满意度等项目目标负责。项目 CFO、项目财务经理（PFC）作为项目经营核心成员，协助项目 Owner 和 PD/PM 开展项目经营相关工作。PD/PM 应对项目经营过程中的流程遵从与数据准确负责；PFC 参与项目全生命周期的关键经营活动（包括项目的概预核决环节、项目的综合财经解决方案、参加项目计划的制订、变更等），有效促进项目经营目标的达成，及时预警项目潜在风险；项目 Owner/PD/PM/ PFC 共同对项目经营结果负责。（来源：《项目经营管理政策》，司发［2013］160 号）

---

① PD，project director，项目总监。

② PM，project manager，项目经理。

9.2.4 项目风险假设闭环

项目概算以项目为对象，以交付方案、基线、风险、假设等为输入，是基于完全成本模型的量化分析，既用于支撑销售决策，也用于支撑方案优化（含合同条款改善），提升方案竞争力。批准生效的项目概算，就是项目经营的初始目标。项目概算不仅包括项目概算量化结果（损益和现金流），对概算产生重大影响的风险、关键业务假设，项目的销售决策意见也作为项目概算的重要构成。（来源：《项目经营管理政策》，司发［2013］160号）

沿着LTC流程，IFS从经营视角建立一套完整的项目经营方法论，“项目四算”作为项目经营的关键活动在项目生命周期得到尊重和遵循。“概算支撑决策与方案优化”“按预算交付”“风险假设闭环管理”等关键变革点已融入项目日常管理中。今天，项目概算的系统归档率已提升到99%；项目预算收入覆盖率从最初的56%提升到99%；56%的项目识别并量化潜在的风险。借助青训班、后备队、PFC资源池的建设，我们正从“经营好单个项目”，朝着“批量地、可复制地经营好项目群”转变。（孟晚舟：《在变革中成长——写在IFS落幕之际》，《管理优化》第463期，2014）

9.3 确保项目经理和项目经营团队责权对等

9.3.1 项目经理的责权应对等

为更好地服务客户，我们把指挥所建到听得到炮声的地方，把计划预算核算权力、销售决策权力授予一线，让听得见炮声的人来决策。打不打仗，后方决定；怎么打仗，前方说了算。由前线指挥后方，而不是后方指挥前线。机关是支持、服务和监

管的中心，而不是中央管控中心。（任正非：在英国代表处的讲话纪要，2007）

我们把作战权给一线项目团队，把预算权给项目经理，把激励机制建立在项目上，并逐步建立资源买卖机制。如果将代表处看作一个公司，需要机关、地区部支持，代表处都得出钱，代表处就是销售与服务公司，项目就是一个个独立的利润中心。清晰的资源买卖机制能真实反映项目的赢利情况。这些就是公司目前在推动的项目四算，项目四算是最基础的财务工具。持续的项目四算，会使我们的项目基线越来越准，越来越清楚，对于如何持续提升项目赢利能力的努力方向就越来越清晰，对于项目的分享制、激励机制的建立也就更科学和合理。（来源：《基于流程构筑能力，实现有效增长和高效运营》，SDC 办公室函［2013］011 号）

这是一个巨大的转变，意味着要夺功能部门的权。功能部门未来就是能力中心、资源中心，要把它们的权力转到项目经理团队中来，也意味着未来以衙门为中心转向为以作战团队为中心，意味着激活了千千万万的作战团队，以班为单位、以连为单位的作战团队。（来源：《基于流程构筑能力，实现有效增长和高效运营》，SDC 办公室函［2013］011 号）

道理就是这么简单，所以把权力下放到一线就是为了更多的能独立作战的人出来，像李云龙这样的人出来。我们要在现有流程制度基础上充分发挥大家的主观能动性，这就是我们希望在力出一孔的主航道上发挥一线指挥官的创造性和主观能动性。（任正非：和广州代表处座谈纪要，总裁办电邮文号［2013］057 号）

明确员工在项目经营过程中的责任，只有将责任落实到每个人的身上，并以履行结果来评价干部，才能让大家真正承担相应的责任，促进管理的简化及有效。（来源：IFS-PFM 项目向任正非汇报纪要，总裁办电邮文号［2013］074 号）

项目 Owner 要做实，要承担端到端的经营管理责任（售前及售后），对达成项目的经营目标负责。项目 Owner 应从代表处产生，快速响应及当责。（来源：IFS-PFM 项目向任正非汇报纪要，总裁办电邮文号［2013］074 号）

将来我们要把指挥炮火的权力下放到最基层，作战单元是项目。我们正在大规模建立子公司董事会，通过很多老资格员工组成董事会，对项目实施一些监管。（任

正非：在重装旅集训营座谈会上的讲话，总裁办电邮文号［2013］174 号）

一方面要改革责权分配机制，在合理制衡、有效监督的基础上，对合格的一线指挥官基于其岗位责任，充分信任，大胆授权，使责权真正对等，使整个组织的运行重心更低。（胡厚崑：《正确的价值观和干部队伍引领华为走向长久成功》，总裁办电邮文号［2013］240 号）

进一步推进组织变革、简化管理、下移管理重心，加大一线授权。公司可以越做越大，但管理不能越来越复杂。严格、有序、简单化的认真管理是实现超越的关键。2014 年，公司将进一步推进组织变革，下移管理重心，推动机关从管控型向服务、支持型转变，加大向一线的授权，让听得见炮火的组织更有责、更有权；让最清楚战场形势的主管指挥作战，从而提高整个组织对机会、挑战的响应速度。同时，我们将加强在一线作战面的流程集成，提升一线端到端效率，使客户更容易、更简单地与我们做生意。（徐直军：《聚焦战略，简化管理，有效增长》，总裁办电邮文号［2013］246 号）

我们要逐步改变目前以功能部门为核心的自上而下的层层级级的授权方式，让项目（群）经理根据经营目标和项目预算拥有开展项目经营管理所必需的人、财、事等各项权力，提升项目（群）经营管理的积极主动性，促进公司有效增长。（郭平：《持续变革，提升一线作战能力，保障公司有效增长》，总裁办电邮讲话［2014］020 号）

公司将逐步调整为以项目为中心运作，未来所有项目经理在资源的使用权、人员的考核权、财务的权签（人权、事权、财权）等方面都要承担责任。人权是过去项目经理相对比较弱的一方面，因为绩效管理和人事管理原来都在功能部门，所以这次增加了人员绩效管理最基本的培训。（任正非：在解决方案重装旅第一期学员座谈会上的讲话，总裁办电邮讲话［2014］064 号）

我们现在的问题是集体决策太普遍了，所以要强调个人负责制，就是首长负责制。委员会制度我们还是要控制，不要到基层还要有委员会。越到前端，越要强调首长负责制；越到上端，越要强调集体决策制。集体决策的同时，委员会 / 团队主任要承担一定权重的责任。不能时时、事事都集体决策，这会导致高成本，要加大授权。（来源：关于“从以功能为中心向以项目为中心转变项目”进展汇报的纪要，EMT 纪要［2014］019 号）

9.3.2 加强项目经营团队建设，激发基层作战单元的组织活力

项目经营团队就是作战组织，不管常设与临设都应有干部任职资格管理。我们要从优秀的项目经营团队中选拔干部。（来源：IFS-PFM 项目向任正非汇报纪要，总裁办电邮文号［2013］074 号）

项目经营团队是公司经营管理的基本组织，代表处、系统部、产品线是基于项目经营的综合管理组织，从不同维度（产品、客户、地域）来平衡整个公司的业务发展。（来源：IFS-PFM 项目向任正非汇报纪要，总裁办电邮文号［2013］074 号）

SDT 团队既是销售决策团队，也是项目经营决策团队。既要对获取合同负责，也要对按契约交付、项目经营结果负责。（来源：IFS-PFM 项目向任正非汇报纪要，总裁办电邮文号［2013］074 号）

在合理制衡的基础上，赋予基层组织指挥的权力，按照责任贡献提升一线岗位的职级，使组织运作更灵活机动、成本更低。（胡厚崑：《正确的价值观和干部队伍引领华为走向长久成功》，总裁办电邮文号［2013］240 号）

在运作方面，我们要改变到以项目为经营单位的管理体系，包括如何定义项目型组织，对项目型组织管理人员的定位、授权、激励、资源获取机制……通过预算获取相应权力，这些问题可能是我们需要调整的。将来研发项目、交付项目、变革项目、基建项目，都可以在这个平台上运作。建立大的管理体系可能涵盖我们从产品开发到销售、供应、交付、财务的全流程。（任正非：关于“严格、有序、简化的认真管理是实现超越的关键”座谈的纪要，总裁办电邮讲话［2014］028 号）

就是要激发一线活力，提高运营效率，这也是我们提出以项目为中心的根本诉求。（郭平：《以项目为中心，促进公司长期有效增长》——在 PMS 2014 的讲话，2014）

9.4 项目的考核与激励

9.4.1 坚持基于项目经营全流程结果的考核、评价与激励机制

我们不能只建设基于行政部门的单一干部授权、价值评价与激励机制，还应该建立基于项目的干部授权、价值评价与激励机制，使一线、机关、支撑平台的人员及专家，勇于参加各种项目，使项目团队成为公司高效、敏捷的作战单元，确保项目的成功。（任正非：《不要盲目扩张，不要自以为已经强大》，总裁办电邮文号［2012］006 号）

坚持基于项目经营全流程结果的考核、评价与激励机制。所有的考核与激励都要基于责任结果，流程中的各个环节都要对结果负责。基于过程的考核，会导致相互推诿、各管一段。基于过程的阶段性评价，可以记为“工分”，每个“工分”的分值最终还是要基于项目的经营结果确定。（来源：IFS-PFM 项目向任正非汇报纪要，总裁办电邮文号［2013］074 号）

我们每个组织各自有各自的独特价值和定位。从交付体系的角度来讲，首先是要在合同中构筑可交付性，然后基于合同预算按时按质完成交付，并且保证客户满意，这是交付体系最核心的价值。而对于交付项目经理而言，由于在前端构筑可交付性环节不一定是他参与的，所以他的核心价值就是基于合同预算按时按质完成交付，然后保证客户满意，在此基础上，如果还能比预算节省一点就更好。西门子对项目经理的考核很简单，由于他们的预算做得比较准，所以他们对所有项目的考核就是在按时按质完成的基础上比预算节省 5% 就能得满分，交付项目和研发项目都是这样。（徐直军：《把交付打造成为华为公司的核心竞争力》，总裁办电邮讲话［2014］024 号）

针对项目经营，项目是最基本的细胞，项目八大员要承担对项目经营最基本的管理职责，对项目经营目标承担责任，使得代表处的经营目标由项目来承载。（任正

非：在解决方案重装旅第一期学员座谈会上的讲话，总裁办电邮讲话［2014］064号）

不同国家、不同地区的考核基线要有差异化。因为发达地区的工作相对容易一些，考核基线的吃水线要多承担一些责任，新疆的考核基线比北、上、广应该低一些。基线调整的目的，就是要让艰苦地区奋斗的人员努力奋斗、不吃亏。（来源：区域差异化考核进展汇报会议纪要，总裁办电邮讲话［2015］050号）

9.4.2 探索项目奖，落实获取分享制

利润中心就是项目的预算是基于一线的，给利润中心提供服务，服务是有成本的，如果前方不选择我服务，就说明我的服务没有竞争力。财务资源、人力资源、薪酬、奖金等，要逐渐从现在的授予制改变到获取分享制。财经要探索建立支撑代表处利润中心建设的财务管理机制。（任正非：与财经体系干部座谈纪要，总裁办电邮文号［2012］029号）

基于项目经营结果的激励，能不能实行"只备案不审批"的机制，要相信项目经理能够把钱分好，只有这样，项目经埋的责任和权力才是对等的，他才会有高度的责任心去经营好项目。（来源：IFS-PFM项目向任正非汇报纪要，总裁办电邮文号［2013］074号）

我们也要改变激励机制，叫"获取分享制"，获得成绩就应得到奖励，几年后能够真正生根开花。（任正非：在重装旅集训营座谈会上的讲话，总裁办电邮文号［2013］174号）

我在2012年就提出来要对交付项目实施分享制，目的就是要通过机制来牵引我们公司交付成本的持续改进。什么是项目分享制呢？比如一个交付项目，基于能力基线的成本预算是100万美元，项目经理通过发动他的项目团队努力提升交付效率，使整个项目用90万美元就完成了交付，为公司节约了10万美元的成本，公司为了奖励交付项目团队所做出的努力，就在节约下来的10万美元中拿出一部分来分享给交付项目团队（财务上计入成本），同时刷新能力基线。这样，公司每进行一次成

本节约的分享，就会得到一个新的交付能力基线，并且通过成本节约的分享，充分激发了交付体系全体员工持续去提升交付效率、降低交付成本的主观能动性和创造力。在梁华和我的推动下，针对管理服务项目的分享制已经推行起来了，但对交付项目推行分享制还没有在公司完全达成共识，关键问题就是交付项目的能力基线还没有建立起来，还不能保证项目预算的准确和可信。（徐直军：《把交付打造成为华为公司的核心竞争力》，总裁办电邮讲话［2014］024号）

落实获取分享制，管理好员工的分配结构，关注到公司的每个角落，让人人都能分享到公司成长的收益。第一，薪酬激励的对标分析要提高合理性，要管理好拉车人和坐车人的分配比例，让拉车人比坐车人拿得多，拉车人在拉车时比不拉车的时候要拿得多。第二，金字塔不仅拉开顶端差距，还要重视金字塔的基座，把每一个角落的人都要关注到。非物质激励应该是让多数人变成先进，让大家看到机会，拼命去努力。要攻下战略机会点，不仅靠物质激励，更重要的是要培养战略系统思维。（任正非：在公司近期激励导向和激励原则汇报会上的讲话，总裁办电邮讲话［2014］079号）

在项目激励方面，公司已为一线提供了导向和架构，各区域积极开展了项目奖的实践。对下一步的项目激励形成以下两点结论：1. 目前的项目奖来源于项目收益，出自代表处年度奖金包。关于超出项目预算目标的“项目经营改善奖”进项目成本的思路，由于找不到合理的方案，暂时搁置。2. 公司对交付项目有两个层面的要求：一是按预算完成及时、准确、优质的交付，实现客户满意；二是通过增加收入、节约成本改善项目经营。按项目经营改善分享奖金已经在GTS管理服务项目和部分区域开展了实践。鼓励一线积极开展“项目经营改善奖”的尝试，具体方案由各个地区部、代表处自行决定，奖金来自年度奖金包。（来源：关于“从以功能为中心向以项目为中心转变项目”专题汇报的纪要，常委会纪要［2015］020号）

项目目标的设置应体现按预算完成和基于预算改进两部分。对于项目预算目标的经营改善（如：增加收入、节约成本），应给予额外的奖励。因此，项目奖可以分为两个部分：一个是对准按项目预算完成的奖励，只要按项目预算完成了，就可以获得这部分的奖励；另一个是对准项目经营改善的，牵引项目组基于项目预算目标改善项目经营。（来源：财委会办公室工作会议纪要，2015）

第十章

健全责任中心管理控制系统

正确地定位部门的责任中心性质，是企业管理控制系统有效运作的基础。企业的预算、考核、核算、激励都是基于责任中心展开的。建立责任中心的目的是明确责任、简化管理、激活组织。怎么建立和定位责任中心，是企业管理控制要权衡的主要问题之一。这里，关键的考虑不仅是业务性质，而且是要建立何种经营机制，经营机制说到底是利益驱动机制。

责任中心的建立通常与如何划分核算单位相联系。华为的管理实践表明，应当因地制宜地划小核算单位。不划小核算单位，经营责任就很难落到实处，部门和团队的贡献差异就无法体现，从而激励政策也就很难与贡献挂钩，组织就缺乏活力。但核算单位也不是划得越小越好，核算单位划得越小，内部交易界面就越多，内部交易成本就越高。所以，如何划分责任中心要从战略角度对成本效益做适当的权衡，是管理控制的一项重要决策。

华为公司的实践表明，责任中心之间要建立分权制衡机制。即使都是利润中心，比如产品线和代表处，各自的侧重也应有所不同。产品线作为利润中心侧重考核销售收入，其次才是利润，这样促使产品线把收入做大，销售计划趋于激进。代表处作为利润为中心重点考核利润，其销售计划就会偏于保守，这样在激进与保守之间就找到了一个平衡点，两者之间就有一个制约。

责任中心考核和激励机制的设计既要与结果挂钩，按贡献合理拉开收入差距，又要有利于加强协同奋斗，将华为以客户为中心的“胜则举杯相庆，败则拼死相救”的光荣传统制度化地巩固下来。公司利用虚拟统计、虚拟考核等多种方式来实现这一目标。

机关资源化，资源市场化，是公司资源平台与一线利润中心的改革方向。机关的费用预算只设定一个保障经营的底线。机关花钱要向前线要，我给你提供什么样的资源和服务，你给我多少钱，预算应该倒回来做。一线利润中心呼唤炮火是有成本的，谁呼唤炮火谁对成本负责。这样构建起资源买卖的交易模式，前后方相互制衡，就会逐步减少前线作战的盲目性，也给后方能力供应明确了需求。

本章将对责任中心管理控制的以上要点做深入讨论。

10.1 经营机制说到底是利益驱动机制

10.1.1 因地制宜划小核算单位

我们要按地区、按产品线实现从销售中心到利润中心的转变。经过20年的艰苦奋斗，我们建立组织、打下江山，目的不是为了持续亏损，把自己的墓挖到乌兹别克斯坦去。地区性的销售中心转变要逐步开始进行。这次国内市场部述职的时候，他们说自己有非常多的贡献、非常多的伟大，我看就一条不伟大，你给公司贡献多少？你有没有贡献足够的利润？你在经过18年培育的区域市场，应该说已经瓜熟蒂落，这个时候你要给我的贡献就是利润，通过这些利润来支持前方市场发展，支持产品线建设，这样才能构建我们全方位转变为利润中心。（任正非：《改变对干部的考核机制，以适应行业转型的困难发展时期》，总裁办电邮文号［2006］036号）

公司非主业部门要逐步走向独立核算，要建立自己的赢利模式和生存模式，推进以市场机制与公司主业交易。员工广场和慧通，先行探索独立核算效果较好，后续华为大学等也进行独立核算。盈利多了就发展，没人买产品和服务就萎缩。（来

源：关于2012年集团公司预算案第二次汇报的纪要，EMT纪要［2012］010号）

我们要实打实地来整改这个组织，提高效率，大家要挤掉冗余人员。如果说我们机关部门放假一个月，看看前方还能不能打仗，如果前方还能打仗就证明不需要这个机关。压缩不了机关，就不能涨薪，如果压缩以后，下面喊，我们再看看这个到底该谁管，如果下面不喊，就证明这个是多余的，有些事就不该你管，就把它裁掉。我们要按马拉车的方式来改革，这根绳子松就剪了，连后面的车子也可以丢了。（任正非：在EMT办公例会上的讲话，2012）

我们不能以国家大小来定代表处级别，而要以贡献来定。项目一定要赢利，优质资源向优质客户倾斜，客户能给我们提供多少空间，我们就在客户那儿投入多少资源，然后来提高客户满意度。什么叫大项目？赚大钱的是大项目，赚小钱的是小项目。项目大小与对公司产生的价值相关，而不是完全与规模相关。小项目可以变成大项目，小代表处也可以变成大代表处。在干部评价系统中，以管辖面、组织层级、功能部门有多少等，来确定干部级别，结果不会是英雄辈出。（任正非：在后备干部项目管理与经营短训项目座谈会上的讲话，总裁办电邮讲话［2014］054号）

代表处不再设这么庞大的作战机构，应该是精干的机构，这就是班长的战争。那缺少的作战队伍从哪里来？从重装旅、重大项目部、项目资源池等机动部队来。我们有一个机动的作战力量，应该可以缩小前方作战指挥中心的编制，管理好了，可以增产粮食。（任正非：在EMT办公会议上的讲话，总裁办电邮讲话［2014］059号）

“班长的战争”灵活、轻便和高效的组织运作，其核心是在组织和系统支持下的任务式指挥，实现一线呼唤炮火。任务式指挥是通过授权和指导，支持敏捷且适应力强的下级指挥官在意图范围内发挥有纪律意识的主动性，用自己的方式最有效地实现上级指挥官的意图。（任正非：在“班长的战争”对华为的启示和挑战汇报会上的讲话，总裁办电邮讲话［2014］078号）

实现任务式指挥，需要组织整体的改变，不是班长一个人的战争，而是需要在责任、权力、组织、资源、能力、流程和信息系统等多个组织管理要素上的支撑。

在责任分工方面，将战术指挥重心下沉到一线，高层和机关聚焦战略制定、方向把握及资源调配；在权力授予方面，行政管理和作战指挥权力分离，基于清晰的授权规则和下属的任务准备度进行合理授权；在组织配置方面，根据作战需要，模块化地剪裁和调整一线组织；在资源布局方面，战术资源贴近一线作战部队，战略资源集中布局，快速有效响应；在能力建设方面，以战略要求为主线，开展综合性能力建设；在流程运作方面，作战流程是面对复杂多变、不确定的环境，聚焦作战能力的实现，行政管理流程则严谨全面。在信息系统支撑上，通过构建互通的信息环境，使各级指挥官在任何时间 / 地点获取到完成任务需要的信息，对作战环境形成共同的理解。（任正非：在“班长的战争”对华为的启示和挑战汇报会上的讲话，总裁办电邮讲话［2014］078 号）

代表处作为坚强堡垒，要思考将来怎么建设。美军现在的军事理论中提出直接指挥到营，而不仅是到旅。直接作战指挥到营，以营为作战基础，因为远程火力配置强大了、流程清晰了。但是我们公司的国家（和地区）业绩基线不明确，每个国家（和地区）都应该按前三年的平均值建立各种业绩基线，只要超过业绩基线，在全球都属于同样的优秀干部。否则上海地区干部的晋升速度一定比莫桑比克、马拉维的干部快，因为那些国家本身就没有多少合同，包括伊拉克、利比亚。我觉得人力资源部最主要是管规则，包括业绩基线的考核规则，每年都要回顾。人家这个地区正在出现战争、瘟疫等各种情况的时候，你还保持过去的业绩基线不变，全球统一业绩基线，我认为这肯定是非常落后的考核方式。新疆和上海怎么能放到一个尺度里考核呢？在中国一定也要确定不同地区的业绩基线。我担心新疆、拉丁美洲这些地区陷落，大家都不愿意去，然后就垮掉了。所以这段时间我就跑到这些地区，我这次专门在新疆谈了，新疆要率先在全中国实现“五个 1”。为什么能实现“五个 1”呢？每条公路都设路长，你账实不相符，不准走这条公路。这样半年就出来五个优秀骨干，姑且叫他准将，明年这五个准将攻进乌鲁木齐实现账实相符。而在原来的道路上，重新选接班人，守住这些公路，叫副路长，他们不仅要管住现在过公路的账实相符，而且要回溯过去的历史旧账，这样又出来五个准准将（准备，再准备将军)。前面五个准将再加后面五个，结合起来，做出成绩来，中国大部分地区还要晚两三年才能实现的，新疆早实现，人才飞出去，不就是飞将军了吗？这样艰苦地区出英雄，也出干部。这样艰苦地区就有人去了，不然就没人去。(任正非：在“班长的战争”对华为的启示和挑战汇报会上的讲话，总裁办电邮讲话[2014]078号)

代表处应有客户的选择权、产品的选择权、合同的决策权，以此来推动后方的各项改革。代表处的决策权仅适用代表处不确定部分的自处，我们只把代表处不确定部分的决策下放给代表处，全流程的成本公司不授权，形成一定基线。(任正非：《前进的路上不会铺满了鲜花》——在2016年市场年中会议上的讲话，总裁办电邮讲话[2016]079号)

“权力下沉”是指扩大在代表处审结的内容与范围；“三点闭环”是指一项业务活动应在三个环节(申请、审核、批准)内完成，“三点”只是牵引方向，关键在于机关要及时提供支撑与服务，确保代表处简单、快捷地达成业务结果。(来源：关于权力下沉、三点闭环、代表处审结汇报的纪要，EMT纪要[2016]007号)

目前各业务领域都在积极推进向一线的授权，对于未来在“权力下沉工作方式”“权力获取方式”“权力落地方式”方面同意如下工作方向：(1)权力下沉工作方式：在各业务领域沿着流程，通过权力梳理，自上而下加大向一线授权的同时，要从集成视角，围绕一线“项目经营细胞”，对准客户和业务结果，自下而上识别并驱动权力下沉。(2)权力获取方式：目前授权是由上级主管逐级向下级授权(授权书)，下一步应将权力直接授予到一线作战岗位。(3)权力落地方式：现在的流程还不能满足一线丰富的作战场景需要，需进一步场景化，权力的落地通过流程优化实现。(来源：关于权力下沉、三点闭环、代表处审结汇报的纪要，EMT纪要[2016]007号)

我们的考核要“一国一策”，给艰苦地区一些支持。也不要认为我们以赚钱为中心，毕竟我们是履行为人类服务的理想。既然我们有这个理想，就要有实现这个理想的措施。有些地区丢就丢了，不能因此拖垮公司。(任正非：《前进的路上

不会铺满了鲜花》——在 2016 年市场年中会议上的讲话，总裁办电邮讲话［2016］079 号）

10.1.2 运用利益分配杠杆，建立经营单位自主经营、自负盈亏、自我激励、自我约束的机制

华为能发展到今天就得益于相对均衡的分配机制。面向未来，我们要实现多重、多次、多种利益分配机制，不同考核单元之间的相互支持必须在分配上得以体现，确保公司各方利益趋于一致，实现全球一盘棋。要充分认识到计划、预算、核算落到业务单元后存在的潜在风险，切实解决好交叉分配问题，杜绝利益集团的出现和封建割据的形成。（来源：EMT 纪要［2008］014 号）

公司要采用不同的指标系统来评价不同类型的业务单元，体现不同的牵引方向。1. 审视未来 2~3 年的市场机会，要区分清楚在这个历史时期，哪些业务单元正在向利润中心转移，哪些业务单元处于过渡阶段，哪些业务单元仍处于增长期。2. 按照利润中心建设的业务单元，要实行人员定岗定编和利润考核。按照销售中心建设的业务单元仍要首抓销售额增长。3. 评价销售增长幅度时，原则上对于基数大、未来增长空间有限的业务单元，要偏重于增长绝对数量的评价；对于基数小、未来增长空间较大的业务单元，要偏重于增长相对比例的评价。（来源：关于一季度公司经营审视汇报的纪要，EMT 纪要［2009］031 号）

我们的考核激励机制，就是要让大家在作战方面很积极。我们要改后向分配为前向分配。垂直系统进行预算分配、利益分配的能量要逐渐缩小。而且我希望我们人力资源的考核激励模式要发生一个根本性的转变，不是由上面领导权力来分钱，而是由业绩自动来分钱。就是说你产生效益以后，你都能算出来你大概能拿到多少钱，这样从根本上解决了唯上的问题。这里讲的风险分担，主要还是指收益下滑的风险，你给公司赚的钱少了，你自己就少拿钱；公司大的风险主要还是在授权上管住。（任正非：在常务董事会民主生活会上的讲话，2012）

我们要有“聚焦战略，简化管理”的高视野。对基层加强授权，减少KPI指标。KPI指标要尽可能减少对过程的考核，以及不许分段设置KPI。要逐步渐进地改革分配机制，从授予制转变到获取分享制。（任正非：《聚焦战略，简化管理》，总裁办电邮文号［2012］41号）

管理的目的是为了提升效率、多打粮食，任何时候的考核，都要把这个地方的粮食是否增产作为第一指标。以此给大家施加压力，不要热衷于为了管理而管理，做多余无效的事情，把产粮食给忽略了。（任正非：在小国综合管理变革汇报会上的讲话，总裁办电邮讲话［2014］062号）

10.1.3 利用分享机制和空耗系数，巩固“胜则举杯相庆，败则拼死相救”的文化

要实现团队的奋斗，协同的奋斗。要从考核激励上将以客户为中心的“胜则举杯相庆，败则拼死相救”的光荣传统制度化地巩固下来。要从虚拟统计、虚拟考核入手，从激励机制上保证后方支持队伍与前方作战队伍、主攻队伍和协同作战的友军一起分享胜利果实。（来源：EMT纪要［2008］021号）

抢占战略机会点，要暂时牺牲些股东利益，利润可以降些下来。一定要使人力资源政策合理化，强调把薪酬的合理度提到比较优先的位置上来。在争抢这个战略机会点的时候，如果我们太多地控制了薪酬而保持利润的话，我们可能会丧失机会。（来源：《关于2012年经营环境分析与关键经营策略的指导意见》，司发［2012］081号）

区域管理部每年都应该对汇困国家的考核基线进行回溯。对汇困团队要加大激励力度，这样汇困国家也能做出巨大贡献，大家都有积极工作的意愿。针对汇困国家，一直强调量出为入，即出多少外汇，就进多少合同。如果量出为入比小，就减少人力编制，调去争夺战略机会点。关于汇困问题，各级干部要学习去年总裁办71号讲话《任正非在多个汇困国家调研中的讲话》，已经清晰说明该如何操作。将

来机关就是一个汇困专业化的技术决策团队，对战略型决策拿出方法来；项目型决策前移到代表处、地区、子公司董事会，让子公司董事会也有权有责。这样授权就能贴近作战最前方。（来源：区域差异化考核进展汇报会议纪要，总裁办电邮讲话［2015］050号）

在战乱、动乱、疾病的国家，某些费用可以纳入公司空耗。比如，在沙漠国家，矿泉水、饼干的供应是否可以纳入空耗？在生活环境差的国家，口罩是否可以纳入空耗？在战乱国家，上不了网，租赁卫星是否可以纳入空耗？工作上不了网，这不是节约，而是浪费，员工拿的可是高工资啊。这样我们就会在全球建立比较科学平衡的基线。（来源：区域差异化考核进展汇报会议纪要，总裁办电邮讲话［2015］050号）

“胜则举杯相庆，败则拼死相救”，这是华为成立初期就提出的口号，而且当时真是这样做的。为什么现在我们做不到了呢？源于KPI考核。每个代表处有了自己的利益空间，各自为政，把资源固化，不顾全局了。所以我们要重新恢复到全局的作战方式上来，需要在KPI考核上做出很大改变，现在已经在缓慢改变了。前方的人若要有本位主义，这个仗就会打输，我们通过不断运作，让本位主义思想发生改变，产生新的作战机制。将来可能会有几种情况：第一种，代表处能够独立作战，完全不需要重装旅。第二种，代表处需要重装旅支援作战。购买资源是需要付钱的，现在我们为了鼓励代表处积极使用重装旅，给了一些空耗费用补贴。重装旅协助代表处作战成功，成本要核算到代表处，这个补贴要高价收回来，因为“上甘岭”被攻下后，地下的钻石矿全是代表处的。如果仗未打赢，就由公司空耗费用承担。第三种，艰苦地区出现很大波动，代表处危机撤出的人直接拆送到三大战略预备队进行循环赋能。只要是金子，无论是在重装旅、重大项目部还是项目管理资源池，你都会发光。（任正非：在解决方案重装旅第一期学员座谈会上的讲话，总裁办电邮讲话［2014］064号）

10.2 责任中心管理的方法

10.2.1 建立责任中心的目的是明确责任、简化管理、激活组织

刚才你们讲要搞多BG适配，那为什么我们还要切成三个BG呢？上次财务预算汇报，一上来就讲我们要进行多BG扩张，我们让他下去了。谁说要进行多BG扩张？我们切成三个BG，目的是要简化管理。切开以后各干各的，互相不一定要关联，就没有必要一定要强调适配。公司小的时候我们强调共享，公司大的时候，共享就是一种浪费。我们把一个东西做得包罗万象，把一个小卖部的流程当成管道BG一样的大的系统来看，这就是我们强调适配带来的问题。我们主干流程里面透明清洁化以后，我们支干流程里面的主干流程也要减轻负担。不是说我们抓住主干流程，支干里面就没有主干了，支流里面也有主干。这样层层减轻，把很多功能剥离出去以后，我们灵活开放的就是神经末梢了。（任正非：在流程与IT战略务虚会上的讲话及主要讨论发言，总裁办电邮文号［2012］026号）

变革的目的就是更简单、更及时、更准确。（任正非：《变革的目的就是更简单、更及时、更准确》——在ISC+变革项目汇报会上的讲话，总裁办电邮讲话［2016］016号）

管理的目的是有效地产粮食，我们首先要简单地打通销售流程，接着简单地打通交付流程（包括供应链），让这些流程能简单、快捷地运作。我们不能为了优化流程，迟迟不打通。我们不能为了避免有一块板子可能会出现发货错误，就投入巨大的兵力堵在那里，层层审批合同，我宁可这个错误发生，事后追溯，也希望先简化流程。（任正非：《前进的路上不会铺满了鲜花》——在2016年市场年中会议上的讲话，总裁办电邮讲话［2016］079号）

管理是为了作战，同时要让每个节点的管理者有权、有责、被监督。很多签字人不看内容就签字，那何必要设这个节点呢？根本没必要。我们逐步优化为客户服

务的流程，但是有两个主线条，一个是销售，一个是交付，必须要做到快捷解决问题；我们逐步优化为内部管理服务的流程，比如财务流程可以继续优化，但是不影响销售流程的行动。（任正非：《前进的路上不会铺满了鲜花》——在2016年市场年中会议上的讲话，总裁办电邮讲话［2016］079号）

我们各级主官的目标与责任要清晰。责任结果为导向的考核机制，导致内部的机制简单，风气正派，脑袋对着客户的勇士更多。责任结果导向，必然是优秀干部辈出，迎合作风消失。（任正非：《决胜取决于坚如磐石的信念，信念来自专注》——在市场工作大会上的讲话，总裁办电邮讲话［2016］007号）

对该由行政承担的基础保障，行政要有能力提供专业化的支持，要做好基本规则，要学会止确利用外包机制，以补充能力的不足。外包要加强适当的集中性，减少供应商的数量，找到一些优质供应商，优质服务可以提供优质价格。（任正非：关于行政与慧通工作讲话的纪要，总裁办电邮讲话［2016］086号）

慧通公司尽可能使碎片业务私有化经营，有利于管理简化，而且可以提供差异化的优质服务。不要因私有化刚迈步就因为有什么问题而退缩，要坚决走下去。逐步逐步地私有化，你开放，管理也会越来越有经验的，园区就会越来越繁荣。大家都赚钱，劲头会越来越大。只有条件不具备的少量业务可以自营，自营店也要实行市场化考核，不要变成“国营”企业，要形成竞争机制。员工服务部不是国际会议中心，要讲成本核算的。自营的门店要全成本经营，包括地租、水电、薪酬、股票分红等，都要反映到虚拟报表上，进行财务监督管理，以此不断改进。（任正非：关于行政与慧通工作讲话的纪要，总裁办电邮讲话［2016］086号）

PO的生成要往前移，争取一次就把PO做对了。PO有错，生产已经发货了，后端是收到错误的投诉后，及时地审查和修改规则，而不是对每一单PO都重复审查批准。这样先把四层审查减少到两层，第一层就容易把事件做对了。后面这一段必须由有前面实战经验的人担任，有实战经验的人知道错在哪儿，怎么去找，找到了怎么整改，反复论证后进行规则整改。争取把原来的四层责任就变成两层，第一层责任就是最终责任，第二层责任是整改责任。（任正非：在EMT办公会议上的讲

话，总裁办电邮讲话［2016］054号）

10.2.2 责任中心管理要起到“拧麻花”的分权制衡效果

这几年我们讨论BG和区域的作战关系总是遮遮掩掩，昨天已经明确：区域是指挥中心，有作战的权力，有选择产品的权力，有合同决策的权力，BG为各军兵种提供资源，协同区域作战；片联主要推动干部循环流动机制的形成，建立作战氛围，片联最大的权力是干部使用权，而不是作战权，不能直接管项目。片联、BG和区域三者的关系应该是协同作战，汇聚到商业成功，而不是各自为政。这样我们的管理就清晰了。有人会问：“那BG能不能管干部？”能，这并不影响，本部门内可以实现小循环，但跨领域的大循环无法在本部门内实现，片联看到哪个干部优秀，可以听听大家的意见，然后循环使用。（任正非：在销售项目经理资源池第一期学员座谈会上的讲话，总裁办电邮讲话［2014］066号）

在组织改革中，最后指挥权和决策权的授权要清晰。首先要清楚授权给区域还是BG？授给区域的权力是什么，授给BG的权力是什么？我同意有多种决策权，我讲的是最后决策权。以销售额为中心，是BG的责任；以利润为中心，是区域的责任。我认为战争决策权应该授权给区域；BG更多关注资源建设、战略建设、参加作战，为了促进销售额，要想办法让前线指挥官接受它的观点。除了消费者业务我同意BG有决策权，其他业务必须是区域有决策权。（任正非：在“班长的战争”对华为的启示和挑战汇报会上的讲话，总裁办电邮讲话［2014］078号）

过去我们为了省张机票，每个代表处编制满员，当业务量变化时，不能灵活应对。现在采用薪酬包机制后，已经有所改变，但代表处的编制还是过于强大，应该使用战略机动部队来调整这个结构。（任正非：在“班长的战争”对华为的启示和挑战汇报会上的讲话，总裁办电邮讲话［2014］078号）

赋予前方指挥官最后决策权，不能让BG和战略预备队把前方指挥官架空，如果你们认为前方指挥官能力不够，可以调换、重新任命，但是指挥权还是要放在前线。比如这次在拉美搞汇困的座谈，第一点，在汇困国家，汇困人员是主作战部队，甚至比销售的作战部队在职级配置上、干部选拔上还需要更多机会，因为他们只要解决 8 000 万汇困，我们销售 8 000 万就是很容易的事情，就能卖进去。但我们一直把他们看成配属人员，低职务、低级别对待，这样怎么能解决问题呢？第二点，我提出将操作的决策权下放给子公司董事会。以前是机关审批，机关是审批不过来的，那么机关有什么决策权呢？解决方案的决策权，就是怎么解决这个问题的解决方案，专家有这个决策权，但具体操作时应该要前线决策。前线的决策监督，有子公司董事会在前线。所以我提出这个方案，希望资金解决方案部、资金计划部来解决这个问题。（任正非：在“班长的战争”对华为的启示和挑战汇报会上的讲话，总裁办电邮讲话［2014］078 号）

要加快推行大部门制、缩小评审点。逐步增加在基层审结的范围。审结了又不是不审计，没有什么过分的担忧。代表处以利润为中心运作，拥有一定的指挥权，随着权力下放到代表处，代表处作战平台在一段时间会暂时变大，这是机关管理平台往一线作战平台前移，也是一个逐渐改革的过程。（任正非：《打造运营商 BG“三朵云”，将一线武装到牙齿》——在运营商 BG 营销装备建设思路汇报会上的讲话，总裁办电邮讲话［2015］019 号）

区域和 BG 是互相制衡的计划体系，BG 的销售计划应该偏激进，区域偏保守。关于你们提到的“用兵”和“养兵”的问题［基于项目化的 MET（Marketing Execution Team，营销执行团队）运作］，首先要把一元化的计划变成多元化的计划，这是向美国军队学习的。美国指挥部虽然有作战权力，但是没有兵种资源，而兵种资源中心又没有作战权。后方 BG 和产品线是资源中心，可以看到更多的机会，销售计划应该趋于激进，它们积极推广自己的产品，不用关心项目利润。而区域以利润为中心，销售计划应该偏保守，它们是怕扎进去以后血本无归的。在激进与保守之间找到了一个平衡点，回过头来再看，这样就会促进我们产品体系质量的进一步改进。大家需要慢慢去理解这个细节。如果 BG 的销售计划还低于区域的销售计划，那么 BG 要回去整改。（任正非：《打造运营商 BG“三朵云”，将一线武装到牙

齿》——在运营商 BG 营销装备建设思路汇报会上的讲话，总裁办电邮讲话［2015］019 号）

指挥权和项目决策权应该在区域，BG 作为资源中心支撑作战。BG 的目标是做大销售额，区域的目标是产生合理利润。区域未来 5~10 年从现在的屯兵模式，逐步走向精兵模式，不足兵力，由战略预备队作为机动部队协助作战。这样，前端是一个精兵组织，后端是一个确定性的平台和共享组织，让听得见炮声的人来呼唤炮火，公司整体作战能力就提升了。我们公司权力体系将来会是两极，一极是区域一线，贴近客户端，握有作战的指挥权；另外一极是 BG，有支持和服务的权力。BG 是以销售收入为中心，区域以利润为中心，这样两者之间就有一个制约。（任正非：在变革战略预备队誓师及颁奖典礼上的座谈纪要，总裁办电邮讲话［2015］047 号）

传统增量市场仍然要覆盖大机会国家、大机会市场。小国及艰苦国家应以合理的市场份额、合理利润为考核目标，不要去穿上销售收入的“红舞鞋”。市场占有率过高未必是好事。有些国家三个运营商都占了，市场是零和游戏，总有运营商会被挤垮，你英雄去救美，TOP①3 低价了，就会把 TOP1、TOP2 的价格全拖垮。（任正非：《人力资源政策要朝着熵减的方向发展》——战略预备队指导委员会在听取汇报时的讲话，总裁办电邮讲话［2016］098 号）

推动前后协调的问责机制的形成，市场对研发问责，研发如何对客户负责，Marketing 如何做好桥梁。产品线应考核收入，迫使产品线必须制造符合代表处需要的产品与服务。解决方案必须使产品研发、行销、服务是一脉相通。前线也不能随意满足客户需求，严控在可销售清单内。新需求必须经过 Marketing PK② 后，达成决议才开发。（任正非：《前进的路上不会铺满了鲜花》——在 2016 年市场年中会议上的讲话，总裁办电邮讲话［2016］079 号）

研发如何做到以客户为中心，如何对客户负责？研发要组织民主生活会，讨论出一些措施。Marketing 一定要做好桥梁，要敢于说话。如果大家都不干预产品线，

① TOP，顶端。

② Marketing，营销。PK，plager killing，对决，挑战。Marketing PK 意为“营销挑战”。

它们独立做出来的产品是否符合客户需求呢？是否有竞争力呢？我们强调，代表处要以利润为中心，产品线要以销售收入为中心，代表处有产品选择权、客户选择权、合同决策权。产品线必须穿透行销、生产、服务。这样就把研发逼近向“以客户为中心”转移，否则没有销售收入，日子就难过了。（任正非：《前进的路上不会铺满了鲜花》——在2016年市场年中会议上的讲话，总裁办电邮讲话［2016］079号）

小国费用高，要追求费用的真实性，而不完全强调合理性。现在的小国网络质量都不太好，为什么呢？呼唤不了炮火。一个国家那么少的基站，钱不多，呼唤不到炮火。只要多出钱买炮弹，没有一个炮弹不愿意去的。所以，小国要以合理的利润、合理的市场份额为基础。小国的费用问题关键看它是否真实发生，没有贪污腐败，就能理解。大国、小国都不能有虚假。（任正非：《内外合规多打粮，保驾护航赢未来》——在监管体系座谈会上的讲话，总裁办电邮讲话［2017］002号）

10.2.3 责任中心要体现确定性业务和不确定性业务管理的差异

目前我们在实际工作中，还存在着把一些确定性事务当作不确定性事务来管理的问题，这样导致讨论时间长、效率低，过多精力浪费在确定性事务上，无法把精力集中在不确定性事务上。过去机关是一批行政审批干部，将来机关是一批优秀专家团队（如大视频、大流量、大架构、大服务、概决算、系统交付、综合维护、交易管理等方面的专家）。一线需要时就尽快对前线支持，而且每3~5年，必须循环到前线去参加或主持项目实践。同时，还要发育地区部的专家团队，结合客户来落地。（任正非：在合同场景师建设思路汇报上的讲话，总裁办电邮讲话［2015］071号）

最近我与埃森哲董事长谈话提到，20多年来华为与IBM合作，把华为的一堆散沙建成了平台，我们将再用10年，与埃森哲合作，把屯兵组织变成精兵组织。对交易条件、客户需求、技术实现、场景管理等的不确定性，我们使用精兵组织；对确定性就由共享平台来支持。那么在同样的销售额下，我们至少可以减少一部分人，增加的利润，就可以分给这些组织去增强作战能力。所以，你们朝着不同国家不同基线、不同行业不同基线的前进中，就有效地支持了精兵组织建设。（来源：区域差异化考核进展汇报会议纪要，总裁办电邮讲话［2015］050号）

在华为，必须多产粮食才能拿高工资，多产粮食才能当将军。将军应该是打出来的，是选拔出来的。所以大家要积极努力，踏踏实实提高本职工作能力。交付经理应对确定性事务，要优先实现效率提升、效益提升；服务经理应对不确定性事务，提高快速处理故障的综合能力。这两类经理，将来你们自己塑造自己，应该有不同的考核方法。（任正非：《将军是打出来的》——在2015年项目管理论坛上的讲话，总裁办电邮讲话［2015］118号）

主官要聚焦战略目标和胜利，处理不确定性事务；生产性的日常确定性事务由总经办、流程质量运营部负责。对确定性业务的考核是管理效率和质量，最好的管理方法就是遵从流程，当然可以按一定的程序去优化流程；代表处有很多不确定性的工作，我们已经授权代表来处理，管理方法是以利润为中心。利润为中心就是代表处有客户选择权、产品选择权、合同决策权。决策权不是按全流程成本授权的，而是按代表处的不确定性的成本授权。我们在年底闭环时，算出来这个代表处有多少利润，总利润决定了考核结果和可分配的额度。（任正非：在中亚地区部员工座谈会上的讲话，总裁办电邮讲话［2016］063号）

10.3 利润中心的运作机制

10.3.1 利润中心主战，自主决策，不僵化地按规模和层级定岗位职级

逐步落实总部从管控中心向支持、服务、监控中心的转移。建立前端对后端的牵引能力。制订从中央集中管控到具体作战权力授予基层作战组织的转变计划并执

行，保证指挥所建到听到炮声的地方。成功帮助各级组织转变为合适的利润中心。（来源：《关于2007—2009年EMT优先重点工作及其管理办法的决议》，EMT决议［2007］012号）

我们正在把公司的重心转向利润为中心的主体的建设，机关必须为利润中心提供服务。这就是说，将来，利润中心就是将项目的利润作为基础的决策主体，这个就是项目的CEO。（任正非：与PMS高端项目经理的座谈纪要，总裁办电邮文号［2009］007号）

代表处未来5~10年，通过公司一系列变革落地，逐步从屯兵组织转变为精兵组织。你看现在一个代表处几千人，屯那么多兵干什么？如果某时期这个代表处没有那么多项目，那就养不活这几千人了。代表处是综合性的直接作战组织，代表处以最小作战单位参战作战，这种就是精兵组织。代表处归代表管理，实现一元化领导，代表是全权司令官。如果是多头管理，指挥不动，这仗也没法儿打了。再缺少的兵员，就从战略机动部队补充，循环流动。实行代码开源、平台开放以后，将会减少重复开发，研发机构也会越来越小。我们现在已经不是靠管多少人、多少规模、多少层级来定自己位置的时代了。之前管几十个人才能当“排长”，现在管三个人就是“组长”了，这个组长也许是“少将”。我们的组织在逐渐缩小，将来都是“官”怎么办？所以就要换一种方法，作战时他还来承担“军队”里面的一些职务。不能说在一个小单位里面，就不能屯一个大专家，我们一定要在机制上能装得下，这样大家才有信心。华为公司的管理体系还要改革，不能僵化地实行以岗定级。行政长官虽然级别低，不用担心，有升至将军的道路；专家虽然叫士官，但是可以吃小灶，这样使得我们的士官也很“雄赳赳、气昂昂”。美国的士官在国防部里能管准将，因为他专管全球范围的“油料供应”，安排个专家来做就行了，没有必要设置一个将军。所以我们在改革时要考虑这个问题。如果我们僵化地执行以岗定级，这个“庙”可能装不了老专家，专家队伍就不能沉淀下来。（任正非：《打造运营商BG“三朵云”，将一线武装到牙齿》——在运营商BG营销装备建设思路汇报会上的讲话，总裁办电邮讲话［2015］019号）

一定要让听得见炮声的人来呼唤炮火。这样前方使用炮弹有一定的自由度，根据战场情况自主决策；财务事后给他算账打了多少炮弹、生产了多少粮食，来约束他；审计部门去查炮弹壳在哪儿，核实真实性。没有打到苍蝇，然后就没有获取分享制分配，这由人力资源系统、干部部门来决策。我们把成本关联起来，过几年就会形成科学的作战方法。我们把作战权力前移，同时也要把监督组织前移，成立子公司董事会。这样综合起来，前方贴近客户，战争面打得也宽，又有运营商能力中心和资源中心的支持，市场就更加拓宽了。所以我认为区域应该是呼唤炮火的指挥中心，不拥有军队，但是拥有作战权力；BG 就是能力中心、资源中心、客户解决方案设计中心，拥有军队，但是没有作战权力，军队移动需要指挥中心批准，否则它不给你预算。我们就用 10 年时间，把作战体系真正按这个思路做起来。（任正非：在运营商 BG 三朵云业务体验和阶段验收汇报会上的讲话，总裁办电邮讲话［2015］099 号）

让听得见炮声的人呼唤炮火，这是美国军队的作战方式。我们要向美国军队学习，全世界最强悍的“公司”是美国军队。美国是自由化的国家，而美国军队是守纪律、自强不息的组织，那正好和我们华为的机制是一样的。现在运营商 BG 的“三朵云”，其实就是邹志磊①用“三朵云”在革自己的命，把作战权力前移。将来 BG 是资源中心和能力中心，后方逐渐变成是一批循环起来的精英专家团队支持。最近易翔②也告诉我，区域管理部正在转变为“商务云”，主要是以商务为中心的专家团队。这样我们把权力下放到前方的速度就加快了，先下放到哪儿呢？小国。（任正非：《小国要率先实现精兵战略，让听得见炮声的人呼唤炮火》——在片联区域管理部小国工作思路汇报上的讲话，总裁办电邮讲话［2015］126 号）

泛网络区域组织变革重心在项目型组织和代表处组织，提升一线决策力。责任、权力和利益都授权。合同试点在代表处审结。代表处主战，BG 主建，机关以服务支持为中心，这是我们未来几年的改革重点。用项目来牵引代表处，用代表处

① 邹志磊，华为公司运营商 BG 总裁。——编者注

② 易翔，华为公司监事会监事、区域管理部总裁。——编者注

来牵引大区 / 地区部，授权是手段，需要强化系统赋能和监管。提升一线决策力，决策力也代表承担责任。将来区域有几个层级经营责任中心：第一层，项目型组织；第二层，代表处系统部；第三层，代表处。集团董事会承担终极经营责任，以及机关为实现终极责任提供的服务与支持。围绕这几个层级的经营责任中心，来定义它的责任，设计它的权力、监管、干部评价标准。至于代表处之上的大区 / 地区部，将来不一定要成为经营责任中心。（任正非：在泛网络区域组织变革优化总结与规划汇报的讲话，总裁办电邮讲话［2017］030 号）

10.3.2　机关资源化，资源市场化

通过指挥权前移，来避免后方机关过于庞大。如果我们把所有权力都收到机关来，机关将来就越做越庞大，成本就越来越高，不产生价值，最后的结果就是公司迟早要垮掉，很多倒下的大公司以及封建王朝的历史都印证了这一点。在目前这个历史的关键时刻，我们要清醒地认识到，公司不能有一个庞大的机关，一定要把权力授下去。通过 LTC 流程的全程贯通，实现账实相符，实现“五个 1”。在这个转型期间，子公司董事会担负着非常重要的历史使命。（任正非：在 2014 年中子公司董事赋能研讨会上的讲话，总裁办电邮讲话［2014］074 号）

机关资源化，资源市场化。我们要逐步构建起资源买卖的交易模式，前线调动资源，后方根据项目预算提供资源并进行结算。这样指挥权就是谁有钱谁指挥，不再是由机关领导来审批。前后方相互制衡，就慢慢减少了前线作战的盲目性，也给后方能力供应明确了需求。（任正非：在“运营商三朵云 2.0”阶段进展汇报会上的讲话，总裁办电邮讲话［2017］018 号）

区域组织变革优化，区域是能力和资源中心，“机关资源化、资源市场化”，并以区域牵引公司职能部门、研发、BG。一线购买“炮弹”，将来实行 CIF（要货成本）定价方案，目前正在试点。CIF 定价过程中，叠加了公司确定性成本，全球统一海关前的到岸价；对当地不确定性因素授权代表处决策定价。CIF 超额获取的利

润，不归机关，扣除机关应允许的平均薪酬和奖金后，作为全球的共享利润，全体员工二次分配。区域能力与资源中心建设，不局限在大区，地区部也可以。因为目前全球只有拉美可以成立大区，其他地区成立大区的意义不大。集团董事会承担终极经营责任，保障能力中心的能力提升和资源中心的支持量提升。（任正非：在泛网络区域组织变革优化总结与规划汇报的讲话，总裁办电邮讲话［2017］030号）

10.3.3 利润中心的授权与担责

代表处的代表要有组织的经营能力，要对利润中心的实现负责，以及负责必要的有效增长。（来源：《以客户为中心，以奋斗者为本，长期坚持艰苦奋斗是我们胜利之本》，总裁办电邮文号［2010］002号）

“班长的战争”最后指挥权和决策权应该在区域，BG作为资源中心协助作战，战略预备队作为机动部队协助作战。（任正非：在“班长的战争”对华为的启示和挑战汇报会上的讲话，总裁办电邮讲话［2014］078号）

什么叫指挥权？指挥权其实就是编排能力。我们现在说授权，一线有客户选择权、产品选择权和合同销售项目的决策权，我们要充分把授权放开，授予少将编排和调用能力，由他根据机会点对能力进行编排和调用。这样编排能力水平高的就赚得多，编排能力差的就赚得少。如果一线不会编排和调用，那BG就派专家团给他们提供咨询，形成作战方案，但专家团不要去干预作战，决定权还是在一线。（任正非：在“运营商三朵云2.0”阶段进展汇报会上的讲话，总裁办电邮讲话［2017］018号）

就像军改以旅、营、连为基本组织一样。我们也模仿旅（大地区部、资源中心、机关资源化、资源市场化）、营（代表处作战平台）、连（代表处系统部、项目管理中心）。我们也要用现代工具减少我们的管理层级，增强一线的作战能力与现场决策权力。公司将来除资金管理、账务管理、审计与内控由中央集权外，在数据全透明的基础上，将经营决策的权力下放到作战团队。团队有权、有责、有利，自

己制约自己。（任正非：在巴拉圭与郑良材等的谈话内容，总裁办电邮讲话［2017］025号）

从项目管理逐渐深入到以系统部、代表处管理，试点责任、权力、利益都授权给代表处。现在有些项目的原材料浪费极大，当代表处承担利益责任时，这种情况应该会改变，它们自己就会去思考如何优化项目。将来以代表处为利润中心，大T系统部是协调组织，拥有一定的授权范围内的决策权，实行CIF方案后，维持海关前的代表处购买价格全球一致，但不确定性的通关成本、工程费用、交付费用等全球不一致，所以最后的销售价格不统一，大T不得干预最终交付价。代表处的责任、权力、利益是对当地不确定性决策。辅料由采购体系公布辅料的全球价格参考表，代表处可以自愿选择在公司采购还是当地自采。当然，合同在代表处审结就是我们允许代表处做错事（亏损项目的决策），但要承担责任，从其他项目补回来。子公司董事会监督的是内外合规，不干预它们的经营，可以授权它们自己去平衡。如果事事要求保证增值，那么只有不做事。（任正非：在泛网络区域组织变革优化总结与规划汇报的讲话，总裁办电邮讲话［2017］030号）

第十一章

加强计划、预算、核算体系建设

预算管理的主要作用是牵引公司前进、牵引目标实现，不能是有多少资源做多少事。预算要鼓励增长，预算分配必须对准战略。通过计划预算来牵引，通过核算对计划和预算执行情况进行评估和监控，实现公司及各层级计划、预算、核算、考核的闭环运作。

预算必须与贡献关联，与战略关联。是战略领域，公司给你钱；不是战略领域，你必须给公司钱。战略领域的责任人必须承诺对战略目标的实现。

计划是龙头，制订计划的人员一定要懂业务。只有计划做好了，后面的预算才有依据。公司的业务管理要逐步从以 BP（业务计划）为“主轮”转向以 SP（战略规划）为“主轮”，进行运转和监控。

编制预算有两种方法。研发、市场营销部门是扩张型部门，要分析其微观预算的合理性，不应该只是控制盘子。除市场、研发系统，其余都是服务性部门。服务性部门是分盘子的，要严格控制总体费用。对于扩张性部门预算要从下往上做；对于服务性部门则要从上往下做。

我们要逐步形成自外向内，以利润中心为基础的预算决算体系。要以客户和项目作为预算的源头，以促使作战部门和功能部门都围绕公司的聚焦战略来规划重大的客户、研发和变革项目，逐步形成资源向战略领域和优质客户倾斜的机制。

要把项目预算和平台预算分开。年度预算的生成要基于项目 / 机会点，按照“战略计划—项目—预算”的逻辑建立预算分配机制。项目经营团队根据业务计划及授予的预算向支撑组织购买资源。支撑组织要对资源的利用效率负责。一定要将平台费用控制在一个最低的基线。

所有预算要有弹性，集团公司预算总盘子及各部门的预算小盘子都要有弹性，以保证前线在业务增长后获得更多的资源。

核算是管理进步的重要标志。预算与核算的规则应该一致，这样才能够实现“预算闭环”。内部核算宜粗不宜细，弱化内部为了考核需要的结算，降低内部交易成本。

本章将对上述计划、预算、核算的管理方针和原则进行深入阐述。

11.1 计划预算核算要对准战略、支持作战

11.1.1 预算管理的主要作用是牵引公司前进，不能是有多少资源做多少事

全面预算是公司年度全部经营活动的依据，是我们驾驭外部环境的不确定性，减少决策的盲目性和随意性，提高公司整体绩效和管理水平的重要途径。（来源：《华为公司基本法》，1998）

微观和宏观之间也是相互沟通的，也不是完全没有联系的。预算绝非是一个财务问题，也绝非是一个经济问题，也不仅仅是政治问题，这是很复杂的一个管理体系。（任正非：在听取 1999 年预算汇报时的讲话摘要，1999）

预算管理的主要作用是牵引公司前进、牵引目标实现，不能是有多少资源做多少事，要提高收入增长的质量。要不断研究弹性系数的科学性，这个系数在全球不同地区、不同产品领域是个性化、差异化的；弹性指标是综合的（比如将贡献毛利、现金流、产出按一定权重组成弹性指标），要有多种弹性系数，逐渐走向科学管理。（来源：《关于加强全面预算与全流程成本管理的决议》，EMT 决议 [2006]

009号）

我们先要抬头看目标，低头思责任，然后才是去研究如何用计划预算驱动。预算是资源配置支持战略实现的手段。大方向一定要清晰，错的事不要干；一定要非常明白机会与管理点，知道如何干；推动预算工作的开展，不一定要埋头苦干，这是一件十分辛苦的而意义较大的工作。而且预算要与过程目标弹性连接、浮动，通过决算来审视预算对结果的贡献。（任正非：《聚焦战略，简化管理》，总裁办电邮文号［2012］041号）

预算要鼓励增长，根据滚动经营预测弹性地获取资源投入。预算也要鼓励有效，自己和自己比改进，自己和自己比增长，而不是集团一刀切，机械、教条地追求平衡。通过计划预算来牵引，通过核算对计划和预算执行情况进行评估和监控，实现公司及各层级计划、预算、核算、考核的闭环运作。公司的经营管理依赖于"预测—计划—预算—核算"的循环，在数据共享、数据透明、数据质量上阻碍公司不断改进的干部，要把他调到该维度数据的打通工作组。（来源：预算工作讨论会议纪要，总裁办电邮会议纪要［2014］004号）

11.1.2 建立计划预算核算体系的目的是为了作战

从公司层面看，产品线是纵向计划线，地区部是横向计划线，形成纵横交错的计划预算核算管理体系。建立计划预算核算体系的目的是为了作战。计划预算核算体系应该对地区部总裁负责，对代表处代表负责，对产品线总裁负责，为他们的作战服务。计划预算核算管理的基本单元是地区部、代表处、产品线，经营计划权力要下放到基本单元，这些单元的主管要利用这套方法指挥作战。（来源：关于计划预算核算体系建设的会议纪要，EMT纪要［2007］024号）

计划预算核算业务不是靠计划预算核算部门独立完成。计划预算核算业务蕴含在地区部、代表处、产品线的业务里面。计划预算部门作为秘书机构，帮助地区部、代表处、产品线汇总计划，综合平衡，支撑地区部、代表处、产品线作战。（来

源：关于计划预算核算体系建设的会议纪要，EMT 纪要［2007］024 号）

地区部、代表处、产品线的计划用于作战，总部的计划用于宏观预测与调控。（来源：关于计划预算核算体系建设的会议纪要，EMT 纪要［2007］024 号）

当你得不到任何指示孤立作战的时候，你以利润为中心是不会错的。你有权力去做这个事情。这个项目，可以产生利润，他们都顾不过来，谁都没给我指示，那我至少以利润为中心来做是不会错。我们的态度是，你得不到任何指示的时候，以利润为中心，地区部是完全有独立的决策权的。但在你的战略问题上你要加强请示汇报，战略往往是以牺牲短期利益为代价，来获得长期利益，你不请示，谁给你补贴呢？战略问题也急不到你不汇报就死人这种程度，因此你应遵循一定程序。（任正非：《看〈莫斯科保卫战〉有感》——任正非在埃及代表处的讲话纪要，总裁办电邮文号［2008］004 号）

我认为数字是打出来的，绝对不是做出来的。我们一定要将主要精力放在分析市场、关注客户上。你像李云龙一样，哗啦哗啦打完以后，不会是坏结果。一线的计划体系是用于作战，而不是用于向公司汇报。各地区部、各产品线的计划是用于作战的。担负主攻任务的部门，一定要有清晰的目标方向，以及对成功的策略。对于增长目标达不到公司平均复合增长率的地区部，可以多做一些精细管理。对不担负主攻任务的部门，一定以优质服务前线为责任，不断进行管理优化，精细化管理。（任正非：在 EMT 例会上的讲话，EMT 纪要［2008］009 号）

小国要率先实行精兵战略，因为小国不可能屯兵，所有的炮弹、炮火都在后方供应，所以很容易实现呼唤炮火的流程，关键是炮火谁来提供、怎么核算。我们先从小国开始试点，呼唤炮火的过程中如果遇到问题，正好去修改。试点成功后，我们研究出一种模式，在这种模式的基础上改革，再推广到中等国家，然后再到大国。大国是否独立享有平台作用，我们再讨论。（任正非：《小国要率先实现精兵战略，让听得见炮声的人呼唤炮火》——在片联区域管理部小国工作思路汇报上的讲话，总裁办电邮讲话［2015］126 号）

11.1.3 预算必须与贡献关联，与战略关联

市场投入应进一步落实以相对数为基准的预算，根据历史相对费用率的变动规律，使费用预算与业务指标逐步匹配，使业务性费用增长，尤其是客户费用投入增长与销售增长相匹配；新兴市场和成熟市场的费用率要区别对待。研发投入不要笼统地计算研发费用率的下降幅度，要区分不同的产品线来分别考虑和确定目标。成熟的产品线下降 1 个百分点是可以的，非成熟的产品线是不是要降低或降低多少要好好讨论一下。不要搞一个研发费用率的统一降低率，分产品线计算出来总的研发费用率降低多少就是多少，不搞指标主义。（任正非：对 2005 年规划 / 预算工作指示会议纪要，2004）

资源配置上，销售目标作为各业务部门的牵引目标，不作为资源配置的依据，可作为资源配置的参考，但不能僵化地去使用这个资源配置，否则我们就可能造成浪费。业务部门按现实目标进行承诺，先按现实目标配置资源，按挑战目标的资源需求不能一步到位，应该分步实施，否则业务部门的考核指标就下来了。公司储备资源一定是由公司总预算来支付，凡是储备资源都不往其他地方分摊，这样就避免储备放到每个业务口而说不清楚。凡是软性的、弹性的东西，都放到公司的总预算来管，预算单列。（任正非：对 2005 年规划 / 预算工作指示会议纪要，2004）

预算必须与贡献关联，与战略关联。是战略领域，我给你钱；不是战略领域，你必须给我钱。战略领域的责任人必须宣誓承诺战略目标的实现。任何事情都应有时间表，修正业务计划也要有说明，而且也不能乱花钱。任何机构申请预算时，须将责任和贡献讲清楚；经批准后，责任结果也作为最重要考核依据闭环。（任正非：《聚焦战略，简化管理》，总裁办电邮文号［2012］041 号）

我们要逐步形成自外向内，以利润中心为基础的预算决算体系，各 BG、SBG 的投入被其产出牵引，机关平台的投入被公司的整体产出牵引，机关的权力、规模要适应让听得见炮声的人来呼唤炮火的组织方式的变革。我们要以代表处为核算中心，所有的费用要从那返摊回来。不能预算、审批的权力都在集团，这样机关就越

做越臃肿了。以代表处为中心以后，机关的办法是什么？帮代表处打这个大项目，不行去几个人，就把这些钱分回来了，这样代表处多要的工时在分配的时候也扣回来了。预算委员会要由很多业务人员和财务人员共同组成才行，现在是钱都花了，任务完不成。一定要明确薪酬包产生的机制，计划执行到什么程度，这个包使用多大，要从经营成果里面把包划出来，人力资源再去分包。（来源：《关于坚持精简、提高效率与效益的相关要求》，EMT 决议［2012］026 号）

全面预算管理要明确提出：反对“单边指标冲刺”“瞒产不报”“主动放弃冲锋”的行为，树立正确的价值导向，鼓励团队在进攻中前进、奋力拼搏。对业务资源的投放、管控，主要是通过两点：第一点是通过资源配置来约束，公司总共只有那么多资源，谁能多贡献一些，我们给予的资源就多一些；第二点就是对利润的要求，不同的产业可以有不同的利润诉求。通过宏观调控手段，想让谁发展快一点，就减轻一点它的负担；如认为这个业务风险高、水分多，就必须多交钱才能做。再通过分派各个 BG 各个 BU 的利润及现金流目标要求，核算利润中心经营结果，实现整个公司收和放的平衡。财委会管理的就是，总共投多少钱，驱动多少机会，得到什么效益，把整个流程闭环管理起来。（郭平：《做好公司价值管理，追求公司有效增长》，总裁办电子邮件［2012］005 号）

业务战略储备还是布置纵向梯队，不要横向拉宽，否则以后又要砍项目，钱又浪费了。人力战略储备，可以拿出一些空耗费用，将重装旅、重大项目部、项目管理资源池武装起来。重装旅要参加抢占战略高地的全球作战，打赢了，成本摊给项目；打输了，自己拿出干粮，就是空耗费用。这样公司才能建立起“胜则举杯相庆，败则拼死相救”的机制。（任正非：在 2013 运营商网络 BG 战略务虚会上的讲话及主要讨论发言，总裁办电邮讲话［2014］016 号）

11.1.4 公司业务管理要逐步从 BP 为“主轮”，转向以 SP 为“主轮”进行运转监控

我们推行新的管理体系，授权下去后，第一，会使我们的工作效率大大提高；

第二，切实落实我们公司是前方指挥后方。我们明确一下，战略问题是高层指挥基层，战术、战役问题是前方指挥后方，后方要尽力支持前方要求。这是后方机关存在的唯一必要条件，机关不能为前方服务，这个机关是不必要设置的。战略问题由高层指挥，是因为战略往往要牺牲短期利益换取长期利益，这个牺牲也得在财务统计到受益者的财务表中去。要由高层投入保证。（任正非：在地区部向 EMT 进行 2008 年年中述职会议上的讲话，EMT 纪要［2008］028 号）

考核太刚性以后，影响对战略目标的牵引，我们以后要在宗旨总则里面把战略定位提出来。要规划、设定战略目标，体现战略目标的阶段性评估。（任正非：在 EMT 会议上的讲话，2010）

提高公司及 BU（业务单元）、MU（市场单元）、FU（功能单元）等的中长期战略规划和战略管理能力。公司的业务管理要逐步从以 BP 为“主轮”，转向以 SP 为“主轮”进行运转和监控，更多地牵引高管关注长期战略，定期进行战略审视和述职，同时加强区域、产品线和各部门的战略协同性，保障战略对标、战略与行动的一致性。SP/BP 的循环管理机制要和高管考核、财务计划衔接，实现落地。（来源：《2011 年华为公司关键工作》，EMT 决议［2011］019 号）

产品投资预算要有不同模型，既要支撑战略产品，也要管住非主航道产品。1. 战略产品根据公司战略规划的循环，5 年研发费用预算一次批准，年度授予。2. 非主航道产品，采用慧通模式，要多交“税”，其高于产品平均赢利水平的部分，可以划换为研发投入。3. 非战略的主航道产品，按年度预算进行资源匹配。（来源：预算工作讨论会议纪要，总裁办电邮会议纪要［2014］004 号）

11.1.5　按照“战略计划—项目—预算”的逻辑建立预算分配机制

机关没有炮弹的预算，炮弹预算全都在项目里，一线呼唤了炮火，我们就把炮弹运过去，然后把炮弹成本收回来。要改变现有的预算分配方式，将预算分到前方去，机关要从为项目提供的服务中把预算要回来，这样我们才能精简机关。（任正

非：《拉通项目四算，支撑项目层面经营管理》，总裁办电邮文号［2010］007号）

要把平台预算和项目预算分开。一定要将平台费用控制在一个最低的基线，平台运作就是要贯彻“高效、优质、低成本交付”的目标。平台帮项目做事，就去跟项目要钱，从项目预算中把相关的预算要来。在这种情况下，平台会想办法把费用挤到项目中去，项目经理也会严格控制项目费用的发生，这就形成了矛盾和平衡。我们现在要建立这个机制，核心就是机关为前方服务，向前方要钱。（任正非：《拉通项目四算，支撑项目层面经营管理》，总裁办电邮文号［2010］007号）

年度预算的生成要基于项目 / 机会点，资源分配也要逐步落到项目，项目经营团队根据业务计划及授予预算向支撑组织购买资源。支撑组织要对资源的效率负责。（来源：IFS-PFM项目向任正非汇报纪要，总裁办电邮文号［2013］074号）

现在预算是授予功能部门的分钱机制，是各级组织权力的分配过程，谁有预算谁有权。若不改变预算的产生机制，若不改变权力来源机制，可能就无法改变现状。要想清楚预算来自哪里，到底给谁，如何支撑战略落地。（任正非：关于“严格、有序、简化的认真管理是实现超越的关键”座谈的纪要，总裁办电邮讲话［2014］028号）

关于预算。目前部门对预算的观念一直基于“存在就是合理”，去年有，今年也要有。现在功能部门既掌管资源，又掌管钱；作战部门反而没钱，需要向功能部门要预算。我从去年已开始改变，研发费用不授予产品线，慢慢转变到先授予IRB[①]、IPMT，让预算落到能创造价值、围绕战略落地的项目上。关于核算，要弄清楚核算到哪个单元，很多方面也就清楚了。（任正非：关于“严格、有序、简化的认真管理是实现超越的关键”座谈的纪要，总裁办电邮讲话［2014］028号）

我们要以责任中心为基础，改革预算管理机制。要以客户和项目作为预算的源头，以可持续的价值和贡献为基础，来牵引业务战略和业务目标的实现以及责权

① IRB，Investment Review Board，投资评审委员会。IRB在EMT制定的总的战略方向指导下，以客户需求为导向，进行产品投资决策，并围绕产品投资决策的落实，推动Marketing、研发、采购认证与供应链、销售、服务部门间的协同一致，满足客户需求。

利的统一。预算要鼓励增长，预算分配必须对准战略，按照“战略计划—项目—预算”的逻辑建立预算分配机制，以促使作战部门和功能部门围绕公司的聚焦战略来规划重大的客户、研发和变革项目，逐步形成资源向战略领域和优质客户倾斜的机制。（郭平：《持续变革，提升一线作战能力，保障公司有效增长》，总裁办电邮讲话［2014］020号）

我们要完善资源部门预算的立法，真正做到资源部门只有空耗预算，其他预算要以资源的使用效率为基础从项目中获取，从而使预算服务于作战，有预算才有权签，最终实现管理运作从以功能部门为中心向以项目为中心的转变。（郭平：《持续变革，提升一线作战能力，保障公司有效增长》，总裁办电邮讲话［2014］020号）

我们强调项目应有管理权，也强调炮火必须是有成本的。（任正非：《聚焦战略，简化管理》，总裁办电邮文号［2012］041号）

11.2 计划预算的编制是自下而上的

11.2.1 计划预算核算的源头是项目和客户

计划预算工作要重视基层，重视项目，项目的计划预算核算需要做准确，所有的项目经理都要关注计划预算核算，做好以项目为基础单元的计划预算核算管理是提升地区部实现利润中心管理与考核的重要基础。（来源：关于计划预算核算体系建设的会议纪要，EMT纪要［2007］024号）

项目核算单元最终是可以分解的，一部分分解到地区部，一部分分解到产品线，要保证抓好项目计划预算核算以后，地区部、产品线、总部相关部门能够吸纳、支撑，所以前方和后方的建设要同步开展。（来源：关于计划预算核算体系建设的会议纪要，EMT纪要［2007］024号）

我们的利润来源于“客户”，因此，我们的预算源头也应该是“客户”，只有把面向客户销售的预算做清楚，才能向后分解成可靠的、扎实的产品及区域维度的年度预算。预算与核算的规则应该一致，用同一规则制定预算和完成核算，这才能够实现“预算闭环”。（任正非：《聚焦战略，简化管理》，总裁办电邮文号［2012］041号）

11.2.2 计划是龙头，集成的“作战计划”是管理的基础

计划是龙头，要分解到各个执行者，一定要让执行者弄明白他们的任务是什么。只有将信息准确地传达下去了，才有可能一层一层地去执行。管理者和被管理者之间的关系，就是管理者一定要向被管理者讲清楚你的目标、意图、方法、标准和措施，如果被管理者没有听明白，这就是管理者的责任。（任正非：《抓住历史机遇迎接1998年大发展》，1997）

计划系统的预测不是曲线，不是数据能够预测的。当执行计划时可以通过分解程序的方法得到一个很科学、很完整的计划，但在对计划进行预测和宏观调控时，要靠感觉。往往感觉不完全来自经济，也不完全来自市场订单，有时也来源于政治。对合同可能产生的预测一定要预估、跟踪和调查。我们的员工要增加敏感性。（任正非：《加强夏收管理促进增产增收》，1998）

怎么才能实现精细化管理？就是计划要合理、不能盲目。有合理的计划就可以有效降低运费、降低工程师的差旅费。计划是龙头，制订计划的人员一定要明白业务，地区部要成立计划、预算与核算部，要让明白业务的人来做头。只有计划做好了，后面的预算才有依据，通过核算来修正、考核计划与预算。为什么我们的运费控制不住？如果计划做好了，海运比例提升了，运费自然就下去了。（任正非：在BT系统部、英国代表处汇报会上的讲话，总裁办电邮文号［2007］015号）

减少货物压关、压库，关键是要把计划做准、做客观。地区部/代表处要加强计划体系的建设，地区部总裁、代表处代表是计划的第一责任人。（来源：《关于交

付、运营资产管理、队伍建设等方面的指导意见》，EMT 纪要［2008］013 号）

当我们二十多个计划单元推下去的时候，那公司的一级计划起什么作用呢？就是宏观调控，对预测计划的干预，对未来的建设、基本能力提升，是你这个计划引导的，人事制度、干部编制都要介入。计划部门不仅仅是财务部门，计划是指引整个公司前进的灯塔，是船头，是雷达。考核奖励机制是为了前进。计划系统要和人力资源系统去商量：要实现这个计划，人力资源机制应该如何指引。我们在观念上要改变，计划代表的是全公司，可不是财务。（任正非：在地区部向 EMT 进行 2008 年年中述职会议上的讲话，EMT 纪要［2008］028 号）

各业务单元在具体制订计划时，使用的是能体现公司管理思想、科学合理并且具有约束功能的工具，制订出的计划是理性、客观、真实的。这个有约束力的工具是正的现金流、正的利润流，以及人均效益的提高。（来源：关于 2009 年计划预算制定工作思路汇报的纪要，EMT 纪要［2008］036 号）

我们对仓库管理进行改革，就是为了让流程贯通。供应模式简单化，就是强调一次把事情做好，一次把站点计划做好。将来供应中心也要虚化，我们会逐步减少供应中心的数量与规模。如果连发货到最终站点的计划都不去做准确，发货到代表处仓库的计划就能做准确？所以，小国基站数量少，应该在做模型设计时就多动脑筋，一次把数据做准确。（任正非：在小国综合管理变革汇报会上的讲话，总裁办电邮讲话［2014］062 号）

11.2.3 提高经营预测的可信度

业务计划是年度预算的主要输入，通过年度预测合理匹配资源，并根据经营预测及时调整资源配置，这是经营管理的主循环。费用管理要从预算闭环做起，首先要看是否在预算批准范围内，其次才看费用基线的合理性。超预算的费用，如果业务计划发生改变，新的机会点出现，或不可预计的风险发生，则可以重新申请预算；如果业务计划并未改变，则超预算部分的费用应由管理团队解决。（孟晚舟：《财务结

算对准价值创造，考核结算对准价值分配》，总裁办电邮文号［2012］040号）

预算要鼓励增长，根据滚动经营预测弹性获取资源投入。预算也要鼓励有效，自己和自己比改进，自己和自己比增长，而不是集团一刀切，机械、教条地追求平衡。预算，要抓得住机会，弹性配置资源。预测，要看得清方向，长效配置资源。（来源：预算工作讨论会议纪要，总裁办电邮会议纪要［2014］004号）

未来5年，在数据治理方面努力使信息管理成熟度达到3.0分的水平，其相应表现为：数出一孔，经营数据可追溯，经营预测可信赖。（来源：关于数据工作汇报的纪要，EMT纪要［2014］024号）

通过滚动预测和经营审视，识别和管理经营风险，对资源配置进行弹性调整，各责任中心主管是预测的责任人。（来源：《2015年预算白皮书》，财委会通知［2014］014号）

“预测可信度”是各级主管管理能力的综合体现。在预算假设没有重大变化的前提下，短期内实际和预测较年度预算出现较大偏差，是管理者预测水平欠缺的表现。对于预测偏差比较大的组织，超额的收入和利润应该纳入各组织的贡献，但对管理者评价时，要将预测、预算的能力一起考虑。（来源：2016年一季度公司经营审视纪要，财委会纪要［2016］019号）

11.2.4 不断优化费用基线，持续降低运营成本，向管理要效益

成本管理，一定要进行全流程的控制，要抓住成本结构的重点去挖掘

我们3~5年之内，最重要的就是提升我们的管理，从管理中提高效率。我们现在的人均效率和IBM公司相比只是其1/6，我们能否3~5年之后把与IBM的距离缩短到1/3或1/2，如果这样，我们就释放了极大的潜能。这就是我们的核心竞争力的提高。一定要改善管理，坚决向管理要效益，唯有这个办法才能牵引我们继续发展下去。（任正非：《居安思危，奋发图强》——在技术支援部工作会议上的讲话，1999）

管理成本，不能在局部领域进行控制，一定要进行全流程的控制。要从结构化的地方去挖掘，要以大块、大部门的状况来分析，不要具体评审到某一个小项目上，抓得又死，形成瓶颈（按照现在的评审方法，小项目没有一个赚钱的，评审都通不过）。机会、市场容量、占有率等都是我们的财务数据。成本管理部门不是去压成本、控成本，而是去指导它们，不该控的应该放开，应该控的要怎么控。不能做表面文章，要发现实质问题。成本控制要推行，但不要对战略产生影响。（来源：2001年税收预算汇报会议纪要，2001）

成本控制主要是探讨围绕公司的总目标对各部门成本管理实施指导，把观念、意识、方法落实到各业务口，各业务口在符合总目标和总利益的基础上，自己调整、摸索。（来源：2001年税收预算汇报会议纪要，2001）

要研究历代封建王朝怎么覆灭的，当新一代皇帝取代旧主时，他的成本是比较低的，因为前朝的皇子、皇孙形成的庞大的食利家族，已把国家拖得民不聊生。但新的皇帝又生了几十个儿子、女儿，每个子女都有一个王府，人民要供养王府。他们的子女又继续繁衍，经过几十代以后，这个庞大的食利家族大到一个国家都不能承受。人民不甘忍受，就又推翻了它，它又重复了前朝的命运。华为如果得了这种病，不要几年就会破产。秦人不暇自哀而后人哀之，后人哀之而不鉴之，亦使后人而复哀后人也。（任正非：《关于人力资源管理变革的指导意见》，2006）

要把平台预算和项目预算分开，将平台费用控制在一个最低的基线

要把平台预算和项目预算分开。一定要将平台费用控制在一个最低的基线，平台运作就是要贯彻“高效、优质、低成本交付”的目标。（来源：IFS项目向任正非专题汇报纪要，2010）

用3~5年的时间降低我们的G&A（管理）费用率，将SG&A（销售与管理）费用率降到现在爱立信的水平。SG&A的费用率下降手段，不能简单地从“拧毛巾”入手，而是要从组织优化、流程优化、IT自动化等着手，建立效率持续提升的长效机制。（来源：《2010年关键工作要求》，EMT决议［2010］007号）

华为公司能不能精简？能精简。我们无效的劳动太多了，老是事前请示，邮件满天飞，沟通、沟通、沟通……浪费了很多时间和精力，这就是成本。我们就是要实行大部门制，实行首长负责制，有问题事后回溯首长的责任。我们用 3~5 年完成这个任务，把华为公司总效益提升 20%，我认为是有把握的。这样的话，我们就可以在不提升给客户的价格的情况下增加我们的效益，而不是靠提升给客户的价格来满足我们内部成本的摊销。我们应该按市场价格来压缩内部成本，而不能根据内部成本制定给客户的价格。（任正非：在竞争与合作战略务虚会上的讲话及主要讨论发言，2012）

我们要从今天的流程遵从制，逐步走向明天的流程责任制。现在实行的流程遵从，你看仓库管得那么糟糕，责任在谁，怎么不把你们的工程报废物资作为奖金包发给你们？既往要咎，这一点不能动摇。做虚假账目、浪费损失，最终要从你们奖金包扣回来，一年不够扣，就分几年扣；牵连到前任代表的，都要追究到前任代表，授予他一个负奖金。这样大家才知道痛，才知道改进，才会有明天。（任正非：在项目管理资源池第一期学员座谈会上的讲话，总裁办电邮讲话［2014］058 号）

11.3 适应机会和变化，实行弹性预算

11.3.1 要抓扩张性部门预算的微观合理性，要严格控制服务性部门的总费用

扩张型部门的预算要从下往上做。扩张性费用只要合理，是放开的，但要抓花费的不合理性问题，对于这些扩张型部门，就是要看每一笔钱是否花得合理。预算人员一定要深入扩张型部门，从微观上看是否合理。你们仅提高研发费用百分比，而不控制、监督，就可能乱花钱。因此，预算部门一定要抓扩张型部门预算的微观合理性。对于其他的服务型部门，则要压缩费用、压缩编制、挤出水分。管理费用不能与收入同比增长，要有所下降。服务型部门就是一定要从上往下控制住预算。

（任正非：在听取1999年预算汇报的讲话摘要，1999）

做预算有两个方法。研发、市场营销部门是扩张型部门，要分析其微观预算的合理性，不应该只是控制盘子。除市场、研发系统，其余都是服务型部门。服务型部门是分盘子的，要严格控制总体费用。对于不同体系做预算是不同的。对于扩张型部门要从下往上做；对于服务型部门则要从上往下做。（任正非：在听取1999年预算汇报的讲话摘要，1999）

我们将把资源预算分给前线，由负担利润中心的单位，来承担发生的费用及成本。机关没钱，只保留一个保障经营的最低底线。机关花钱要向前线要，我给你提供什么样的服务，你给我多少钱。预算应该倒回来做，下一步谁来呼唤炮火？呼唤炮火的人应该是前方的作战部队，不是后方的领导。炮火是有成本的，谁呼唤炮火谁对成本负责。（来源：《围绕客户PO打通，支撑"回款、收入、项目预核算"》——IFS项目向任正非汇报纪要，总裁办电邮文号［2009］002号）

我们公司中间层"肠梗阻"的问题还是很突出，我们还是要削弱机关的权力，坚决压缩机关平台。中间层主要是以服务为中心，不能把预算、资源全控制在你手上，你说给谁就给谁，这里派下去一个管酱油的，那里派下去一个管醋的，这个一定要改变。一定要以利润中心来构建预算决算体系。你们今年评的机关费用不增长，我要求明年机关的费用总额要下降，降不下来就裁员、降工资，或者机关集体放假一个月，看看一线还能不能打仗。如果一线还能打仗，说明机关没有这么重要，该精简就适当精简。（任正非：在常务董事会民主生活会上的讲话，2012）

制定机关薪酬的基准线，控制机关的费用支出，人力资源要有相应政策。（任正非：在ISC+及CIF项目进展汇报会上的讲话，总裁办电邮讲话［2017］035号）

11.3.2 预算要有弹性，保证前线在业务增长后获得更多的资源

所有预算要有弹性，集团公司预算总盘子及各部门的预算小盘子都要是有弹性的，我们要逐步摸索出集团公司总盘子及各部门预算小盘子相对数的规律来。（任正

非：对2004年预算工作指示会议纪要，2004）

要实现从刚性预算到弹性预算的转变。业务上去了，预算也相应弹上去，同时要提升机关的服务效率，在标准作业时间内完成审批，保证前线在业务增长后就自然、合理、迅速地获得更多的资源。（来源：关于筹建计划预算审计管理委员会的纪要，EMT纪要［2006］021号）

计划、预算、核算下放到地区部是什么意思？就是我把计划给你了，你可以按计划去组织资源作战，资源的费用是由预算来约束的，预算用完我是要核算你的。销售额暴涨了，你的预算自然就暴涨。如果说你的销售额上不去，你把预算花完了，那说明你无能。但是你不花钱，也不能造成市场的前进。怎么审时度势呢？这就是为什么要选拔合格的经营管理者。管理者就是要根据业务现实来灵活掌控，如果僵化地用计划、预算，是不可能管理好的。现在我们要把这些权力都放给地区部，全球一刀切，那么这个吃水线是不科学、不合理的。计划部门不仅是做计划，包括核算也要抓起来才是闭环的。既然核算做出来了，我们就会摸索不同地区、不同国家、不同产品的不同吃水线，我们以这个为基础，考核的标准就清晰化了。（任正非：在地区部向EMT进行2008年年中述职会议上的讲话，EMT纪要［2008］028号）

弹性预算管理要拿出经验来。比如你们现在计划增长了，效益增长了，人要去批，薪酬要去批，都要去批，那还如何讲弹性？你做大了，各项费用自然就跟上来了，就有条件自主去经营。但你业绩下滑了，就赶快去减预算。（任正非：在拉美北地区部、哥伦比亚代表处工作汇报会上的讲话，总裁办电邮讲话［2014］051号）

我们不要硬着头皮在全世界做生意，要采用灵活机动的战略战术。现在我们在很多战略机会点投入力量不够，却在一些不可能有希望的地方纠结，投入很大精力，消耗了战略机动力量。（来源：区域差异化考核进展汇报会议纪要，总裁办电邮讲话［2015］050号）

我们要不断梳理这些国家的困难，找到每个国家的经营方法。如果在每个国家都要做大，再摊薄成本，这是僵化教条的管理。把已经不可能做大、做强的地区的战略力量调到可以战略进攻的地区去获取更多机会。等到将来环境稳定了，又有机会时，再把这批战略力量调回去。可能某些战乱国家的建设跟不上，我们就卖备件、服务等一点点适当提高销售价格，养活当地员工。在特别困难的国家，业务量缩小了，更要加强流程管理。通过流程管理，远端监控也能实现。（来源：区域差异化考核进展汇报会议纪要，总裁办电邮讲话［2015］050号）

为完善现有弹性预算机制无法有效解决超额利润使用的问题，针对超额利润的管理，应考虑SP和BP两个循环的衔接，根据公司未来3~5年的财务预测结果，系统性地规划长期战略方向投资，并根据每年的经营情况规划好投入的节奏和强度。（来源：2016年上半年公司经营情况审视纪要，财委会纪要［2016］032号）

11.3.3　弹性预算要严格执行费用授予和追加的流程

公司历来主张和要求持续降低运营成本、节约运营费用，通过持续改进提高效率，不断改善公司运营水平，提高赢利能力。自上一次IT冬天以来，我们在费用预算、核算和闭环管理方面是很宽松、缺位的，在花钱上没有任何约束。各级主管只知道缺人，从不担心没钱花，也不关注花了多少，对花的钱所带来的价值及贡献更缺乏评价和审视。运营成本和运营费用弹性是很大的，我们在继续执行自下而上的预算机制和弹性预算机制的同时，需要建立起严格的费用预算、核算和闭环管理系统，避免并逐渐杜绝“长官”驱动的费用授予和管理方法。（来源：《关于加强和改进行政费用管理的决议》，EMT决议［2008］032号）

费用管理普遍得到加强，但在费用预算、核算及其闭环管理等长效机制建设方面需要继续夯实，特别需要严格执行费用授予、费用追加流程，实现真正弹性预算和弹性管理，做到“有预算才有钱花”。（来源：关于2009年年中公司经营审视汇报的纪要，EMT纪要［2009］038号）

每个部门都有基本的职责范围，在其职责范围内的工作，都应由部门预算支撑。1. 职责范围内的工作，不应再单列申请额外的预算投入。2. 预算要闭环，根据职责、费用基线、管理改进要求生成年度预算，按预算匹配资源。3. 预算的开环，就是更多的能量（资源）注入，要说清楚做了什么额外的事情，产生了什么价值。预算的开环部分可以单列，由公司统一生成预算并拨付，不进入组织的预算基线。（来源：预算工作讨论会议纪要，总裁办电邮会议纪要［2014］004 号）

11.4 核算是管理进步的重要标志

11.4.1 用核算监控授权，指挥权才能下到一线

机关要精简，流程要简单。我们要减少总部的垂直指挥和遥控，要把指挥所放到前线去，把计划、预算、核算放到前线去，就是把管理授权到前线去，把销售决策权力放到前线去，前线应有更多的战术机动性，可以灵活地面对现实情况。后方要加强按计划预算进行服务，用核算监控授权。权力是受约束的，这样才能既授权又约束，指挥权才能下到一线，而总部也放心。（任正非：在英国代表处的讲话纪要，总裁办电邮文号［2007］027 号）

预算工作的关键是要通过核算闭环。基于对实际经营结果的核算评估，来评价各组织在预算工作中的严肃性、有效性。（来源：预算工作讨论会议纪要，总裁办电邮会议纪要［2014］004 号）

攻占城墙需要多少发炮弹，现在还需要后方机关审批，前方说“我要九发炮弹”，后方说“六发够啦”，最后六发炮弹打过去，城墙只塌掉一半，冲锋的部队要爬这半截城墙，血流成河。未来授权，一线作战部队要几发，就给几发炮弹，打完仗后再算账。决算我们可以去数弹壳，“给了九发，怎么才有三发炮壳，剩下六发到哪里去了？”。虽然现在还做不到这个授权机制，因为还没有实现端到端的项目管理，但未来 5~10 年最终要走到这一步。（任正非：在董事赋能研讨会上与候选专职

董事交流讲话，总裁办电邮讲话［2014］007号）

11.4.2 通过推进科学核算来改进管理

实行独立核算的主要目的是通过推进全面核算来改进管理。从部分核算走向全面核算。让各部门更加关注成本，学会算账。（来源：结构事业部经营机制汇报会纪要，1998）

对跟踪IPD、ISC项目最重要的就是核算，能够沿着IPD/ISC的流程线，把核算功能跟上，就很不容易了。当前财经系统对IPD/ISC项目最重要的责任就是扎扎实实地贴近IPD/ISC，把核算搞清楚。核算做踏实了，我们成本组装也就成为现实，对它进行核算，就有了评估的基础。财务目前应集中精力做核算，提供真实的管理数据。（任正非：在财务四个统一与2000年工作规划汇报会上的讲话纪要，2000）

人力资源体系和财务体系一定要把在项目中人的成本核算抓好。我不明白为什么不能核算，说SAP[①]不能核算，我就换ORACLE[②]，结果换了两年还是不能核算。只要人头费不进项目，华为公司的管理根本就没有可能进步。所以，要加强计划、预算、核算对我们事业发展的引导性作用。人的费用核算也不一定要太精确，蒙一蒙，估一估也是可以的。（任正非：《改变对干部的考核机制，以适应行业转型的困难发展时期》，总裁办电邮文号［2006］036号）

核算是管理进步的重要标志，不算账怎么能知道我们进步呢？我们首先要能核算到项目，核算到区域，核算到产品线。我们公司的竞争能力很强，是得益于我们以奋斗者为本的正确的管理哲学，但是我们的管理效率目前是很低的。（任正非：《CFO要走向流程化和职业化，支撑公司及时、准确、优质、低成本交付》，总裁办电邮文号［2009］021号）

但并非核算到最细单元就是对的，例如核算到电阻是否必要，要依据业务场景

① SAP，思爱普，一家全球大型的企业管理和协同化商务解决方案供应商。

② ORACLE，甲骨文公司，一家全球大型的企业级软件公司。

进行讨论。从物料采购来说要核算到电阻，从工程交付和产品销售来说，就完全没有必要核算到电阻，也许到站型 / 台套才是合理的。从我们现有的核算复杂度来看，我们还不成熟，当前适当增加一些力量是正确的。（任正非：与罗马尼亚账务共享中心座谈会纪要，总裁办电邮文号［2011］021 号）

我们要做厚对客户、对供应商的管理，要加强与此相关的四算，这是我们利润的来源。我们要沿主流程，加强对呼唤炮火的管理与核算，合理地控制成本，提高作业质量，这是我们利润的基础。对费用的管理，应推行基于合理预算的管理，关注费用的合规、合理、合法。弱化内部为了考核需要的结算，内部核算应宜粗不宜细。财务管理的主要目的是产生利润，杜绝贪腐。（任正非：《聚焦战略，简化管理》，总裁办电邮文号［2012］041 号）

第十二章

账务的服务与监督

华为公司的账务系统是集中做账和垂直到底的，这么多年公司始终保持账务的独立性，就是希望账务能担起“大坝”的责任，对业务行为发挥应有的监督和制衡作用。账务不仅有服务功能，还有监控责任，监控重于服务。

账务的责任就是要保证数据是真实的、可靠的。账务管理的口号是“不为客户负责，不为业务负责，不为领导负责，为真实性负责”，跟所有业务管理组织脱钩。财务数据的真实、准确，依赖于前端流程规范和数据清洁。只有规范前端业务行为，才能提高财务数据质量。

账务监控就是要坚定不移地推行流程管理，坚持在流程中实行全面的监控，敢于揭露问题并推动改进。监控责任不仅仅是账务的责任，流程中的每个节点都有监控的作用。业务部门主管是业务真实性、合理性的第一责任人。但行政主管不应干涉流程运作，可以作为流程优化的发起人和提议者。

资金安全是公司对支付系统的明确要求，“作业质量持续优质”就是对支付人员的评价标准。通过三层日清日结机制的运行，驱动业务真实性、合规性的提升。

会计人员要深入业务、了解业务、监督业务。懂业务、理解业务，才能更好地服务业务与管理业务。在服务业务的过程中，要坚持业务为主导。但财务管理服务的过程并非是被动的，应该积极有为。

制度监管和道德约束是相辅相成的，作为会计人员，会计职业道德在日常工作中要贯穿始终。当然，会计职业道德与公司的制度监管是不会冲突的，遵守岗位行为准则是前提，会计职业道德是底线，日常工作都不能突破这个底线。

本章将对账务管理的要点进行深入阐述。

12.1 账务垂直到底，始终保持独立性，担起“大坝”的责任

12.1.1 账务不仅有服务功能，还有监控责任，监控重于服务

我们账务系统是垂直到底的，这么多年我们始终保持账务的独立性，就是希望账务能担起“大坝”的责任，对业务行为应该有监督和制衡的作用。什么叫监督作用？比如，我们对项目的交付成本心中有底，当业务流入的数据出现异常波动和偏差的时候，账务就应该有这样的敏感性，多问几个为什么，多要求一些验证材料。让业务明白，账务不仅有服务功能，还有监控责任，监控重于服务。账务的垂直运作是在我们的内部运作机制中建立了一个筛子。这个筛子，把合规合理的东西筛过去，不合规、不合理的留在上面，经过沟通、请示、汇报等方法来减少差错，这个差错不是财务数据差错，而是业务运营过程的差错。（任正非：与罗马尼亚账务共享中心座谈会纪要，总裁办电邮文号［2011］021 号）

任正非总裁多次强调账务不应一味强调服务，在服务的同时必须履行监控职责。中国区的收入确认问题，说明账务近两年忽视了监控的责任，财务数据的准确

不是简单的数字加减，它应该真实地反映业务。（孟晚舟：与账务主管沟通会议纪要，2011）

账务的责任就是要保证数据是真实的、可靠的，而且要保证账务的独立性。如果业务人员告诉你，你别来查了，我们就是用了 3 000 发炮弹，那你也得去查，不然怎么能确认数据真实性？财务的数据主要来自上游，上游说是水里没有污染，难道你就喝了？别人撒了一泡尿你怎么知道呢？所以，我们必须强调我们账务系统的人要保持对数据的独立认识和理解。如果上游的水没有污染，业务为什么自己不喝呢？今天的财务数据在准确性和及时性上已经有大幅度的提升，但这是基于你们的假设：业务是可靠的，权签是负责的。如果业务不可靠呢？那你们的假设也就不成立了。从这个意义上说，准确的财务数据并不能真实地反映业务。（任正非：与罗马尼亚账务共享中心座谈会纪要，总裁办电邮文号［2011］021 号）

监管有两块需要区分开：第一，监督性子公司董事会监督是内外合规，非流程化的。业务作战指挥权授权给前方，监管也要前移。第二，三个中央集权坚决不能下放：资金管理权、账务管理权、审计权。其中，资金管理权绝不是管、卡、压，而是要灵活快速服务，代表处资金使用很灵活；账务管理权，集中做账，口号是“不为客户负责，不为业务负责，不为领导负责，为真实性负责”，跟所有业务管理组织脱钩。服务作战、共享中心等都是这三个权力的分权力，不是核心权力。审计是事后监管。（任正非：在泛网络区域组织变革优化总结与规划汇报的讲话，总裁办电邮讲话［2017］030 号）

12.1.2 账务监控要坚持在流程中实行全面的监控

只有广而告之，才能推动大家按流程和制度办事。共享中心要把你们所看到的管理问题，贴在心声社区和《管理优化》报上。不管对错，有则改之，无则加勉，错了也是一种警示，不然公司怎么能进步呢？你们最好把案例转给总裁办，不用“穿鞋戴帽”，说清楚事情就行。总裁办可以转发你们的案例，帮助业务主管们认识

到数据质量及流程遵从的责任。（任正非：与毛里求斯员工座谈会议纪要，总裁办电邮文号［2013］016号）

财务最重要的就是揭示问题，讲真话，哪里货物积压，哪里有坏账核销，要通过监控报告揭示内部运作的问题。主管看到了就会着急，加强管理和协调，以提高内部运作效率，这就是财务对他们做出的贡献。账务要敢于管理，否则就失去了账务大坝的意义。遇到有问题的单据，应要求业务做出进一步澄清。如果涉及机密或敏感信息，由权签人的上级主管再次确认费用的真实性后，才可以进行财务处理。账务不能对自己不清楚的费用，稀里糊涂地接单处理。在提供会计服务的同时，别忘记自己的监控责任。（任正非：与毛里求斯员工座谈会议纪要，总裁办电邮文号［2013］016号）

账务监控就是要坚定不移地推行流程管理，坚持在流程中实行全面的监控，敢于揭露问题并推动改进。（任正非：与毛里求斯员工座谈会议纪要，总裁办电邮文号［2013］016号）

12.1.3 以会计为监督，把服务与监督融进全流程，在服务过程中完成监督

“会计为监督体系”含义是我们按照制度、法规去提供服务的过程中，就已经完成了监控。“制度、规章”就是“筛子”，所有的东西经过“筛子”筛过了一遍就是完成了监督。所有一切要保障业务扩张的运作，不清楚的要及时请示，不是卡住就是监督。服务，服务，再服务，以规范化的服务来保障业务运作。一切围绕业务服务，才叫业务为主导。（任正非：在财务四个统一与2000年工作规划汇报会上的讲话纪要，1999）

监控不是两张皮，所有财务人员都是监控人员。财务通过支付、收款、预算等实施业务管理，本身不是干业务的人，实际就是监控业务流程的运作。账务口对业务流程的监控，通过一把大筛子，筛过去的就是标准化了的，筛不过去的就请相关部门评估，梳理后进行规范化、标准化，以后就能过去了。筛得越快越多，快速、

准确、安全服务的标准就越来越厉害，就越来越少大石子块，大量是标准的。这就是通过流程来监控。（来源：财经管理部干部任命汇报纪要，2005）

账务要建立业务的诚信度，诚信度低的，每单都可以查，响应速度也要降下来。诚信度高的，我就事后抽查，既能保证响应速度，也能履行监控的责任。账务人员对业务的熟悉程度，就像我们的鼻子，不熟悉业务，就像得了鼻炎，他说啥就是啥，你就听他的。审计部门是化验水质的监控部门，只是负责偶尔检查一桶水的品质，因此，我们的账务人员要负担起这个职责，这样你们才能成长为更加优秀的人。（任正非：与罗马尼亚账务共享中心座谈会纪要，总裁办电邮文号［2011］021 号）

什么叫监控？流程中的每个节点都有监控的作用。地区部总裁是地区部的第一监控责任人，系统部主任就是系统部的第一监控责任人，监控责任不仅仅是账务的责任。（任正非：与罗马尼亚账务共享中心座谈会纪要，总裁办电邮文号［2011］021 号）

第一，我认为账务是公司的大管家，我想没有任何一件事情是账务不可以管的。第二，业务要对风险负责任，财务要向业务提示这个风险的存在。财务发现了业务存在的问题，不只是向业务的当事人报告，同时应该扩大报告的范围，每一个得到报告的人都有权利及义务在上面做批示，而不光是业务主管一个人批示。第三，监控与效率存在天然的矛盾，我们可以快速通过，并辅助事后回溯，也可以事前控制，说清楚问明白再让业务通过，这取决于我们对风险的判断与把握。第四，共享中心应该提供风险报表，这个报表就是一个公告牌一样的，公告业务运作中出现了什么问题、怎么处理的，并且广而告之。公告不要内容太多，每周或每月只有几条。共享中心只承担风险的揭示作用，让有关部门去承担执行责任，共享中心就不会天天太累。共享中心只负责将你的发现贴出去。你只要报告了就行，协调处理并不由你承担，压力会小一些。公告应分成几个部分，应有上一次报告发布之后，业务的改进结果；也包括新出现的问题、沟通的结果、改进的机会；这些公告应与经营分析报告一起例行纳入各业务单元的经营管理机制中。第五，改进的责任在业务组织，共享中心也承担一部分责任。应该由业务部门制订改进计划，共享中心检查改进结果。在业务未达标前，共享中心应停止相应的财务服务。有原则、有立场的财务服务才是我们提倡的。第六，这样的报告制度总比把所有问题都埋起来，让它不断积累要好，这不是告状，这是风险揭示。（任正非：与罗马尼亚账务共享中心座谈会纪要，总裁办电邮文号［2011］021号）

12.2 账务必须深入业务，在服务业务的过程中实施财务综合管理

12.2.1 在服务业务的过程中，财务管理并非是被动的，应积极有为

市场中产生重要的机会点时，不完全是财务支撑，但财务也是重要支援之一。在市场的决策过程中，你们也是可以参加的。财务最终要从基层延伸、渗透，你们应能管住公司的各个环节，要正确地控制，当控制不正确时，可以放松一点，先控制正确的地方，逐渐走向正确的管理。（任正非：与财务系统座谈纪要，1997）

建立费用等财务制度时要采用现实主义的态度，首先追求程序的公正性。我们要先追求程序的公正性，再去追求结果的公正性。现在我们不要过分追求完全准确，要灰色一些，宁可宽容一些。（来源："费用核销管理审计"和"货款回收管理审计"会议纪要，2004）

财务人员要为业务人员服务，但又不是被动地服务。第一，财务对业务人员要有主观的引导，要有沟通；第二，财务在监管过程中要对业务人员多培训；第三，对违规现象不能擅自放松处理。（来源：财经改革项目汇报会纪要，2004）

1. 在服务业务的过程中，要坚持业务为主导。但财务管理服务的过程并非是被动的，应积极有为，全世界的CFO，都是企业最重要的决策者，就是财务在服务中，用标准的筛子，执行财经流程的过程。2. 懂业务、理解业务，才能更好地服务

业务与管理业务。建立并实现从计划预算到核算的闭环回溯机制和弹性管理机制，就是最好的财务综合管理。3. 财务要履行管理职责，从交易核算向真正的管理转变，要把盈亏算清楚，还原业务的真实情况，支撑经营管理。比如，外包人力资源的成本问题等。4. 业务数据、业务信息要开放给财务相应岗位，支持财务将业务产出数据（收入、利润）、投入数据（成本、费用）算清楚讲明白，使财务能够更好地服务于业务改进、业务决策。5. 财务重在事前指导、事中服务和事后管理，传递公司正确的价值观导向，保证业务主干流程顺畅，激励业务冲锋前进。6. 内控（含账务监控）要上前线，深入业务中去，跟随服务，在炮火中前进，实现快速运作流程与合理监管。工程稽查当前担负着打击大面积腐败的责任，内控应跟上去，建立合理的制度与方法，实现科学监管，监管的目的是让业务更好地跑起来。监管是手段，商业成功才是目的。7. 业务部门是业务真实性、合理性的第一责任人，财务部门要做过程和事中的监控，要各司其职，让业务快速跑起来。8. 财务要利用业余时间，深入业务，上站点进行工程实践，了解站点的基本组成，成本基线，物流、工程中的环节和问题，加以改进，可以利用坂田附近的站点进行学习，可以去松山湖进行实践。（任正非：与财经体系干部座谈纪要，《管理优化》第 369 期，2010）

首先，我们认为什么是称职的 CFO？是 CEO 下台，CFO 可以随时接任 CEO，这样的 CFO 才是我们希望看到的合格的 CFO。CFO 也是账务员工成长的方向，账务体系的员工多数人不懂业务，这样的话你们对业务的理解就不会很深刻，服务也只是机械的、教条的、无原则的、无价值的基础会计服务。如果你满足于只做一个会计人员，这是没有问题的，但是如果说你们还想更进一步的话，就必须对业务有足够的认识，否则你们的发展空间很狭窄。我们给财务提出了要求，我认为每个财务人员至少要能读懂合同。我告诉罗马尼亚代表处，让他们找出几种标准的合同，帮助财务人员读懂不同的商务条款、验收标准、产品配置等。我这次带了很多销服人员来，让他们跟你们交个朋友，你们可以去站点看一看。周末也可以去干干活。（任正非：与罗马尼亚账务共享中心座谈会纪要，总裁办电邮文号［2011］021 号）

会计人员要深入业务、了解业务、监督业务，我们才开始正式讨论到底什么是“大坝”。这道大坝不仅是要保证水源流往正确的方向（该记收入的，记收入；该做计提的，做计提等）；还要尽可能地保证水源的质量（资产质量的可靠；应付支付的真实等）。（来源：账务座谈要点纪要，集团财经 CFO 办纪要［2015］081 号）

12.2.2 核算要贴近业务，结合业务场景建立多级共享的模式

传统财经组织，无非是会计、出纳、融资等基础功能，扮演的是“记分员”角色，是数据的处理者。而今天我们对财务组织的要求是，有效执行核心财务活动，积极协同业务共同管理经营绩效及风险，通过公允、准确的财务信息支撑业务持续提高经营绩效，在扩张与控制中实现平衡。（孟晚舟:《财经：从“记分员”到“价值整合者”》,《管理优化》第 396 期，2012）

回顾财经组织的成长历程，管理变革、流程重整是财经组织成长的重要推动力。1998 年，KPMG 公司帮助我们实施了“四统一”项目，第一次在公司范围内实现了财务流程、制度、编码、监控的统一，这为后续的管理变革奠定了基础。2005 年，账务在 IBM 顾问的帮助下，在全球建立了六个共享中心，既提升了账务的运作效率与监控质量，也保障了海外业务在迅速扩张中获得核算支撑。2007 年，华为与 IBM 合作，启动了 IFS（集成财经服务）变革，通过 IDS1（回款、收入、项目预核算集成方案包）的全球推行，在销售合同与采购合同两个维度拉通了财务与业务。与此同时，IDS2（项目经营管理）、IDS3（拉通计划、预算、预测、核算，支撑各级责任中心经营管理）持续稳步推进。（孟晚舟:《财经：从“记分员”到“价值整合者”》,《管理优化》第 396 期，2012）

核算要贴近业务，结合业务场景建立多级共享的模式。要从最终贡献来指导和评价财务组织建设，不能单纯从降低运作成本来建设共享中心。1. 共享中心建设过程中，要考虑的因素很多，包括：成本、宗教信仰、时差、人才获取等。西方公司在建设共享中心时，主要考虑的是规模效益及成本节约。我们在建设共享中心时，

应考虑内控及预防机制的有效性，这也是共享中心的责任和贡献。2. 结合业务实际，建立多级共享模式的账务中心。（1）属于流程已经规范、数据相对准确的业务，会计服务可从成本优势的角度集中到全球 1~2 个共享中心处理。并据此建立会计服务的容灾、备份能力。（2）流程尚不健全，作业也不规范的业务，应该贴近业务组织建立小团队的会计服务。我们远隔千山万水，不了解业务实际，怎么可能做到核算清晰、数据准确？（3）依托现有的共享中心，建立以会计解决方案、本地纳税遵从为主的区域性会计共享服务，重在能力支撑。3. 共享中心的优秀主管，要积极到业务中去，满腹学问是需要实践检验的。现在我们的优秀青年，最大的问题就是缺乏实践经验。亲自进一个项目，积累了经验就有可能升职，再进一个大项目，就有可能再升职，事非经过不知难，只有在实践中，才能获得真知。（任正非：与毛里求斯员工座谈会议纪要，总裁办电邮文号［2013］016 号）

12.3 支付管理

12.3.1 支付系统的绩效评价应基于作业质量，组织编制应保持合理冗余

1. 资金安全，是我们对支付系统的明确要求。支付系统的岗位绩效评价应强化责任结果的应用，明确提出“作业质量持续优质”就是我们对支付人员的评价标准。2. 作业质量要逼近最佳，即便是作业质量已经高于金融机构，也要不断提升作业质量；作业效率不能无限提升和盲目改进，过度也许引起工作人员的紧张，反而会出差错。改进要适可而止、合理要求，合理的资源配置是工作质量的基本保障。3. 目前，支付团队的年度人均单据量为 6 万张，资金团队的年度人均单据量为 12 万张，按 250 天的有效工作日来计算，支付团队每人每天处理 240 张单据。财经体系要基于未来的监管方案，重新思考这两个团队的人员编制，以降到现在工作量的

70%~80% 为宜。4. 业务在发展，行业在变化，支付岗位的员工在完成日常作业的同时，要有计划地了解和学习先进的支付技术，以技术改进来保障作业质量和作业效率。5. 支付系统的人员补充，要从 GTS、供应组织中引入工作认真负责，做事稳妥细致的员工，让他们在新的岗位上创造价值。（任正非：在支付系统员工座谈会上的讲话，总裁办电邮讲话［2017］042 号）

12.3.2　三层日清日结机制的建设

1. 第一层日清日结应该在业务运行中完成，财经组织要思考如何在服务业务的同时，履行好监督职责。业务主管要对真实性、合理性负责，各级 CFO 在服务业务的同时，也要对关键业务的真实性、合理性进行管理。各业务单元的财经团队要与业务团队拿出第一层日清日结的履职方案，有效实施及落实。2. 第二层日清日结在账务管理部，在账务处理的过程中，要核对业务单据是否齐备合规，是否具备启动付款的条件；也要核对我们的应收账款是否被清晰、完整地记录，并与客户完成直接对账工作。3. 第三层日清日结在资金管理部，要核对全球所有账户的支付记录，是否与账务记录相符。当日支付，当日对账，同时支付差错应在一个工作日内识别及处置。4. 消费者业务、企业业务的场景复杂、收支频繁、客户分散，一旦出现支付差错或业务差错，很难再挽回损失。在这两类业务中，日清日结的人员编制应比在其他业务组织的宽松。5. 账务团队要在海量的数据中，建立识别业务风险的能力，勇敢地警示业务团队，并定期向公司汇报。业务的作业质量低下，可以给予时间改进，但不能容忍和默许。6. 通过三层日清日结机制的运行，驱动业务真实性、合规性的提升，这是财经组织更有价值的进步，也是你们最大的成长机会点。三层日清日结之间要建立有效的沟通机制、及时业务反馈，推动问题的解决。7. 要以责任质量为导向，给日清日结系统的人，在一定条件下，体面的收入。（任正非：在支付系统员工座谈会上的讲话，总裁办电邮讲话［2017］042 号）

12.3.3 正确认识错单率

1. 要敬畏错误，不要害怕错误。错误率是业务运行的必然，零差错是理想，不是现实。我们要敬畏错误，发现错误时，要及时反思、努力改进，避免下次犯错。不能害怕错误、回避错误、掩盖错误。2. 支付错误只要能纠正回来，就不算为真正的错误，也不计入员工的业绩档案。这样才能鼓励大家暴露错误、报告错误，依托集体的力量去纠正错误，减少损失，而不是掩盖错误，直到损失无法挽回。3. 错误的过程要在系统中记录，记录不是为了惩处，而是为了改进。每一次错误都是一次宝贵的经验，我们要把错误的类型、原因做成支付作业的风险地图，驱动改进，加强赋能，不断关闭这张风险地图上的起火点。4. 支付作业质量持续较低的员工，要离开支付岗位，但不能每次错误都考核到人，处罚到人，这是总量管理的基本逻辑。单笔错误，我们要把精力放在改进上，避免再次犯错。频繁出错，我们要及时调整岗位人员。（任正非：在支付系统员工座谈会上的讲话，总裁办电邮讲话[2017]042号）

12.4 账务要遵从会计职业道德和规则

12.4.1 敢于坚持原则，善于坚持原则

财经要加强体系建设，适当把握好原则性与灵活性。我们的处理标准不是一条线，而是允许有一定宽度的一个带，这个带宽就考验了业务经理和财务人员处理问题的能力和水平。在财经体系建设过程中，存在一定的合理误差是可以理解的，要有成本的观念。权签人可以把握适当的浮动，对合理性进行判断，但财务人员不能擅自做账、自作主张，任何灵活放松都必须要请示上级，并且要有记录。会计人员

的行为体制可以教条机械，不能随便灵活，不能有弹性，财务就是一把筛子，要严格按制度流程办事，不能手下留情，但态度要热情温柔。在前端要既有原则性又有灵活性，但到后端进入比较教条的财务体系，就只能有原则性，不应有太多的灵活性。这一点各层级领导都要把握，不能做甩手掌柜，要有决断力。（任正非：《打造一支品德过硬、敢于承担责任、敢于和善于坚持原则的职业化财经队伍》，总裁办电邮［2006］038 号）

坚持原则，是对我们每个财务人员的底线要求；善于坚持原则，也应该成为我们努力的方向。（来源：账务座谈要点纪要，集团财经 CFO 办纪要［2015］081 号）

共享中心面对公司的各类业务，在日复一日的会计处理中匹配公司的各项财务制度。公司的政策及制度是面向全球的，难免在个别场景和细节要求上存在不适用性的情况。当财务制度出现适用性问题时，一线的会计人员要有意识去反馈问题、去推动建立透明的问题争议解决机制。（来源：账务座谈要点纪要，集团财经 CFO 办纪要［2015］081 号）

改进的责任在业务组织，共享中心也承担一部分责任。应该由业务部门制订改进计划，共享中心检查改进结果。在业务未达标前，共享中心应停止相应的财务服务。有原则、有立场的财务服务才是我们提倡的。（任正非：与罗马尼亚账务共享中心座谈会纪要，总裁办电邮文号［2011］021 号）

账务要树立正确的服务观念，要有原则地服务。变被动服务为主动服务，不仅是为业务服务，更是为公司服务；面对业务，我们强调高效、优质；面对各级经营团队，我们强调真实、可靠。也就是说，账务不能因为服务而放弃了监控。账务应有原则地提供标准化的服务，已经承诺的服务，要按时保质提供。对个性化的、未承诺的服务，要认真分析其价值和资源，而不是盲目地大干快上。公司现在的流程评审与需求管理体系已非常清晰，为什么我们还要常常走“胡志明小道”呢？从最近清查的特殊报告使用情况看，大多数个性化的报告使用率极低，我不知道这样的资源投入意义何在？账务在需求响应上必须要有原则，要有规范，否则海量需求只会让账务迷失方向。（孟晚舟：与账务主管沟通会议纪要，2011）

要把握好灰度，善于坚持原则，我们是要通过账务的力量发现公司管理的漏洞，寻找改进突破点，提升财经数据的真实性和业务的合理性，而不是对人进行评判。（孟晚舟：与账务主管沟通会议纪要，2011）

12.4.2 制度监管和道德约束是相辅相成的

账实相符一定要逐渐实行纪律措施，问责制和表彰制并行，拉开差距。从现在开始，打击做假账、说假话，加大惩罚力度，增加 120% 以上的系数给扣回去。如果人人都讲假话，账实相符根本就无法实现。（任正非：在小国综合管理变革汇报会上的讲话，总裁办电邮讲话［2014］062 号）

制度监管和道德约束是相辅相成的，作为会计人员，我们的道德是会计职业道德，在日常工作中要贯穿始终；当然，会计职业道德与公司的制度监管是不会冲突的，遵守岗位行为准则是前提，会计职业道德是底线，日常工作都不能突破这个底线，我们做的工作都要能经得住内部的、外部的审计，不做假账，恪守原则。（任正非：《从关爱的角度去实现监管》，总裁办电邮文号［2011］013 号）

我们的仗打完了，数一数炮弹壳，你到底花了多少炮弹，我发了多少炮弹给你，这就是监管体系。冲锋打仗的人才不管呢，谁开的炮、到底开了多少炮，他自己也不知道。但是打完 101 发炮弹以后，这个城墙还没有炸开，业务主管说不炸了，费用花多了，审计要来查我们，这就是僵化教条。如果占领一个小小的山头，一般来说只花 101 发炮弹，这次打却花了 3 000 发炮弹，这个数据是否合理，账务就要揭示风险。向有关领导请示一下，他们是否真的打了 3 000 发炮弹才打下山头，我们看到旁边确实有 3 000 个弹壳，那么我们认为这件事情是合规的、合理的，账务就可以进行核销了，但是我们在数炮弹壳的时候只有 500 发，那么剩下的 2 500 发炮弹到哪里去了，账务就要停止核销，多问几个为什么，把数据弄清楚后再核销，这就是我们的监管责任。（任正非：与罗马尼亚账务共享中心座谈会纪要，总裁办电

邮文号［2011］021号）

不能反映业务真实状况的财务数据是不准确的。数据的准确，是指业务真实发生，是相关数据从真实发生中产生的。（任正非：与罗马尼亚账务共享中心座谈会纪要，总裁办电邮文号［2011］021号）

| 第十三章 |

资金管理

长期以来，华为作为一家非上市公司，内生性增长是支持华为未来发展的核心和主要驱动力。充分挖掘劳动的财富创造潜力，保持公司的轻资产性质，不重资产化。这些既定方针，决定了华为公司主要是通过自身的资本积累，有效地管理资本结构和间接融资规模，提高运营资产效率，来满足公司快速发展对资金的需求。这样一种发展模式对资金管理提出了很高的要求。资金管理绝不仅仅是资金管理部门的责任，它覆盖了公司价值创造的全过程。

2008 年发生的金融危机，加大了企业的融资风险和汇兑损失风险，从而进一步推动了华为的资金管理向重视本地化融资、建立多元化的融资体系和资金结算中心、丰富融资结构、分散融资风险的方向不断完善。

对资金实行集中管理，建立统一的司库制度，在账务管理和资金管理部门实行日清日结机制，确保资金安全。在管好资金安全的基础上，依托技术的进步，利用 IT 系统及电子化等手段不断提升支付质量和效率。

汇困管理能力的构建是公司资金安全的保障，也是汇困区域保持竞争优势和经营稳健的核心竞争力。

本章主要从保障资金安全角度阐述华为公司的资金管理机制。

13.1　探索适应公司长期发展的资本架构

13.1.1　内生性增长是支持华为未来发展的核心和主要驱动力

资本积累问题是公司管理的大问题。在资金来源上，有两种可能性。第一种是开放资金市场，公司股权让公司以外的人来购买；第二种就是扩大生产，增加利润，自我积累。第一种方式来钱快，但这种钱不是好拿的，而且可能干扰我们的体制。我们是以劳动为本位，而不是资金为本位的体制。采取对劳动成果高度肯定的态度，以工资、股票等形式给予劳动者报酬。所以，华为既不能把资金全部寄托在资金开放上，也不能仅局限于自身的利润积累，而应在二者之间寻求平衡点。（任正非：谈华为怎样实现资金积累，1994）

不开放我们的资本系统，总是缺钱，公司就没有生命力，也不符合"利益均沾"的原则，而开放资本系统，靠股东社会化吸纳资金，我们要处理好按劳分配和按资分配的关系，解决好保持华为公司活力和社会股东惯性（要求高回报）之间的冲突问题。否则，就会分配不公，缺乏活力，形成恶性循环。（任正非：谈公司未来

组织目标和体制蓝图，1994）

我们努力使筹资方式多样化，继续稳健地推行负债经营。开辟资金来源，控制资金成本，加快资金周转，逐步形成支撑公司长期发展需求的筹资合作关系，确保公司战略规划的实现。（来源：《华为公司基本法》，1998）

所有的支撑体系设计都要有量的概念；比如要明确当未来 2~3 年销售额达到 100 亿美元规模时，资金管理的架构是什么，怎么支撑，怎么保障，我们的收付量是多少，大盘子是多少，要有曲线，要明确机构设置、运作规划。（来源：关于全球财务体系建设汇报的纪要，EMT 纪要［2005］035 号）

目前的形势对 2009 年公司的借款是有利的，关键是报表要符合银行的基本要求。财经体系后续还要专门研究资产负债率的管理方法。（来源：关于我司未来 2~3 年几个关键财务问题汇报的纪要，财委会纪要［2008］004 号）

资本架构是 IFS 资金项目组的核心模块，近期国内外的金融形势和公司经营风险、财务风险密切关联，这些变化要求我们做好长期业务与财务规划，公司财委会成员将会积极支持资本架构项目的工作。（来源：关于 CCS（资本架构）业界实践汇报的纪要，财委会纪要［2009］001 号）

积极探讨盘活现有成熟物业，提高固定资产使用效率。（来源：《2010 年关键工作要求》，EMT 决议［2010］007 号）

内生性增长是支持华为未来发展的核心和主要驱动力。（来源：《关于资本运作政策文件及决策体系方案的决议》，财委会决议［2011］038 号）

任何公司的发展是不是只有上市一条路，允不允许一些企业缓慢地积累增长？这些企业是以管理经营为主，而不是以资本经营为主。外界对我公司上市问题议论纷纷，我负责澄清一下。董事会 20 多年来，从未研究过上市问题，因为我们认为上市不适合我们的发展。最近徐直军向某运营商高层的讲话，是代表了董事会意志的。徐说："未来 5~10 年内，公司不考虑整体上市，不考虑分拆上市，不考虑通过合并、兼并、收购的方式，进入资本游戏。也不会与外部资本合资一些项目，以免被拖入资本陷阱。未来 5~10 年，公司将致力于行政改革，努力将公司从一个中央集权的公司，通过将责任与权力前移，让听得见炮声的人来呼唤炮火。从而推动机关从管控型，向服务、支持型转变，形成一个适应现代需求的现代化管理企业。”我是完全支持这个意见的，因此关于公司要上市的传闻是没有依据的。（任正非：在持股员工代表大会的发言摘要，总裁办电邮文号［2013］056号）

“20年来我们储备的能量够不够？”这句话问得好。公司除了人才战略储备外，资金储备也是必要的。一方面要“加大激励”，另一方面要“聚焦战略，实施饱和攻击”，这会使资金储备面临两难境地。在经济大环境寒风凛冽的情况下，冲锋需要足够厚的棉衣，如何做厚这层棉衣，需要管理层的智慧，也需要每位员工的共同努力。（任正非：《决胜取决于坚如磐石的信念，信念来自专注》——在心声社区对部分网友回复，总裁办电邮文号［2016］006号）

13.1.2 提升运营资产效率和质量，保证经营性现金流的持续性和稳健性

回款问题是有可能置公司于死地的

一定要高度重视现金流问题，这是企业生存的瓶颈。未来的3~5年，宏观生存环境可能会出现大的危机，如果我们还是这种马马虎虎的粗放经营，最后的结果是什么呢？就是现金流中断，企业死掉了。现金流问题确实很难，所以我们必须要下狠心，拿出改革措施来。从今年起，对于到期欠款带来的利息损失，要先从销售、研发、技术服务、全公司有关人员的奖金中扣除，不包括计时、计件的员工。货款回收的问题，将影响到未来3~5年的生存，一定要抓下来，要让前端担责任，全体员工都要担责任。（任正非：《加强货款回收，改善现金流》，总裁办电邮文号［2006］007号）

回款问题是有可能置公司于死地的。我们不是没有钱，我们有钱，但在客户的拖欠里。我们公司可能会因为现金流的断裂而灭亡，也是很危险的。每个地区部都要把回款的事情高度重视起来。只要存货还在我们手里，只要我们还没有收到钱，那风险就还在我们这里。我们还是要实行货物回款的责任制，要从源头抓起。我们

要建立起项目责任制，我们从一开始做计划投标的时候，就要想到款是怎么收的。一定要从过去的按合同回款，逐渐转变到按站点、按站群、按工程进度来回款，要把回款的实际操作划小到一个点、一个面、一个片和一个项目，然后根据工程进度，就是走了多少，你付多少钱给我。这个所有地区部都要高度重视。（任正非：在地区部向 EMT 进行 2008 年年中述职会议上的讲话，EMT 纪要［2008］028 号）

公司资金安全管理除了资金支付安全外，最重要的是要确保资金不断流。既要"准时支付"，也要"快速回款"，区域财经组织需建立回款周期基线，推动客户侧快速回款。（来源：关于账务资金安全监控工作汇报的纪要，财委会纪要［2015］045 号）

对于终端，三亚会议精神只有两条，一个是利润，另一个是库存，现在仍然是这两条。终端必须要有利润，利润一定要有现金流。（任正非：在消费者 BG 年度大会上的讲话，总裁办电邮文号［2017］024 号）

未来是什么？有利润的增长，有现金流的利润，去除干部身上的浮躁，转变到踏踏实实为客户服务。（任正非：在 2017 年市场工作大会上的讲话，总裁办电邮文号［2017］007 号）

多产粮食，增加土壤战略肥力，"粮食"不仅是指销售收入，还包括利润和现金流。有利润的收入，有现金流的利润，这就是我们对多产粮食的定义。（任正非：在公司监督与管控体系延伸建设思考汇报会上的讲话，总裁办电邮讲话［2017］041 号）

运营资产效率与质量的提升是改善经营现金流的重要来源

对运营资产效率要进行分类管理：1."历史旧账"：已经完成交付的项目，要对货款回收进行专项管理，尽快回收货款。2."未来"：评估项目价值过程中，对项目损益、现金流和运营资产效率要进行评测并基于基线进行管理，继续将全流程交易质量的改善作为公司的优先核心业务加以管理；项目执行过程中要以计划和计划集成为龙头，以项目预算为执行准则，落实交付质量与项目成本、盈利和现金流的管理要素。（来源：《2010 年关键工作要求》，EMT 决议［2010］007 号）

运营资产的效率提升，其源头在"客户"，DSO（应收账款平均回收期）、ITO（存货平均周转期）等指标的提升要和我们的客户战略进行匹配，持续提升交易质量。

比如，存量扩容市场，我们要向业界最佳看齐；但在新网、新牌市场，要在投标之初预埋后期运营效率提升的有利条款。（来源：《2010 年关键工作要求》，EMT 决议［2010］007 号）

我们应通过提高合同质量，合理控制库存，来改善公司的经营现金流。各相关口都要对此高度重视，为控制库存和改善现金流做出贡献。可选择库存管理水平中等偏上的国际公司作为参照，以提高存货周转率，减少库存损失为目标，制定我司的标准库存基线。各子类、各区域的库存应控制在合理的水平，避免过多占用现金流。标准库存基线要细分到区域、国家、库存类型，明确相应的责任人，控制好低周转库存，对超过标准基线的责任部门要有相应的奖金扣减机制。（来源：关于 2011 年上半年公司经营审视汇报的纪要，EMT 纪要［2011］011 号）

运营资产的效率与质量的提升是经营现金流的重要来源，未来在资金规划中要重点考虑；要加强运营资产的管理，考虑运营资产的合理占用及效率质量提升，以保证现金流的持续性和稳健性。（来源：关于 2011 年公司资本架构规划的纪要，财委会纪要［2011］003 号）

平衡必须在稳健的基础上发展。对终端的考核只有两个目标，一个是利润，一个是库存，库存构成我们的风险，你们的利润构成我们的目的。发货满足不了客户需求，满足不了那就算了；那客户说我出钱行不行，可以，那你把合同签了，把钱付了，就可以多增加发货，库存由客户承担。如果钱没有付，你说到天上去，我也不相信，到时候他们要求的定制手机，他们说不买了，你一大堆库存，公司就破产了。当年一些国内手机厂商不就是这样垮的吗？我们不能再犯这种错误。（任正非：与广州代表处座谈纪要，总裁办电邮文号［2013］57 号）

按直销、渠道、终端等不同行业特点开展有效的资产流动效率管理，以其各自的对标企业分别设定 DSO、ITO、DPO[①]、资产周转率和经营性现金流指标。资金净流入和资本架构管理，将泛网络业务和终端业务分开管理，各自对标行业领先企业

① DPO，days payable outstanding，应付账款周转天数。

持续改进。（来源：公司资金与融资情况汇报纪要，EMT 纪要［2015］010 号）

资金流动率，不同的业务要分开看，终端是终端流动率，泛网络是泛网络流动率，不能混在一起，一俊遮百丑。流动率要设置一个路标，每块业务在所处的行业里与业界公司对标，你的速度为什么不快，问题在哪，能不能解决，解决的方式是什么，要落实到细节里面去。设置路标的意义，就是你现在达不到，但是你有个目标，要达到上甘岭。（任正非：在 2015 年 8 月 28 日 EMT 办公会议上的讲话，总裁办电邮讲话［2015］132 号）

对付危机的唯一措施是加快流动，因为我们资本加不上去，发债也是负债，不会改善身体的健康状况，最重要的还是打通“肠梗阻”。争取身体健康才是唯一出路，德国经济没有出现问题，就是因为德国身体健康。（任正非：在 EMT 办公会议上的讲话，总裁办电邮讲话［2015］132 号）

公司在资产周转率管理上要有明确目标，整体资产周转率要逐步提升。同时随着消费者和企业业务所占比重的增长，资产周转率要分 BG 管理，资金管理部要对消费者和企业业务在资产周转率方面的贡献进行分析和测算。（来源：2015 及中长期集团资金架构规划汇报纪要，财委会纪要［2015］015 号）

我们仓库里有一些“客户仓”，没有经过买断关系，不能允许客户这样囤货。因为有些客户囤货，让货物流动性变差，其他地方缺货时，我们又不能把货调过去。这样客户建的这个仓库，相当于还是华为的仓库，客户只是出了仓库管理费。关于客户囤货和分包商囤货太多的问题，我们要拿出解决办法，主要在于货物风险，还有手机囤货，要纳入管理。比如，客户囤货就要付货物的钱，以此给客户压力；可以提前和客户签订一些条约，客户囤货要把利息加进去，囤 1 亿美元的货，每天收取的利息比正常的高利息还要高一些，因为影响了我们公司的资金周转。（任正非：在“从中心仓到站点打通”工作汇报会上的讲话，总裁办电邮讲话［2015］005 号）

要有应对金融危机的预案，要压缩超长期库存和超长期欠款。提高合同质量是最根本的措施。（任正非：《春江水暖鸭先知，不破楼兰誓不还》——在“出征·磨砺·赢未来”研发将士出征大会上的讲话提纲，总裁办电邮讲话［2016］093 号）

13.2 构建全球性资金体系，加强资金风险管理

13.2.1 扩大融资规模，丰富融资结构，分散融资风险

公司的大发展对融资工作不断提出高标准的新课题，资金工作在原有成绩的基础上，要更加广泛地拓展融资渠道，开拓海外银行间的业务渠道，利用多种国际渠道的金融手段，有效利用国际金融资本的潜力。（任正非：《目前形势与我们的任务》——在市场部整训工作会议上的发言，1995）

我们要在去年融资拓展的基础上，全面做实。进一步拓开买方信贷利用外资的渠道，以增强市场竞争能力和有效加大货款回收力度，以减缓公司财务发展的压力。同时，按照国际惯例利用各种融资渠道，以支撑公司的发展。（任正非：《自强不息，荣辱与共，促进管理的进步》，1997）

融资部门应站在公司的战略角度看问题，运用投入、产出的原则，建立起框架式模式，扩大融资规模，不要斤斤计较融资成本，公司正处于高速发展的时期，融资工作要明确核心在于融资规模的扩大。同时，要充分利用公司内部现有的资源，加强融资整体化的意识。根据国家的相关政策法规，增加市场的预见性，适时改变一些资金的操作方式，为公司的大发展奠定基础。（任正非：《四个统一，促进发展》——与财经系统干部座谈会会议纪要，1998）

要建立起全球的融资体系，融资要分散化。（来源：《关于市场工作重点的指导意见》，EMT 纪要 [2008] 014 号）

要降低对国内银行贷款的依存度。重视本地化融资，加强本地化融资队伍建设，丰富融资结构，分散融资风险。（来源：关于 2012 年集团公司预算审议汇报的纪要，EMT 纪要 [2012] 012 号）

确保公司持续获得充足且多样的金融支持，并依托各海外子公司建立与其所在国金融机构的良好合作关系，以实现全球资金业务的均衡布局。（来源：《关于银行

合作的几点要求》，财委会文件［2012］008号）

积极拓展与重点国家价值银行的业务合作，以当地子公司为基础，展开本地融资活动。建立多个结算中心，充分发挥重点国家的金融优势。（来源：《关于银行合作的几点要求》，财委会文件［2012］008号）

要加强跨地域、多渠道、长周期的融资能力，进一步拓展发债等融资产品。（来源：公司资金与融资情况汇报纪要，EMT纪要［2015］010号）

积极培育稳定的海外融资主体，并保持稳定的留利水平，支撑海外规模融资的获取，以应对未来的不确定性。（来源：审议公司813资金架构规划及2017年资产负债和现金流初始预算的纪要，财委会文件［2016］055号）

13.2.2 建立多元化的融资体系和资金结算中心

针对海外留利累积的问题，要加强本币消耗。打通海外研究所的支付途径，如美研、欧研、印研的费用可以改变为由海外资金支付。还可以考虑在本币存量大的地方建设自用物业，包括办公楼、宿舍、培训中心、食堂、健身设施等，特别是在本币通货膨胀速度很快的国家。综合评估业务全球布局，不仅要考虑业务需求、法律架构，还应推演资金流向及利润分布。（来源：《关于加强融资的指导意见》，EMT决议［2011］015号）

要开始多元化的融资和多元化的结算，让本地化货币小循环起来，减少汇兑损失。在日本、欧洲我们已经有一定规模的结算，日元、欧元货币能够小循环，可以对冲一些，就不需要换成美元；确实不能实现循环的货币，再承担国际货币汇兑风险。（任正非：在EMT办公例会上的讲话，2012）

我们全球化的路径不会改变，在日本要建以日元为中心的结算中心，在欧洲要建以欧元为中心的结算中心。在多元化的融资体系及资金结算领域将会发生变化。（任正非：与销售融资专家座谈纪要，总裁办电邮文号［2012］025号）

我们无法改变外部金融监管环境趋严的现实，所以在具体业务操作时要特别注意结算的风险，并重构银行合作策略。在有条件的地方将结算币种多元化，并在迪拜、伦敦、东京等地设立华为区域性的资金结算中心，建立更多的结算“通道”，与更多区域银行合作。（任正非：在多个汇困国家调研中的讲话和要求，总裁办电邮讲话 [2015] 023 号）

13.2.3 稳健的财务政策是融资能力的保证

过去 20 年里，我司在研发领域持续投入超过 1 500 亿人民币，这些投入所形成的研发能力及知识产权，均未体现在我们的企业价值中。同时，我们也采用了稳健的财务政策，所以我们就不觉得负债很重。目前以财务报表为基础的间接融资方式，融资能力上限的约束，并未考虑实际的资产状况。（任正非：与销售融资专家座谈纪要，总裁办电邮文号 [2012] 025 号）

发债的问题，我们不是不接受，而是我们以前不成熟。随着我们董事会治理架构的逐步完善，我们的管理越来越清晰和规范，我认为是进行国际融资、发行债券的时机。目前，公司定向发行债券给银行及其他金融机构，是可行的。（任正非：与销售融资专家座谈纪要，总裁办电邮文号 [2012] 025 号）

13.3 集中管理资金，保障资金安全

13.3.1 资金管理实行中央集权，夯实流程责任

现金要统一在长江流，账套要统一在同一轨道上。所有现金一定在长江里流，不允许有很多水库，这些水库存在必然会限制长江的流量，如果长江的流量来自银行融资，无疑就增加了成本。（来源：2001 年国内账务体系工作思路汇报纪要）

我们的资金管理分三级，财经委员会是管宏观政策，以及运用策划政策；销售融资与资金管理部主要是负责市场项目融资、回款，以及生产供应的融资；账务部进行操作，不进行决策。这也是三权分立的监控。（任正非：《财经的变革是华为公司的变革，不是财务系统的变革》，总裁办电邮文号［2007］004 号）

应逐步提高公司资金存量，未来业务按照 BG 运营后，资金管理仍按集团模式进行统一管理及调度。（来源：关于 2011 年公司资本架构规划的纪要，财委会纪要［2011］003 号）

财经授权文件接近 80% 的财经决策权力下授到 BG 及区域 CFO，集团财经仅保留 20% 的权力，主要涉及资金及预算管理的事项。（来源：财经流程建设向任正非汇报纪要，总裁办电邮文号［2013］091 号）

资金的进出由资金管理部集中管理及负责。（来源：公司资金与融资情况汇报纪要，EMT 纪要［2015］010 号）

公司的资金管理、账务管理、审计与内控实行中央集权，在数据全透明的基础上，将经营决策的权力下放到作战团队。（任正非：在巴拉圭与郑良材等的谈话内容，总裁办电邮文号［2017］025 号）

除中央集权项目外，财经、供应链、HR 等都是为业务服务，并对执行进行监督的组织，并非权力中心。（任正非：在泛网络区域组织变革优化总结与规划汇报的讲话，总裁办电邮文号［2017］030 号）

公司中央集权的三条监督线（即资金管理权、账务管理权、审计权），这三条监督线直接穿透各层各级，在各层各级实现透明。（任正非：在公司监督与管控体系延伸建设思考汇报会上的讲话，总裁办电邮文号［2017］041 号）

通过行权质量监督工作，促进资金活动从“流程遵从”走向“高效行权”，夯实流程责任制。（来源：资金行权监督汇报纪要，集团财经 CFO 办纪要［2017］016 号）

13.3.2 规范账户管理，建立统一司库制度

要清理公司的银行账户，过多的账户导致监控、管理高成本；去除没有明确合作目标的不规范操作的中小银行，加强资金安全，摒除腐败。（来源：关于资金管理体系建设的讨论纪要，EMT 纪要［2007］013 号）

未来五年，公司要持续关注资金安全问题。资金安全首先要从日清日结做起，坚决执行日清日结制度。对难点可以增加人手。要建立统一的司库制度。（来源：公司资金与融资情况汇报纪要，EMT 纪要［2015］010 号）

司库的职能已在财经体系建立。建立两层日清日结机制。第一层，建立在账务管理部，以会计、复核会计、支付权签人为循环的日清日结机制；第二层，建立在资金管理部，负责将我司的支付记录与银行的流水账进行日清日结，个别国家可接受周清日结。（来源：关于司库管理汇报的纪要，EMT 纪要［2015］022 号）

坚定不移地执行日清日结，保证充分的人员投入，保障我司的资金安全。电商业务的资金管理，要在实现日清日结的同时，通过账户存量管理来保障资金安全。（来源：关于司库管理汇报的纪要，EMT 纪要［2015］022 号）

财务人员不承担业务合理性（炮弹是否应该打出去）的责任。按业务的需求把炮弹打出去，是财务的责任。同时，财务要做好记录并事后报告。（来源：关于司库管理汇报的纪要，EMT 纪要［2015］022 号）

新业务的拓展，要有配套的财务制度及规则，特别是电商、P2P 等业务。（来源：关于司库管理汇报的纪要，EMT 纪要［2015］022 号）

我们的财务定位是一个保守的组织，安全是第一位的。听了风控的汇报，看来我们选择伦敦作为财经风险控制中心是正确的。当时我们认为伦敦有几百年的金融中心的经验，在这个地方建比在中国建要强。科学家要敢想敢干，敢于去冒风险，与保守的财务是矛盾的。我们 2012 实验室的收敛值小于 0.5，就是说我们允许有一半以上的失败。而资金的安全，公司绝不允许失误，我们要重视资金方面人才的培养、选拔与引进，充分发挥他们的作用。（任正非：与英国研究所、北京研究所、伦

敦财经风险管控中心座谈的纪要，总裁办电邮讲话［2015］075号）

我们公司要考虑未来5年的资金安全问题，首先要把支付安全问题解决了。解决支付安全问题，第一点，要全力以赴解决日清日结的问题，哪些地方日清日结解决不了，就要派一些高级干部和增加一些资源去解决。这样我们每一天都能算清账，每天心里都有底，别把问题积压到后面去解决。第二点，建立统一的司库制度。第三点，我们公司是藏富于民的公司，当有一天华为出问题的时候，员工是否有很高的觉悟，把项链、戒指都卖掉支援公司呢？如果能做到这一点，我们公司怎么会崩溃呢？（任正非：在EMT办公会议上的讲话，总裁办电邮讲话［2015］132号）

在管好资金安全的基础上，要依托技术的进步，利用IT系统及电子化等手段不断提升支付质量和效率。资金支付安全要确保公司各个模块都是有保障的。公司要建立统一的司库制度，确保资金安全可靠。（来源：关于账务资金安全监控工作汇报的纪要，财委会纪要［2015］045号）

资金安全，是我们对支付系统的明确要求。支付系统的绩效评价应基于作业质量为核心，组织编制应保持合理冗余。（任正非：在支付系统员工座谈会上的讲话，总裁办电邮讲话［2017］042号）

账务和资金要对支付岗位的差错率进行管理，科学、合理、积极、正向地管理。我们要构建基于系统控制的支付安全保障，也要构建基于每个人的认真、敬业的支付安全保障。（任正非：在支付系统员工座谈会上的讲话，总裁办电邮讲话［2017］042号）

13.3.3 汇困能力的构建是公司资金安全的保障，也是汇困区域经营稳健的核心竞争力

在汇困国家，资金汇出比项目销售更加重要和艰难，对应的汇困人员也就比销

售人员更重要。区域 COE[①] 的汇困人员定位是业务部门的业务伙伴，要以实际汇出量为 KPI 考核，对业务全流程端对端管控负责；同时也要建立获取分享制，对成功实现汇困绩效的汇困人员给予相应的及时激励。（来源：关于讨论《任正非在多个汇困国家调研讲话》的纪要，财委会纪要［2014］045 号）

基于美国一直以来的强大国力以及新兴市场的持续动荡，汇困将是一个长期问题，所以华为要培养汇困人员快速成长。（任正非：在多个汇困国家调研中的讲话和要求，总裁办电邮讲话［2015］023 号）

汇困能力的构建是公司资金安全的保障，也是汇困区域保持竞争优势和经营稳健的核心竞争力。（任正非：在多个汇困国家调研中的讲话和要求，总裁办电邮讲话［2015］023 号）

针对汇困国家，一直强调量出为入，即出多少外汇，就进多少合同。如果量出为入比小，就减少人力编制，调去争夺战略机会点。（来源：《区域差异化考核进展汇报》会议纪要，总裁办电邮讲话［2015］050 号）

① COE，center of expertise，能力中心。

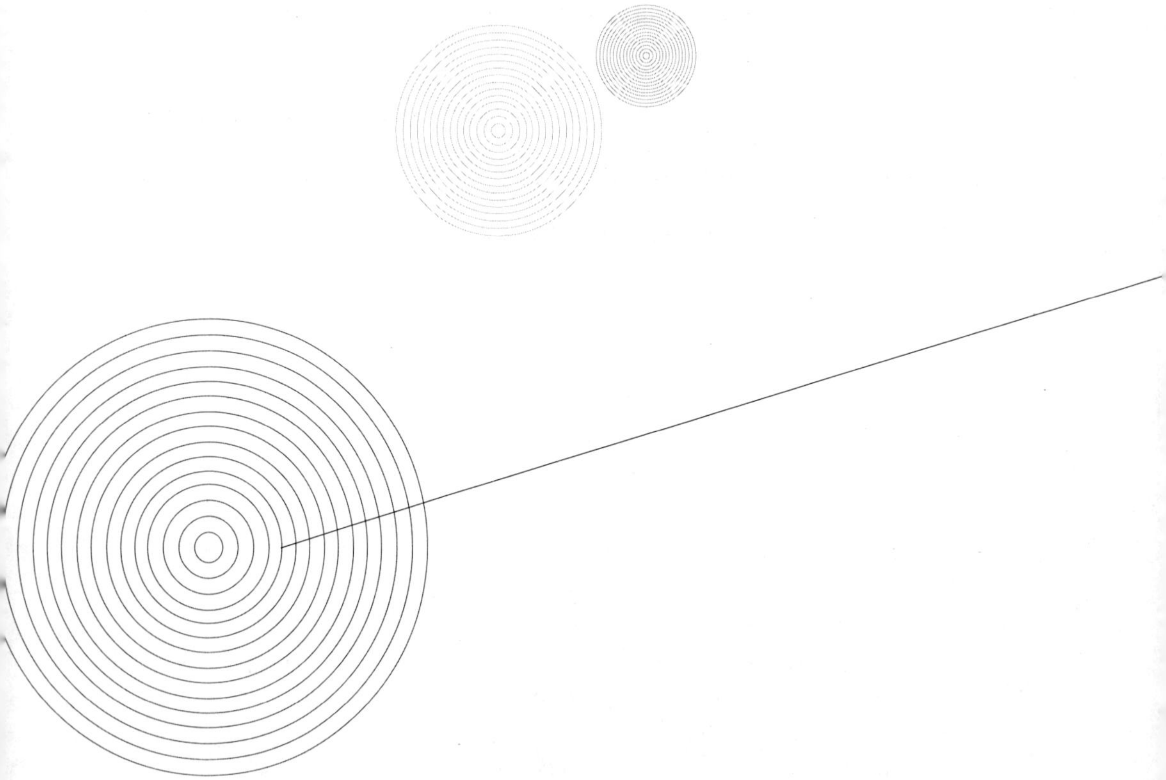

第十四章

税务管理

依法纳税是企业的社会责任。华为认为，企业认真服务好客户，努力工作把自己的事办好，活下去，向国家和政府多纳税，就是对社会最大的贡献。

依法纳税也是税务管理最基本的要求。税务管理工作应围绕“合理税赋、管理风险、安全运营”展开。

在华为，集团整体税收安全高于区域、国家和（或）子公司的局部税务收益，税务筹划须以不影响整体税务安全为前提。避免因为显性税务收益而忽略隐性税务成本，避免因为短期税务利益而忽略长期税务负担。公司严格禁止不当的税务筹划。

基于外部法规，结合行业实践，规范有效地开展关联交易活动。根据各方在价值创造过程中履行的功能、承担的风险，以及投入的资产，来判定各方在关联交易活动中的功能风险定位。关联交易的风险具有天然的传染性，要特别谨慎地关注关联交易的执行质量。

税务关系不是客户关系，而是通过紧密的客户连接，帮助我们在解决方案上更具主动性。税务关系管理不能简化成对人的管理，而是要通过专业能力的积累做到对“事”的管理。

要建立有效的税务风险管理机制，通过风险识别、风险评估、风险应对、风险关闭等活动，规范地、例行地开展税务风险敞口的管理。

本章将对华为公司税务管理的方针和原则进行深入阐述。

14.1 依法纳税是企业的社会责任

14.1.1 把企业自己的事情办好，依法纳税就是对社会最大的贡献

只要我们遵守国家法律，内部机制是健康的、有活力的、和谐的，只要我们认真服务好客户，努力工作，企业把自己的事办好，活下去，向国家和政府多纳税，就是对社会最大的贡献。（来源：《关于近期公司人力资源变革的情况通告》，总裁办电邮文号［2007］037号）

企业的社会责任就是合法纳税。（来源：集团有效税负率（ETR）管理汇报纪要，集团财经CFO办纪要［2016］024号）

依法纳税，维护良好的企业形象和声誉，保障全球业务的安全运营。（来源：税务管理政策，集团财经业务规定［2016］027号）

税务管理工作应围绕着“合理税赋、管理风险、安全运营”展开。（来源：管理税务流程建设汇报会议纪要，管理财经GPO[①] 纪要［2016］002号）

---

① GPO，global process owner，全球流程责任人。是华为每个全球流程设置的一个全球责任人，通常由业务管理者担任，是控制的第一责任人，负责流程的设计、运作、测评和优化等。

14.1.2 公司各项业务活动要以遵从所适用的税务法规为前提

依照业务活动所适用的相关税务法规履行纳税义务

账税合规通过规则、流程、数据和 IT 的持续建设，建立法人维度的本地纳税遵从长效机制。税务规则有效嵌入业务流程和账务流程；税务数据正确、可验证、可追溯；纳税申报数据准确，记录完整。（来源：账税合规项目阶段性进展汇报纪要，FST[①] 纪要［2014］117 号）

依照业务活动所适用的相关税务法规履行纳税义务。税法及细则未详细定义适用场景或实操规则时，应基于税务专业实践制订纳税遵从方案。（来源：《税务遵从管理政策》，集团财经业务规定［2016］020 号）

准确解读现行税务法规和税务实践，结合业务场景，做出正确清晰的纳税指引；跟踪法规变动趋势，提早启动预案设计。原则上在新法规实施前，应完成相关指引、流程、操作指导的刷新准备工作。（来源：《税务遵从管理政策》，集团财经业务规定［2016］020 号）

集成纳税遵从项目着力做好当国、子公司的纳税遵从，一方面为了营造良好的生意环境，另外一方面屏蔽风险向境外关联公司蔓延；在法律和社会责任方面要做到全遵从，这是底线要求；在经济责任方面，可以结合具体事项分析可能的风险和遵从成本，属于投入回报的评估和考虑。（来源：《德国 ITC[②] 集成税务遵从项目进展汇报及税务风险接受决策》，财委会办公室工作会议纪要［2017］X 号）

纳税遵从的作业要求应嵌入业务活动，并通过流程、数据等的共享和交互，来确保纳税遵从的可靠性；纳税申报数据应基于账务和业务数据，确保纳税数据申报有源，也使得各项数据可追溯、可验证、可评估。文档是纳税遵从的关键支撑，各类纳税支撑文档应被有效管理。（来源：《税务管理政策》，集团财经业务规定［2016］027 号）

---

① FST，Finance Staff Team，集团财经。

② ITC，integrated tax compliance，集成税务合规。

根据公司的业务规划，遵从全球税务法规开展税务规划

税务规划应遵从所适用的税务法规，包括纳税主体所适用的本国税法或约定，以及纳税主体所适用的国际间税收法规及税收协定等。（来源：《税务规划与筹划管理政策》，集团财经业务规定［2016］021号）

税务规划的设计原则，集团整体税务安全及收益高于区域/国家/子公司的局部税务安全及收益。避免因为显性税务收益而忽略隐性税务成本，避免因为短期税务利益而忽略长期税务负担。（来源：《税务规划与筹划管理政策》，集团财经业务规定［2016］021号）

严格禁止不当税务筹划

税务管理要从公司安全的角度来做税务筹划，业务安排要真实合理。（来源：《关于全球利润与税收分布相关事项的决议》，财委会决议［2008］012号）

不当的税务筹划是指在进行税务筹划时，为减轻或逃避纳税义务，以违反税务法规、编造或隐瞒业务信息、扭曲业务活动、滥用税务优惠等方式进行的纳税方案设计。我司严格禁止不当税务筹划。（来源：《税务规划与筹划管理政策》，集团财经业务规定［2016］021号）

14.1.3 基于外部法规，结合行业实践规范有效地开展关联交易活动

关联交易活动应符合外部法规的要求，包括关联交易发生主体所适用的税务法规，以及在全球普遍适用的专业指引［如：OECD（Organization for Economic Co-operation and Development，经济合作与发展组织）和联合国的相关转让定价指引、BEPS（Base Erosion and Profit Shifting，税基侵蚀和利润转移）等］。关联交易应参考当地税局的执法实践，以及相同行业的实际运营情况，并分析未来的发展趋势，做出相对合理的关联交易安排。（来源：《关联交易管理政策》，集团财经业务规定［2016］022号）

关联交易的设计须基于业务实质展开。结合子公司所承载的功能，以及在价值

创造中的角色，来设计关联留利水平。关联交易定价须遵循独立交易原则。（来源：《税务管理政策》，集团财经业务规定［2016］027号）

关联交易应遵循独立交易原则。以可比的、独立的第三方在类似交易中的定价，作为关联交易定价设计的参照。（来源：《关联交易管理政策》，集团财经业务规定［2016］022号）

关联交易设计应基于实际的业务活动展开，关联交易根据各方在价值创造过程中履行的功能、承担的风险，以及投入的资产，来判定各方在关联交易活动中的功能风险定位。（来源：《关联交易管理政策》，集团财经业务规定［2016］022号）

关联交易的设计应基于业务实质，建立清晰的、全局性的集团交易构架，以灵活及有效应对 BEPS 的挑战。关联交易的设计不应以“短期成本节约”为目标，关联交易设计要符合集团的长期利益及外部遵从要求，要清晰及简化。（来源：《关联交易规划研讨会议纪要》，集团财经 CFO 办纪要［2015］001号）

14.1.4 建立变革和运营的长效管理机制确保依法纳税

ITC（集成税务遵从项目）推行，从技术层面保障了纳税遵从；责任和结果的管理，要从实操界面保障纳税遵从（来源：荷兰投资（COOP）ITC 项目方案汇报会议纪要，集团财经 CFO 办纪要［2015］084号）

纳税遵从的关键控制点，并入 KCFR[①] 统一管理，并在 ITC（集成税务遵从项目）验收后，跟随财报内控工作持续改进。（来源：《集成税务遵从（ITC）项目 CDCP 汇报决议》，FIN BT&IT MT 决议［2015］024号）

按 ITC“5 阶 18 步”的推行方法论，对初验及终验阶段的关键输出进行评估。终验的评估报告作为项目落地运营质量的管理基线。（来源：ITC 项目阶段进展汇报会议纪要，集团财经 CFO 办纪要［2016］042号）

① KCFR，key control over financial reporting，财务报告关键控制。是控制影响经营结果的风险，确保财务报告真实可靠且符合公认会计准则（GAAP）要求的关键控制活动。

ITC 项目验收后，相应的国家 CFO、区域 CFO 应保障作业质量的逐步提升，并在财报内控的结果上得到印证。（来源：ITC 项目验收方案汇报会议纪要，集团财经 CFO 办纪要［2015］079 号）

无论是否推行 ITC（集成税务遵从项目），纳税遵从都是国家主管的当然责任。（来源：ITC 项目推行策略汇报会议纪要，集团财经 CFO 办纪要［2015］085 号）

识别关键国家的税务遵从责任岗位，在赋能、激励上予以配套，以保证 ITC 推行后的持续效果。（来源：《集成税务遵从（ITC）项目 PDCP 汇报决议》，FIN BTIT MT 决议［2016］001 号）

为了应对 BEPS（Base Erosion and Profit Shifting，税基侵蚀和利润转移）行动计划对国际税务法规环境产生的影响和公司关联交易管理面临的各种复杂挑战，公司全面推进关联交易变革，建立清晰的关联交易架构，明确关联交易管理的规则，支撑公司业务合规、高效运作。（来源：BEPS 法规解读和关联交易专题讨论纪要，财委会纪要［2015］031 号）

关联交易项目推行后，在执行作业时要尊重规则，一线要尊重规则，COE 自己也要尊重规则。（来源：税务管理部 2017 年度述职纪要，FST 纪要［2017］020 号）

在享受税收优惠期间，应通过有效的管理保证各项税收优惠条件的满足。（来源：《税务管理政策》，集团财经业务规定［2016］027 号）

14.1.5 营造良好的营商环境支撑华为更好地全球化做生意

法律遵从是我们在全世界生存、服务、贡献最重要的基础。我们要严格地遵纪守法，用法律遵从的确定性，来应对国际政治的不确定性。要严格地管制内、外合规，严守商业边界。（任正非：《为祖国百年科技振兴而努力奋斗》，总裁办电邮讲话［2016］067 号）

及时了解子公司所在国相关财务法规的变化趋势，做出合理的风险预判。（来源：《子公司 CFO 2017—2019 年重点工作》，集团财经通知［2016］039 号）

积极开展与本地税局等政府机构的沟通，以专业的能力及精神面对税局等政府机构的询问和审计。（来源：《税务管理政策》，集团财经业务规定［2016］027号）

税务关系不是客户关系，而是通过紧密的客户连接，帮助我们在解决方案上更具主动性。税务关系管理不能简化成对人的管理，而是要通过专业能力的积累做到对“事”的管理。（来源：税务管理部组织变动方案汇报纪要，FST纪要［2015］071号）

税务管理部不仅要作为税务专业的能力中心，也要承担纳税遵从的管理责任，建立有效的国家纳税遵从评估机制并开展例行评价。（来源：财经体系2015年重点工作评价结果，FST纪要［2016］026号）

税务引入了大量的高端专家，能力建设的速度快、节奏稳、方向正确。持续保持我们对专业人员的有效引入，建立良好的工作氛围，帮助他们尽快发挥出价值。同时，也要在每个专业团队中保留足够数量的中方人员。（来源：税务管理部2017年度述职纪要，FST纪要［2017］020号）

14.2 积极、有效、合理地管理税务风险和税负成本

14.2.1 积极、有效、合理地管理税务风险

税务风险管理的目标：专业及合理地评估税务风险敞口；积极、有效及合理地管理税务风险；推动各类业务的不断改进；以实现持续降低税务风险敞口的目标。（来源：《税务管理政策》，集团财经业务规定［2016］027号）

明确税务风险管理活动的责任矩阵，以清晰的岗位责任、高效的协同合作，共同降低税务风险敞口。积极推动各个业务环节持续改进，从源头和机制上保障税务风险敞口能够持续降低。（来源：《税务风险管理政策》，集团财经业务规定［2016］

009 号）

当业务诉求与税务规则存在偏差时，应明确地、清晰地做出潜在或可能风险的提示，并通过规范的决策机制进行闭环；例行开展税务风险的主动性审视，识别潜在风险，并实施改进、优化及闭环；依托财报内控及流程内控工具，持续开展管理改进活动。（来源：《税务遵从管理政策》，集团财经业务规定［2016］020 号）

建立税务审计的工作协同机制，有效关闭各类税务审计，并依据税审发现推动改进。（来源：《税务管理政策》，集团财经业务规定［2016］027 号）

建立端到端的税审管理机制，事前看规则、做预案；事中从专业技术及文档进行抗辩；事后要落实改进。（来源：税务风险管理工作思路汇报纪要，FST 纪要［2016］066 号）

14.2.2　有效筹划全球纳税方案，保持合理的集团税负水平

实事求是地体现有效税负率（ETR）的真实水平。（来源：《关于集团年度企业所得税有效税负率的决议》，财委会决议［2011］044 号）

ETR 的管理目标是：合理、稳定、可预测、可管理。（来源：集团有效税负率（ETR）管理汇报纪要，集团财经 CFO 办纪要［2016］024 号）

明确非常规税负的定义及范围，提示各业务环节对非正常税负损失进行有效管理。非常规税负是指子公司在日常经营中，因决策取舍、违规操作、管理不善、未遵从税务法规，或与税务政策及指引不符等原因产生的额外税务成本。（来源：《非常规税负管理规定》，集团财经业务规定［2016］008 号）

第十五章

内控与内审

华为公司坚持反对贪污，反对浪费，反对假公济私，反对高级干部腐化。坚持利出一孔的原则。

授权是为了自主、灵活、有效地开展业务，权力下放后要有效监管，监管的目的是为了更大程度地授权。监管是对干部最大的关怀和爱护。公司重视基本的流程制度，但最重视的是内控体系。华为内控体系建设就是要穿美国鞋，在内控系统建设上不打补丁，要从头做起。

华为公司的内部控制有三层防线。第一层防线，在业务运作中控制风险，是最重要的防线。业务主管 / 流程 Owner，是内控的第一责任人。第二层防线，内控及风险监管的行业部门，针对跨流程跨领域进行高风险拉通管理。第三层防线，内部审计部，通过独立评估和事后调查建立冷威慑。

流程内控主要是将流程中存在的问题堵住。财报内控是为了保证财务报告的数据可靠、合规和稳健。所有影响集团 / 子公司财报（资产负债表、利润表、现金流量表）、资金资产安全、纳税遵从的各类流程活动，都属于财报内控的管理范畴。财报质量管理要达到外部的严格监管标准。要保证财报质量，必须从业务数据的质量管理做起。

内部审计要围绕“反腐、反造假、反浪费”发挥好独立监督作用，核心是建立冷威慑。内审坚持查处分离的原则，严格调查，宽大处理。审计基于无罪推定原则，对工作中的失误，问责要适度。

审计关注的是“点”的问题，通过对个案的处理建立威慑力量。监控无处不在，关注“线”的问题，与业务一同端到端地管理，揭示并改进端到端的风险。道德遵从委员会，关注“面”的问题，持续建立良好的道德遵从环境。

本章将全面阐述华为公司内控与内审的目标、原则、责任体系以及政策界限。

15.1　公司监控体系的治理结构和三层防线

15.1.1　监控体系的治理架构

审计委员会是集团董事会下设的专业委员会，在董事会授权范围内，履行内部控制的监督职责，包括对内控体系、内外部审计、公司流程，以及法律法规和商业行为准则遵从的监督。审计委员会成员由监事、董事和相关专家担任，审计委员会成员必须经过董事会的批准。内部审计组织及外部审计师对审计委员会及董事会负责。（来源：《审计委员会章程（暂行）》，董字［2012］008号）

监事会是华为公司的最高监督机构。代表股东行使对公司的监督权，对董事会成员和公司高管进行监督，监事会在流程之外管监督。各级组织履行业务规则，监事会履行监管规则。监督型子公司董事会将向监事会汇报。（来源：大理会议关于公司未来治理结构的讨论纪要，董事会常委会纪要［2015］015号）

公司监事会以后管的应该更多是监督方面的事权，人权还是交给董事会去管。事情可以由监事会发起和处理，但是相关的人还是移交给董事会、HRC，他们授权移交给纪律分委会去处置，是他们的权力，不是监事会直接处置。（任正非：在第四届公司监事会 2015 年第一次会议上的讲话）

公司高级管理层，是整个公司内控的最终责任人，通过强调内控的重要性来设立内控高管基调，建立并不断完善整个公司的内控环境。（来源：《内控管理制度 V3.0》，司发［2012］238 号）

15.1.2 内部控制的“三层防线”

公司发展得越快，管理覆盖就越不足，暂时的漏洞也会越多，因此，我们设置了内部控制的三层防线。第一层防线，在业务运作中控制风险，是最重要的防线。我们 90% 以上的精力是要把第一层防线建好，既要有规范性，又要有灵活性，没有灵活性就不能响应不同的客户服务需要。最终目的是要让业务主管承担起内控责任，比如是经营责任人，那也就是内控责任人，层层级级都应该这样。加强第一层防线建设的目标绝不动摇，坚持逐步走向流程责任制，逐渐给流程 Owner 赋权。代表要转身为总经理，承担好综合经营责任的基本要求。公司流程要做到既简化又有效，最主要的监管还是在流程中。流程本身就是防线，完善了流程就已经建立良好的防范系统。打通流程，是我们矢志不移的奋斗目标。第二层防线，针对跨流程跨领域进行高风险拉通管理，内控及风险监管的行业部门要担负起方法论的推广，大量干部接受内控赋能后走向前线。为第一层防线大量提供方法论，大量补充、循环和培养干部。我们要确认流程责任人的责任，SACA（半年度控制评估）是对责任人的评价，我们要去帮助他们做些试点，建立起流程监管的制度、岗位、角色，并发挥作用。同时，建立金种子计划，通过实践比如 iSales[①]、配置打通、交付上 ERP，一个个国家推，成功了，就一分为二，就从这个地方补充到其他国家打仗去。新的打了胜仗以后，又产生一批人，就这样干部螺旋式洗澡，把优秀的人洗上来了，培

① iSales，销售流程的 IT 主平台。

养金种子。一大批新的干部提拔，都是有成功实践经验的，为什么不能接管代表处？为什么不能接管华为公司的总部？雄赳赳，气昂昂杀回总部来。谁说二十几岁不能当将军？第三层防线通过审计调查，对风险和管控结果进行独立评估和冷威慑。（任正非：在公司内控与风险管理“三层防线”优化方案汇报的讲话，总裁办电邮讲话［2014］005号）

第一层防线要把绝大部分工作做完，但他们可能有疏漏，由第三层防线监督，通过对疏漏的检查，一个是建立威慑，一个是修补漏洞，还可以请外部机构来检修堤坝，第三层防线永远不会消失。第一道防线建设好后，第三层审计应该没多少事干，而不能是第一层做得一塌糊涂，后面依靠审计。番茄烂就烂了，大家对这个烂番茄没什么反应，那这个番茄完全没有意义，从流程组织建设上，就应该去摘掉它。一旦发现，无论大小案子，审计去查的时候，连一个蚂蚁蛋都不能放过，这样建立起冷威慑，来配合第一层防线的建设。（任正非：在公司内控与风险管理“三层防线”优化方案汇报的讲话，总裁办电邮讲话［2014］005号）

有必要进一步明确内控三层防线责任主体的责任。第一层防线，业务主管/流程 Owner，是内控的第一责任人。在流程中建立内控意识和能力，不仅要做到流程的环节遵从，还要做到流程的实质遵从。流程的实质遵从，就是行权质量。落实流程责任制，流程 Owner/业务管理者要真正承担内控和风险监管的责任，95%的风险要在流程化作业中解决。业务主管必须具备两个能力，一个能力是创造价值，另一个能力就是做好内控。第二层防线，内控及风险监管的行业部门。针对跨流程、跨领域的高风险事项进行拉通管理，既要负责方法论的建设及推广，也要做好各个层级的赋能。稽查体系聚焦事中，是业务主管的帮手，不要越俎代庖，业务主管仍是管理的责任人，稽查体系是要帮助业务主管成熟地管理好自己的业务，发现问题、推动问题改进、有效闭环问题。稽查和内控的作用是在帮助业务完成流程化作业的过程中实现监管。内控的责任不是在稽查部，也不是在内控部，这点一定要明确。第三层防线，内部审计部是司法部队。通过独立评估和事后调查建立冷威慑。审计抓住一个缝子，不依不饶地深查到底，旁边碰到有大问题也暂时不管，沿着这个小问题把风险查清、查透。一个是纵向的，一个是横向的，没有规律，不按大小来排队，抓住什么就查什么，这样建立冷威慑。冷威慑，就是让大家都不要做坏事，也不敢做坏事。（任正非：《内外合规多打粮，保驾护航赢未来》，总裁办电邮讲话［2017］002号）

监控体系三层防线要在监事会、审计委统筹管理下良性运作。落实流程责任制，重在流程 Owner、干部、关键岗位当责，“管、教、查、处 / 法”协同闭环，实现标本兼治。（来源：关于内审部战略规划汇报的纪要，EMT 纪要［2014］025号）

审计关注的是“点”的问题，通过对个案的处理建立威慑力量。监控无处不在，关注“线”的问题，与业务一同端到端地管理，揭示并减少端到端的风险。道德遵从委员会，关注“面”的问题，持续建立良好的道德遵从环境。是建立一个“场”的监管。（任正非：与罗马尼亚账务共享中心座谈会纪要，总裁办电邮文号［2011］21号）

15.2 流程内控

15.2.1 监管的目的是防腐败、促经营、建立威慑

我们要继续反对贪污，反对浪费，反对假公济私，反对高级干部腐化。（来源：《励精图治，再创辉煌》——任正非在财经采购系统干部就职仪式上的讲话，1996）

监管的根本目的不是为了监管而监管，也不是为了让我们的队伍变成一个无比纯洁的队伍，而是为了威慑，帮助公司沿着既定的政策方针和流程正确前行，避免因为个别人的贪婪葬送了整个公司。（任正非：《从关爱的角度去实现监管》，总裁办电邮文号［2011］13号）

我们坚持利出一孔的原则。EMT 宣言，就是表明我们从最高层到所有的骨干层

的全部收入，只能来源于华为的工资、奖励、分红及其他，不允许有其他额外的收入。从组织上、制度上，堵住了从最高层到执行层的个人谋私利，通过关联交易的孔掏空集体利益的行为。20多年来我们基本是利出一孔的，形成了15万员工的团结奋斗。我们知道我们管理上还有许多缺点，我们正在努力克服，相信我们的人力资源政策，会在利出一孔中，越做越科学，员工越做干劲越大。没有什么是我们不可战胜的。（任正非：《力出一孔，利出一孔》——2013年新年致辞）

如果我们能坚持“力出一孔，利出一孔”，“下一个倒下的就不会是华为”，如果我们发散了“力出一孔，利出一孔”的原则，“下一个倒下的也许可能就是华为”。（任正非：《力出一孔，利出一孔》——2013年新年致辞）

大家去读读安然的案例，不就是做了一点点假账吗？这么几千亿美元市值的公司做了这么一点点假账然后就把他的CEO判了150年的刑，最后这个公司全垮掉了。我们下决心花了这么大的代价让自己走向合规，就是在我们称霸世界的时候，不要让人家找到一个软肋，一击就把我们击垮了。（任正非：在2014年中子公司董事赋能研讨会上的讲话，总裁办电邮讲话［2014］074号）

战略竞争对手通过拉拢、腐蚀我司员工以获取信息的状况，比我们想象的更严重。我们不能掉以轻心，应强调对核心资产及投标过程中的商务及解决方案信息的管理。（任正非：在大规模消灭腐败进展汇报会上的讲话，总裁办电邮讲话［2014］010号）

如果公司任由腐败发生，不在制度上做更多改进和强化教育，公司就会走向灭亡。（任正非：在大规模消灭腐败进展汇报会上的讲话，总裁办电邮讲话［2014］010号）

权力下放后要有效监管，要建立问责机制。审批不能代替监管，审批是业务体系，监管是在业务流程之外的。（来源：关于“合同分类分析及建议”汇报的纪要，EMT纪要［2014］008号）

这一年多来，“大众创业、万众创新”如火如荼，员工出去创业有增多之势，但必须强化任何人离开公司都不能带走公司的信息资产，不能以公司的信息资产作为自己创业的基础。对侵犯公司技术秘密、商业秘密的创业案件要及时果断处理。（来源：关于信息安全管理存在问题、挑战及改进措施汇报的纪要，EMT 纪要［2015］018 号）

监管体系一定是善于妥协的系统，敢于做右派，通过妥协，形成冷威慑，这最终还是为了业务发展。（任正非：在董事会上关于审计委员会 2014 年工作汇报的讲话，总裁办电邮讲话［2015］017 号）

公司很多人仍不重视内控建设，可能是我们过去人力资源评价体系存在问题，只看拿到多少合同；很多人自己不做坏事，就认为别人也不做坏事。为什么要搞监管重装旅呢？就是让业务主管来训战赋能，知道什么叫监管。第一，我们要努力，不能懈怠，内控、监管不是阻止速度，流程顺畅了，速度更快嘛！你们看，高铁跑得很快，但没有内控能行吗？高铁流程内控做得很好，从北京直达深圳的列车，一站都不停，一整夜要经过多少监控点，但并没有阻挠它的速度。第二，在审结点实行大部门制，一个部门只有一个审结点。这个审结点是有时限的，过了时限就自动通过，出了事追究审结点的责任，这样我们才能像高铁一样运行。（任正非：《内外合规多打粮，保驾护航赢未来》，总裁办电邮讲话［2017］002 号）

15.2.2 华为内控体系建设就是要穿美国鞋，不打补丁

EMT 很欣赏 IBM 这套内控体系，华为内控体系建设就是要穿美国鞋，在内控系统建设上不打补丁，要从头做起。在组织与流程不一致时，我们改组组织以适应流程。现在任职的所有干部，理解这套系统的人就上岗，不理解的人就下岗，不讲资格、资历，要用一些明白人向 IBM 学习把这套体系建立起来。（任正非：《华为内控体系建设就是要穿美国鞋，不打补丁——关于 IBM 内部控制实践介绍及 EMT 对华为内控建设的指导意见》，总裁办电邮文号［2007］032 号）

为保证内控管理变革的有效推行，首先要建立一个良好的内控环境，要从公司各级管理层做起。要选用理解 IBM 内控管理系统的干部上岗，不理解的干部要予

以替换。各级干部要加强对 IBM 内控管理流程、方法、经验等知识的学习。要按照 IBM 内控的标准通过网上、学习班等各种方式对各级干部进行内控应知应会考试。未通过考试的干部，将冻结调薪，不能升职，并限期通过，限期内仍不能通过考试的，将予以替换。（任正非：《华为内控体系建设就是要穿美国鞋，不打补丁——关于 IBM 内部控制实践介绍及 EMT 对华为内控建设的指导意见》，总裁办电邮文号［2007］032 号）

为了不断传播和强化各业务管理者的内控意识，要建立相关的干部职业发展通道和干部轮换制度。让有业务经验的人到审计监控体系工作，并不断输送有内控经验且绩效好的审计监控人员到业务部门担任管理职位。（任正非：《华为内控体系建设就是要穿美国鞋，不打补丁——关于 IBM 内部控制实践介绍及 EMT 对华为内控建设的指导意见》，总裁办电邮文号［2007］032 号）

公司重视基本的流程制度，但最重视的是内控体系。公司除了要设立基本的流程制度，还要制定相应的问责机制。比如：做了什么会有什么相应的问责措施等，且问责及处分不只限于下面的责任人，还要处分主管这项业务的高级负责人。（任正非：《华为内控体系建设就是要穿美国鞋，不打补丁——关于 IBM 内部控制实践介绍及 EMT 对华为内控建设的指导意见》，总裁办电邮文号［2007］032 号）

完全按照 IBM 的内控实践，重新起草华为的《内控管理制度》，并作为内控建设的纲领性文件推行，制度起草不必受制于华为已签发的原有相关文件。（任正非：《关于华为内控建设规划的决议》，EMT 决议［2007］045 号）

要向 IBM 学习授权规范，以及对权力的制衡与监管的理念和方法。但权力的授予不能激进，对于授权的内容、对象要慎重选择，优先在业务急需且管理比较成熟的专项领域推行有限授权，同时建立制衡与监控机制。理念一层层推，权力一点点放，授权推行一段时间后回顾评估，对于成熟的领域可以进一步开放，如此循序渐进，用三年时间做到运作有效。（来源：关于 IBM 授权实践及华为改进方向汇报的纪要，EMT 纪要［2008］004 号）

授权推行要围绕流程开展，流程决定组织。如果组织不能匹配流程，就对组织进行优化。涉及制衡监控的相关部门要参与到授权项目中来。（来源：关于IBM授权实践及华为改进方向汇报的纪要，EMT纪要［2008］004号）

15.2.3 内控管理的目标和结构

内控管理的目标

内控主要是针对工作流程、运作程序和管理优化工作，主要是将流程中存在的问题堵住，并总结经验教训。内控是要以人为友，以员工为友，大家要共同讨论出现问题应该如何纠正。内控部门也相当于一个业务部门，是从逆向流程来发现我们的执行过程中是否有错误。除非是有充足的证据，否则我们只对事不对人。流程规范好、制定好，问题也就少了。工作中只有建立很好的合作氛围，才能推动大规模的发展。（任正非：与采购系统干部座谈纪要，2000）

内控管理的目标是合理确保公司的资金资产安全、财务报告真实可靠、法律法规的遵从，有效控制运营风险，提高业务运作效率和效益，从而帮助公司实现既定的目标。（来源：《内控管理制度》，司发［2012］238号）

经2015年4月29日EMT会议讨论，明确了未来三年华为的监管目标：1. 2017年达成内控“基本满意”（60%），是公司的内控成熟度目标。2. 2015年上半年，内控成熟度的底线要求定为30%，低于此要求且改进不力的，应启动弹劾程序。3. 原则上，2015年下半年，内控成熟度底线设定为40%；2016年年底，内控成熟度底线设定为50%；2017年，内控成熟度底线设定为60%。授权WWBC[①]根据实际情况进行修正，报审计委员会批准后在每年年初发布。（来源：《关于落实管理者及流程Owner内控责任的决议》，EMT决议［2015］007号）

内控考核适用“基本满意”标准，具体包括如下三点：1. 流程被有效设计且实质遵从、不存在重大风险且损失为正常损耗范围。2. 财报基本可靠，无重大调整差

① WWBC，Worldwide Business Controls Dept，全球业务控制部。

异。3. 评估期间无新增重大（含多发）的舞弊事件。（来源：2015 年内控考核及基本满意标准补充说明汇报纪要，审计委纪要［2015］016 号）

内控管理的结构

第一层：处于金字塔最底部的是内控的基石和控制环境。全球端到端流程和 Owner 理念是华为内控的基础，应充分理解、完全执行，从而保证内控的成功。全球流程 Owner 对所辖流程范围内的内控负首要责任。第二层：控制工具与指标，包括关键控制点的遵从性测试、内审及外审发现，以及其他能对内控评估提供重要输入的控制工具及指标。第三层：评估。通过使用第二层的控制工具和相关审视，其相关控制指标转变成定期评估华为内控状况的有用信息，管理层可以定期看到这些评估报告并使用它们。第四层：考核与问责。在业务控制人员的指导下，业务 Owner 和管理层可以通过使用上述评估结果结合他们日常的管理监督过程（监督职责包括评审、讨论、业务风险评估、日常运作监控、沟通与信息以及专业化判断），综合实施相应的考核与问责。内部审计人员和业务控制部门也使用这些信息结合专业分析，向审计委员会和 EMT 汇报审计趋势或公司整体内控状况，并实施相应激励、惩罚和改正措施。第五层：政策。公司最高管理层（BOD 和 EMT）对公司控制有效性和状况负责，制定和回顾内控管理制度。（来源：《华为内控框架 3.0 版》，司发公司政策［2014］002 号）

15.2.4 贯彻落实流程责任制

目前管理团队权力集中且缺少制约，特别是远离总部监控下的中基层管理团队，容易成为独立王国。为此要在工资奖金评定、干部考核提升等方面给流程 Owner 相应的制衡权力。目前总部的一级部门按功能设置，下一步开展的二、三级部门的设置梳理，要更多地基于流程来重新规划基层部门，避免在没有矩阵管理的单一垂直管理下，形成独立王国。要让流程 Owner 有足够的权力，避免资源浪费，消除部门墙。（来源：关于 BC、IC/IA 的工作职责与关系汇报的纪要，EMT 纪要

[2008] 034 号）

坚定不移地推行流程化建设，同时加强流程责任制。要从流程遵从走向流程责任，业务主管和流程 Owner 要真正承担起监管的责任。以前讲的流程遵从，你顺着这个流程做就可以了。而流程责任制，要比流程遵从提升一步，你在这个地方签了字，出了事情就要承担责任。现在我们说很多领导要签背书，背书就要承担责任。（任正非：在大规模消灭腐败进展汇报会上的讲话，总裁办电邮讲话 [2014] 010 号）

一般认为流程责任制就是不能出事，强调出事要负责，缓慢不负责。如果是这样的责任制，我们公司就会成为一个惰怠的公司、一个垮掉的公司。流程责任制就是要及时准确地提供服务和支持，是要产粮食，而不是没事故。我们追求火车跑得快，而不是为了不出事，就不发车。不能做到这一点，就说明他能力不行，换个有能力的上来。那出事怎么办呢？事后要追究啊。做得快又做得正确的人就应该破格提拔。（任正非：在变革战略预备队誓师及颁奖典礼上的座谈纪要，总裁办电邮讲话 [2015] 047 号）

流程责任是分层分级的，不同层级的人应该有不同责任要求。从北京到广州的高铁线是端到端的，而郑州站只要按命令把火车按点发出去，责任就结束了，不应该去操心广州有没有问题。（任正非：在变革战略预备队誓师及颁奖典礼上的座谈纪要，总裁办电邮讲话 [2015] 047 号）

流程不是完美的，监管要前移，不是监管点越多越好，流程责任制推行也不是越细越好，对不符合攻占上甘岭目标的监管点要简化。（来源：公司重点工作“建设监控和问责体系”汇报纪要，EMT 纪要 [2015] 013 号）

15.2.5 内控的责任体系

内控的主要责任人是各级主管

流程负责人就是监控的责任人，就要负责把监控的责任承担起来。监控管理部要提供方法和模板，协助流程负责人承担起监控的责任，并对流程负责人进行考核，而不是代替他们监控。（任正非：对区域监控工作的讲话纪要，2007）

EMT已经决定，各业务的一把手是监控的负责人。所以首先要明确，自检、内控检查与评估、授权体系建设这三项工作的责任人就是流程负责人。（任正非：对区域监控工作的讲话纪要，2007）

我们公司是管理团队一手遮天，流程Owner是起不到任何作用的。至少我建议从现在开始，逐步管理团队只确立这个人的工资薪酬级别这些待遇，奖金的问题归流程Owner来分配。我们要使流程部门有责任，也有权力。流程Owner是这个流程的第一责任人和建设者，但是他们不能在自己的体系里设置非常多的助手，他的助手应来自流程建设部门。（来源：《华为内控组织要先实施过渡方案，不能出现真空》——IFS-BC&IA项目组向任正非和EMT汇报《华为内控组织方案》会议纪要，EMT纪要［2008］017号）

流程Owner是内部控制的第一责任人：通过任命全球流程Owner，业务管理层承担流程运作的首要责任，保证所管理的流程能以高效和可控的方式运作。PC（流程控制人）是流程专家，协助流程Owner建设流程并实施日常运作控制，包括设置流程中的关键控制点（KCPs），每月度进行遵从性测试等，并将月度测评和SACA（半年度控制评估）的结果反馈给BC[①]。（来源：《华为内控组织要先实施过渡方案，不能出现真空》——IFS-BC&IA项目组向任正非和EMT汇报《华为内控组织方案》会议纪要，EMT纪要［2008］017号）

关键过程行为用于选拔干部，特别是高级干部，反腐是重要的考核指标。只要在反腐问题上不坚决的，就只是普通的职业经理人，选拔高级干部的过程中要强调这个要求。内控改进持续不力的高风险领域流程责任人及业务主管向审计委员会述职，对内控作假及内控不作为的管理者直接弹劾。（任正非：在大规模消灭腐败进展

① BC，business control，业务控制人员。该人员是协助流程责任人推动协调整个内控工作的进行，包括KCP、SOD、CT测试程序以及主动性审视，对SACA报告提出建议使之更加完善，并对逾期问题进行跟踪，最后关闭问题进行复核。

汇报会上的讲话，总裁办电邮讲话［2014］010号）

稽查、内控的责任要由业务一把手来承担，建立流程的目的是为了运营（结果与效率）。（任正非：在监控重装旅座谈会上的讲话，总裁办电邮讲话［2015］060号）

内控的主要责任人是各级主管，成立监管重装旅目的是通过训战结合，给干部赋能，使之更好地担负流程执行中的监管任务。第一，公司贯彻流程责任制，具体业务监管的责任不是审计部、监事会，而是各个业务口的一把手。第二，管理要标准化、简单化，提高效率。流程责任制的主体应该及时、准确地提供服务。按标准化、简单化审查相关事项，快速通过，不能过度监控。就像高铁的运行。我们的主航道部队是强矩阵化。矩阵化管理有业务主管和流程 Owner，流程 Owner 要承担 95% 的责任；非矩阵化部门里，流程 Owner 和业务主管是合二为一的。（任正非：在监控重装旅座谈会上的讲话，总裁办电邮讲话［2015］060号）

内控部是内控体系中重要的职能支持部门

监控部门重点的工作是明确各个单位、各级部门主要流程 Owner 的（内控）责任和进行流程监管，他们从事的工作是建设性的工作。长城里面的每一块砖，他们都要想到怎样去建设。过去我们的监控管理部是用来监管财务的流程，而不是解决全公司端到端流程，将来质量管理和监控管理都应该是端到端的。（来源：《华为内控组织要先实施过渡方案，不能出现真空》——IFS-BC&IA 项目组向任正非和 EMT 汇报《华为内控组织方案》会议纪要，EMT 纪要［2008］017号）

BC 对内控环境负责：BC 是控制方面的专家，他为流程 Owner/PC 提供控制方法和工具，并综合控制测评及 SACA 结果，将公司整体内控状况反馈给审计委员会。BC 组织向 CFO 汇报，但不仅仅监管财务，而是所有业务。他协助流程 Owner 进行流程内控建设，同时对流程内控进行监控，体现了分权制衡的原则。（来源：《华为内控组织要先实施过渡方案，不能出现真空》——IFS-BC&IA 项目组向任正非和 EMT 汇报《华为内控组织方案》会议纪要，EMT 纪要［2008］017号）

BC组织有如下使命、权力及职责：控制咨询和培训；开发适当的控制工具，对现有业务流程 / 新流程相关的控制机制提供指导和培训；流程控制评估（包括SACA）；支持流程控制改进；协助管理者 / 流程Owner对与控制相关的风险和缺陷进行优先级排序；协助改进计划的制定，监控改进计划的实施；协调控制资源（内控人员）的部署，优化资源配置。（来源：《内控管理制度V3.0》，司发［2012］238号）

稽查是流程Owner和行政主管的助手

稽查是流程Owner和行政主管的助手，开展事中稽查；稽查要加强对流程Owner和行政主管的培训。（来源：关于轮值期工作总结及相关讨论的纪要，董事会常委会纪要［2015］023号）

稽查是在事中抽查，形成遵从流程、不作假的威慑。通过训战结合，让主管学会去正确地做事、做正确的事。（任正非：在监控重装旅座谈会上的讲话，总裁办电邮讲话［2015］060号）

稽查聚焦事中，是业务主管发现问题，推动及时解决问题的重要支撑，工程稽查部的COE能力建设职责和内审部下的稽查部整合后划入变革项目管理办公室，负责全公司的稽查能力建设。工程稽查部分迁移到GTS，并在GTS下成立工程稽查部，负责工程与服务交付的事中稽查工作。任命惠椿为变革管理委员会常务副主任，协助郭平，并负责公司稽查能力建设和推进公司的稽查业务发展及稽查发现问题在流程中的闭环。（来源：《关于企业发展部、工程稽查部、区域管理部隶属关系调整的决定》，常委会决议［2015］012号）

工程稽查是对与工程交付相关的业务进行端到端的稽查，发现问题、报告问题，与业务部门共同制订改进计划。涉及BCG线索转内审调查部处理。审计重在威慑，稽查重在及时发现问题并督促业务改进。（来源：关于工程稽查部组织建设汇报的纪要，EMT纪要［2011］010号）

15.3 财报内控

15.3.1 有效增长要建立在高质量的流程内控和财报内控上

财报内控是指为了保证财务报告的数据可靠（真实公允）、合规（内外遵从）和稳健（安全及健康）而建立的内控管理体系。所有影响集团 / 子公司财报（资产负债表、利润表、现金流量表）、资金资产安全、纳税遵从的各类流程活动，都属于财报内控的管理范畴。（来源：财报内控二期决策汇报纪要，FST 纪要［2015］108 号）

财报管理包括在集团财报、子公司财报、纳税遵从三个方面满足董事会、审计师及政府监管机构的要求。财报管理既要确保财报结果真实公允，也要有良好的财报内控机制，要通过财报内控的运作确保财报结果持续满意。（来源：《关于财报质量建设目标的决议》，财委会决议［2016］014 号）

财报内控将集成财经体系面向业务的各类要求，换句话说，财经对业务的诉求应该只有一张面孔：基于三张报表的财报内控管理。1. 财报内控目的是推动财务报告质量的持续改进，绝对不是为了问责而存在。2. 数据质量、纳税遵从（ITC）、子公司Local GAAP[①]、子公司财报、财经流程内控等各项要求，将整合到财报内控的管理要求中，以一个可持续的目标来牵引各个环节改进。3. 财务对业务的各项要求，都应从报表中来，到报表中去，以财报内控为管理平台，推动业务和财务持续改进。（孟晚舟：《财报内控，从“移动靶”到“固定靶”》，《管理优化》第 492 期，2016）

财报内控和财经流程内控的关键是要建立长效机制，只有建立长效机制才能保证少走回头路。（来源：巴西财报内控和财经流程内控述职汇报纪要，FST 纪要［2015］105 号）

财报内控，不能运动式地开展，更不应进行冲刺管理。追求结果的短期快速达

① Local GAAP，local generally accepted accounting principles，当地会计准则。

标，而忽视了长效管理机制的建设，是没有实际意义的。内控分数的达标，需要一套有效的管理机制来保障。比如，我们现在看到的很多问题都是“点”的发现，一般都以为是流程执行的问题，但如果抽丝剥茧地细致分析，真正的原因是流程缺失、流程不适配、跨流程集成等问题，只有这样的深入分析，才能支撑“以点带面”的解决方案形成，并据此建立持续改进的长效机制。（孟晚舟：《落实账实相符，恪守财报诚信——财报内控责任承诺签署》，《管理优化》第 479 期，2015）

这些都是内控机制“润物细无声”的运行过程中，实实在在带来的经营收益。当庞大机器运转之时，内控既是润滑剂，又是制动器。改善经营、优化作业，我们是润滑剂；分权制衡、数据透明，我们是制动器。有效的内控管理，为“积极授权、有效行权”提供了制度性的保障。让听得见炮火的组织，敢于行权、积极行权；让看得见全局的组织，合理授权、有效控制；这才是我们想要的管理和控制机制。内控机制的真正受益者是公司的各级作业组织，权力更多、责任更大、边界更清，每个组织都能在自己的权责边界内活得精彩、活得滋润。（来源：《却顾所来径，苍苍横翠微》——华为 CFO 孟晚舟 2017 年新年致辞）

15.3.2 财报内控是手段，账实相符是目标

公司首先要实现账实相符

2002 年的安然事件后，美国国会颁布了《萨班斯法案》，明确上市公司 CEO 及 CFO 需建立有效的财报内控体系，以确保财务报告及信息披露的及时性和准确性，虚假披露和承诺将受到法律的制裁。美国历史上十个高达 20 亿 ~70 亿美元的集体诉讼判决中，有七个都是因为假账或虚假披露而发起的。（孟晚舟：《落实账实相符，恪守财报诚信——财报内控责任承诺签署》，《管理优化》第 479 期，2015）

账实相符是指所有财务结果必须真实反映业务运营情况，它是各国法律和会计准则的底线要求，通过独立监管体系与严格的问责制度保证落实，并已在业界得到广泛实施。账实相符不仅仅指存货实物账实相符，还包括收入、成本、费用、收款、

付款、固定资产等所有财务结果的可靠度、准确度、及时性要求。（来源：《关于全面落实账实相符目标（财报内控）的工作要求》，集团财经通知［2015］006号）

公司首先要实现账实相符，业务人员和财务人员共同来解决不做假账的问题，法务人员更是当之有责。很多国际公司在账实相符问题上栽过跟头，轻则巨额罚款，重则高管坐牢。我们公司的问题也不小，所以我们一定要解决账实相符的问题。其实，业界对于账实相符是有成熟的管理方案的，就是建立财报内控机制，通过流程内控手段去确保账实相符。（任正非：在与法务部、董秘及无线员工座谈会上的讲话，总裁办电邮讲话［2015］015号）

账实相符是财报诚信的基础，账实相符包括两个层面的要求：基于完整的业务数据，选用适合的会计政策，进行正确的账务处理；业务数据应包含可能影响财务判断的业务信息，且业务信息与业务实质相符。只有满足这两个层面要求，才有可能做到财报客观、可信及公允。（孟晚舟：《落实账实相符，恪守财报诚信——财报内控责任承诺签署》，《管理优化》第479期，2015）

我们要用5年的时间实现账实相符。账和实际是相符的，但我们现在做不到。所以我们2014年12月31日，赦免大家，坦白从宽。凡是业务上做假的，都坦白从宽。我们坦白的人数是4 000到5 000人。我们内部的治理还有很多事情要做，还有贪腐现象，但我们的管理能力在提升。（任正非：在达沃斯论坛上的讲话，2015）

财报内控的测评结果作为账实相符的验收标准

财报内控是手段，账实相符是目标。财报内控的测评结果作为账实相符的验收标准，由账务管理部对账实相符的改进效果进行验收。（孟晚舟：《关于全面落实账实相符目标（财报内控）的工作要求》，集团财经通知［2015］006号）

测评方法要追求合理、可靠、易行，而不能追求精准。（孟晚舟：《财报内控，从“移动靶”到“固定靶”》，《管理优化》第492期，2016）

财报内控的测评方法是建立在集团的普遍实践上，并不完全适用于高风险国家的财报内控管理。因此，这类国家的区域CFO，应基于财报内控的理念及方法，发布面向高风险国家的财报内控方法，可以所有高风险国家适用同一套方法，也可以

各自适用不同的方法。（孟晚舟：《财报内控，从“移动靶”到“固定靶”》，《管理优化》第 492 期，2016）

一般而言，内控成熟度的评估结果不能高于财报内控的测评结果，例外情况可以举证说明。（来源：2016 年上半年 SACA 汇报纪要，FST 纪要［2016］113 号）

财报质量管理的目标是达到外部的严格监管标准

财报质量管理目标：2020 年要达到外部的严格监管标准（公司决策保留的事项除外），即“满意”标准。（来源：《关于财报质量建设目标的决议》，财委会决议［2016］014 号）

存货账实相符的目标已经实现，同意增加“财报满意”作为公司重点工作，“推动流程面向对象的集成和打通，实现五个 1 和账实相符”作为新的牵引目标。（来源：关于“推动流程面向对象的集成和打通，实现‘五个 1’和账实相符”进展汇报的纪要，EMT 纪要［2017］003 号）

15.3.3 财报内控要从业务数据的质量管理做起，保证财务报告质量

财务并不能创造数据，所有财务数据的形成完全基于业务数据或业务判断的流入。因此，业务数据的客观、完整、准确，直接决定了财务报告的质量。要保证财务质量，就得从业务数据的质量管理做起，这就是财报内控。（孟晚舟：《财报内控是手段，账实相符是目标》，《管理优化》460 期，2014）

明确各级管理者的财报内控责任，以《财务报告内控管理制度》文件形式，清晰定义各级 CEO/CFO、流程 Owner 对其所辖领域的数据质量负责；明确各维度的财务数据的管理责任；建立分层分级的财报内控责任承诺机制。责任的承担，需要工具和方法支撑，KCFR（财务报告关键控制点）是支撑财报内控的关键工具。KCFR 是指在流程中识别出与财报质量相关的关键控制要素，并采用 CT（遵从性测试）、SACA（半年度控制自我评估）的内控方法，对 KCFR 的遵从情况展开例行监控，以此来识别及判断所在业务领域的关键数据及信息是否真实可靠。明确了财报

内控的责任，识别了流程中的KCFR，并例行开展CT和SACA，仍不能完全保障财报的质量。因为即便是在KCFR遵从的情况下，也可能存在手工调账的情况，比如：存货数据、项目亏损拨备等。这些手工调整的账务数据也应纳入数据管理的范围，与流程的KCFR评估共同构成完整的财报内控机制。（孟晚舟：《财报内控是手段，账实相符是目标》，《管理优化》460期，2014）

在财报内控启动初期，为了让大家理解“什么是财报内控”“哪些业务动作与财报质量相关”，我们选择了一些财务和业务都很关心且对集团财报影响较大的问题来做解析。比如说，收入的真实性管理。我们通过解剖麻雀的方法，把从机会点到合同关闭整个循环中影响收入确认的要素一一解析出来，找到业务流程中的问题和根源，并在业务流程中设置KCFR，对收入确认的质量及时监控。从这两年的结账结果看，收入维度的数据质量已经得到很大的改善。（孟晚舟：《财报内控，从“移动靶”到“固定靶”》，《管理优化》第492期，2016）

15.3.4 财报内控的管理范围应从“移动靶”到“固定靶”

可以把“移动靶”看作专科检查，当我们身体的某个部分开始疼痛时，就要去看专科医生，制订专项治疗的方案。“移动靶”并不能全面地评估我们的健康状况，仅能重点解决一些已出现风险的事项。“固定靶”就像全科检查，无论我们的身体是否出现了状况，都要进行例行的检查，以便及早地识别和发现那些潜在的风险。华为要持续、健康发展，保持基业长青，就必须进行例行的、全面的体检、保健和修护。“固定靶”应该成为我们财报内控的最终目标，通过全面的、例行的评估、分析及改进，来保障财务报告的公允及可靠。“移动靶”的初衷，是为了让大家从某个细节入手，认识、了解并接受财报内控。“固定靶”的本意，是站在财务报告公允、可靠、及时、准确的角度，将影响财务报告质量的各项数据纳入管理范畴。“移动靶”是基于“点”的认知；“固定靶”是基于“面”的履责。从“移动靶”走向“固定靶”，是我们从“接受财报内控”走向“履行财报内控”的过程。（孟晚舟：《财报内

控，从“移动靶”到“固定靶”》，《管理优化》第 492 期，2016）

财务报告主要是指三张报表：损益表、资产负债表、现金流量表。这三张财务报告相互补充，才能完整地展现一个公司的财务健康度。评估一个公司的财务结果是否稳健，一般会从“绩效表现”和“公允可靠”两个角度去衡量，有效的财报内控保证的就是财报的公允可靠。因此，影响这三份关键财务报告的业务及财务事项，都应纳入财报内控的管理范围。财务报告的结构及内控基本是固定的，因此，影响财务报告的各类事项也应是固定的，这就是财报内控的“固定靶”。（孟晚舟：《财报内控，从“移动靶”到“固定靶”》，《管理优化》第 492 期，2016）

目前，大家的关注点主要集中在损益表的管理，但是站在集团整体财务结果评估的角度，资产负债表、现金流量表的健康公允也是必需的。经营绩效的管理固然重要，资产的保全也很重要，纳税遵从更是不能忽视。集团财报展现了公司的整体实力，子公司财报更是展现了某个细分市场的经营状况。财务报告是结果，业务及财务活动是过程。因此，影响到财务报告的各项业务及财务活动都在财报内控的管理范围。（孟晚舟：《财报内控，从“移动靶”到“固定靶”》，《管理优化》第 492 期，2016）

15.3.5 财经的责任是建立有效的内控体系，业务的责任是严谨地履行内控责任

公司 CEO 对集团财务报告真实可靠负最高责任，公司 CFO 协助 CEO 构建财务报告内部控制体系并实施管理。（来源：《财务报告内控管理制度》，集团财经业务规定［2014］005 号）

作为财务报告和财务数据的 Owner，财经组织承担了财报内控的责任，负责建立有效的财务报告内控制度，并在相关组织内推行落地。财经组织并不能对所有业务数据质量负责，而是依靠建立有效的、完善的内控机制，推动各业务主管和流程 Owner 对其所辖领域的业务数据的质量负责，保证业务数据及信息的真实、完整、及时、可靠。财经的责任是建立有效的内控体系，业务的责任是严谨地履行内

控责任。（来源：《财报内控是手段，账实相符是目标》，《管理优化》460 期，2014）

财经组织在财报内控的责任是：建立有效的内部控制体系；例行开展内控有效性的评估；正确理解业务场景，并且使用适当的会计政策，对业务数据进行处理；基于业务的无缺陷、无遗漏事项的陈述，对外提供财务报告及内控报告。业务组织在财报内控的责任是：提供准确的业务数据及关键信息；按内控要求例行开展有效的内控活动，并做出内控承诺。（孟晚舟：《财报内控是手段，账实相符是目标》，《管理优化》460 期，2014）

财报内控责任制是财报诚信的手段。财报内控责任制是业界通用的流程内控手段。IBM 已实施了责任明确、层层分解的财报内控承诺机制，各级管理层对影响财务报告的各项数据及信息做出严谨承诺，并严格履行自己在财报内控的管理义务。通过这样的行动，来保障集团财报的可靠性和公允性。（孟晚舟：《落实账实相符，恪守财报诚信——财报内控责任承诺签署》，《管理优化》第 479 期，2015）

我们的管理确实存在相互扯皮、彼此推诿的情况，从根本上讲，其原因就是我们的流程责任制还没有真正落地。各级流程 Owner 应主动承担和履行本领域的流程建设和内控管理责任，质量与流程 IT 管理部对跨领域的流程架构和流程集成进行拉通管理，只有将流程责任制真正落实到我们的日常作业循环中，才能从根本上保障流程遵从、数据清洁。（孟晚舟：《落实账实相符，恪守财报诚信——财报内控责任承诺签署》，《管理优化》第 479 期，2015）

关键是各级业务主管及流程 Owner 要重视，要对账实相符的最终结果承担责任，要通过流程固化去解决问题，不要让问题重复发生。（任正非：在与法务部、董秘及无线员工座谈会上的讲话，总裁办电邮讲话［2015］015 号）

15.3.6 财报内控目的是推动财务报告质量的持续改进，绝对不是为了问责而存在

根据华为审计委字［2013］002 号《内控弹劾机制及弹劾标准》规定，对财务

报告内控做假、财务报告内控不作为的流程与业务管理者进行直接弹劾；对财务报告内控管理无效、严重失效的责任人，要求向公司CFO及审计委员会述职，对连续两次述职不通过的责任人启动弹劾。（来源：《财务报告内控管理制度》，华为集团财经业务规定［2014］005号）

所有员工均应诚实守信、恪尽职守、遵守法律规定和商业行为准则。公司坚决禁止"业务造假行为"，包括但不限于：1. 伪造、变造、篡改印章或签名，签署虚假合同或其他文件。2. 签署阴阳合同（"阴阳合同"指同一次交易中，在客户界面和公司界面分别签订两份不同的合同）。3. 伪造交付文档、提供与业务实质不相符的交付进度信息或交付文档、隐瞒业务真实信息等，虚假确认销售收入。4. 伪造或提供虚假业务单据（含文档）、做虚假的财务信息导致财务报告不真实。以上造假行为一经发现，对直接责任人解除劳动关系，如给公司造成损失，按公司相关规定进行赔偿；对触犯国家法律的，移交司法机关处理。对于责任人的直接主管、间接主管按公司相应规定承担管理连带责任。（来源：《关于对业务造假行为处理原则的决议》，EMT决议［2014］030号）

财报内控目的是推动财务报告质量的持续改进，绝对不是为了问责而存在。（孟晚舟：《财报内控，从"移动靶"到"固定靶"》，《管理优化》第492期，2016）

15.4 内部审计与调查

15.4.1 审计是司法部队，建立威慑系统

内部监督制度是公司财务运行机制的不可缺少的组成部分之一，我们审计的目标，是建立合理的、规范化的经济管理体系和可靠的而最简化的运作程序。它近期目标是规范化、程序化，建立全公司的资金及物流管理与制约的框架，并逐步去组

织实施。抓住运行规范，控制重要环节，实行分级授权管理。形成不是少数人搞审计，而是每个运行过程都有自动审查、核销。要紧紧抓住合同评审，缩小和堵塞漏洞。逐步发展到对公司有效的监控管理。（任正非：在财务四个统一与2000年工作规划汇报会上的讲话纪要，2000）

财务推行四个统一，审计也要负责任，行使逆向监督的职能。所有流程均需要执行逆向审计，发现问题原因，四个统一的结果必须经由审计。对于财务系统中出现的个别问题，财务应负责任；若财务系统中总出现某个问题，审计也要负责任。审计、内部稽核应全面介入四个统一。审计监控要邀请顾问公司立项，请顾问公司帮助建立审计、内控体系。（任正非：在财务四个统一与2000年工作规划汇报会上的讲话纪要，2000）

审计部最主要是保证首先抓大的，第一点是公司绝对不能出大事，第二点就是公司不能接二连三在一个问题上出事。审计要对业务流程运作与控制的风险进行评估，并通过严格的监控来保证实现公司的既定路线。审计是业务和会计相结合的工作，不仅在账务体系建设上要起到作用，而且在业务体系流程建设上也要起作用。（来源：财经管理部审计部会议纪要，2002）

审计部是对结果负责、对行为负责任，不对流程负责任。它保持很大的独立性，现在的监控部的职能中，关系到对行为和结果负责任的部分就划给审计部。内审部门起到的是威慑的作用，因为每年一万个要被检查的东西，只能检查一百个，但是你不知道我是检查哪一个，抓住你我就抓死你了。审计部不是一个政策部门，不可以手轻一点或是重一点，只对结果负责任。它把责任查出来交给审计委员会，哪怕是有这样的一个结果，审计委员会也有可能不惩罚这个人，这是审计委员会批准了，政策在这里。所以审计部起到的是威慑的作用。（来源：《华为内控组织要先实施过渡方案，不能出现真空》——IFS-BC&IA项目组向任正非和EMT汇报《华为内控组织方案》会议纪要，EMT纪要［2008］017号）

通过审计委员会保证内部审计（IA）的独立性和威慑力：审计委员会将通过对SACA和审计的结果进行审议，建立内控的高管问责机制，并向内部审计和流程

Owner 指示内控建设的策略和其他方向指导。（来源：《华为内控组织要先实施过渡方案，不能出现真空》——IFS-BC&IA 项目组向任正非和 EMT 汇报《华为内控组织方案》会议纪要，EMT 纪要［2008］017 号）

组织改革过程中，基层在用权时可能不会那么准确、科学和讲究方法，因此需要更多的监管。财经和审计等部门就要在这个监管过程中对关键点不断进行抽查，建立威慑系统，从而保证大家能够更加科学地用权。（任正非：《CFO 要走向流程化和职业化，支撑公司及时、准确、优质、低成本交付》——与后备干部总队 CFO 班座谈纪要，总裁办电邮文号［2009］021 号）

审计要切实贯彻“坦白从宽、抗拒从严”的政策，对于坦白的人员，处理可相应从轻，起到示范效应。审计工作抓住一个事件就要出结果，不强求理想化的结果，要坚持实事求是、因地制宜，不要为了 100% 查清楚而付出高昂的代价，对于一些案件，查清到足够判定的程度（比如 20%~30%）就可以先结案，但我们保留进一步清查的权力。这个世界非完美世界，追求完美是不科学的，不现实的。（来源：关于 BC、IC/IA 的工作职责与关系汇报的纪要，EMT 纪要［2008］034 号）

内审要围绕“反腐、反造假、反浪费”发挥好独立监督作用，核心是建冷威慑。促进规则的明确，促进流程责任制的落实，促进诚信文化的建设。（来源：关于内审部战略规划汇报的纪要，EMT 纪要［2014］025 号）

目前公司已经有稽查机制和审计机制，稽查部门负责事中抽查，一查到底，查出漏洞，找到方法；审计的责任是就已出现的问题进行深入调查。大家也知道，我曾讲过对干部调查不能随便乱来，不容许通过窃听、偷看短信此类方式，必须通过正当途径获得事实根据，要被调查干部的上级组织集体表决通过，少数服从多数。事先做好审计、稽查等监督机制，才是真正的管好干部、爱护干部、保护干部。（任正非：在 2015 年中子公司董事赋能研讨会座谈的讲话，总裁办电邮讲话［2015］082 号）

我曾说过“审计 30% 就可以做结论”，这里“30%”的概念，指将某一个问题彻底查清。要么就别查，要么就查到底，不是查到一个新问题就转移方向，那没有效果。你们调查这个问题，横向发现很多问题，然后，你们的精力转向了，那你们就不是搞清“30%”，那是不对的。而是你们找到一个问题，就从头查到底，一定要把细节查得很清楚，让干部知道审计是有能力和方法的。然后回过头再清理其他问题时，干部就知道是否要告诉审计还有没有其他错误。（任正非：在调查工作授权及流程优化汇报上的讲话，2015）

15.4.2 加强司法威慑，问责标准逐年收紧

加强司法威慑，问责标准逐年收紧，三年达到与法律标准对齐。威慑还是要多利用司法力量。只要掌握了30%左右的证据，是确实可以司法处理的，这个人的态度愿意“竹筒倒豆子”，那我们就接受，否则就移交司法。司法调查进去以后，无论他说不说，我们都形成威慑作用了。（任正非：在大规模消灭腐败进展汇报会上的讲话，总裁办电邮讲话［2014］010号）

退赔系数要逐年提升，增加犯罪成本。比如今年1，明年1.1，以此类推，逐年增加。坦白以后，可以打点折。未来我们可以考虑把退赔系数公开化，让所有人都清楚地了解犯罪成本有多高，产生威慑感。（任正非：在调查工作授权及流程优化汇报上的讲话，总裁办电邮讲话［2015］060号）

但是我们并不允许问题不断发生，如果问题演变得比较严重，对公司有影响了，不处理也不行。对违法类，原则上与司法对齐，但也不是走极端，主要还是允许悔过自新。但如果干部自己不愿意悔改，那就没有办法了。（任正非：在调查工作授权及流程优化汇报上的讲话，2015）

加强问责制的实行。在过渡时期，通过设置廉洁账户给大家一个改过自新的机会。没有了廉洁账户，大家就要更加严格的要求自己。关闭廉洁账户，并不是反腐减弱了，而是更进一步加强对队伍的约束。就地司法就是一种形式。通过问责体系的建设，让大家愿意沿着正确的规则做事，愿意尽职尽责地做事。（任正非：《内外合规多打粮，保驾护航赢未来》，总裁办电邮讲话［2017］002号）

15.4.3 坚持查处分离的原则

我们应该要有几个原则：第一，要把事权、人权分开，监事会、审计委员会管事权。HRC 管人权，至于 HRC 授权给谁，另当别论。HRC 要建立起干部处理的原则。（任正非：在董事会上关于审计委员会 2014 年工作汇报的讲话，总裁办电邮讲话［2015］017 号）

坚持查处分离的原则，严格调查，宽大处理。我们对干部要有一种宽容的态度，但也有严肃的态度。所谓严肃的态度，就是指我们调查细节是严格、认真的，该了解的情况还是要了解，但是在处理上，尽可能宽大。所以，审计通过报告来披露真实情况，把想说的话都体现在报告中，包括被调查人态度好坏，有没有重大立功……；处理权放到 HRC 的纪律与监察分委会，要有这样一层隔离。（任正非：在调查工作授权及流程优化汇报上的讲话，总裁办电邮讲话［2015］060 号）

我们在处理的时候，一定要站在被处理人的立场上，而不能总站在我们的立场。如果处理过头，实际就是冤案。你们可以去和纪律与监察分委会多沟通，处理不能僵化，要有一定灵活性、弹性，也可以倾听被处理人的意见。包括移送司法，也可以听听被处理人的意见，如果他不愿讲，那就只能让司法跟他沟通去；如果他愿意讲，再大的问题，我们都可以针对问题进行宽大处理。我们主要是解决队伍净化的问题，让大家都不敢干坏事就行了，而不是为了针对哪个人量刑。（任正非：在调查工作授权及流程优化汇报上的讲话，总裁办电邮讲话［2015］060 号）

我们要有原则和制度，哪些干部授权哪级组织去批准调查，必须有严格的调查程序和处理原则。调查的人你可以发表意见，但是对被调查人的处理不归调查部门，交由 HRC 纪律与监察分委会处理。（任正非：在监控重装旅座谈会上的讲话，总裁办电邮讲话［2015］060 号）

我们在查事的过程中，可以向各级管理团队开放信息，如果说开放会走漏信息，走漏风声防范他不再干坏事，也是我们的目的，并不是一定要把他逮住才是目的。同事不是敌人，在被调查期间把问题一定要说清楚，擦干净了，爬起来又前

进，还可以冲上上甘岭去当英雄。（任正非：在监控重装旅座谈会上的讲话,2015 年）

同时，贯彻干部的离任审计，任职期间一两次的抽查制度，使人人感到自然。（任正非：在监控重装旅座谈会上的讲话，2015 年）

调查授权每个关键决策点都要坚决贯彻“集体决策、少数服从多数”的原则。第一，层层级级的调查立项、沟通、审批、司法等所有环节都要贯彻“上级管理团队集体表决制，少数服从多数”的原则。在业务决策权上可以实行首长决策制，但对人的调查问题上，不能由个人来决定，没有个人审批权力。坚决贯彻少数服从多数，一把手可以主持会议。我们要防止有人利用权力组建山头，不能因为哪个领导说查哪个人就查，不能让调查成为整异己分子的工具，否则就会形成帮派。宁可右一点，不可左一点。我们支持积极审计，但权力要制约，这个制约就是少数服从多数。第二，立项就要有结果，调查过程要严格保密。立项一定要有结果，初步调查不叫立项。对于匿名投诉，原则上不受理，但有理有据的，你们可以初步了解一下情况，这不叫立项。立项就像司法一样，一旦立项就不能撤项，一定要有结果。调查过程一定要严格保密，无论是对参与决策的人员，还是调查人员。如果自己都没有查清楚，也没有结论，就把消息散播出去，让被调查者和他的主管怎么工作？（任正非：在调查工作授权及流程优化汇报上的讲话，2015）

将来我们的监管有一个界限，事权与人权分开。对人的调查要慎重。我们不能随便用手段去监管、侦查干部。对干部的调查，就是讲事实、讲道理。应该是上级团队集体讨论，少数服从多数的表决程序。有保留意见的，报再上一级团队集体讨论，仍是少数服从多数的表决原则。（任正非：在调查工作授权及流程优化汇报上的讲话，2015）

我们知道有些干部不好，但不能侦查干部，可以对这个人有想法，但是要有事实根据。你不能丢了斧子，就怀疑他是偷斧子的人。调查干部一定要有批准程序。调查事实清楚后，把这件事交给 HRC 纪律与监察分委会，由 HRC 纪律与监察分委会去处理。（任正非：在监控重装旅座谈会上的讲话，总裁办电邮讲话［2015］060 号）

评功摆好不是审计人员的责任，这是最高领导层的责任，“功”和“过”是两回事。审计本着实事求是的原则，把问题调查清楚，处理问题交给HRC的纪律与监察分委会，查处分开。我们要把功和过分开，如果这个人有功，就宽容了他的过，这样就建立不了铁的组织纪律。审计人员要有独立的能力，既要坚持原则，同时又要有方法。希望审计人员向御史学习，一定要敢于斗争，还要善于斗争。培养一批既能够坚持原则又善于坚持原则的人，对公司很重要。（任正非：《内外合规多打粮，保驾护航赢未来》，总裁办电邮讲话［2017］002号）

15.4.4 监管是对干部最大的关怀和爱护

在政策收紧的同时延续自我申报政策，体现宽严相济，治病救人的原则。不要认为历史问题就不会追究，不追究就不会形成冷威慑，要把冷威慑建立在前面，员工不要去做违反BCG的事情；如果前面出了事，就赶快主动自我申报，让自己不要背上沉重包袱，高级干部更要以身作则。做好宣传效果，利用OEC的宣传渠道，普遍宣传“对违反BCG处理收紧的政策”，司法案例可以在公告栏上公布。（任正非：在大规模消灭腐败进展汇报会上的讲话，总裁办电邮讲话［2014］010号）

干部监管要宽严有度。1. 我们监管的目标是要攻下上甘岭，不是为了监管而监管。2. 要把对干部处理的界限文件化、明细化、标准化，让员工都知道自己出的事能受多大处分，能宽大到什么程度，对问题判断的条件可以公开，公开就是威慑；要让员工自己知道不要走到那一步，碰到高压线会死的，退回来不要碰就行了，这样能使员工减少犯错。3. 对待干部不是非友即敌，要有灰度，要给干部和员工改过自新、重新做人的机会。随着我们公司管理的科学程度越来越高，我们出现大的问题的可能性在减少。我们在打人的时候可以用鸡毛掸子，不一定用大棒打，但是坚持打不动摇；道德遵从委员会对诚信档案要分轻重程度，处分也要区分轻重程度，如果一定时间不再犯了，可以抹掉。这样宽严有度，使大家改正错误，不背历史包袱的决心更大。（来源：公司重点工作“建设监控和问责体系”汇报纪要，EMT纪

要［2015］013号）

审查的目的，是治病救人，公司和各业务部门根据问题性质及改进情况决定该如何任用。即使有问题的人，也有充分说明的机会，改过自新的机会。改过以后，既往不咎，让人的主观能动性好的一面能释放出来。（任正非：在董事会上关于审计委员会2014年工作汇报的讲话，总裁办电邮讲话［2015］017号）

正确的工作方法首先应该以对当事人负责，帮助其认识错误，放下包袱为出发点。要根据当事人的级别、事件性质等差异化地选派合适的调查人员，制定合适的调查策略，具体地说，对于级别高、年龄大的员工，要安排资深的调查人员甚至直接安排各级主管参与调查谈话，对于有明显违法特征以外的其他事件（如私费公报）的调查策略都应掌握灰度，不过度追求一清二楚、水落石出，给当事人留面子，相信我们的员工知错就改的觉悟。（任正非：在董事会上关于审计委员会2014年工作汇报的讲话，总裁办电邮讲话［2015］017号）

人非圣贤，孰能无过。当我们发现干部犯了小错误，给予适当的处分提醒他以后不要再犯了，他将来可能成长为伟大的人，这是对干部的爱护；如果我们在干部犯小错误的时候不提醒他，后来他犯了更大的错误断送了自己的前程，这就不是对干部的爱护。（任正非：《干部监管是对干部最大的爱护》，EMT决议［2016］007号）

公司培养一个干部很不容易，常务董事会研究处理干部，每次给我汇报时，我都很痛心。其实通过努力为公司做出贡献而获得的利益更大，华为总体待遇不低，高级干部的待遇收入更高。为了一点小小利益去做不正确的事，不值得！对干部的离任和在任审计，其实就是在关怀爱护干部，让干部至少不要把坏事做大了。惹大了事，坐牢不舒服，就地司法制度改革后会更痛苦，国外的牢坐得更不舒服。（任正非：《内外合规多打粮，保驾护航赢未来》，总裁办电邮讲话［2017］002号）

15.4.5 审计要基于无罪推定原则，对工作中的失误，问责要适度

公司的审计要基于无罪推定原则。要本着对员工及干部负责，不与他们为敌的

原则。政策和策略是我们的生命。审计的结果，要促进公司的团结。（来源：《关于审计工作的相关要求》，EMT 决议［2010］019 号）

公司关于审计工作和对审计人员的要求：审计要遵循组织控制原则，要设定工作规则。审计的对象，审计的内容与范围，取证的方式方法，谈话人员的委派，谈话的内容与范围等，都必须经过组织批准。要根据审计对象的级别和审计内容，设定审计工作开展的分层批准机制。一级部门正职以上必须经总裁办批准；二级部门正职以上干部经人力资源委员会批准；其余人员经一级管理团队批准。对于 BCG 经济类问题调查，审计人员必须在证据确凿的情况下，才可以开展与审计对象的面谈，而且面谈内容必须在授权范围内。审计人员在开展审计工作的过程中，不能擅自突破组织批准的工作范围。审计要有完有了，不要使员工过度恐惧。被审计对象，并不是敌人。如果在工作开展中又发现了原工作范围外的新线索，必须要就此请示相应层级的主管，由主管来决定后续工作的开展与调整。不得随意扩展、提高。审计要在内审部的职责范围内开展工作。当前审计是审违法、违纪、违规问题，管理合理性的问题是各级管理团队的管理范围，审计不要越过管理线。（来源：《关于审计工作的相关要求》，EMT 决议［2010］019 号）

审计人员要苦练内功，要学会善待别人、尊重别人，不要盛气凌人。首先要坚持原则，也要善于坚持原则。（来源：《关于审计工作的相关要求》，EMT 决议［2010］019 号）

我认为监管体系，应该基于四点原则：1. 要有一个基本假设，华为的绝大多数人，绝大多数事是好的，个别违规的事情，并不是动机上引起的，更多是无知或无意引起的，只有少数人在主观动机上有违规的想法。基于这个原则，我们要从关爱的角度上去实现监管；2. 要坚持实事求是，重事实，重证据，多站在对方的角度思考问题，不要主观臆断。凡事不能急。要让员工及干部感到宽松，而不是恐怖。即使有问题的人，也有充分说明的机会，改过自新的机会；3. 坚持坦白从宽的处理原则。改过以后，要既往不咎，要给人一条出路，让人的主观能动性好的一面能释放出来，不这么做，会将许多人逼到绝路上去，产生对抗；4. 要成为公司团结人的组

织。(任正非:《从关爱的角度去实现监管》——与监管体系座谈会纪要,总裁办电邮文号 [2011] 013 号)

所以我认为我们公司现在是越来越开明,越来越开放,但是我们的监管是越来越严,我们是在监管的基础上走向的开放,而不是糊里糊涂地走向开放。(任正非:《从关爱的角度去实现监管》——与监管体系座谈会纪要,总裁办电邮文号 [2011] 013 号)

合理授权,责权对等,构建一个鼓励当责的氛围。各级干部应履行其岗位责任,公司应本着责权对等的原则,合理授权。在问责上,要把 BCG 违规与业务工作失误区分开来,公司对于 BCG 违规已有明确的问责框架。对于工作中的失误,要具体分析,问责要适度。(来源:《团结一切可以团结的力量》——常务董事会成员民主生活会纪要,总裁办电邮文号 [2013] 143 号)

调查工作要以挽救干部为出发点。第一,不能非友即敌,在"友"和"敌"之间还有很多层次,也不一定非要除恶务尽。你们要掌握度,不要总是很着急、很紧张。第二,珍惜干部的政治生命,调查工作要以挽救干部为出发点,逐渐加强透明。随着公司发展逐渐走向正规,在很多问题上要逐渐加强透明,不一定是去秘密调查。我们是以挽救干部为出发点,不是以整人为目的。不要总是说打草惊蛇,其实让干部知道被公司发现了,就会停止继续犯错,这也是一种目的。所以我们要珍惜干部的政治生命,花很大精力才能培养起来一个干部,要提醒他"早处理、早退账、早退赔",防止他犯错误。我们最终目的是让大家积极去作战,不是把公司变成幼儿园,只有幼儿园是最干净、最清白的。第三,不能侦查干部,与人为善,尊重人权。随便侦查干部,人人都有恐惧感,那公司还打什么仗?你有证据,就拿出来。(任正非:在调查工作授权及流程优化汇报上的讲话,2015)

道德遵从委员会主要职责是发现好人。不要把主要职责变成帮助落后的人。对干部监督,首先你们要相信干部是好人,帮助他去作战,别去触犯到高压线。另一种是思想教育(包括发现好人、选拔优秀、表彰大多数、加强自我教育、惩教落后),这个由道德遵从体系负责。(任正非:与 CEC 就非物质激励工作优化的座谈纪

要，总裁办电邮讲话［2014］085号）

妥协是公司的需要，审计系统一定是善于妥协的系统，通过妥协，形成冷威慑。用“鸡毛掸子”打一打就行，干部都是明白人。冷威慑发挥了什么作用？就看公司的投资回报率，看大财务报表。我们公司干部品质总体是好的，在这基础上有问题是要抓的，但要讲究方法，温柔一点。培养一个干部不容易，没有特别恶劣的动机，有些事情教育教育，过去就算了。HRC要建立起干部处理的原则。（任正非：在董事会上关于审计委员会2014年工作汇报的讲话，总裁办电邮讲话［2015］017号）

汇报提纲里，要有一条是站在被审计人立场来说话，充分理解他们的心情、处境。坚持实事求是。“实事求是”简单的四个字，做到很难！千万不要把被审人当成了敌人，我们还要动员千军万马上战场。处分一个人容易，让一个有过错的员工重新站起来难。历史上许多大英雄都是曾经有过重大缺陷的，完美的人并不存在。王安石的失败是过于黑白分明。我们对干部，首先要做无罪推定，不能做有罪假定。中国是法治国家，一定要保证人权，宁可搞不清楚事情真相，也不要伤害人，不能到别人家里去，伤害别人的自尊心，这是不合适的。千万不要让对方的孩子知道，伤害他们的心灵。（任正非：在董事会上关于审计委员会2014年工作汇报的讲话，总裁办电邮讲话［2015］017号）

审计要与被调查人做朋友，帮助他们找出证据，证明他们没有问题，洗清错误。只有被调查人真正把你当朋友了，才可能完成审计。你们永远要记得这条真理，审计人员有不怕做“右派”的心理，才会实事求是。（任正非：在董事会上关于审计委员会2014年工作汇报的讲话，总裁办电邮讲话［2015］017号）

纪律与监察分委会处理问题要宽大一点，根据情况治病救人，但业务部门AT提出建议应该要严格一点。我们也不能让层层级级都宽大，宽大也不是无边，否则AT还怎么去管理其他员工。（任正非：在调查工作授权及流程优化汇报上的讲话，2015）

第十六章

迈向数字化的财经管理

数据是公司的核心资产，要像经营资本一样来“经营”数据。数据是公司的战略资源，随着数据资源的深度发掘和应用，新的机会和价值正在不断地被发现和被创造。数据质量支撑着人力资源合理配置、内部管理简化、业务流程集成、运营效率提升和经营结果的真实呈现。

数据准确是有效内控的基础。数据质量要从业务源头抓起，做到数出一孔，经营数据可追溯，经营预测可信赖。各业务流程 Owner 是交易数据质量管理第一责任人。

大数据时代财经管理架构的定义，就是以数据为基础的业务洞察、效率和控制的统一和平衡，这个架构的核心是有效增长。财经一定要探讨如何以数据为武器，为公司各个组织提供业务洞察，通过优化业务模式、资源配置和资本结构，实施业务和流程变革，确保有效的管理控制和风险管理，驱动整个组织更有效率和业务持续有效增长。

IT 部门的口号是“要想富，先修路”，大公司要靠自动化、信息化、数字化才能管理好。在会计核算领域，应积极尝试自动化、智能化，将标准业务场景的会计核算工作交给机器完成。

本章从确保数据清洁这个基础出发，对华为公司大数据时代的数字化财经管理进行扼要讨论。

16.1 数据是公司的战略资源

16.1.1 数据是公司的核心资产，要像经营资本一样来“经营”数据

我们一定要站在全局的高度来看待整体管理构架的进步，系统地、建设性地、简单地，建筑一个有机连接的管理体系，要端到端地打通流程，避免孤立改革带来的壁垒。我们要坚持实事求是，坚持账实相符，不准说假话。我们要努力使内部作业数据在必要的职责分离约束下，尽可能地减少一跳，提高运营效率。（任正非：《用乌龟精神，追上龙飞船》——在公司 2013 年度干部工作会议的讲话，2013）

为什么要如此强调数据的重要性呢？原因很简单，如今的商业世界其实已经变成了漂浮在数据海洋上的巨轮，只有那些通过大数据能力驶入蓝海的企业，才会赢得丰厚的回报。（来源：《大数据时代的财经管理——郭平在 2013 年集团财经工作会议上的讲话》，《管理优化》第 423 期，2013）

IPD 的经验与教训告诉我们，对业务流中信息的梳理是流程定义的前提，是 IT 应用架构定义的基础，也是 IT 系统开发的前提，主流程集成贯通，本质上是数据

的集成贯通。数据管理在流程与IT中处于最核心的位置，因此需要对数据给以足够的重视。（徐直军：《谈业务、流程、IT、质量、运营的关系》，《管理优化》第421期，2013）

世界著名的质量管理大师爱德华·戴明有一句名言："我们信赖上帝，除了上帝，任何人都必须用数据说话。"数据是企业的基因，是财经的灵魂，是至小、至实、至真的逻辑单元。（来源：《大数据时代的财经管理——郭平在2013年集团财经工作会议上的讲话》，《管理优化》第423期，2013）

数据是公司核心资产，数据准确是有效内控的基础。数据的价值和风险应被有效管理，以支撑内部管理简化、业务流集成、运营效率提升和经营结果的真实呈现。（来源：《公司数据管理总纲》，司发公司政策［2014］005号）

数据是公司流程和管理体系建设中最为关键的管理要素之一，流程集成打通和管理体系运营高效的核心是实现数据的贯通。数据是企业的战略资产，数据准确是内控有效的基础，要通过持续有效的数据管理，确保全流程数据的一致、完整及准确，支撑作业效率提升、决策质量提高、财报内控等管理目标的实现。（来源：《关于数据管理的决议》，EMT决议［2016］001号）

16.1.2 充分利用数据资源，创造新的竞争优势

数据是我们独一无二的资源。IT系统可以被复制，流程和组织可以被模仿，员工也可以跳槽，唯有数据既不会被复制也不会被模仿，如果能充分利用数据资源创新产品，为客户提供差异化的服务，我们就能创造出区别于竞争对手的核心竞争力。（来源：《大数据时代的财经管理——郭平在2013年集团财经工作会议上的讲话》，《管理优化》第423期，2013）

数据，越来越成为信息社会的价值资源，随着数据应用的深度发掘，新的机会和价值正在不断地被发掘和被创造。奥巴马在两次总统竞选中，也是充分依赖数据分析，把资源投向最有可能获得选票的地方，通过数据建模来运筹帷幄。（孟晚舟：

《发现数据的美》，2013）

财经必须思考如何以数据为基础，洞察业务发展趋势，提高决策支撑能力，在有效增长中发挥更大的作用，实现从面向历史到面向未来的转身。（来源：《大数据时代的财经管理——郭平在2013年集团财经工作会议上的讲话》，《管理优化》第423期，2013）

我们可以将数据分析技术充分运用到做厚对客户和供应商的界面上，创造新的竞争优势，夯实利润来源。我们可以基于对客户、供应商的深度分析，确定最佳的合同条款和赎期；可以基于分析平台，支撑面向客户和供应商的定制的财经解决方案；可以实时收集、分析售后数据，为售后服务、产品质量控制和产品设计提供指导；也可以通过改善需求预测和供应计划，提高库存周转效率。（来源：《大数据时代的财经管理——郭平在2013年集团财经工作会议上的讲话》，《管理优化》第423期，2013）

运用大数据分析方法，充分挖掘和分析公司客户需求的大数据，加强客户洞察，与客户共同创造价值；分析内部运作的合同、订单、项目、配置、库存、物流的大数据，支持及时、准确、优质和低成本的交付；通过对人力资源的大数据分析，实现人力资源的合理配置，牵引优质资源向优质客户的倾斜。（任正非：在“蓝血十杰”表彰会上的讲话，总裁办电邮讲话［2014］039号）

16.2 数据清洁是最有效的内控

16.2.1 数据质量要从源头抓起

共同重视数据质量，从源头抓起。目前财务数据的准确性、可靠性改进空间很大。财务是创造不了任何数据的，财务的数据来自业务，所以数据的准确性要从业务源头抓起。如果业务源头的数据创造者们不提高数据质量的话，财务基于失真数据的分析，并不能起到支撑经营和监控风险的目的。（孟晚舟：《IFS：继往开来，携

手业务，提升公司财经综合能力》，《管理优化》第 407 期，2012）

业务与财务共同承担数据准确的责任。业务应把完整、准确、清晰的数据传递给财务；财务要按制度、按规则和流程进行正确的处理。行政主管不应干涉流程运作，只可以作为流程优化的发起人和提议者。财务数据的真实、准确依赖于前端流程规范和数据清洁。账务要勇于面对困难，把最优秀的员工派到前线，把账务要求带到作业的过程中去，通过参与业务来落实账务要求。只有规范前端业务行为，才能提高财务数据质量。（任正非：与毛里求斯员工座谈会议纪要，总裁电邮［2013］016 号）

关键数据须定义单一数据源，一点录入，多点调用。数据质量问题应在源头解决。（来源：《公司数据管理总纲》，司发公司政策［2014］005 号）

理想的境界就是每个作业环节匹配其独特价值，输出下游需要的刚刚好的信息，不冗余，不缺失，满足该作业环节的质量要求。（徐直军：《谈业务、流程、IT、质量、运营的关系》，《管理优化》第 421 期，2013）

影响数据质量的因素来自多个方面，包括数据专业问题（架构 / 标准 / 集成 /IT 遵从）、业务执行问题（规则不明确 / 执行不到位）及 BCG 遵从问题（业务造假 / 提供虚假信息）。（来源：关于“公司数据工作汇报”的会议纪要，2015）

流程通最根本是数据要通。“问渠哪得清如许，为有源头活水来。”数据要做到准确高效地传送，才能做到端到端流程过程数据可视、可用，才能支撑公司的管理可视化。我们现在的数据一是不准确，二是数据传送速度甚至低过物流速度。主要是因为我们不重视数据录入工作，而且信息流各环节责任不清晰。首先，要重视数据录入工作，保证录入准确。要让有实践经验的人负责录入，不要唯学历论。其次，信息流要跑快，要向高铁学习，每个环节都要落实流程责任制，一定要按规律及时准确地运作。（任正非：在变革战略预备队誓师及颁奖典礼上的座谈纪要，总裁办电邮讲话［2015］047 号）

2017 年，数据质量综合水平应达到“基本满意”。其相应表现为：数出一孔，经营数据可追溯，经营预测可信赖。（来源：《关于数据管理的决议》，EMT 决议

［2016］001 号）

高质量的数据是人工智能的前提和基础，高质量数据输出要作为作业完成的标准。人工智能就要靠几万员工在做事的时候把数据有效采集回来，在归纳总结中找出规律来。清晰、准确的现场数据是重要的事情。（任正非：在人工智能应用 GTS 研讨会上的讲话，总裁办电邮讲话［2017］034 号）

16.2.2 谁产生数据，谁对数据质量负责

业务主管要对流程遵从负责，要保障业务数据准确、及时、规范，并约束部门不做假账；并具备基础的财务管理能力，及承担监管的责任。业务数据的不准确，不规范，都将导致我们无法形成正确的财务报告。（任正非：《要培养一支能打仗、打胜仗的队伍》——任正非在 2013 年三季度区域总裁会议上的讲话，2013）

谁产生数据，谁对数据质量负责。数据 Owner 负责基于使用要求制定数据质量标准，且须征得关键使用部门的同意。（来源：《公司数据管理总纲》，司发公司政策［2014］005 号）

数据的质量要从两个方面抓，一方面围绕变革体系和 GPO 管理体系抓好数据的架构、标准以及集成和数据的同源管理，另外一方面围绕代表处与 SPDT 两类经营单元抓一线作战团队产生数据的源头质量。各 GPO 承担数据质量管理的总体责任，建立并实施有效的管理机制，保障本领域的各项数据持续处于高质量水平。谁创建（录入）数据，谁对数据质量负责。代表处与 SPDT 及其所属的一线各作战团队是各项数据产生的主要源头，需要对产生的数据质量负责。（来源：《关于数据管理的决议》，EMT 决议［2016］001 号）

数据是公司的核心资产，数据准确是有效内控的基础。数据 Owner 承担数据工作路标、信息架构、数据责任机制和数据质量的管理责任。发布数据字典，统一数据语言，所有变革项目应遵从数据架构的管控。数据质量由数据使用部门评估，数据的质量问题由产生数据的源头负责。开展数据源的清理工作，实现数据源的“一

点录入、多点调用”，以维护公司的数据质量。（来源：关于数据工作组工作汇报的纪要，EMT 纪要［2014］024 号）

各业务流程 Owner 是交易数据质量管理第一责任人，须确保本业务所产生的原始交易数据的真实性、合规性、及时性、完整性和一致性。（来源：《财经数据质量管理政策》，联合发文华为财字［2013］048 号 / 华为 BP&IT 字［2013］015 号）

要构建公司统一的逻辑层数据底座，提供准确 / 可信 / 一致的数据，支撑公司数字化运营，全面挖掘并实现数据的价值，开放数据的能力。数据要按照对象管理，每个数据必须定义唯一的数据源和数据 Owner，数据要同源共享，通过数据服务方式向外提供，以保证跨流程 / 跨系统的信息一致。（来源：《做好架构并遵从架构，推进公司实现敏捷运营和用户 ROADS 体验——徐直军在 2016 年华为企业架构与流程管理大会上的讲话》，《管理优化》第 518 期，2017）

16.3 实现财经例行管理的自动化、智能化，运用大数据分析改进财经管理

16.3.1 基于数据和事实的理性分析是科学管理的基础

建立财务数据的价值。财务报告是业务单元的经营快照，既要反映当期经营结果，对照年度预算及滚动预测，分析差距、制订并实施行动计划；也要参照历史数据，对照成本基线、费用基线、销售毛利率指标等，分析各个维度数据的变化趋势，验证已实施的管理措施是否有效。因此，数据规则必须能够指导管理改进，且规则稳定，能够支撑历史数据可比。（孟晚舟：《财务结算对准价值创造考核结算对准价值分配》，总裁办电邮文号［2012］040 号）

除了流程贯通需要关注数据外，数据还是公司经营管理的基础，基础数据不准确，则各种经营管理所需要的报告数据也不准确，不能准确地反映业务实质，无法有效地指

导经营管理。（徐直军：《谈业务、流程、IT、质量、运营的关系》，《管理优化》第421期，2013）

基于数据和事实的理性分析和决策，本质上是一种批判性思维，这是一种客观的、公正的、态度谦逊的和不带成见的思维方式。而批判性思维恰恰是创造性思维的出发点。公司经营管理的复杂性使得仅靠主观努力和加大人力投入是无法根本改善的，这也是为什么我们今天还要向蓝血十杰学习的原因，要运用蓝血十杰奉行的基于数据和事实的科学管理方法，剖析问题的根因，寻找系统的解决方案。（任正非：在“蓝血十杰”表彰会上的讲话，总裁办电邮讲话［2014］039号）

交付一定要提高效率，从本职工作开始改善，提高自身能力。正确理解客户需求、正确做出合同、正确录入合同、正确发货、正确交付、正确服务……每个环节都非常重要。2015上半年，我们的数据有640万条错误，数据都错了，你们能够交付正确吗？难道你们是神仙？有正确的合同，录入也要正确，为什么还不能正确发货？我们的库管系统人员的层级也不能太低，理解得不准确，就把货发错了，造成巨大浪费。因此，首先我们要正确地理解客户需求，否则做出的合同一定是不正确的；能做出正确的合同，但如果不能正确地录入，那绝对不可能正确地发货；不能正确发货，那么正确地交付也是不存在的。（任正非：《将军是打出来的》——在2015年项目管理论坛上的讲话，总裁办电邮讲话［2015］118号）

“站点信息库”要围绕站点作业，统一管理站点基本信息和作业信息（勘测、配置、存货等），减少重复勘测，支撑账实相符，信息录入要准确。（任正非：在GTS站点信息库、地理信息库、网络动态运行信息库和集成交付平台建设汇报会上的讲话，总裁办电邮讲话［2015］124号）

站点信息收集，要有一些标准作业表格，也可是电子表格。每个人到站点，都要去填好这个表格，临时去的也填，填得不准确也不要紧。当第二个人再去的时候，先下载前一个人填的信息，如果少一个东西，就增加一个东西，信息准确度就提升了。不断循环，三五年就能把老账查清楚、把新账建完整。（任正非：在GTS站点信息库、地理信息库、网络动态运行信息库和集成交付平台建设汇报会上的讲

话，总裁办电邮讲话［2015］124号）

系统建设好后，每个环节、每个岗位都要高质量的信息录入，才能减少浪费。发错货的原因，首先是合同需求没有理解清楚，没有做出正确合同；合同做正确了，没有正确的录入；录入正确了，没有正确的生产……都会导致发错货。甚至正确的货到了一线仓库也会发错，为什么呢？发货的人读不懂合同，然后就发错货了。这样一算下来，公司浪费极其大。我们把这些做好，就能实现账实相符，就能挤出更多效益来，所以信息录入要严格、要准确。（任正非：在GTS站点信息库、地理信息库、网络动态运行信息库和集成交付平台建设汇报会上的讲话，总裁办电邮讲话［2015］124号）

16.3.2 面向未来建立数据治理体系

数据管理的范围分为三块：财报内控数据质量、数据管理体系建设和业务运营数据质量。数据管理工作应分阶段开展。第一阶段是财报内控的数据质量管理和数据管理体系建设；第二阶段是业务运营数据质量管理。数据质量目标的制定要基于不同的管理内容及实施阶段进行定义。（来源：关于"公司数据工作汇报"的会议纪要，2015）

随着大数据时代的来临，仅仅停留在不做假账的层面显然是不够的，提供至小、至实、至真的数据特别是各种基线数据，是财经作为业务伙伴的基础。财经要充分利用"任何人都必须用数据说话"的机会，通过建立业务规则，对数据进行深度整合和分析，在助力经营管理的同时，推动建立面向未来的业务模式。这既是财经面临的新挑战，也是财经利用数据在公司管理中发挥作用的最大机遇。（来源：《大数据时代的财经管理——郭平在2013年集团财经工作会议上的讲话》，《管理优化》第423期，2013）

要让数据成为财经的灵魂，财经就必须面向未来建立数据治理体系，培养拥有分析专长的分析师队伍，并以最小数据集为基础，建立自己的大数据战略。（来源：《大数据时代的财经管理——郭平在2013年集团财经工作会议上的讲话》，《管理优

化》第 423 期，2013）

数据治理要融入 iSee 系统的运营管理中，通过数据应用来促进数据治理工作的深入开展。“没有数据没有 iSee”。（来源：《关于 iSee 系统的决议》，FST 决议［2013］002 号）

基于一定的规则对源数据进行加工处理生成“信息（报表）”，其核心价值是“信息看得懂，信息有价值”；对信息（数据）进行应用、分析、展现，生成能够支撑经营管理活动的“情报”，以支撑决策、揭示风险，其核心价值是“用起来，发挥价值”。（来源：《关于 iSee 系统的决议》，华为 FST 决议［2013］002 号）

财务数据的“美”，是我们按照基本财务规则，遵循数据生成路径，收集、整理、归类而形成基础财务信息，再结合财经人员对数据逻辑的认识，对业务的深刻理解，在数据整合、洞察、建模和分析的过程中，识别管理改进的机会和目标，这就是财务数据的美。（孟晚舟：《发现数据的美》，2013）

CFO 的三个核心角色，参与及支撑战略决策、业绩评估及价值判断、首席沟通与协调官。而这三个角色的有效履行，都必须依赖于一个坚实、准确、可靠的财务数据基础。财经分析人员和 CFO 们，要理解数据生成逻辑，不能只是单纯地关注“数据的准确”。既要见树木，也要见森林。（孟晚舟：《发现数据的美》，2013）

16.3.3　用自动化、智能化和大数据分析，降低财经管理的复杂性和不确定性

大数据时代财经管理架构的核心，是驱动业务持续有效增长

大数据重在预测。通过预测，我们可以洞察业务发展的潮流，把握价值转移的趋势和方向，从而让财经在有效增长、资源配置和资本结构优化等面向未来的工作方面发挥更大的价值。（来源：《大数据时代的财经管理——郭平在 2013 年集团财经工作会议上的讲话》，《管理优化》第 423 期，2013）

业界对大数据时代财经管理架构的定义，就是以数据为基础的业务洞察、效率和控制的统一和平衡，这个架构的核心其实就是有效增长。财经一定要探讨如何以

数据为武器，为公司各个组织提供业务洞察，通过优化业务模式、资源配置和资本结构，实施业务和流程变革，确保有效的控制和风险管理，驱动整个组织更有效率和业务持续有效增长。（来源：《大数据时代的财经管理——郭平在2013年集团财经工作会议上的讲话》，《管理优化》第423期，2013）

用互联网方式改进内部运营管理，让标准化、数据化的信息快速传递，并全流程透明。要加强内部的信息沟通和共享，充分挖掘和分析公司内部的“大数据”，牵引优质资源向前方作战组织倾斜，支持及时、准确、优质和低成本的交付，与优质客户创造共同价值。（郭平：《持续变革，提升一线作战能力，保障公司有效增长》，总裁办电邮讲话［2014］020号）

过去，世界上最难的一件事就是开轮船，礁石位置、洋流流向、打舵时机……步步充满风险。一条30万吨的油轮要过马六甲海峡，海峡水深24米，船吃水24.5米，不涨潮还过不去。船长加大油门，二十几分钟后船才感觉加速起来，但这二十几分钟时间太长，如何把握？我上次去加勒比海，坐17万吨的美国邮轮，没看到驾驶员操作。靠岸也是自动的。所以，驾驶几十万吨的邮轮一定要靠信息化、自动化操作，大公司也同样要靠自动化、信息化、数字化才能管理好。（任正非：在GTS站点信息库、地理信息库、网络动态运行信息库和集成交付平台建设汇报会上的讲话，总裁办电邮讲话［2015］124号）

我一直对IT部门的口号是“要想富，先修路”，首先要解决前线的宽带支撑问题，加快体验中心的建设节奏。对于带宽的问题，我们不要怕投资，即使租赁卫星费用高也值得。我们提出要给艰苦地区和国家以关怀，首先就要给予快速的办公网络，增加网络带宽，因为没有网络，那里的人员的工作量就比别人大，效率比别人低，进步也比别人慢。带宽是基本建设，建设、使用、维护由公司纳入空耗系数。现在每个小国不是都配备了智真系统了吗？我们可以通过体验云的网络将它们互联起来，这样就实现体验资源、专家资源的远程投送，实现全球可达。（任正非：《构建先进装备，沉淀核心能力，在更高维度打赢下一场战争》——在运营商BG“三朵云”业务体验和阶段验收汇报会上的讲话，总裁办电邮讲话［2015］099号）

我们鼓励各级专家努力改进自己的工作，通过统计找出规律，使一部分工作走向自动化，少数走向智能化。我们也鼓励从事人工智能研究的专家，成为我们各项工作改进的使能器。我们支持理解自己的科学家在理论上研究，更要把社会上的成熟理论择优用于改进我们工作的使能器。通过使能器的推动，促进各项工作流程部分自动化、少数智能化，构筑我们的未来竞争力。改进我们的工作，是我们的目的。（任正非：《人工智能的前途在于应用》一文的按语，总裁办电邮讲话［2017］039号）

人工智能在投资充分的情况下不要太冲动，要急用先行小步快跑，要聚焦在确定性业务、人工消耗大的项目，宁可做得少一点，先在一两个点突破杀开口子，集中力量打歼火战，不要铺开一个很广泛的战线。不要遍地都是智能化，这会形成全面开花没有结果的盲动，有可能满盘皆输。（任正非：在人工智能应用于GTS研讨会上的讲话，总裁办电邮讲话［2017］034号）

在会计核算领域，我们积极尝试自动化、智能化，将标准业务场景的会计核算工作交给机器完成。目前，年平均约120万单的员工费用报销，员工在自助报销的同时，机器根据既定规则直接生成会计凭证；98个国家（地区）和746个账户实现互联互通，支付指令可以在2分钟内传递至全球任一开户银行；我们的付款准确率水平高于银行100倍以上；在AP领域的四个业务场景上，我们启用了计算机自行处理，试点半年来，通过手工作业进行并行校验，其结果证明准确率为100%。（来源：《却顾所来径，苍苍横翠微》——华为CFO孟晚舟2017年新年致辞）

我们在全球实施的RFID物联资产管理方案，目前已经覆盖52个国家（地区）、2 382个场地、14万件固定资产。RFID标签贴在需要管理的固定资产上，每5分钟自动上报一次位置信息，每天更新一次固定资产的使用负荷（或者闲置）情况。部署RFID后，固定资产盘点从历时数月下降为只需数分钟，每年减少资产盘点、资产巡检的工作量9 000人每天。资产位移信息、资产闲置信息及时更新、共享，使我们在资产管理能够有的放矢。（来源：《却顾所来径，苍苍横翠微》——华为CFO孟晚舟2017年新年致辞）

在资金规划领域的四个大数据项目，展现出令人惊讶的创造力，“经营性现金流预测”和“分币种现金流预测”的大数据项目已正式上线应用。基于大数据模型，由计算机进行上万次数据演算和模型迭代，经营性现金流已实现 12 个月定长的滚动预测。从历史数据的拟合度看，最小偏差仅 800 万美元。对于在 170 个国家实现销售，收入规模约 800 亿美元，年度现金结算量约 4 000 亿美元的公司来说，800 万美元的现金流滚动预测偏差，已经是极为理想的结果。与机器共舞如此美妙！数字予机器以温度，其惊喜犹如燃情的岁月。（来源：《却顾所来径，苍苍横翠微》——华为 CFO 孟晚舟 2017 年新年致辞）

站在未来看现在，构建面向未来 5~10 年的财经集成架构

1. 财经能够灵活响应海量业务、模式多变、外部环境的不确定性加剧、多种商业模式并行等各类诉求。2. 使用新技术、新架构，做厚财经能力，提升作业效率。3. 科学地管理风险，满足经营及合规要求。4. 以“快速响应、智慧决策、前瞻推演”更好地支撑业务发展。5. 财经自身专业能力的成长蓝图要面向 2 000 亿美元的目标，系统集成设计要基于能力成长蓝图进行。6. 财经集成架构的设计要从业务实质、自身逻辑、技术实现三个层面思考，采用分布式 IT 架构实现各类需求的解耦，围绕“3 个中心、2 类应用、2 个平台”的建设思路开展整体设计，最终实现实时、自动、在线（安全）、敏捷、自助和共享的目标。（来源：“面向未来 2 000 亿的财经集成架构研讨”会议纪要，2016）

| 第十七章 |

推动财经管理的流程化和职业化

财经体系一定要坚持流程化、职业化不动摇。只要不是流程化、职业化，就一定是高成本。要通过流程化和职业化，将稳定的流程和事务处理标准化、简单化，这样公司的管理运作成本就能降下来。

华为公司财经部门的定位是一个全球性的服务、管理与监控体系。为了达到这个目标，财经体系一定要培养一支作风过硬，敢于坚持原则，善于坚持原则，忠于公司，敢抓敢管的全球化专业队伍。财务干部只有懂业务、理解业务，才能更好地服务业务与管理业务。要大力加强项目财经经理队伍建设。项目财务是财务人员最好的实践基地，通过一个小型项目的全循环，就可以帮助财务人员真正地认识财务和业务，为转身各级 CFO 奠定基础。

在管理进步中，财务的进步是一切进步的支撑。没有优良的财务管理，没有可靠的监控，公司的授权就不能完成，前方就不能直接呼唤炮火，机构就会日益官僚、臃肿，这样的公司不可能长期生存。在管理上，要永远要朝着以客户为中心，聚焦价值创造，不断简化管理，缩小期间费用的方向努力。

本章将对华为公司财经队伍的职业化进行深入讨论。

17.1 财务要懂业务，业务要懂财务

17.1.1 财务只有懂业务，才能真正成为业务的助手

如果你们掌握了很多现代化的工具，对周边业务有更多的理解，对你们所服务的人员有更多的理解，提高效率，我相信华为公司未来的希望是有的。自身加强对业务的理解，对服务对象的理解，对客户需求的理解，对前端客户的理解，理解了你就能晋升。（任正非：与 IFS 项目组及财经体系员工座谈纪要，总裁办电邮文号［2009］004 号）

我们共享中心的人对服务的业务要熟悉，不然就会官僚化。如果我们财务的人员长期不懂业务，就没法跟前方沟通。所以我们的财务人员要加快自身的提升和改造，加快对业务的理解。因此我呼唤共享中心的人，一定要尽快把自己转变成半业务型的专家。如果一点都不懂业务，你怎么可能会提升起来，你不成为专家，怎么能做好财务。共享中心如果只以纯财务专家为基础一定会崩溃的。（任正非：与 IFS 项目组及财经体系员工座谈纪要，总裁办电邮文号［2009］004 号）

CFO要不仅能讲数据，还要能讲数据背后的故事。对数据进行分析，掌握业务运作的规律，提供优化业务运作的方法，才能真正成为业务的助手。（任正非：《加快CFO队伍建设，支撑IFS推行落地》，总裁办电邮文号［2009］023号）

财务不是决策者，是建议提供者和业务监督者。不了解业务，怎么能有效地服务和监督？满足业务的合理需求，提供有价值的财经服务。能够识别业务的合理性与真实性，提供有效监控，协助业务主管成长。优秀的CFO，不仅要懂得财务，也要懂得业务，这两方面的要求是同时存在的。（任正非：与财经体系员工座谈纪要，总裁办电邮文号［2011］032号）

近几年来，公司不断要求财务人员了解业务、深入项目，是渴望财务人员不要成为简单的“簿记员”，而是真正明白业务实质，且能正确参与经营管理的财经人员。财务人员只有理解业务，才可能走上正确的成长道路，这不是对财务人员的排斥，而是十分中肯的期望。（任正非：与财经体系员工座谈纪要，总裁办电邮文号［2011］032号）

懂业务、理解业务，才能更好地服务业务与管理业务。建立并实现从计划预算到核算的闭环回溯机制和弹性管理机制，就是最好的财务综合管理。（任正非：与财经体系干部座谈纪要，总裁办电邮文号［2012］029号）

华为所需要的CFO就是要强调结果为导向，要与业务一起，以较小的投入换来较大的产出，而且这种产出是可持续性的。（任正非：与财经体系干部座谈纪要，总裁办电邮文号［2012］029号）

财经组织既要把员工配置到位，避免财务管理和监控踏空，也要重视人员结构、业务结构的合理性。（来源：财经向任正非汇报纪要，总裁办电邮文号［2013］234号）

17.1.2 经理就是经营理财

这几年我们抽调与招聘了很多懂业务或懂财务的人到财经管理岗位，但如果到现在还是只懂财务或只懂业务，那就不能再做干部了。因此，这次改革是双动。财经领导和财务人员要懂会计学原理，懂得具体怎么做，也要懂业务，否则就不能更好地服务于组织，这两方面是互相帮助、互相学习、互相长进的，是矛盾的统一体，而不是对立体。（来源：财经改革项目汇报会纪要，2004）

经理就是经营理财，如果不会经营，也不会理财，你为什么叫“经理”？（任正非：在国内市场财经年度大会上的讲话，总裁办电邮文号［2006］002号）

要实行利润考核，代表处干部要会管理、懂财务和经营，持续改进内部管理，降低运作成本，在系统部、代表处形成业务为指导，财务为监督的管理模式。（任正非：在BT系统部、英国代表处汇报会上的讲话，总裁办电邮文号［2007］015号）

我们这个时代已经从创业者、英雄的时代走向职业经理的时代，不走向职业化，就会被历史边缘化。在这个转型过程中，我们每个人可能都是残缺不全的，懂业务的不懂财务，懂财务的不懂业务，如果两个人绑在一起就会好一些，要发扬团队合作精神，只有团队合作才有明天。万事不求人的人是无能的人，片面追求个人的轰轰烈烈，也注定会失败。（任正非：《CFO要走向流程化和职业化，支撑公司及时、准确、优质、低成本交付》，总裁办电邮文号［2009］021号）

业务主管不要认为你们懂技术就达标了，你们也得有最基本的财务知识，光懂业务不懂财务是不能成为主管的。当我们拥有大量的渴望进步的接班人时，公司才是有希望的。这个希望从哪儿产生？就是从你们懂业务的财务人员中产生，从懂得计划、预算、核算的业务人员中产生。（任正非：与罗马尼亚账务共享中心座谈会纪要，总裁办电邮文号［2011］021号）

各级干部要互相知晓，财务干部要懂些业务，业务干部应知晓财务管理。有序开展财经和业务的干部互换及通融，财务要懂业务，业务也要懂财务，混凝土结构的作战组织，才能高效、及时、稳健地抓住机会点，在积极进攻中实现稳健经营的目标，使公司推行的LTC、IFS能真正发挥作用。通过闭环管理来完善干部的考核与选拔。（任正非：《用乌龟精神，追上龙飞船》，总裁办电邮文号［2013］255号）

各个领域都要进入公共洪流锻炼，研发、市场、财务、GTS等都要打通循环。

财务人员一定要懂业务，被动读代码是不行的，否则不能发挥主动性，不能成长为高级干部。高级干部也要懂财务，现在公司哪个高层领导不懂财务？除了少数Fellow、技术专家可以更深入专业研究之外，大多数人都应该循环成长，使自己综合能力提升。现在公司经营状况好，让战略预备队消耗一些利润，为公司未来的健康发展奠定基础。（任正非：《前进的路上不会铺满了鲜花》——任正非在2016年市场年中会议上的讲话，总裁办电邮讲话［2016］079号）

17.1.3 财务人员只有懂得项目管理，才能成长为全面的管理者

我认为财务人员最重要的修炼和积累是项目经营管理，财务人员只有懂得项目管理，才有可能成长为全面管理者。（任正非：与罗马尼亚账务共享中心座谈会纪要，总裁办电子邮件［2011］021号）

项目财务要实行有效的核算，要产生合理的利润，富士康的所有生产都是标准的，所以它的人员不需要能力很强，而且每个人都可以做好工作。但是我们的项目非常复杂，我们渴望每个人都深度卷入项目经营的过程中，不是简单地把数据收集起来。你只有深入业务里面，才可能提供有价值的建议。（任正非：与罗马尼亚账务共享中心座谈会纪要，总裁办电子邮件［2011］021号）

我认为做一个CFO的标准不是懂会计工作，如果会计也跟你们一样懂这么多业务，才有可能是CFO。但他们懂业务的难度比你懂会计要大，那么我们希望今年地区部、大系统部的20~30个CFO就要从你们中选拔出来。我渴望项目能实现计划、预算、核算的管理。但我们财务还达不到这个能力，连地区部都实现不了。我们希望你们积极推动和呼喊，使得公司能真正建立起财务管理系统。（任正非：与PMS高端项目经理的座谈纪要，总裁办电邮文号［2009］007号）

要大力加强项目财经经理队伍建设，未来的项目财务建设是混编制的。要从有三年以上工程、技术经验、熟悉业务的员工中抽出一部分，从财经体系中对业务很熟悉的员工中抽出一部分组建队伍，迅速培训，派到一线，增强系统部和项目财经

经理岗位。项目 CFO 也应该从这里产生。以后代表处、区域的 CFO，没有通过这一课的要补课，补考不合格的，暂时不要担任管理职务。（任正非：《拉通项目四算，支撑项目层面经营管理》，总裁办电邮文号［2010］007 号）

项目财务是财务人员最好的实践基地。通过一个小型项目的全循环，就可以帮助他真正地认识财务和业务，为转身各级 CFO 奠定基础。（任正非：与财经体系员工座谈纪要，总裁办电邮文号［2011］032 号）

科学管理需要财务的支撑。当前，预算和决算是我们的薄弱环节，要重视项目财务人员的建设，优先把项目财务配备到位。可以考虑财务经理和业务经理之间互相轮换，从而培养出具有综合管理能力的干部和专家队伍。（来源：关于“从以功能为中心向以项目为中心转变项目”进展汇报的纪要，EMT 纪要［2014］019 号）

配置项目财务经理（PFC），做好项目交付管理，向运营要效益。我们当前项目管理还没做好，最早我们连项目交付都不懂，后来懂交付了，又开始不顾一切地交付，做完交付就完了，不在乎亏赚。现在我们不仅要会交付，还要开始关注交付效益，这就要把项目财务经理配上来。（任正非：在中亚地区部员工座谈会上的讲话，总裁办电邮讲话［2016］063 号）

PFC 要做好项目管理，就必须要懂业务。应届毕业生来做 PFC，要和工程师下站点看装机，就拿秒表测时间，再算一下你每秒的工资，然后看“快递哥”干要多少钱，这样不就测出来业务改进带来的收益了吗？我们的交付越来越标准化、规范化后，就能更开放化，软调也越来越“烟囱化”了。PFC 第一步最该做的就是“滚一身泥巴”，真正理解业务，只有这样，“三点闭环”才是可能的。否则 PFC 就是“空军司令”，不接地气，多少年后不给你“加油”就会掉下来。（任正非：在中亚地区部员工座谈会上的讲话，总裁办电邮讲话［2016］063 号）

17.1.4 加强财经队伍混凝土建设

我们从各个业务部门抽调干部，加强财经组织的建设，是为了帮助财经组织更加密切、更加有效地深入业务，同时在思维方式、做事策略等方面，改变财经组织一直以来简单、固执、只会苦干不会巧干的做法。加入一些沙子，是为了形成混凝土，并没有取代你们的意思，而且他们也要经过会计考试。中级干部的业务岗位的转换，是有利于干部更好地成长，是符合“之”字形成长计划的。（任正非：与财经体系员工座谈纪要，总裁办电邮文号［2011］032 号）

CFO 资源池人员来源是多元化的，除财经专业人员外，也要积极鼓励业务人员加入。CFO 选拔标准不要太刻板、教条，对绩效结果的应用要综合化、弹性化，要根据 CFO 所处的国家环境和市场成熟度综合考虑。（来源：CFO 标准与培养机制向任正非汇报纪要，总裁办电邮文号［2011］038 号）

财务要加强从公司内部抽一部分人进来。要加强混凝土建设，财经管理部能不能叫混凝土部，什么是混凝土呢？有沙子、水泥，可以从外面找些石头进来，三种东西合在一起就更坚固。我们要招募外来的一些优秀人员加盟我们的组织。财务不要光看缺口，光看缺口就会让那些不合格的人下不来了。（任正非：在 EMT 办公例会上的讲话，2011）

优秀的财经干部可以转身到业务中，既拓宽了财务干部的成长空间，也有利于实现财务与业务的融合。优秀的国家 CFO，可以转身为代表；优秀的项目财务，可以转身为项目经理；这些通道的拓宽，对经营管理将产生正面的、积极的影响。（来源：财经向任正非汇报纪要，总裁办电邮文号［2013］234 号）

我们现在通过片联大规模循环干部，重新配置干部，调整方法和资源，把这个队伍派遣到全世界，相信 3~5 年一定能把问题解决。将来要选拔一部分项目财务人员当项目 PD（项目总监），选拔一批业务人员去做项目财务，进行交换，这就是我们所期待的干部苗子。高级干部若不学习、不读公司文件，就有可能会被这些年轻苗子所取代。（任正非：《三年，从士兵到将军！》，总裁办电邮讲话［2014］031 号）

17.2 建设流程化和职业化的财经管理体系

17.2.1 财经管理只要不是流程化、职业化，就一定是高成本

要保证华为公司长治久安，就要进行程序化作业。国外公司每付一笔款程序都很科学，为什么不学习？当这种标准化作业得到很好的运行时，财务系统就将要开放系统，你们就会得到更多的自由而不是更多的制约。（任正非：在财务系统领导干部会议上的讲话，1995）

我们从杂乱的行政管制中走过来，依靠功能组织进行管理的方法虽然在弱化，但流程化管理的内涵还不够丰富。流程的上、下游还没有有效“拉通”，基于流程化工作对象的管理体系还不很完善。组织行为还不能达到可重复、可预期、可持续化的可值得信赖的程度。（任正非：《CFO要走向流程化和职业化，支撑公司及时、准确、优质、低成本交付》，总裁办电邮文号［2009］021号）

财务系统一定要坚持流程化、职业化不动摇，只要不是流程化、职业化，就一定是高成本。CFO是一个国际名词，华为公司没有自己的解释，国际上要求CFO做什么，华为公司的CFO就做什么。我们要通过流程化和职业化，将很多东西标准化，这样公司的管理运作成本就能降下来。（任正非：《CFO要走向流程化和职业化，支撑公司及时、准确、优质、低成本交付》，来源：总裁办电邮文号［2009］021号）

工业时代军队的作战效能，是通过大规模集结部队以形成并保持最大强度的能力来衡量的。美军在21世纪面临高复杂性、不确定性、快速处置、快速取胜等诸多挑战，提出了“前沿存在”的观点，将精锐部队一直部署在热点区域，贴身地、实时地、不间断地获取情报，并以此展开实战模拟。一旦作战命令下达，就能够迅速采取有效行动，及时压制敌方力量；并随后获得能力中心的增援，最终快速而决定性地取得战争的胜利。我们正逐渐匹配产业、区域、功能组织、系统部、项目及客户群建立CFO组织，如何通过组织的有效运作，提高“前沿存在”的价值和作用，

准确捕捉和应对变化，真正成为值得业务信赖的伙伴。（任正非：转发《华为财函（2011）018号》的按语，总裁办电子邮件［2011］025号）

我认为主干流程要简单，快速流通。要对管道进行梳理，去掉不必要的东西，使管道变成一个透明的管道，快速流动。把对管道的管理系统，剥出来，做成简单、透明、清晰的操作系统，把功能剥离出来，做成颗粒，需要就挂上去。我们公司建设主干流程也要贯彻这种思想，现在我们的主干流程担负了很重的监控任务，我们在主干流程中增加了很多监控节点，使得主干流程的运作效率很低。我认为我们的监控节点往往不在主干流程，应该在支干流程里面。（任正非：在流程与IT战略务虚会上的讲话及主要讨论发言，总裁办电邮文号［2012］026号）

主干流程里面透明清洁化以后，支干流程里面的主干流程也要减轻负担。不是说我们抓住主干流程，支干里面就没有主干了，支流里面也有主干。这样层层减轻，把很多功能剥离出去以后，我们的神经末梢就灵活开放了。（任正非：在流程与IT战略务虚会上的讲话及主要讨论发言，总裁办电邮文号［2012］026号）

我认为末端流程要增加更多的灵活性。我们的指挥中心设在深圳，然后我们下令要冲锋了，每个人都要穿上短袖T恤衫，结果北冰洋的弟兄一趴在那个冰上，就全冻死了。为什么？我们不让前线有因地制宜的权力，我们就是僵化教条的体系。所以我们现在强调，末端要有更多的灵活性，要允许他们灵活。（任正非：在流程与IT战略务虚会上的讲话及主要讨论发言，总裁办电邮文号［2012］026号）

17.2.2 打造一支品德过硬、敢于承担责任、敢于和善于坚持原则的职业化财经队伍

未来几年公司将面临很大的机会，同时也面临很大的挑战，这个时候，财经体系一定要能起到很好的支撑作用。只有加快财经体系建设，提升财经服务能力及专业决策能力，才能更有效地支持公司业务发展。财经要把自己定位为一个全球性的服务、管理与监控部门。为了达到这个目标，财经体系一定要培养一支作风过硬，

敢于坚持原则，善于坚持原则，忠于公司，敢抓敢管的全球化专业队伍。（任正非：《打造一支品德过硬、敢于承担责任、敢于和善于坚持原则的职业化财经队伍》，2006）

什么是职业化，就是在同一时间、同样的条件，做同样的事的成本更低，这就是职业化。（任正非：《深淘滩，低作堰》，总裁办电邮文号［2009］009号）

17.3 财务的进步是一切进步的支撑

17.3.1 财经的变革是华为公司的变革，不仅仅是财经系统的变革

财务是基于全球的财务，"普天之下，莫非王土"，每个地方都要管好，不能只是华为技术这个小锅小灶。这次要设立地区部财经管理总监，这个职位既不是会计主管，不是商务主管，不是税务主管，也不是市场财经主管，而是财务、国际营销体系和公司委托派去那里的特派员，有责任把会计体系、制度体系、收入体系、税务体系理清楚。（任正非：在2004年三季度国内营销工作会议上的讲话，2004）

在管理进步中，财务的进步是一切进步的支撑，可喜的是这些年财务终于没有拖了业务的后腿。没有优良的财务管理，没有可靠的监控，我们的授权就不能完成，前方就不能直接呼唤炮火，官僚、臃肿的机构长存，我们如何能活下来？我们要坚定地支持公司的IFS变革，财务人员应在这场变革中，加强业务建设，夯实组织基础，提高个人修养，以"责任、奋斗、融合、成长"的胸怀，更好地服务业务、支撑发展，真正实现"计划、预算、核算"的全流程管理。只有"有为"才会"有位"，任何组织只有在流程中创造价值，才可能获得成长的机会。（任正非：在财经系统表彰大会上的讲话，总裁办电子邮件［2009］005号）

公司整个管理体系目前正处在流程化和职业化建设的阶段，我们认为现在启

动CFO管理体系建设的时机已经成熟，希望CFO到位以后，既能保证业务高速增长，又能帮助公司减少浪费、降低成本，同时要注意防止局部优化对全局可能造成破坏。任何时候，做任何事情必须有端到端的视野。（任正非：《CFO要走向流程化和职业化，支撑公司及时、准确、优质、低成本交付》，总裁办电邮文号［2009］021号）

CFO工作的突破口在于建立和执行财务流程，有效支撑业务流程运作。CFO和CEO都要正确理解和掌握企业运作规律，共同促进企业成功和有效发展。CFO和CEO是一条船上的人，他们大的目标方向完全一致，但他们的工作内容是有区别的，没有CFO的支持，CEO怎么能前进？我们不是让CFO去监督CEO，CFO是要通过流程化、职业化的方式建立和执行正确的财务流程，有效支持业务流程运作，实现有效增长，即正的利润、正的现金流、正的人的效益增长。（任正非：《CFO要走向流程化和职业化，支撑公司及时、准确、优质、低成本交付》，总裁办电邮文号［2009］021号）

LTC（销售线索到回款）、PTP（采购到付款）、OTC（机会到回款）三个流程整合在一起，整合的关键是什么？就是财经人员进去，财经人员要成为黏合剂，谁都要和财经人员黏合，最终所有流程就都连在一起了。（来源：PTP项目组向任正非专题汇报，2010）

财经过去20年的努力是以垂直的功能模块建设为重点，这对建立正确的制度与流程做出了贡献。但在综合管理和支撑能力方面还有不足，要加强代表处CFO、项目CFO的责任与能力建设，推动财经组织综合管理能力的提升。（来源：CFO标准与培养机制向任正非汇报纪要，总裁办电邮文号［2011］038号）

财经的变革是华为公司的变革，不仅仅是财务系统的变革，华为公司每一个高层管理团队都要介入财务变革，哪个业务部门认为能够不需要支持就能完成变革，那我认为可以理解成能够不需要费用就创造利润。这个业务主管是没有后续成长能力的。财务部门也不能关起门来，认为不需要业务部门的参与、不需要向业务部门去宣讲、不愿意去听业务部门有什么意见。（任正非：《财经的变革是华为公司的变

革，不是财务系统的变革》，总裁办电邮文号［2007］004号）

管理部门进步很大，难以想象一个中国公司有这么大的营业额，问题却还没有那么大。经历28年，流程化基本形成，电子化正在完善，简化正在进行。（任正非：《前进的路上不会铺满了鲜花》——在2016年市场年中会议上的讲话，总裁办电邮讲话［2016］079号）

17.3.2 前进的道路上不会铺满了鲜花

我们在管理上，永远要朝着以客户为中心，聚焦价值创造，不断简化管理，缩小期间费用而努力。任何多余的花絮，都要由客户承担支付的，越来越多的装饰，只会让客户远离我们。因此，我们明确任何变革都要看近期、远期是否能增产粮食。（任正非：《变革的目的就是要多产粮食和增加土地肥力》——在2015年市场工作会议上的讲话，总裁办电邮讲话［2015］016号）

我们的财务管理已达到行业领先水平，结束区域站点存货无法盘点历史，中心仓存货的账实准确率99.89%，站点存货的账实一致率98.17%。有成功实践经验的优秀专家及干部正在大规模成长，但不能就此满足。（任正非：《春江水暖鸭先知，不破楼兰誓不还》——在“出征·磨砺·赢未来”研发将士出征大会上的讲话提纲，2016）

世界“黑天鹅”事件频发，全球会产生我们想象不到的波动，我们严格的内、外合规还没有完全建立。经营的有效性、财务的健康性还有待改进。（任正非：《前进的路上不会铺满了鲜花》——在2016年市场年中会议上的讲话，总裁办电邮讲话［2016］079号）

缩略语表

ABBREVIATIONS

AP，account payable，应付账款。

Apple，苹果公司。

AR，account receivable，应收账款。

AT，Administrative Team，行政管理团队。华为公司在各级实体组织设立行政管理团队，行政管理团队经公司任命和授权，在跨部门委员会的指导下，通过与跨部门委员会及相关业务部门的分权制衡机制，开展本实体组织内干部任用推荐和员工评议、激励的相关工作，通过集体负责制来保证上述重要人事工作的客观性、全面性，提高决策质量。

AT&T，American Telephone & Telegraph，美国电话电报公司。

BBOM，basic bill of material，基础物料清单。是由B-part（B-part 是各 BU 根据自己的服务产品与交付界面，确定的最小成本管理与归集单元）构成的全球统一的结构化清单，是组成销售物料清单的基本单元。

BC，business control，业务控制人员。该人员是协助流程责任人推动协调整个内控工作的进行，包括 KCP、

SOD、CT 测试程序以及主动性审视，对 SACA 报告提出建议使之更加完善，并对逾期问题进行跟踪，最后关闭问题进行复核。

BC&IA，business control & internal audit，业务控制与内部审计。

BCG，business conduct guidelines，商业行为准则。是华为公司本身制定的有关遵守法律和良好道德的文件，体现了公司的价值观。

BCM，business continuity management，业务连续性管理。

BEPS，base erosion and profit shifting，税基腐蚀和利润转移。

BFC，business financial controller，业务财务控制人。

BG，business group，是华为公司 2011 年组织改革中按客户群维度建立的业务集团。

BMT，Business Management Team，业务管理团队。是产品线端到端经营的第二层责任主体，其作为一个独立产业的经营团队，直接面向外部独立的细分市场，对本产业内的端到端经营损益及客户满意度负责。

BOD，Board Of Directors，董事会。

BOM，bill of materials，物料清单。通常情况下，是在产品设计阶段生成的，供计划、采购、订单管理、生产、发货、成本核算等部门使用。

BP，business plan，业务计划。指华为公司年度发展计划。

BU，business unit，业务单元。指按产品或解决方案维度建立的产品线。

Bypass，绕过。

CAPEX，capital expenditure，资本支出。

CBG，consumer business group，消费者业务集团。

CBOM，customer bill of material，客户界面化物料清单。

CEO，chief executive officer，首席执行官。

CFO，chief financial officer，首席财务官。

CIF，cost insurance and freight，成本、保险费加运费。

CIO，chief information officer，首席信息官。

Cisco，思科公司。

CMO，chief marketing officer，首席营销官。

COA，chart of account，会计科目。是账务在处理交易过程中，用于记录会计信息的编码。

COE，center of expertise，能力中心。

CP，common process，共同的作业程序。

CRM，customer relationship management，客户关系管理。

CSO，Contract Support Office，合同管理及履行支持部。

CT，compliance testing，遵从性测试。

CVC，corporate venture capital，公司风险投资。

DCP，decision check point，决策评审点。

DPO，days payable outstanding，应付账款周转天数。

DSO，days sales outstanding，应收账款回收期。

DSTE，develop strategy to execute，开发战略到执行。是制定中长期战略规划及年度业务计划（含预算）、执行并监控评估的统一流程框架和管理体系。

E2E，end to end，端到端。

EMT，Executive Management Team，经营管理团队。是华为公司经营、客户满意度的最高责任机构，EMT 主任为 CEO。

ERP，Enterprise Resource Planning，企业资源计划。是一种主要面向制造行业进行物质资源、资金资源和信息资源集成一体化管理的企业信息管理软件包。

ETR，effective tax rate，有效税负率。指纳税人真实负担的有效税率，计算方法为已付总税款除以应课税收入。

F1，一级方程式锦标赛。

Facebook，脸谱网。是一个社交网络服务网站。

FC，Finance Committee，财经委员会。

Fellow，代表华为公司专业技术人员重大成就的最高称号。在产品、技术、工程等领域做出创造性成就和重大贡献、具备足够业界影响力的华为员工，可被推荐参与华为 Fellow 的评选。

FST，Finance Staff Team，集团财经。

FU，function unit，职能单元。指提供专业支撑、支持和服务业务的组织。

G&A，general and administrative expenses，管理费用。

Google，谷歌公司。

GPO，global process owner，全球流程责任人。是华为每个全球流程设置的一个全球责任人，通常由业务管理者担任，是控制的第一责任人，负责流程的设计、运作、测评和优化等。

GTS，Global Technical Service，全球技术服务部。

Guide，指导书。

HC，headcount，人员编制。是各类各级组织根据人力规划和预算结果（含人数、职类、层级等）所产生的相应人员招聘需求的结构化描述。

HIA，Honesty & Integrity Agreement，诚信廉洁合作协议。

HR，Human Resources，人力资源。

HRC，Human Resources Committee，人力资源委员会。

IA，internal audit，内部审计。

IBM，International Business Machines Corporation，国际商业机器公司。

ICT，information and communications technology，信息和通信技术。

IDS，integrated deployment solution，集成推行解决方案。业务变革的推行方法论，在 IFS、LTC、MTL、MCR 等变革项目推行时使用。

IFS，integrated financial service，集成财经服务。是支撑和监控企业研究与开发、市场销售、供应链和交付等端到端业务运作的财经流程体系。

IFS-PFM，IFS-Project Financial Management，集成财经服务之项目经营管理变革子项目。是 IFS 变革项目群下的一个子项目，主要是对项目经营管理进行变革。

IFS-PTP，IFS-Procurement to Payment，集成财经服务之采购到付款变革子项目。

是 IFS 变革项目群下的一个子项目，主要是对采购到付款端到端流程进行变革。

INSS，社会保险金。是巴西的一种税，依公司员工数目来区分税率范围，税率介于 26.8%~28.8% 之间。

IPD，integrated product development，集成产品开发。是一套产品开发的模式、理念与方法，是创新技术研究和产品开发到生命周期管理端到端业务运作的研发管理体系。

IPMT，Integrated Portfolio Management Team，集成组合管理团队。是代表公司对某一产品线的投资的损益及商业成功负责的跨部门团队。

IRB，Investment Review Board，投资评审委员会。IRB 在 EMT 制定的总的战略方向指导下，以客户需求为导向，进行产品投资决策，并围绕产品投资决策的落实，推动 Marketing、研发、采购认证与供应链、销售、服务部门间的协同一致，满足客户需求。

iSales，销售流程的 IT 主平台。

ISC，integrated supply chain，集成供应链。是由原材料、零部件的厂家和供应商等集成起来组成的网络，通过计划、采购、制造、订单履行等业务运作，为客户提供产品和服务的供应链管理体系。

ISC+，ISC+ 变革项目群。ISC+ 变革项目群用数字化技术打造主动型供应链，沿着提升客户体验和一线效率、数字化供应链转型、构建轻量级 IT 架构三条变革主线实施变革，构建聚焦客户、合作伙伴的集成、协同、可视的能力，通过灵活性、快速响应能力、可靠性和质量成本优势将供应链建设成为华为的核心竞争力之一。

ISC-BPE，ISC Business Process Executive Dept，ISC 流程管理部。

iSee，集成统一的财务信息系统。是华为财经体系的主要生产系统，也是全公司经营管理领域的一个主要应用系统、决策支持系统。

IT，information technology，信息技术。

IT S&P，IT strategy & plan，IT 战略与规划。

ITC，integrated tax compliance，集成税务合规。

ITO，inventory turn over，库存周转率或库存周转天数。

ITR，issue to resolution，问题到解决。是面向所有客户服务请求的端到端流程。

IVC，independent venture capital，独立风险投资。

KCFR，key control over financial reporting，财务报告关键控制。是控制影响经营结果的风险，确保财务报告真实可靠且符合公认会计准则（GAAP）要求的关键控制活动。

KCP，key control point，关键控制点。是在业务流程或应用系统中由流程 Owner 确定的，为降低重大风险、实现相关流程目标而采取的一项或一系列活动。

KPI，key performance indicator，关键绩效指标。

KPMG，毕马威，一家全球审计公司。

Local GAAP，local generally accepted accounting principles，当地会计准则。

LTC，lead to cash，线索到回款。是华为从线索、销售、交付到回款的主业务流程。

LTE，long term evolution，长期演进技术。长期演进技术是应用于手机及数据卡终端的高速无线通信标准，该标准基于旧有的 GSM/EDGE 和 UMTS/HSPA 网络技术，并使用调制技术提升网络容量及速度。

Lucent，朗讯科技公司。

MKTG，Marketing，市场营销。华为公司负责市场营销的部门。

MET，Marketing Execution Team，营销执行团队。

MU，marketing unit，市场单元。指面向区域或客户维度的经营组织。

NOKIA，诺基亚公司。

Non-PO，无正式采购订单。

OEC，Office of Ethics and Compliance，道德遵从办公室。

OECD，Organization for Economic Co-operation and Development，经济合作与发展组织。

Oi，一家巴西电信运营商。

ORACLE，甲骨文公司，一家全球大型的企业级软件公司。

OTC，opportunity to cash，机会点到回款。

Owner，责任人。

P&S，products & solutions，产品与解决方案。

P2P，peer to peer，指个人与个人之间的小额信用借贷交易。

PC，process controller，流程控制人。

Pct，percent，百分率。

PD，project director，项目总监。

PDT，Product Development Team，产品开发团队。是一个跨功能部门的团队，负责对产品从立项、开发，到推向市场的整个过程管理，保证产品在财务和市场上取得成功。

PE，permanent establishment，常设机构。

PFC，project financial controller，项目财务经理。项目层面协助项目经理进行项目经营管理的财务角色，支撑的项目经营活动包括概算、预算、核算、预测和决算等。

PI，principal investment，资本性投资。

PK，player killing，对决、挑战。

PM，project manager，项目经理。

PO，purchase order，采购订单。

PR，purchase request，采购请求。

PSST，Products & Solutions Staff Team，产品和解决方案实体组织办公会议。是研发实体组织进行日常业务决策与运营管理的平台。

PTP，procurement to payment，采购到付款流程。

Reliance，一家印度电信运营商。

RFID，Radio Frequency Identification，无线射频识别，又称电子标签。无线射频识别，是一种通信技术，可通过无线电信号识别特定目标并读写相关数据，而无须在识别系统与特定目标之间建立机械或光学接触。

Risk，风险。

SACA，Semi-Annual Control Assessment，半年度控制评估。是一种内控自评机制，各级管理者和流程 Owner 在 BC 的协助下，每半年对本领域所辖业务流程进行一次内控自我评估。SACA 是对华为控制状况自下而上的评估，各级管理者和流程 Owner 须给出 SACA 评估等级，并向上级管理层汇报。SACA 是控制管理体系中管理层在自我约束和控制方面的重要工具。

SAP，思爱普，一家全球大型的企业管理和协同化商务解决方案供应商。

SBG，service business group，服务 BG。公司面向服务的业务运营中心。

SBOM，sales bill of material，销售物料清单。

SDC，Strategy & Development Committee，战略与发展委员会。

SDT，Sales Decision-Making Team，销售决策团队。

SG&A，selling，general and administrative，销售、行政及管理费用。

SP，strategy plan，战略规划。指公司及各规划单元的中长期发展规划。

SPDT，Super Product Development Team，超级产品开发团队。它作为一个独立产业的经营团队，直接面向外部独立的细分市场，对本产业内的端到端经营损益及客户满意度负责。

ST，staff team，办公会议。公司实体组织进行日常业务协调与决策的平台，为保证执行的高效，采用行政主管权威管理制，同时通过集体议事，集思广益，避免或弥补主管个人管理的风险性和片面性。

TD，Time-Division，时分码分多址。TD-SCDMA 是英文 Time Division-Synchronous Code Division Multiple Access（时分同步码分多址）的简称，中国提出的第三代移动通信标准（简称 3G），也是 ITU 批准的三个 3G 标准中的一个。

TDT，Technology Development Team，技术开发团队。

TICT，transformation of intercompany transactions，关联交易变革。

TOP，顶端。

Turnkey，交钥匙。

VC，venture capital，风险投资。

Voucher，凭证，优惠券。

Web，World Wide Web，全球广域网。

Wi-Fi，Wireless-Fidelity，无线宽带。Wi-Fi 是一种允许电子设备连接到一个无线局域网（WLAN）的技术，通常使用 2.4G UHF 或 5G SHF ISM 射频频段。

WiMax，Worldwide Interoperability for Microwave Access，全球微波互联接入，也叫 802.16 无线城域网或 802.16。是一项新兴的宽带无线接入技术，能提供面向互联网的高速连接。

WWBC，Worldwide Business Controls Dept，全球业务控制部。

大 T，大型运营商，它一般在多个国家运营电信网络。

后记

EPILOGUE

作为华为公司管理纲要系列丛书的第三部，《价值为纲：华为公司财经管理纲要》与读者见面了。本书将全面阐述华为公司财经管理作为一个价值整合者，如何服务和监管业务扩张及价值创造的理念、政策和规则。

与前两部正式出版的管理纲要选取和组织材料的方式相同，《价值为纲：华为公司财经管理纲要》的所有内容均摘自华为公司内部公开的高管的讲话、文章以及经营管理团队（EMT）和华为财经体系的文件，并一一注明了出处。同样，各章内容的编排，在每一个标题下，遵循历史的顺序，时间跨度从公司成立一直到 2017 年 6 月。这样的编排方式有助于读者研究华为公司财经管理哲学的演进及其内在一致性。

本书是在华为公司轮值 CEO 郭平先生和 CFO 孟晚舟女士主导编写的《追求公司长期有效增长：华为公司财经管理纲要》（以下简称《财经管理纲要》）第一版和第二版的基础上补充修订而成的。编写组按照“扩张与控制”以及“价值管理”两个维度，对原《财经管理纲要》的章节结构做了较大的调整，对小节的标题做了进一步提炼，并补充了最新的内容。

原《财经管理纲要》第一版编写组的成员是：主任：郭平；副主任：孟晚舟；编委：黄卫伟、殷志峰、叶晓闻、申胜利、屠珺、张凯。第二版编写组的组成是：主任：郭平；副主任：孟晚舟；编委：黄卫伟、殷志峰、成维华、赵明路、彭建玲。此外，蔡立群、张颖、贺欣元也对第二版的修订做出了贡献。本书《价值为纲：华为公司财经管理纲要》编写组的成员是：主编：黄卫伟；编委：殷志峰、成维华、苏宝华、曾锦良、叶晓闻、朱晓艳；责任编辑：黄茂昌、屠珺、李枫、申胜利。此外，史延丽、张晓清、高傲战、张印臣、都吉林、张红梅、孙剑、李海鹏、张国、李兆锋等，分别对第四、五、九、十二、十三、十四、十五、十六章的内容做出了重要贡献。

原《财经管理纲要》自 2013 年 1 月通过后，作为华为公司高级管理研讨班的教材已经使用了 4 年。其中财经管理专题高级管理研讨班迄今已举办了逾 60 期，参加培训的中高级管理者多达 2 000 余人。学员们丰富的实践经验、新颖的视角和批判性思维碰撞出的火花，不仅促进了纲要的进一步完善，也对本书的编写做出了重要的思想贡献，这里要特别对他们表示感谢。

编写组

2017 年 6 月 30 日

图书在版编目（CIP）数据

价值为纲：华为公司财经管理纲要 / 黄卫伟等编著 .
-- 北京：中信出版社，2017.9（2025.12重印）
ISBN 978-7-5086-8077-4

I. ①价⋯ II. ①黄⋯ III. ①通信企业－企业管理－
财务管理－经验－深圳 IV. ① F632.765.3

中国版本图书馆 CIP 数据核字（2017）第 203097 号

价值为纲——华为公司财经管理纲要

编　著：黄卫伟　等
出版发行：中信出版集团股份有限公司
（北京市朝阳区东三环北路 27 号嘉铭中心　邮编　100020）
承 印 者：北京通州皇家印刷厂

开　本：787mm×1092mm　1/16　　印　张：27　　字　数：352 千字
版　次：2017 年 9 月第 1 版　　印　次：2025 年12月第 53 次印刷
书　号：ISBN 978-7-5086-8077-4
定　价：68.00 元

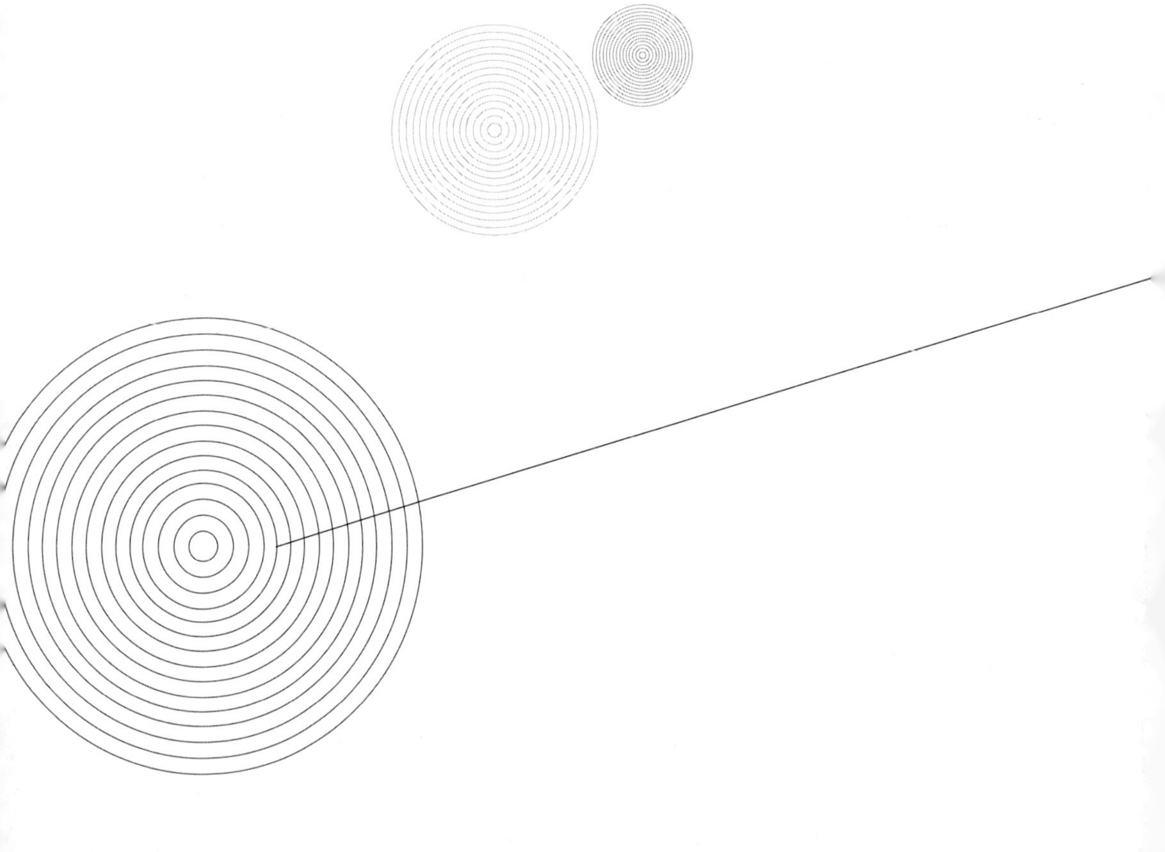

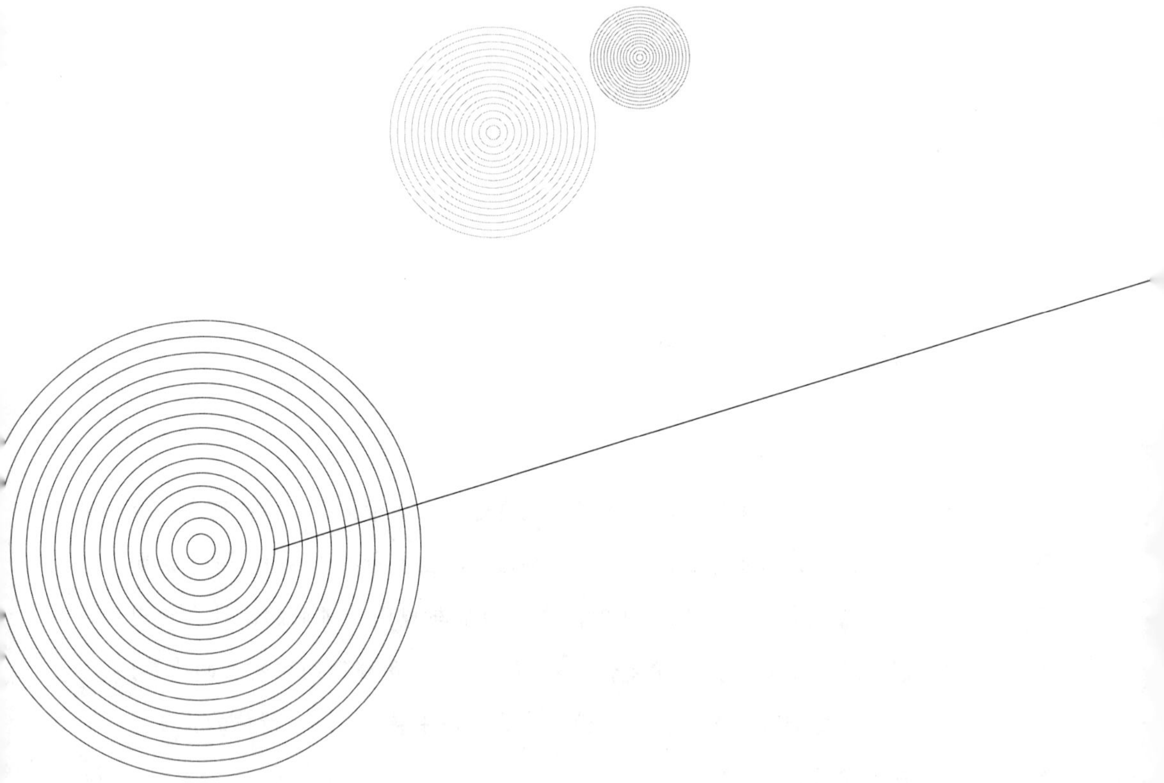

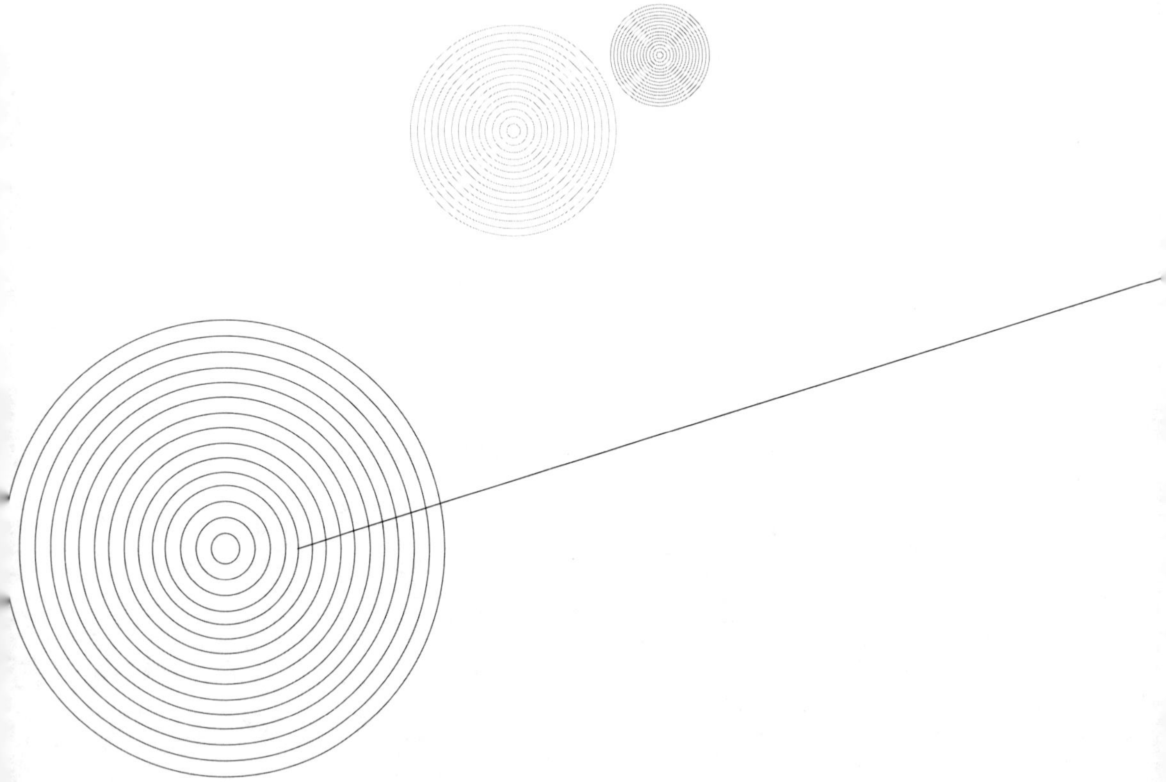

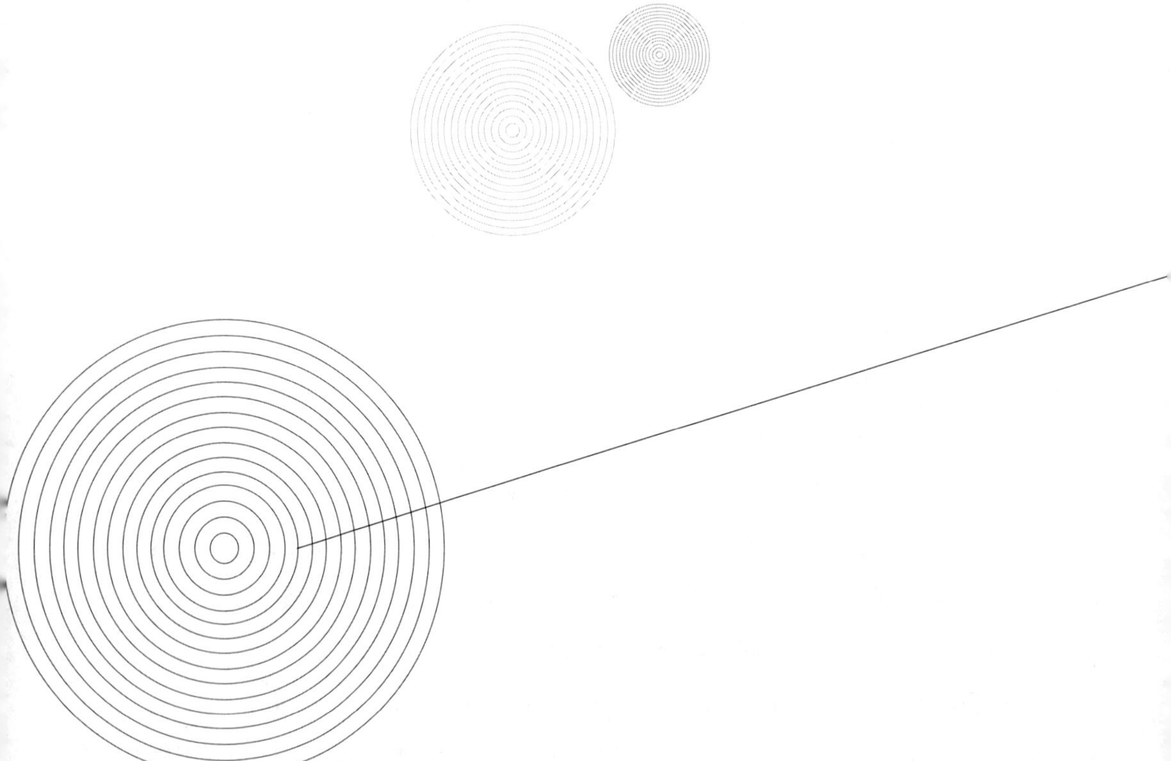

